Müller
Eigenbetriebsverordnung Nordrhein-Westfalen

Eigenbetriebsverordnung Nordrhein-Westfalen

Kommentar

von

Jürgen Müller
Rechtsanwalt, Fachanwalt für Verwaltungsrecht,
Wuppertal,
Stadtdirektor und Stadtkämmerer a.D.

9. Auflage

KSV Medien

MIX
Papier | Fördert gute Waldnutzung
FSC® C019821
www.fsc.org

Die Herstellung bei KSV Medien erfolgt weitgehend digital
und in dem Bewusstsein, eine möglichst ressourcenschonende
Produktion zu gewährleisten.

Bibliografische Information der Deutschen Nationalbibliothek
Die Deutsche Nationalbibliothek verzeichnet diese Publikation in der
Deutschen Nationalbibliografie; detaillierte bibliografische Daten sind
im Internet über http://dnb.dnb.de abrufbar.

Konrad-Adenauer-Ring 13 · 65187 Wiesbaden
info@ksv-medien.de · www.ksv-medien.de

Satz: C.H.Beck.Media.Solutions · Nördlingen
Druck: Druckerei C.H.Beck · Nördlingen

ISBN 978-3-8293-2099-3

Inhalt

Abkürzungsverzeichnis ... 7

Literaturverzeichnis ... 15

Eigenbetriebsverordnung – Text ... 31

Eigenbetriebsverordnung – Kommentar ... 41

Einführung ... 41

I. TEIL **VERFASSUNG UND VERWALTUNG**

§ 1 Rechtsgrundlagen des Eigenbetriebs ... 63
§ 2 Betriebsleitung ... 92
§ 3 Vertretung des Eigenbetriebs ... 105
§ 4 Zuständigkeiten des Rates der Gemeinde ... 111
§ 5 Betriebsausschuss ... 118
§ 6 Rechtliche Stellung der Bürgermeisterin oder des Bürgermeisters ... 135
§ 7 Unterrichtung der Kämmerin oder des Kämmerers ... 142
§ 8 Zusammenfassung von Betrieben ... 144

II. TEIL **WIRTSCHAFTSFÜHRUNG UND RECHNUNGSWESEN**

§ 9 Vermögen des Eigenbetriebs ... 150
§ 10 Maßnahmen zur Erhaltung des Vermögens und der Leistungsfähigkeit 152
§ 11 Zahlungsabwicklung, Liquiditätsplanung ... 177
§ 12 Wirtschaftsjahr ... 178
§ 13 Leitung des Rechnungswesens ... 178
§ 14 Wirtschaftsplan ... 181
§ 15 Erfolgsplan ... 185
§ 16 Vermögensplan ... 187
§ 17 Stellenübersicht ... 190
§ 18 Mittelfristige Ergebnis- und Finanzplanung ... 191
§ 19 Buchführung und Kostenrechnung ... 192
§ 20 Zwischenberichte ... 197
§ 21 Jahresabschluss ... 198
§ 22 Bilanz ... 204
§ 23 Gewinn- und Verlustrechnung ... 208
§ 24 Anhang, Anlagenspiegel ... 211
§ 25 (aufgehoben) ... 217
§ 26 Rechenschaft ... 221

III. TEIL **SONDER- UND SCHLUSSVORSCHRIFTEN**

§ 27 Anwendung des Neuen Kommunalen Finanzmanagements ... 227
§ 28 (aufgehoben) ... 228

Anhang

1. Mustersatzung für Eigenbetriebe in Nordrhein-Westfalen vom 25.1.2010 229

2. Beispiel einer Dienstanweisung 235

3. Eig-WO – Verordnung über das Wahlverfahren zur Benennung der Beschäftigten des Eigenbetriebs für die Wahl in den Betriebsausschuss vom 24.10.2001 mit Änderungen 236

4. RdErl. des IM NRW vom 30.8.1984 – Hinweise zur Durchführung der Wahl 241

5. RdErl. des IM NRW vom 23.12.1999 – Eintragungspflicht 242

6. Gemeindekrankenhausbetriebsverordnung vom 5.8.2009 mit Änderungen 247

Stichwortverzeichnis 255

Abkürzungsverzeichnis

a. a. O.	=	am angegebenen Ort
Abl.	=	Amtsblatt
Abs.	=	Absatz
a. F.	=	alte Fassung
AG	=	Aktiengesellschaft
AGBG	=	Gesetz zur Regelung des Rechts der Allgemeinen Geschäftsbedingungen – ursprüngliche Fassung vom 9. Dezember 1976 (BGBl. I S. 3317), neu bekanntgemacht 29.6.2000 (BGBl. I S. 946), aufgehoben durch das Schuldrechtmodernisierungsgesetz und inhaltlich jetzt geregelt in §§ 305 ff. BGB
AktG	=	Aktiengesetz
Anm.	=	Anmerkung
AP	=	Arbeitsrechtliche Praxis – Nachschlagewerk des Bundesarbeitsgerichts
BAG	=	Bundesarbeitsgericht
BAnz.	=	Bundesanzeiger, zitiert nach Datum
BAT	=	Bundesangestelltentarifvertrag
BayGO	=	Gemeindeordnung für den Freistaat Bayern
BayVGH	=	Bayerischer Verwaltungsgerichtshof
BB	=	Betriebs-Berater, zitiert nach Jahrgang und Seite (Zeitschrift)
BBesG	=	Bundesbesoldungsgesetz
BeamtStG	=	Gesetz zur Regelung des Statusrechts der Beamtinnen und Beamten in den Ländern (Beamtenstatusgesetz – BeamtStG)
BekanntmachungsVO	=	Verordnung über die öffentliche Bekanntmachung von kommunalem Ortsrecht
ber.	=	berichtigt
Beschl.	=	Beschluss
BestG NRW	=	Gesetz über das Friedhofs- und Bestattungswesen
BestattG BW	=	Bestattungsgesetz Baden-Württemberg
BFH	=	Bundesfinanzhof
BgA	=	Betrieb gewerblicher Art
BGB	=	Bürgerliches Gesetzbuch
BGBl.	=	Bundesgesetzblatt, zitiert nach Jahrgang und Seite
BGH	=	Bundesgerichtshof
BGHZ	=	Amtliche Sammlung der Entscheidungen des BGH in Zivilsachen, zitiert nach Band und Seite
BilMoG	=	Gesetz zur Modernisierung des Bilanzrechts
BilRUG	=	Gesetz zur Umsetzung der Richtlinie 2013/34/EU des Europäischen Parlaments und des Rates vom 26. Juni 2013 über den Jahresabschluss, den konsolidierten Abschluss und damit verbundene Berichte von Unternehmen bestimmter Rechtsformen und zur Änderung der Richtlinie 2006/43/EG des Europäischen Parlaments und des Rates und zur Aufhebung der Richtlinien 78/660/EWG und 83/349/EWG des Rates (Bilanzrichtlinie-Umsetzungsgesetz – BilRUG) vom 17.7.2015 (BGBl. I S. 1245)

BKR	=	Zeitschrift für Bank- und Kapitalmarktrecht, zitiert nach Jahrgang und Seite
BlPMZ	=	Blatt für Patent-, Muster- und Zeichenwesen, zitiert nach Jahrgang und Seite (Zeitschrift)
BPatG	=	Bundespatentgericht
BR-Drs.	=	Bundesratsdrucksache
BStBl.	=	Bundessteuerblatt I oder II, zitiert nach Jahrgang und Seite
Buchst.	=	Buchstabe
BVerfG	=	Bundesverfassungsgericht
BVerfGE	=	Amtliche Sammlung der Entscheidungen des Bundesverfassungsgerichts, zitiert nach Band und Seite
BVerwG	=	Bundesverwaltungsgericht
BVerwGE	=	Amtliche Sammlung der Entscheidungen des Bundesverwaltungsgerichts, zitiert nach Band und Seite
bzw.	=	beziehungsweise
DB	=	Der Betrieb, zitiert nach Jahrgang und Seite (Zeitschrift)
Diss.	=	Dissertation
DNG	=	Datennutzungsgesetz
DÖD	=	Der öffentliche Dienst, zitiert nach Jahrgang und Seite (Zeitschrift)
DÖV	=	Die Öffentliche Verwaltung, zitiert nach Jahrgang und Seite (Zeitschrift)
DSchG NRW	=	Datenschutzgesetz NRW
DVBl	=	Deutsches Verwaltungsblatt, zitiert nach Jahrgang und Seite (Zeitschrift)
DVP	=	Deutsche Verwaltungspraxis, zitiert nach Jahrgang und Seite (Zeitschrift)
EigVO NRW	=	Eigenbetriebsverordnung für das Land Nordrhein-Westfalen
Eig-WO	=	Verordnung über das Wahlverfahren zur Benennung der Beschäftigten des Eigenbetriebs für die Wahl in den Werkausschuss
EilDStTNW	=	Eildienst des Städtetages Nordrhein-Westfalen, zitiert nach Jahrgang und Seite (Zeitschrift)
ELR	=	European Law Reporter, zitiert nach Jahrgang und Seite (Zeitschrift)
EnWG	=	Gesetz über die Elektrizitäts- und Gasversorgung
Erg.-Lfg.	=	Ergänzungslieferung
Erl.	=	Erläuterungen
EU	=	Europäische Union
EuGH	=	Europäischer Gerichtshof
EuZW	=	Europäische Zeitschrift für Wirtschaftsrecht, zitiert nach Jahrgang und Seite
EWiR	=	Entscheidungen zum Wirtschaftsrecht, zitiert nach Jahrgang und Seite (Zeitschrift)
EZA	=	Entscheidungssammlung zum Arbeitsrecht
ff.	=	fortfolgende
FGPrax	=	Praxis der freiwilligen Gerichtsbarkeit, zitiert nach Jahrgang und Seite (Zeitschrift)
FM	=	Finanzminister/Finanzministerium
FR	=	Finanzrundschau, zitiert nach Jahrgang und Seite (Zeitschrift)

G	=	Gesetz
GBV	=	Verordnung zur Durchführung der Grundbuchverordnung (Grundbuchverfügung)
GebBefrG	=	Gerichtsgebührenbefreiungsgesetz – aufgehoben durch Art. II Nr. 48 des Gesetzes zur Modernisierung und Bereinigung von Justizgesetzen im Land Nordrhein-Westfalen vom 26.1.2010, GV. NRW. S. 30
GemHVO	=	Gemeindehaushaltsverordnung – aufgehoben zum 1.1.2019 durch die Kommunalhaushaltsverordnung vom 12.12.2018 (GV. NRW. S. 708)
GemKHBVO	=	Verordnung über den Betrieb gemeindlicher Krankenhäuser
GemKVO	=	Gemeindekassenverordnung – aufgehoben (mit Wirkung bei Einführung Neues Kommunales Finanzmanagement) durch Art. 23 NKFG (GV. NRW. 2004 S. 644, ber. GV. NRW. 2005 S. 15)
GewArch	=	Gewerbearchiv, zitiert nach Jahrgang und Seite (Zeitschrift)
GG	=	Grundgesetz
GHH	=	Der Gemeindehaushalt, zitiert nach Jahrgang und Seite (Zeitschrift)
GkG	=	Gesetz über kommunale Gemeinschaftsarbeit
GmbH	=	Gesellschaft mit beschränkter Haftung
GmbH-Rdsch.	=	GmbH-Rundschau, zitiert nach Jahrgang und Seite (Zeitschrift)
GO NRW	=	Gemeindeordnung für das Land Nordrhein-Westfalen
GRUR-RR	=	Gewerblicher Rechtsschutz und Urheberrecht Rechtsprechungs-Report, zitiert nach Jahrgang und Seite (Zeitschrift)
GV. NRW.	=	Gesetz- und Verordnungsblatt Nordrhein-Westfalen, zitiert nach Jahrgang und Seite – früher GV. NW.
GW	=	Gemeindewirtschaft, zitiert nach Jahrgang und Seite (Zeitschrift)
GWB	=	Gesetz gegen Wettbewerbsbeschränkungen
HessVGRspr.	=	Rechtsprechung der hessischen Verwaltungsgerichte, zitiert nach Jahrgang und Seite
HGB	=	Handelsgesetzbuch
HGrG	=	Haushaltsgrundsätzegesetz
Hrg.	=	Herausgeber
HSGZ	=	Hessische Städte- und Gemeindezeitung, zitiert nach Jahrgang und Seite (Zeitschrift)
IBR	=	Immobilien- & Baurecht, zitiert nach Jahrgang und Seite (Zeitschrift) bzw. ibr-online
i. d. F.	=	in der Fassung
IDW	=	Institut der Wirtschaftsprüfer in Deutschland e. V.
IFG NRW	=	Informationsfreiheitsgesetz NRW
i. S. d.	=	im Sinne des/der
i. V. m.	=	in Verbindung mit
IM	=	Innenminister/Innenministerium
JAPrEigVO	=	Verordnung über die Durchführung der Jahresabschlussprüfung bei Eigenbetrieben und prüfungspflichtigen Einrichtungen – – aufgehoben durch die Verordnung zur Aufhebung der Verordnung über die Durchführung der Jahresabschlussprüfung bei Eigenbetrieben und prüfungspflichtigen Einrichtungen vom 1.6.2021 (GV. NRW. S. 758)

jurisPR-SteuerR	=	Juris Praxisreport Steuerrecht
JustG	=	Gesetz über die Justiz im Land Nordrhein-Westfalen
JZ	=	Juristenzeitung, zitiert nach Jahrgang und Seite (Zeitschrift)
KAG	=	Kommunalabgabengesetz für das Land Nordrhein-Westfalen
KAV	=	Verordnung über Konzessionsabgaben für Strom und Gas, Konzessionsabgabenverordnung
KomHVO	=	Kommunalhaushaltsverordnung
KommJur	=	Kommunaljurist, zitiert nach Jahrgang und Seite (Zeitschrift)
KommunalisierungsmodellG	=	Gesetz für ein Kommunalisierungsmodell
KommunalPraxis	=	zitiert nach Jahrgang und Seite (Zeitschrift)
KonTraG	=	Gesetz zur Kontrolle und Transparenz im Unternehmensbereich
KonzVgV	=	Verordnung über die Vergabe von Konzessionen (Konzessionsvergabeverordnung)
KrWG	=	Gesetz zur Förderung der Kreislaufwirtschaft und Sicherung der umweltverträglichen Bewirtschaftung von Abfällen, Kreislaufwirtschaftsgesetz
KStR 2004	=	Allgemeine Verwaltungsvorschrift zur Körperschaftsteuer (Körperschaftsteuer-Richtlinie 2004 – KStR 2004) BStBl I Sonderheft 2 vom 17.12.2004 S. 3 ff. = BR-Drs. 695/04
KStR 2015	=	Allgemeine Verwaltungsvorschrift zur Körperschaftsteuer (Körperschaftsteuer-Richtlinie 2015 – KStR 2015) vom 6.4.2016, BStBl I Sondernummer 1/2016
KStR 2022	=	Allgemeine Verwaltungsvorschrift zur Körperschaftsteuer (Körperschaftsteuer-Richtlinie 2022 – KStR 2022) vom 13.4.2022, BStBl. 2022 Sondernummer 1
KStZ	=	Kommunale Steuer-Zeitschrift, zitiert nach Jahrgang und Seite (Zeitschrift)
KWahlG	=	Gesetz über die Kommunalwahlen im Land Nordrhein-Westfalen
LAbfG	=	Abfallgesetz für das Land Nordrhein-Westfalen
LAG	=	Landesarbeitsgericht
LAGE	=	Entscheidungen der Landesarbeitsgerichte
LBG	=	Beamtengesetz für das Land Nordrhein-Westfalen
LPVG	=	Landespersonalvertretungsgesetz
LT-Drs.	=	Landtags-Drucksache
LWG	=	Wassergesetz für das Land Nordrhein-Westfalen
MBl. NRW	=	Ministerialblatt NRW, zitiert nach Jahrgang und Seite – früher MBl. NW.
m. E.	=	meines Erachtens
MHKBD	=	Ministerium für Heimat, Kommunales, Bau und Digitalisierung des Landes NRW (= früher: MHKBG Ministerium für Heimat, Kommunales, Bau und Gleichstellung des Landes NRW)
MittdtschPatAnw	=	Mitteilungen der Deutschen Patentanwälte, zitiert nach Jahrgang und Seite (Zeitschrift)
Mitt.NWStGB	=	Mitteilungen des nordrhein-westfälischen Städte- und Gemeindebundes, zitiert nach Datum
1. ModernG	=	Erstes Gesetz zur Modernisierung von Regierung und Verwaltung in Nordrhein-Westfalen vom 15.6.1999 (GV. NRW. S. 386)

MUNV	=	Ministerium für Umwelt und Naturschutz, Landwirtschaft und Verbraucherschutz (= früher MLV)
n. F.	=	neue Fassung
NJW	=	Neue Juristische Wochenschrift, zitiert nach Jahrgang und Seite (Zeitschrift)
NJW-RR	=	Neue Juristische Wochenschrift Rechtsprechungsreport Zivilrecht, zitiert nach Jahrgang und Seite (Zeitschrift)
NKF	=	Neues Kommunales Finanzmanagement
NKFG	=	Gesetz über ein Neues Kommunales Finanzmanagement für Gemeinden im Land Nordrhein-Westfalen (Kommunales Finanzmanagementgesetz NRW)
2. NKFWG	=	Zweites Gesetz zur Weiterentwicklung des Neuen Kommunalen Finanzmanagements für Gemeinden und Gemeindeverbände im Land Nordrhein-Westfalen und weiterer kommunalrechtlicher Vorschriften vom 18.12.2018 (GV. NRW. S. 759)
n. v.	=	nicht veröffentlicht
NVwZ	=	Neue Zeitschrift für Verwaltungsrecht, zitiert nach Jahrgang und Seite (Zeitschrift)
NVwZ-RR	=	Neue Zeitschrift für Verwaltungsrecht Rechtsprechungsreport, zitiert nach Jahrgang und Seite (Zeitschrift)
NW/NRW	=	Nordrhein-Westfalen
NWB	=	Neue Wirtschaftsbriefe und Steuer- und Wirtschaftsrecht, zitiert nach Jahrgang und Seite (Zeitschrift)
NWVBl.	=	Nordrhein-Westfälische Verwaltungsblätter, zitiert nach Jahrgang und Seite (Zeitschrift)
NZA	=	Neue Zeitschrift für Arbeitsrecht, zitiert nach Jahrgang und Seite (Zeitschrift)
NZA-RR	=	NZA Rechtsprechungsreport Arbeitsrecht, zitiert nach Jahrgang und Seite (Zeitschrift)
NZBau	=	Neue Zeitschrift für Baurecht und Vergaberecht, zitiert nach Jahrgang und Seite (Zeitschrift)
OLG	=	Oberlandesgericht
OLGR	=	Oberlandesgericht Report, zitiert nach Sitz, Jahrgang und Seite
OVG	=	Oberverwaltungsgericht
OVGE	=	Amtliche Sammlung der Entscheidungen der OVG Münster und Lüneburg, zitiert nach Jahrgang und Seite
PersR	=	Personalrat, zitiert nach Jahrgang und Seite (Zeitschrift)
PersV	=	Personalvertretung, zitiert nach Jahrgang und Seite (Zeitschrift)
RdA	=	Recht der Arbeit, zitiert nach Jahrgang und Seite (Zeitschrift)
RdE	=	Recht der Energiewirtschaft, zitiert nach Jahrgang und Seite (Zeitschrift)
RdErl.	=	Runderlass
Rdn.	=	Randnummer
RNotZ	=	Rheinische Notarzeitschrift, zitiert nach Jahrgang und Seite (Zeitschrift)
Rpfleger	=	Der Deutsche Rechtspfleger, zitiert nach Jahrgang und Seite (Zeitschrift)
S.	=	Seite

SektVO	=	Verordnung über die Vergabe von öffentlichen Aufträgen im Bereich des Verkehrs, der Trinkwasserversorgung und der Energieversorgung (Sektorenverordnung) –
Stbg	=	Die Steuerberatung, zitiert nach Jahrgang und Seite (Zeitschrift)
StGB	=	Städte- und Gemeindebund, zitiert nach Jahrgang und Seite (Zeitschrift)
StGR	=	Städte- und Gemeinderat, zitiert nach Jahrgang und Seite (Zeitschrift)
StT	=	Der Städtetag, zitiert nach Jahrgang und Seite (Zeitschrift)
TrinkwV	=	Verordnung über die Qualität von Wasser für den menschlichen Verbrauch (Trinkwasserverordnung)
TVgG NRW 2017	=	Gesetz über die Sicherung von Tariftreue und Sozialstandards sowie fairen Wettbewerb bei der Vergabe öffentlicher Aufträge (Tariftreue- und Vergabegesetz Nordrhein-Westfalen)
TVgG NRW 2018	=	Gesetz über die Sicherung von Tariftreue und Mindestlohn bei der Vergabe öffentlicher Aufträge vom 22.3.2018 (GV. NRW. S. 172) = Art. 2 des Entfesselungspakets I
TVöD	=	Tarifvertrag für den öffentlichen Dienst
TVvG NRW	=	Gesetz über die Sicherung von Tariftreue und Sozialstandards sowie fairen Wettbewerb bei der Vergabe öffentlicher Aufträge (Tariftreue- und Vergabegesetz NRW) vom 10.1.2012 (GV. NRW. S. 17) – außer Kraft gesetzt durch das Gesetz über die Sicherung von Tariftreue und Sozialstandards sowie fairen Wettbewerb bei der Vergabe öffentlicher Aufträge (Tariftreue- und Vergabegesetz Nordrhein-Westfalen – TVgG NRW) vom 31. Januar 2017 (GV. NRW. S. 273)
Urt.	=	Urteil
UVgO	=	Verfahrensordnung für die Vergabe öffentlicher Liefer- und Dienstleistungsaufträge unterhalb der EU-Schwellenwerte, BAnz. vom 7.2.2017 B1
VerfGH	=	Verfassungsgerichtshof
VergabeR	=	Vergaberecht, zitiert nach Jahrgang und Seite (Zeitschrift)
VersorgW	=	Versorgungswirtschaft, zitiert nach Jahrgang und Seite (Zeitschrift)
VG	=	Verwaltungsgericht
VGH	=	Verwaltungsgerichtshof
vgl.	=	vergleiche
VgV 2001	=	Verordnung über die Vergabe öffentlicher Aufträge vom 9.1.2001 (BGBl. I S. 110), zuletzt geändert durch Verordnung vom 15.10.2013 (BGBl. I S. 3854)
VgV 2016	=	Verordnung über die Vergabe öffentlicher Aufträge vom 12.4.2016 (BGBl. I S. 624), zuletzt geändert durch Verordnung vom 7.2.2024 ((BGBl. 2024 I Nr. 39)
VKU	=	Verband kommunaler Unternehmen
VKU-ND	=	VKU-Nachrichtendienst, zitiert nach Nummer und Seite (Zeitschrift)
V&M	=	Verwaltung und Management, zitiert nach Jahrgang und Seite (Zeitschrift)
VO	=	Verordnung
VOB	=	Vergabe- und Vertragsordnung für Bauleistungen

VOF	=	Verdingungsordnung für freiberufliche Leistungen Ausgabe 2009 – entfallen, ersetzt durch die VgV 2016
VOL	=	Vergabe- und Vertragsordnung für Leistungen, Teil A Abschnitt 1 Ausgabe 2009 – VOL/A 2. Abschnitt entfallen, ersetzt durch die VgV 2016
VR	=	Verwaltungsrundschau, zitiert nach Jahrgang und Seite (Zeitschrift)
VV	=	Verwaltungsvorschriften
WHG	=	Gesetz zur Ordnung des Wasserhaushalts
WiVerw	=	Wirtschaftsverwaltung, zitiert nach Jahrgang und Seite (Zeitschrift)
WM	=	Zeitschrift für Wirtschafts- und Bankrecht, zitiert nach Jahrgang und Seite
WPg	=	Die Wirtschaftsprüfung, zitiert nach Jahrgang und Seite (Zeitschrift)
WRP	=	Wettbewerb in Recht und Praxis, zitiert nach Jahrgang und Seite (Zeitschrift)
ZBB	=	Zeitschrift für Bankrecht und Bankwirtschaft, zitiert nach Jahrgang und Seite
ZHR	=	Zeitschrift für das gesamte Handelsrecht und Wirtschaftsrecht, zitiert nach Band (Jahrgang) und Seite
ZKF	=	Zeitschrift für Kommunalfinanzen, zitiert nach Jahrgang und Seite
ZNER	=	Zeitschrift für Neues Energierecht, zitiert nach Jahrgang und Seite
ZNotP	=	Zeitschrift für die NotarPraxis, zitiert nach Jahrgang und Seite
ZögU	=	Zeitschrift für öffentliche und gemeinwirtschaftliche Unternehmen, zitiert nach Jahrgang, Seite
zugl.	=	zugleich

Literaturverzeichnis

Abele BFH klärt Divergenz betreffend die Anwendung des § 27 Abs. 7 KStG auf Regie- und Eigenbetriebe, BB 2021 S. 752

Adam Ausgewählte Fragen zur Auslegung von Vorschriften der GO und GemHVO NRW betreffend die örtliche Rechnungsprüfung, GHH 2010 S. 225

Albrecht Voraussetzungen für die vergabefreie interkommunale (IT-)Beschaffung, jurisPR-ITR 22/2009 Anm. 4

Alpha Der kommunale Querverbund als europarechtliche Beihilfe?, NVwZ 2021 S. 598

Althammer/Zieglmeier Der Rechtsweg bei Beeinträchtigungen Privater durch die kommunale Daseinsvorsorge bzw. erwerbswirtschaftliches Handeln von Kommunen, DVBl 2006 S. 810

Ambrosius Zur Geschichte des kommunalen Querverbunds in Püttner, Querverbund, S. 19

Antweiler Öffentliche Unternehmen als Bieter im Vergabeverfahren, VergabeR 2001 S. 259

Articus/Schneider (vormals Dieckmann/Heinrichs) Gemeindeordnung Nordrhein-Westfalen, 2. Aufl. 2004; zitiert Bearbeiter in Articus/Schneider

Asgodom Primärrechtsschutz im Unterschwellenvergaberecht bei der Beschaffung einer Dienstleistung – Catering, juris-PRVergR 2/2025 Anm. 4

Barbonus Die Rechtsstellung des Kämmerers nach dem Abbau der „Doppelspitze" in Nordrhein-Westfalen, GHH 2001 S. 145

von Bechtolsheim/Betz Kommunalrechtliches Öffentlichkeitsprinzip versus vergaberechtlichen Geheimhaltungsgrundsatz, KommJur 2006 S. 1

Becker Kommunales Örtlichkeitsprinzip vs. Niederlassungsfreiheit nach Art. 49 AEUV, VR 2018 S. 529

Beckmann Unzulässige Übertragung der Aufgaben einer Werkleitung auf einen Beigeordneten, DVP 2002 S. 524

Beckmann Zur Beanstandung rechtswidriger Entscheidungen über die Entlastung des Bürgermeisters in Nordrhein-Westfalen, DVBl 2018 S. 1521

Bennemann Das Eigenbetriebsrecht in Hessen, Wiesbaden 1997 = PRAXIS-Beitrag D 1d He

Boesen Darf sich ein städtischer Eigenbetrieb am Wettbewerb um private Aufträge beteiligen? – Anmerkung zu OLG Karlsruhe, Urt. vom 16.11.2000, NVwZ 2001 S. 712, in IBR 2001 S. 337

Boesen EuGH – Messegesellschaft öffentlicher Auftraggeber? Anmerkung zu EugH, Urt. vom 10.5.2001, VergabeR 2001 S. 281, in IBR 2001 S. 438

Bolsenkötter Steuerliche Behandlung des Querverbunds in Püttner, Querverbund, S. 111

Bolsenkötter Modernisierung des Bilanzrechts – Auswirkungen auf öffentliche Unternehmen und Verwaltungen, ZögU 2009 S. 258

Bolsenkötter/Dau/Zuschlag Gemeindliche Eigenbetriebe und Anstalten, 5. Auf. 2004; zitiert: Bearbeiter in Bolsenkötter jetzt:

Bolsenkötter Öffentliche-rechtliche Unternehmen der Gemeinden, hrg. von PricewaterhouseCoopers AG WPG, 6. Aufl. 2015, zit. *Bearbeiter* in Bolsenkötter, Unternehmen

Bolsenkötter/Poullie/Vogelpoth Der reformierte öffentliche Haushalt, Stuttgart 2009

Boos Handelsregistereintragungspflicht für kommunale Eigenbetriebe und eigenbetriebsähnliche Einrichtungen, DB 2000 S. 1061

Boos Handelsregistereintragungspflicht für kommunale Eigenbetriebe und eigenbetriebsähnliche Einrichtungen, VersorgW 2000 S. 197

Bosse Zu den Voraussetzungen der Gerichtsgebührenbefreiung von Kommunen im Zivilprozess, KommJur 2015 S. 203

Bracksiek Der steuerliche Querverbund kommunaler Wirtschaftseinheiten, 2012 zugl. Diss. Universität Osnabrück 2011

Brändle Anmerkung zum Urteil des BGH vom 13.6.2012, KommJur 2012 S. 459, in VersorgW 2012 S. 317

Brakalova Anm. zu EuGH, Urt. vom 13.6.2013 S. 931, EuZW 2013 S. 593

Braun Der Retter in der Not? Dienstleistungskonzession, NZBau 2011 S. 400

Brauser-Jung Rugenberger Dammbruch oder: Keine vergaberechtlichen Grenzen für interkommunale Kooperationen, VergabeR 2010 S. 306

Breder Auskunftsbeschlüsse gegen öffentlich-rechtlich handelnde Wasserversorger, NVwZ 2012 S. 940

Breuer Wasserpreise und Kartellrecht, NVWZ 2009 S. 1249

Britz Funktion und Funktionsweise öffentlicher Unternehmen im Wandel: Zu den jüngsten Entwicklungen im Recht der kommunalen Wirtschaftsunternehmen, NVwZ 2001 S. 380

Brötzmann Anmerkung zum Urteil des BVerwG vom 31.8.2011, NVwZ 2012 S. 115

Brüggen/Hünger Die Bilanzierung von Baukostenzuschüssen unter dem Bilanzrechtsmodernisierungsgesetz, VersorgW 2010 S. 34

Budäus Public Corporate Governance – Zur Steuerungsfähigkeit öffentlicher Unternehmen, Münster 2015

Bürstinghaus Zusammenfassung von Betrieben gewerblicher Art (BgA) gemäß § 4 Abs. 6 Satz 1 KStG – Anmerkung zum BFH-Urteil vom 29.8.2024 V R 43/21, FR 2025 S. 190

Bultmann Dienstleistungskonzession und Dienstleistungsvertrag – warum kompliziert, wenn es auch einfach geht?, NVwZ 2011 S. 72

Bungarten Dringlichkeitsentscheidungen im nordrhein-westfälischen Kommunalrecht zwischen Theorie und Praxis, VR 2018 S. 306

Burgi Die Bedeutung der allgemeinen Vergabegrundsätze Wettbewerb, Transparenz und Gleichbehandlung, in: Ministerium für Wirtschaft, Mittelstand und Energie NW, 8. Vergaberechtstag 2007, S. 51

Burgi Von der Zweistufenlehre zur Dreiteilung des Rechtsschutzes im Vergaberecht, NVwZ 2007 S. 737

Byok Das Gesetz zur Modernisierung des Vergaberechts – GWB 2009, NVwZ 2009 S. 551

Byok Die Entwicklung des Vergaberechts seit 2012, NJW 2013 S. 1488

Canaris/Schilling/Ulmer Handelsgesetzbuch, Großkommentar, Bd. 3, 2. Teilbd., 4. Aufl. 2002; zitiert Bearbeiter in Großkommentar HGB

Coenen/Haucap Kommunal – statt Missbrauchsaufsicht, WuW 2014 S. 356

Cronauge Das neue Konzessionsabgabenrecht – Kommentierung der Konzessionsabgabenverordnung, Düsseldorf 1992

Cronauge Benötigen die Kommunen ein neues Gemeindewirtschaftsrecht?, GHH 1997 S. 265

Cronauge Kommunale Unternehmen, 6. Auflage, Berlin 2016, zitiert *Cronauge*, Unternehmen

Daiber Wasserversorgung und Vergleichsmarktkonzept, NJW 2013 S. 1990

Daub/Eberstein Kommentar zur VOL Teil A, 5. Aufl., Düsseldorf 2000, zitiert Bearbeiter in Daub/Eberstein

Dedy Rechtliche Rahmenbedingungen der Organisation der kommunalen Abwasserbeseitigung in Nordrhein-Westfalen, NWVBl. 1993 S. 245

Decker Änderungen des nordrhein-westfälischen Gemeinderechts im Bereich der wirtschaftlichen Betätigung der Gemeinden, GHH 1984 S. 231

Decker/Habermehl Gemeindeordnung und Eigenbetriebsverordnung, StGR 1985 S. 441

Decker/Ludwig Politiker, Verwalter, Werkleiter und Bedienstete in Organen von Eigenbetrieben, ZögU 1978 Band 1 Heft 2 S. 1

Dehenn Die Vergabe von Wegekonzessionen nach § 46 EnWG, 2017, zugl. Diss. Universität Köln 2015

Deichfuß Unternehmenseigenschaft einer Körperschaft öffentlichen Rechts („Niederbarnimer Wasserverband"), jurisPR-WettbR 2/2012 Anm. 2

Dieckmann Das neue Vergaberecht, AbfallR 2009 S. 82

Dieckmann Interkommunale Zusammenarbeit im Umbruch?, AbfallR 2015 S. 70

Dieckmann/Heinrichs, Hrg. Gemeindeordnung für das Land Nordrhein-Westfalen, Köln 1996; zitiert Bearbeiter in Dieckmann/Heinrichs

Dietl Die kommunale Netzgesellschaft, DÖV 2018 S. 407

Dietlein/Riedel Veröffentlichung von Managergehältern öffentlicher Unternehmen, NWVBl. 2010 S. 453

Dietlmeier Rechtsfragen der Publizität im kommunalen Unternehmensrecht, 2015, zugl. Diss. Universität Regensburg

Dietrich/Struwe Corporate Governance in der kommunalen Daseinsvorsorge, ZögU 2006, Band 29, Heft 1 S. 1

Dingert Konzeption und Realisation von Risikomanagement-Systemen in mittelständischen Unternehmen, 2008

Dohmen Möglichkeiten wirtschaftlicher Betätigung sowie erweiterter Finanzspielräume durch die Reform der Gemeindeordnung in Nordrhein-Westfalen, ZKF 1998 S. 146

Driehaus, Hrg. Kommunalabgabenrecht, Loseblattkommentar Stand September 2019; zitiert Bearbeiter in Driehaus

Dubber Die Funktion des Eigenkapitals in kommunalen Unternehmen, ZögU 1983 S. 228

Dünchheim/Schöne Privat vor Staat? – Die Novellierung des kommunalen Wirtschaftsrechts in NRW, DVBl 2009 S. 146

Dürig/Herzog/Scholz GG Loseblattkommentar, Stand August 2024, zitiert Bearbeiter in Dürig/Herzog/Scholz

Ehlers Rechtsprobleme der Kommunalwirtschaft, DVBl 1998 S. 499

Ehlers Empfiehlt es sich, das Recht der öffentlichen Unternehmen im Spannungsfeld von öffentlichem Auftrag und Wettbewerb national und gemeinschaftsrechtlich neu zu regeln?, Gutachten E für den 64. Deutschen Juristentag, München 2002

Ehricke Die Vereinbarkeit des kommunalen Örtlichkeitsprinzips mit dem EG-Recht, 2009

Ehrmann Risikomanagement in Unternehmen, 2. Aufl. 2012

Eisenkötter Die extraterritoriale Kommunalwirtschaft, Potsdam 2007

Elicke Aufsichtsrechtliche Fragen des Kommunalleasing, DÖV 2004 S. 875

Emschermann Kommunal-Leasing und Kommunalaufsicht, KommunalPraxis N 1998 S. 299

Ennuschat/Ulrich Keine Anwendung der Zwei-Stufen-Lehre im Vergaberecht, NJW 2007 S. 2224

Erdenberger Risikomanagement, controller magazin 2001 S. 13

Eufinger Neuvergabe von Konzessionsverträgen durch Gemeinden, NVwZ 2014 S. 779

Faber, Markus Die Außenvertretung der Gemeinde, VR 2001 S. 231

Faber, Markus Rechtsfragen zum Tariftreue- und Vergabegesetz NRW unter Berücksichtigung des verfassungs- und europarechtlichen Rahmens sowie des Rechtsschutzes, NWVBl. 2012 S. 255

Fabry/Augsten Unternehmen der öffentlichen Hand, 2. Aufl. Baden-Baden 2011, zitiert Bearbeiter in Fabry/Augsten

Fassbender Rechtsschutz privater Konkurrenten gegen kommunale Wirtschaftsbetätigung, DÖV 2005 S. 89

Feldmann Sind Beschlüsse zur Jahresrechnung und zur Entlastung zu trennen? GHH 2003 S. 211

Fleischer/Beyer Die Auswirkungen des Public Corporate Governance Kodex auf die Prüfung der Ordnungsmäßigkeit der Geschäftsführung nach § 53 HGrG, WPg 2012 S. 370

Förschle/Grottel/Schmidt/Schubert/Winkeljohann Beck'scher Bilanz-Kommentar, 9. Aufl. 2014; zitiert Bearbeiter in Beck BilKomm

Franz Gewinnerzielung durch kommunale Daseinsvorsorge. Zugleich eine Untersuchung zu den Zwecken und Formen der kommunalen wirtschaftlichen Betätigung, Tübingen 2005; zugleich Habil-Schrift Universität Halle 2003

Frenz Aktuelle europarechtliche Grenzen des Vergaberechts, NVwZ 2010 S. 609

Friedl Besteuerung öffentlicher Unternehmungen in unterschiedlichen Rechts- und Organisationsformen, VR 1999 S. 149

Geerlings Kommunale Energieversorgungsunternehmen nach der Novellierung der nordrhein-westfälischen Gemeindeordnung, NWVBl. 2008 S. 90

Gehm Kommunen als Unternehmer – der neue § 2b UStG, KStZ 2018 S. 201

Geissler Kommunale Unternehmen in der Haushaltskonsolidierung, ZögU 2012 S. 267

Geitel EuGH präzisiert Anforderungen an interkommunale Kooperationen, NVwZ 2013 S. 765

Gesterkamp Schranken privilegierter kommunaler Betätigung nach § 107 Abs. 2 GO NW, AbfallR 2006 S. 27

Giebler Kreditfinanzierung von Eigenbetrieben, GHH 2003 S. 80

Giebler Baulanderschließung und Eigenbetrieb, GHH 2006 S. 78

Gleißner/Romeike Praxishandbuch Risikomanagement, Berlin 2015

Glückert/Franßen Gewinnerwirtschaftungsverbot für nichtwirtschaftliche Einrichtungen! NWVBl. 2007 S. 465

Glahs/Külpmann Die kommunalrechtlich unzulässige Betätigung öffentlicher Unternehmen im Vergaberecht, VergabeR 2002 S. 555

Gohlke Nachträglicher Vorsteuerabzug nach anfänglicher hoheitlicher Verwendung, GHH 2018 S. 256

Gottschalk Begriff des kommunalen Querverbunds in Püttner, Querverbund, S. 13

Groneberg Das Konzessionsvertragsrecht im Lichte der aktuellen BGH-Rechtsprechung, ER 2014 S. 91

Gronwald Strategisches Ergebnis- und Risikomanagement innerhalb des neuen kommunalen Finanzmanagements, 2013 zugl. Diss. Universität Kassel 2012

Grooterhorst/Törnig Wo liegt die Grenze der Zulässigkeit der wirtschaftlichen Betätigung von Kommunen?, DÖV 2004 S. 685

Grüneberg BGB, 84. Aufl. 2025

Hamacher GO-Reform in NRW und wirtschaftliche Betätigung, NWVBl. 2008 S. 81

Hausmann Höhere Anforderungen bei interkommunalen in-House-Geschäften, NVwZ 2013 S. 760

Hausmann Das deutsche Kartellrecht – die 8. GWB-Novelle, GewArch 2014 S. 101

Hefermehl in Schlegelberger, HGB Kommentar, Band 2, 5. Aufl. 1973

Heger Konzessionsabgabe einer Versorgungs-GmbH, jurisPR-Steuerrecht 37/2005 Nr. 3

Heger Pensionsrückstellung bei Betrieb gewerblicher Art, jurisPR-Steuerrecht 35/2006 Anm. 5

Heger Verdeckte Gewinnausschüttung und Vorteilsausgleich bei strukturell dauerdefizitärem kommunalem Eigenbetrieb im Organkreis, jurisPR-Steuerrecht 49/2007 Anm. 5

Heger Kein Übergang des Verlustabzugs bei Umwandlung eines Betriebs gewerblicher Art in eine Anstalt öffentlichen Rechts, jurisPR-Steuerrecht 29/2011 Anm. 4

Held, Barbara Erstes Gesetz zur Modernisierung von Regierung und Verwaltung in Nordrhein-Westfalen (1. ModernG NW) – Neue Regelungen in Nordrhein-Westfalen für die wirtschaftliche Betätigung von Kommunen, GHH 2000 S. 11

Held, Friedrich-Wilhelm Die Neufassung des NRW-Gemeindewirtschaftsrechts – Ziele und Wege, NWVBl. 1995 S. 325 = Kommunale Wirtschaft zwischen Wettbewerb und Gemeindewirtschaftsrecht, herausgegeben von der Gesellschaft für öffentliche Wirtschaft, Berlin 1995, S. 18

Held, Friedrich-Wilhelm Ist das kommunale Wirtschaftsrecht noch zeitgemäß?, WiVerw 1998 S. 264

Held/Winkel/Wansleben Kommunalverfassungsrecht Nordrhein-Westfalen, Loseblattsammlung, Stand Dezember 2024, zitiert: Bearbeiter in Held, KVR NRW

Hennecke, Hrg. Organisation kommunaler Aufgabenerfüllung – Optimierungspotentiale im Spannungsfeld von Demokratie und Effizienz, Professorengespräch des Deutschen Landkreistages 1997, Stuttgart u. a. 1998

Herden/Engel Untergang des Verlustvortrags bei einem Betrieb gewerblicher Art, NWB 2011 S. 2706

Hertwig Uneingeschränkte Relevanz des Gemeindewirtschaftsrechts im Vergabenachprüfungsverfahren, NZBau 2009 S. 355

Hertwig Die Abgrenzung öffentlich-öffentlicher Partnerschaften von bloßen Auftragsverhältnissen, NZBau 2013 S. 278

Hesse „Wer ist Millionär?" – Gesetzgebungskompetenz zur Offenlegungspflicht der Vergütung von Sparkassenvorständen, ZBB 2009 S. 387

Heymann Handelsgesetzbuch, Band 3, 2. Aufl. 1999, zitiert Heymann/Bearbeiter

Hidien Zur rechtlichen Zulässigkeit wirtschaftlicher Nebentätigkeiten kommunaler Einrichtungen, GewArch 1983 S. 177

Hidien Das Ermessen der Gemeinde über die Zweckbindung ihrer wirtschaftlichen Unternehmen, DÖV 1983 S. 1002

Hirte Gesetzliche Neuerungen im Bereich des Bilanzrechts und der Abschlussprüfung in Deutschland im Jahre 2015, NZG 2016 S. 819

Hölzer § 8 Abs. 7 KStG ist auch im Fall des kommunalen Bäder-Querverbundes mit EU-Beihilferecht vereinbar, DB 2022 S. 896

Hövelberndt Die vergaberechtliche Bewertung der interkommunalen Zusammenarbeit, NWVBl. 2011 S. 161

Hoffmann/Albrecht „Stadtwerke" als Marke und Betriebsbezeichnung, NVwZ 2013 S. 896

Hoffmann/Schulz/Gottberg Zulässige In-House-Vergabe im Konzern öffentliche Verwaltung, KommJur 2017 S. 245

Holland Anmeldung kommunaler Eigen- und Regiebetriebe zum Handelsregister, ZNotP 1999 S. 466

Ingenstau/Korbion VOB Verdingungsordnung für Bauleistungen, Teile A und B, 18. Aufl., Düsseldorf 2013

Itzel, Anmerkung zur Entscheidung des BGH, Beschluss vom 7.1.2021, III ZB 13/20 – Zum Zivilrechtsweg für den Ausgleichsanspruch eines Beamten gegen einen anderen Beamten beim Gesamtschuldverhältnis, MDR 2021 S. 543

Jaeger Die neue Basisvergaberichtlinie der EU vom 26.2.2014 – ein Überblick, NZBau 2014 S. 259

Jäger Rückkehr des „bösen Scheins", NZBau 2022 S. 515

Jarass Aktivitäten kommunaler Unternehmen außerhalb des Gemeindegebiets, insbesondere im öffentlichen Personennahverkehr, DVBl 2006 S. 1

Jacobi Überlegungen für eine Zusammenfassung der Energie- und Wasserversorgung mit der Entsorgung von Abfall und Abwasser; Beiträge zur kommunalen Versorgungswirtschaft des VKU, Heft 72, 3. Aufl. 1991

Joussen Der Sorgfaltsmaßstab des § 43 Abs. 1 GmbHG, GmbHR 2005 S. 441

Junker Anmerkung zum Urteil des BAG vom 17.1.2002, EWiR 2002 S. 821

Kämmerling Kommunale Rechnungsprüfung und Revision, VR 2018 S. 264

Kämper/Hesshaus Beteiligung öffentlicher Unternehmen an Ausschreibungen, NWVBl. 2001 S. 377

Kajüter Berichterstattung über Chancen und Risiken im Lagebericht, BB 2004 S. 427

Kajüter Nichtfinanzielle Berichterstattung nach dem CSR-Richtlinie-Umsetzungsgesetz, DB 2017 S. 617

Kallerhoff Zur Begründetheit von Rechtsschutzbegehren unterhalb der Schwellenwerte, in: Ministerium für Wirtschaft, Mittelstand und Energie NW, 8. Vergaberechtstag 2007, S. 85

Kalus Die Entlastung des Bürgermeisters, VR 2004 S. 124

Kalwarowskyj Kommunale Dauerverlustbetriebe und verdeckte Gewinnausschüttung, 2006

Katz Kommunale Wirtschaft, 2. Aufl., Stuttgart 2017

Katz Kommunales Konzessionierungsverfahren – am Beispiel der Strom-/Gas- und Wasserkonzessionsverträge, KommJur 2018 S. 1

Klenke Behörden als Beklagte – Vom Sinn der Regelung gemäß § 78 Abs. 1 Nr. 2 VwGO NWVBl. 2005, 85

Kleve/Gayger Die Rekommunalisierung in der Beihilfenrechtsfalle, NVwZ 2018 S. 273

Klieve Die Rechtsstellung des Kämmerers nach der Einführung des Neues Kommunales Finanzmanagement in Nordrhein-Westfalen, GHH 2005 S. 49

Klieve/Veen Die Rechtsstellung des Kämmerers in der neuen Kommunalverfassung in Nordrhein-Westfalen, KommunalPraxis N 2000 S. 9

Knauff Neues zur Inhouse-Vergabe, EuZW 2014 S. 486

Knauff/Badenhausen Die neue Richtlinie über die Konzessionsvergabe, NZBau 2014 S. 395

Knirsch Zur Frage der Öffentlichkeit des Berichts der Prüfung des Jahresabschlusses der Gemeinde, KStZ 2009 S. 61

Knöbl Rechtsschutz bei der Vergabe von Aufträgen unterhalb der Schwellenwerte, Berlin 2009 zugl. Diss. Universität Tübingen 2008

Köhler Wettbewerbsverstoß durch rechtswidrigen Marktzutritt? in Püttner, Gemeindewirtschaftsrecht, S. 99

Köster Die Reform der Gemeindeordnung durch das Gesetz zur Stärkung der kommunalen Selbstverwaltung – GO-Reformgesetz, NWVBl. 2008 S. 49

Köster Das Tariftreue- und Vergabegesetz Nordrhein-Westfalen, DÖV 2012 S. 474

Kohler-Gehrig Die Eintragung von Unternehmen der Gemeinden in das Handelsregister, Rpfleger 2000 S. 45

Koll-Sarfeld Digitalisierung der Vergabe, KommunalPraxis spezial 2017 S. 78

Koller/Roth/Morck Kommentar zum Handelsgesetzbuch, 6. Aufl. 2007

Kopp/Ramsauer VwVfG, 21. Aufl. 2021

Kornblum Alle kaufmännischen öffentlichen Unternehmen müssen sich in das Handelsregister eintragen lassen, DÖV 2012 S. 20

Kremer Die Errichtung von Eigenbetrieben und eigenbetriebsähnlichen Einrichtungen – nach Inkrafttreten des Gesetzes über ein Neues Kommunales Finanzmanagement in NRW –, DVP 2006 S. 410

Kreutz Die Verfassungswidrigkeit und ökonomische Unzweckmäßigkeit der namentlichen Offenlegung von Vergütungen nach dem Transparenzgesetz NRW, DÖV 2012 S. 89

Krist Anmerkung zum Urteil des OLG Düsseldorf vom 19.10.2011 (I-27 W 1/11, VergabeR 2012, 669) – Zur Frage der Gewährung einstweiligen zivilrechtlichen Rechtsschutzes in Vergabeverfahren unterhalb der Schwellenwerte, VergabeR 2012 S. 672

Kronawitter Das Bilanzrechtsmodernisierungsgesetz (BilMoG) im Jahresabschluss kommunaler Betriebe – Übergang auf das neue Bilanzrecht, VersorgW 2010 S. 265

Kronawitter Die Bilanzierung von Baukostenzuschüssen unter dem Bilanzrechtsmodernisierungsgesetz (BilMoG), VersorgW 2010 S. 285

Kronawitter Kein Übergang des Verlustabzugs bei der Umwandlung eines Betriebs gewerblicher Art in eine Anstalt öffentlichen Rechts, KStZ 2011 S. 141

Kronawitter Die Einbringung von BgA in Kapitalgesellschaften im Umwandlungssteuerrecht, VersorgW 2013 S. 5

Kronawitter Die Zusammenfassung von Betrieben gewerblicher Art – Bestandsaufnahme und Impulse für den steuerlichen Querverbund, VersorgW 2013 S. 93

Kronawitter Anmerkung zur Verwaltungsanweisung zur Bildung von Pensionsrückstellungen nach § 6a EStG bei Erbringung der Versorgungsleistungen durch externe Versorgungsträger im sog. Umlageverfahren, VersorgW 2010 S. 68

Kronawitter Betriebe gewerblicher Art als Organträger, VersorgW 2018 S. 10

Krüper Ausschussbesetzung zwischen Politik, Mathematik und Demokratie (Besprechung von BVerwG – 8 C 18.03 – NWVBl. 2004, 184), NWVBl. 2005 S. 97

Kunde Vergaberechtspflicht der „delegierenden" öffentlich-rechtlichen Vereinbarung, NZBau 2013 S. 555

Kust Zur Sorgfaltspflicht und Verantwortlichkeit eines ordentlichen und gewissenhaften Geschäftsleiters, WM 1980 S. 758

Lampert Dienstleistungskonzessionen – keine geborenen Kandidaten für den Verwaltungsrechtsweg, DVBl 2007 S. 1343

Lange Öffentlicher Zweck, öffentliches Interesse und Daseinsvorsorge als Schlüsselbegriffe des kommunalen Wirtschaftsrechts, NVwZ 2014 S. 616

Lange/Müller, St. Bilanzrechtsmodernisierungsgesetz (BilMog) – Kritische Zwischenbetrachtung auf Basis vorliegender Erfahrungen, Stbg 2012 S. 272

Latzel Soziale Aspekte bei der Vergabe öffentlicher Aufträge nach der Richtlinie 2014/24/EU, NVwZ 2014 S. 673

Leder Die Beendigung von Arbeitsverhältnissen im öffentlichen Dienst, Berlin 2008 zugl. Diss. Universität Bielefeld 2008

Lell OLG Düsseldorf schließt Gemeindeunternehmen von Vergabeverfahren aus, Rödl & Partner Newsletter März 2003 S. 4

Liebschwager Das neue Tariftreue- und Vergabegesetz NRW, NWVBl. 2012 S. 249

Liedtke Auswirkungen der Reform der Unternehmenssteuern auf die Besteuerung der juristischen Person des öffentlichen Rechts ab 2002, KommunalPraxis spezial Nr. 2/ 2002 S. 22

Lutter/Hommelhoff GmbHG, 18. Aufl., 2012, zitiert *Bearbeiter* in Lutter/Hommelhoff

Lutter Haftung und Haftungsfreiräume des GmbH-Geschäftsführers 10 Gebote an den Geschäftsführer, GmbHR 2000 S. 301

Lux Das neue kommunale Wirtschaftsrecht in Nordrhein-Westfalen, NWVBl. 2000 S. 7

Mann, Thomas Sachkundige Einwohner – Rechtsfragen der Partizipation von Ausländern an der kommunalpolitischen Willensbildung, NWVBl. 1990 S. 222

Mann, Thomas Kommunales Wirtschaftsrecht als Vorfrage des Vergaberechts, NVwZ 2010 S. 857

Märtens Zusammenfassung kommunaler Bäder- und Versorgungsbetriebe im Rahmen der Spartenrechnung, jurisPR-Steuerrecht 28/2021 Anm. 5

Markus Die neue VOB/B 2006: Nach der Novelle ist vor der Novelle, NJW 2007 S. 545

Marten Ein konzeptioneller Ansatz zur Konkretisierung des öffentlichen Zwecks, Baden-Baden 2014, zugleich Dissertation Universität Düsseldorf 2013

Martini Steuerbegünstigung für dauerdefizitäre Tätigkeiten von der öffentlichen Hand beherrschter Kapitalgesellschaften als staatliche Beihilfe, jM 2020 S. 30

Maunz/Dürig/Herzog, jetzt *Dürig/Herzog/Scholz* Grundgesetz

Meier Problemfragen bei der Auflösung von eigenbetriebsähnlichen Einrichtungen im Sinne des § 107 Abs. 2 GO NW, VR 1999 S. 161

Meier Zur Eintragungspflicht für kommunale Unternehmen und Einrichtungen in das Handelsregister infolge der Aufhebung des § 36 HGB, NWVBl. 2001 S. 11

Meier Ist der Begriff des „Ersten Werkleiters" im Sinne der Eigenbetriebsverordnung (EigVO NRW) bei Eigenbetrieben bindend oder ist die Führung einer anderen Bezeichnung, z. B. „Geschäftsführer" zulässig, ZKF 2002 S. 178

Meier Können bei einem Eigenbetrieb i. S. d. § 114 GO NRW die Aufgaben des Werksausschusses auf einen (anderen) Fachausschuss des Rates übertragen werden?, ZKF 2003 S. 41

Meier Der Kämmerer in kreisfreien und kreisangehörigen Städten, GHH 2003 S. 106

Meier Muster einer Betriebssatzung für die eigenbetriebsähnliche Einrichtung Sport- und Bäderbetrieb, KommJur 2006 S. 101

Meier Satzungsrechtliche Lösungsmöglichkeiten bei Meinungsverschiedenheiten innerhalb der Betriebsleitung von eigenbetriebsähnlichen Einrichtungen, ZKF 2010 S. 106

Meier Auswirkungen eines fehlenden festgestellten Wirtschaftsplans zu Beginn des Geschäftsjahres bei städtischen Beteiligungsgesellschaften mit fakultativem Aufsichtsrat, ZKF 2014 S. 81

Meier/Jaeger Probleme im Rahmen der Änderung des Wirtschaftsplans eines Eigenbetriebs gemäß § 14 Abs. 2 Buchst. b) Eigenbetriebsverordnung NRW (EigVO NRW), GHH 2004 S. 272

Meier/Yassini Finden § 82 GO NRW n. F. bzw. von der Kämmerei aufgestellte Bewirtschaftungsregeln auch auf eigenbetriebsähnliche Einrichtungen sinngemäß Anwendung?, GHH 2006 S. 107

Mertens/Cahn = Zöllner/Noack Kölner Kommentar zum Aktiengesetz, Band 2/1, bearbeitet von Mertens/Cahn, Köln 2010, zitiert Mertens/Cahn, AktG

Meyer Gemeinsame Vorschläge für die Wahl der Vertreter in kommunalbeherrschten privatrechtlichen Unternehmen (Die Folgen von BVerwG 8 C 18/03 [KommJur 2004, 141 ff.] für die Vertretung der Kommunen in privatrechtlichen Unternehmen), KommJur 2005 S. 121

Michaelis Verantwortung ohne Verantwortlichkeit, DVBl 1978 S. 125

Morell/Steinhauer Konzessionsverträge und Konzessionsabgaben, PRAXIS-Beitrag D 1c

Müller, Jan Peter Gründung eines Zweckverbandes und Aufgabenübergang auf diesen als „echte" Kompetenzverlagerung kein öffentlicher Auftrag, jurisPR-VergR 11/2017 Anm. 3

Müller, Jan Peter Einbeziehung von Konzessionsabgaben in die Gebührenkalkulation auch bei Rekommunalisierung, jurisPR-VergR 7/2018 Anm. 3

Müller, Jürgen Die nicht dem Rat angehörenden Mitglieder von Ratsausschüssen und ihre Stellung in Rat, Ausschuß und Fraktion, VR 1988 S. 119

Müller, Jürgen Angelegenheiten von äußerster Dringlichkeit im Kommunalrecht, VR 1990 S. 23

Müller, Jürgen Kommunale Privatisierungsmaßnahmen und Mitbestimmung des Personalrats in Nordrhein-Westfalen, PersV 1990 S. 59

Müller, Jürgen Dringlichkeitsentscheidungen in Ausschußangelegenheiten, NWVBl. 1993 S. 87

Müller, Jürgen Zu den Abwehrrechten des Ratsmitglieds gegenüber organisationsrechtswidrigen Eingriffen in seine Mitwirkungsrechte, NVwZ 1994 S. 120

Müller, Jürgen Organisations-, personal- und personalvertretungsrechtliche Zuständigkeiten des hauptamtlichen Bürgermeisters nach der neuen nordrhein-westfälischen Gemeindeordnung, PersV 1996 S. 205

Müller, Jürgen Die Vertretung des hauptamtlichen Bürgermeisters nach der nordrhein-westfälischen Gemeindeordnung, NWVBl. 1999 S. 405

Müller, Jürgen Werkleiter, Bürgermeister, Kämmerer und Fachbeigeordneter im Eigenbetrieb nordrhein-westfälischen Rechts, GHH 2000 S. 175

Müller, Jürgen Goldgräbermentalität oder Untergangsstimmung? – Der 13. Deutsche Verwaltungsrichtertag diskutierte die wirtschaftliche Betätigung kommunaler Unternehmen, GHH 2001 S. 163

Müller, Jürgen Das Ende des Stadtkämmerers?, DÖD 2005 S. 55

Müller, Jürgen Interkommunale Zusammenarbeit und Vergaberecht, VergabeR 2005 S. 436

Müller, Jürgen Die Neuregelungen in der nordrhein-westfälischen Eigenbetriebsverordnung und der Kommunalunternehmensverordnung durch das Gesetz über ein Neues Kommunales Finanzmanagement, DVP 2006 S. 185

Müller, Jürgen Die Neufassung der nordrhein-westfälischen Eigenbetriebsverordnung durch das NKF-Gesetz, GHH 2006 S. 129

Müller, Jürgen Öffentlich-rechtlicher Vertrag, gemischt-wirtschaftliche Gesellschaft, AG – die vergaberechtlichen Gestaltungsmöglichkeiten der Kommune werden geringer, aber es gibt sie noch, GHH 2006 S. 178

Müller, Jürgen Das Aus für den Verwaltungsrechtsweg bei Vergaben unterhalb der EU-Schwellenwerte, GHH 2007 S. 260

Müller, Jürgen Kommunalunternehmensverordnung, PRAXIS-Beitrag D 1e NW

Müller, Jürgen Zwischen Aushang und Internet – Zur Bekanntmachung von Satzungen in Nordrhein-Westfalen, VR 2013 S. 225

Müller, Jürgen Zum Fragerecht des einzelnen Ratsmitglieds nach der nordrhein-westfälischen Gemeindeordnung, VR 2015 S. 231

Müller, Jürgen Akteneinsichtsrechte nach § 55 GO NRW, VR 2016 S. 410

Müller, Jürgen Die Haftung von Gemeinderatsmitgliedern nach § 43 IV NRW GO, NVwZ 2017 S. 1829

Müller, Katharina/Müller, Jürgen „Empfiehlt es sich, das Recht der öffentlichen Unternehmen im Spannungsfeld von öffentlichem Auftrag und Wettbewerb national und gemeinschaftsrechtlich neu zu regeln?“, GHH 2003 S. 54

Müller, Lorenz Zwischen Pflicht und Kür: Die Vorbildfunktion öffentlicher Unternehmen und das Recht der Nachhaltigkeitsberichterstattung, DÖV 2023 S. 525

Müller, Manfred Anmerkung zu OLG Koblenz, Beschl. vom 8.11.2001, VergabeR 2002 S. 148 in VergabeR 2002 S. 151

Münch Bedeutung und Probleme kommunaler Eigenbetriebe in Eichhorn, Unternehmensverfassung in der privaten und öffentlichen Wirtschaft – Festschrift für Prof. Dr. Erich Potthoff zur Vollendung des 75. Lebensjahres, Baden-Baden 1989, S. 177

Münchener Kommentar Hrg.Säcker/Rixeker Kommentar zum BGB, Band 1, 6. Aufl., München 2012, zitiert: Bearbeiter in MüKo

Münchener Kommentar zum HGB, Hrg. Karsten Schmidt, Werner Ebke Münchener Kommentar zum HGB, Band 1, 3. Aufl. 2010; Bd. 4, 3. Aufl. 2013, zitiert: Bearbeiter in MüKo HGB

Naujoks Risikomanagement bei Eigenbetrieben und Eigengesellschaften – VHW-Seminar-Unterlagen, 2008

Neusinger Fokus Kommunalwirtschaft – Aktuelle Chancen und Grenzen wirtschaftlicher Betätigung, GHH 2002 S. 278

Nieland/Semelka/Meier Zur Zulässigkeit von „sale-and-lease-back“-Verträgen im kommunalen Bereich, GHH 2005 S. 227

Nolte Gewinnzuschlag einer kommunalen Eigengesellschaft als Teil des beitragsfähigen Aufwandes? – Anmerkung zu BVerwG, Beschl. vom 14.9.2006 – 9 B 2/06, jurisPR-BVerwG 1/2007 Anm. 5

Oebbecke Die kommunalen Versorgungs- und Verkehrsbetriebe im Kommunalwirtschaftsrecht, GHH 2019 S. 217

Opitz Mehr Effizienz bei der Vergabe öffentlicher Aufträge?, NZBau 2014 S. 129 f.

Opitz Die Zukunft der Dienstleistungskonzession, NVwZ 2014 S. 753

Oser/Orth/Wirtz Das Bilanzrichtlinie-Umsetzungsgesetz (BilRUG), DB 2015 S. 1729

Otting Anmerkung zum BGH-Beschluss vom 23.1.2011 (X ZB 5/11, VergabeR 2012 S. 440) – Zur Frage des Rechtswegs für Streitigkeiten aus der Vergabe von Dienstleistungskonzessionen VergabeR 2012 S. 443

Otto, Franz Benutzungsgebühren für Leistungen des Eigenbetriebs der Gemeinde, GHH 1997 S. 229

Otto, Sven-Joachim/Quick Art. 4 Gesetz zur Schaffung von mehr Transparenz in öffentlichen Unternehmen im Land Nordrhein-Westfalen, NWVBl. 2013 S. 271

Otto, Sven-Joachim/Schmidt, Stefan Unterschwellenvergabeverordnung – gilt jetzt durch Runderlass auch für Kommunen in NRW, GHH 2018 S. 279

Palandt Bürgerliches Gesetzbuch, jetzt: *Grüneberg*

Pape/Holz Möglichkeiten und Grenzen kommunalwirtschaftlicher Betätigung im Bereich der Abfallwirtschaft, NVwZ 2007 S. 636

Pauli/Albrecht Wachsende Bedeutung der Risikoberichterstattung in Konzernen durch DRS 20, BB 2014 S. 1195

Pieroth/Hartmann Grundrechtsschutz gegen wirtschaftliche Betätigung der öffentlichen Hand, DVBl 2002 S. 421

Pfitzer Änderungen durch Basel II bei der wirtschaftlichen Betätigung einer Kommune, GHH 2003 S. 49

Pommer Das Gesetz zur Schaffung von mehr Transparenz in öffentlichen Unternehmen im Lande Nordrhein-Westfalen (Transparenzgesetz), NWVBl. 2010 S. 459

Portz Die neuen EU-Vergaberichtlinien und die NRW-Kommunen, StGR 2014, Heft 10 S. 24

Portz Vergaberecht in Bewegung: Die neue Unterschwellenvergabeverordnung (UVgO), KommJur 2017 S. 321

Poullie Gewinn- und Verlustrechnung gem. § 23 Abs. 2 EigVO NRW, pwc:public services 5/2005 S. 9

Prieß/Stein Die neue EU-Sektorenrichtlinie, NZBau 2014 S. 323

Probst/Winters Interkommunale Zusammenarbeit vergaberechtlich erneut auf dem Prüfstand!, ELR 2013 S. 163

Prümm Zu den Reformbestrebungen der CDU/FDP-Landesregierung in NRW, das wirtschaftliche Betätigungsrecht der Kommunen i. S. d. §§ 107 ff. GO NW zu modifizieren, NWVBl. 2007 S. 10

Püttner Die Mitbestimmung in kommunalen Unternehmen, Frankfurt 1972

Püttner Anmerkung zum Urteil des VerfGH NW vom 15.9.1986, DVBl 1986 S. 1196

Püttner Mitbestimmung und demokratische Legitimation insbesondere im Kulturbereich, DÖV 1988 S. 357

Püttner Zum Begriff „laufende Betriebsführung“ und zur Verantwortung der Werkleitungen, StT 1989 S. 803

Püttner Die Neuordnung der Konzessionsabgaben, NVwZ 1992 S. 350

Püttner (Hrg.) Der kommunale Querverbund, Baden-Baden 1995, zitiert: Querverbund

Püttner Rechtliche Grundlagen und Grenzen des Querverbunds in Püttner, Querverbund, S. 133

Püttner(Hrg.) Zur Reform des Gemeindewirtschaftsrechts, Baden-Baden 2002, zitiert: Gemeindewirtschaftsrecht

Queitsch Öffentliche Wasserversorgung und Wassergebühr, KStZ 2014 S. 48 und S. 61

Rademacher Die Selbständigkeit der Werkleitung in kommunalen Eigenbetrieben, GHH 1984 S. 179

Rauball, Johannes Die Rechtsstellung des Kämmerers nach dem neuen Gemeindehaushaltsrecht, DVBl 1976 S. 366

Rauber Das Ende der Höchstzahlen?, NVwZ 2014 S. 626

Rehmann Das Eigenbetriebsrecht in Sachsen-Anhalt, Wiesbaden 1998 = PRAXIS-Beitrag D 1d SAn

Rehn/Cronauge/von Lennep/Knirsch Gemeindeordnung Nordrhein-Westfalen, Loseblattsammlung Stand Juli 2024, zitiert: *Bearbeiter* in Rehn u. a.

Rehn/Cronauge zur früheren GO: GO NW, Stand 16. Erg.-Lfg. September 1994

Reichard Institutionelle Wahlmöglichkeiten bei der öffentlichen Aufgabenwahrnehmung in Budäus, Hrg., Organisationswandel öffentlicher Aufgabenwahrnehmung, Baden-Baden 1998, S. 121 ff.

Reinelt Schadensersatzanspruch des Bieters bei vergaberechtswidriger Ausschreibung („Rettungsdienstleistungen II“) – Anmerkung zu BGH, Urt. vom 9.6.2011, jurisPR-BGHZivilR 15/2011 Anm. 3

Reiserer Anmerkung zum Urteil des BAG vom 17.1.2002, AP Nr. 8 zu § 14 KSchG

Rombach Pflichtverletzung durch Ratsmitglieder und Haftungsfolgen, VR 1989 S. 398

Rettler/Kummer/Kowalewski/Ehrbar-Wulfen/Heß/Brennenstahl/Simonsmeier/Rothermel/Klieve Gemeindehaushaltsrecht Nordrhein-Westfalen, Praxis der Gemeindeverwaltung, Stand August 2019, B 9a NW; zitiert *Bearbeiter*, GemHVO

Rost Aktuelle Streitfragen des Kündigungsschutzes von „Angestellten in leitender Stellung“ nach § 14 KSchG in Kothe, Arbeitsrecht im sozialen Dialog, Festschrift für Hellmut Wissmann zum 65. Geburtstag, 2005, S. 61 ff.

Rubner/Leuering Das CSR-Richtlinie-Umsetzungsgesetz, NJW-Spezial 2017 S. 719

Ruter/Sahr/Graf Waldersee (Hrg.) Public Corporate Governance, 2005

Ruter Der Public Corporate Governance Kodex – wie er erstellt wird und was er beinhaltet, ZKF 2005 S. 97

Säcker Die kartellrechtliche Missbrauchskontrolle über Wasserpreise und Wassergebühren, NJW 2012 S. 1105

Schantz/Scheffczyk Die Unzulässigkeit der individualisierten Veröffentlichung von Sparkassenvorstandsbezügen, BKR 2010 S. 184

Scharpf Rechtsprobleme der Gebietsüberschreitung – Kommunale Unternehmen extra muros?, NVwZ 2005 S. 148

Scheel Rechtsstellung und Aufgaben des Kämmerers nach der Gemeindeordnung für das Land Nordrhein-Westfalen, GHH 1974 S. 73

Scheer Zuschüsse und Beiträge in der Bilanz von Eigenbetrieben und Eigengesellschaften, ZKF 2006 S. 121

Schindler/Rabenhorst Auswirkungen des KonTraG auf die Abschlussprüfung, BB 1998 S. 1886 (Teil I) und S. 1939 (Teil II)

Schink Die Mitwirkung von Ausländern an der kommunalpolitischen Willensbildung unterhalb des Wahlrechts in Nordrhein-Westfalen, VR 1988 S. 269

Schmidt-Sicking Die Rechtsstellung des „sonst für das Finanzwesen zuständigen Beamten" in Nordrhein-Westfalen, GHH 1982 S. 153

Schmitz/Lindt Änderungen der GO NRW: Neue Chancen für die interkommunale Zusammenarbeit und die haushaltswirksame Bündelung verwaltungsinterner Dienstleistungen, GHH 2011 S. 162

Schmitz-Herscheid, Feststellung des steuerlichen Einlagekontos bei einem Betrieb gewerblicher Art ohne eigene Rechtspersönlichkeit, jurisPR-Steuerrecht 18/2021 Anm. 5

Schmitz-Mittweg Die Sonderkasse der Eigenbetriebe im Gemeindekassenrecht, GHH 1981 S. 77

Schnaudigel Der Betrieb nichtwirtschaftlicher kommunaler Unternehmen in Rechtsformen des Privatrechts, Stuttgart u. a. 1995

Schneider Öffentlich-rechtliche Marktzutrittsverbote im Vergaberecht, NZBau 2009 S. 352

Schönershofen/Binder-Falcke Wirtschaftliche Betätigung von Gemeinden nach der nordrhein-westfälischen Gemeindeordnung, KommunalPraxis N 1996 S. 263

Scholl Was bedeutet der „öffentliche Zweck" heute? in Püttner, Gemeindewirtschaftsrecht, S. 85

Schröer/Kortmann/Andrae Die Haftung von Stadt- und Gemeinderats- sowie von Kreistagsmitgliedern bei Amtspflichtverletzungen, NVwZ 1986 S. 449

Schrotz/Ahlhaus Anm. zu EuGH, Urt. vom 19.12.2012, NVwZ 2013 S. 711, NVwZ 2013 S. 713

Schwarting Risikomanagement – von der Analyse zur vorausschauenden Gestaltung, VM 2006 S. 232

Schwarting Public Corporate Governance – Bessere Steuerung kommunaler Unternehmen?, ZögU 2013 S. 191

Schwarting Risikomanagement in Kommunen, Berlin 2015

Schwarznecker/Anders Das Eigenbetriebsrecht in Niedersachsen, Wiesbaden 4. Aufl. 1999 PRAXIS-Beitrag D 1d Nds

Schweitzer Kommunale Daseinsvorsorge zwischen Kartellrecht und öffentlich-rechtlicher Gebührenkontrolle, ZHR 181 (2017) S. 119

Schwenker Zivilrechtsweg für Gesamtschuldnerausgleich unter Beamten, jurisPR-BGH ZivilR 26/2021, Anm. 5 § 27

Siederer/Viezens Vergabefreie Gründung und Aufgabenübertragung auf Zweckverbände, AbfallR 2016 S. 188

Sieveking Berücksichtigung von Konzessionsabgaben bei der Kalkulation von Wassergebühren, jurisPR-BVerwG 23/2021 Anm. 3

Simon Verstößt das Tariftreue- und Vergabegesetz Nordrhein-Westfalen gegen EU-Recht? – Zur Inkohärenz von Tariftreuepflichten und Mindestlohnklauseln im Vergaberecht, RdA 2014 S. 165

Spießhofer/Sellmann Rechtsschutz im „Unterschwellenbereich" – zur begrenzten Tragweite der Entscheidung des Bundesverfassungsgerichts, VergabeR 2007 S. 159

Spingler Erfahrungen mit der Umsetzung des BilMoG, WPg 2012 S. 637

Sprenger Das Eigenbetriebsrecht in Schleswig-Holstein, PRAXIS-Beitrag D 1d SH

Stamer Rechtsschutz gegen öffentliche Konkurrenzwirtschaft, Berlin 2007, zugleich Diss. Universität Göttingen 2006

Stapelfeldt EU-Vergaberecht 2007 – Änderungen der Vergabeverordnung und der Verdingungsordnungen im Überblick, KommJur 2007 S. 361

Stiel „Bestandsschutz" für kommunale Unternehmungen – was heißt das?, NWVBl. 2009 S. 46

Stüer/Schmalenbach Rechtsgrundlagen der Kommunalwirtschaft, NWVBl. 2006 S. 161

Tettinger Verfassungsrechtliche Selbstverwaltungsgarantie und kommunale Wirtschaft in Püttner, Gemeindewirtschaftsrecht, S. 23

Teufel/Kempkes Kommunalwirtschaftliche Betätigung im privilegierten Bereich am Beispiel der Entsorgung, KommJur 2007 S. 206

Theusinger/Ilg Fehlende Umsetzung der CSRD in deutsches Recht stellt Unternehmen vor große Herausforderungen, DB 2025 S. 176

Tomerius Vergaberecht und kommunale Selbstverwaltungsgarantie aus Art. 28 Abs. 2 GG, GHH 2006 S. 173

Traupel Neuordnung des nordrhein-westfälischen Gemeindewirtschaftsrechts, KommunalPraxis N 1999 S. 132

Tyczewski/Kruse Der Bürgermeister als Leiter der Gemeindeverwaltung und Eingriffsmöglichkeiten des Rates auf seine Organisations- und Personalkompetenzen, NWVBl. 2019 S. 441

Vetterlein Zulässigkeit abfallwirtschaftlicher Tätigkeiten für andere Gebietskörperschaften, pwc: public services, Mai 2008 S. 11

Vogel Bilanzierung und Bewertung von Anteilen an Personenhandelsgesellschaften im Jahresabschluss kommunaler Betriebe und Eigengesellschaften nach HGB bzw. EigVO, ZKF 2008 S. 57

Vogelpoth/Poullie/Voß Probleme im Zusammenwirken von HGB, BilMoG und kommunaler Rechnungslegung, Wpg 2009 S. 83

Von Lennep/Wellmann Die Änderung der Kommunalverfassung nach dem GO-Reformgesetz, KommJur 2007 S. 401

Wagner Kommunales Cash Pooling, Baden-Baden 2012 zugl. Diss. Universität Potsdam 2011

Waitschat/Stuber Nachhaltigkeitsberichterstattung für Gemeinden und deren Betriebe, GW 2024 S. 155

Wallerath Die öffentlich-rechtliche Innenhaftung von Organwaltern, DVBl 1971 S. 197

Weber Zur Behördeneigenschaft der Betriebsleitung eines Eigenbetriebs, DVP 2011 S. 53

Weihrauch Dienstleistungskonzession: Verwaltungsrechtsweg ist eröffnet!, IBR 2006 S. 1405

Wellmann Die Reformpläne der NRW-Landesregierung für die kommunale Wirtschaft, NWVBl. 2007 S. 1

Wenzel Neue Mitbestimmungsregelungen für Eigenbetriebe, Sparkassen und für die Lippische Landesbrandversicherungsanstalt in NW, GHH 1984 S. 257

Westermann/Prechtl BgA als Organträger – Steuerverrechnungsmöglichkeiten für Kommunen bestätigt, GHH 2014 S. 89

Wietersheim, von Aktuelles zu den weiteren Entwicklungen im deutschen Vergaberecht, jurisPR-VergR 11/2018 Anm. 1

Wietersheim, von Neue Entwicklungen im Vergaberecht, jurisPR-VergR 4/2019 Anm. 1

Wöhe Die Handels- und Steuerbilanz, München 1977

Zahradnik Die Prüfung, Beratung und Offenlegung der Jahresabschlüsse von Eigenbetrieben in kritischer Analyse, ZögU 2003 S. 371

Zeis Prüfung eines Nachhaltigkeitsberichts durch die Rechnungsprüfung, GW 2024 S. 161

Zöllner/Noack Kölner Kommentar zum Aktiengesetz, Band 2/1, bearbeitet von Mertens/Cahn, Köln 2010, zitiert Mertens/Cahn, AktG

Eigenbetriebsverordnung für das Land Nordrhein-Westfalen (EigVO NRW)

vom 16. November 2004 (Art. 16 NKFG NRW, GV. NRW. S. 644, ber. 2005 S. 15), zuletzt geändert durch Artikel 6 des Gesetzes vom 5. März 2024 (GV. NRW. S. 136), in Kraft getreten mit Wirkung vom 31. Dezember 2023.

Auf Grund des § 133 Abs. 1 und 2 der Gemeindeordnung für das Land Nordrhein-Westfalen in der Fassung der Bekanntmachung vom 14. Juli 1994 (GV. NRW. S. 666), zuletzt geändert durch Gesetz vom 16. November 2004 (GV. NRW. S. 644), wird im Einvernehmen mit dem Finanzministerium und mit Zustimmung des Ausschusses für Kommunalpolitik des Landtags verordnet:

I. TEIL
VERFASSUNG UND VERWALTUNG

§ 1
Rechtsgrundlagen des Eigenbetriebs

Die wirtschaftlichen Unternehmen der Gemeinde ohne Rechtspersönlichkeit (§ 114 der Gemeindeordnung – GO NRW) werden als Eigenbetrieb nach den Vorschriften der Gemeindeordnung und dieser Verordnung sowie nach den Bestimmungen der Betriebssatzung des Eigenbetriebs geführt.

§ 2
Betriebsleitung

(1) Der Eigenbetrieb wird von der Betriebsleitung selbstständig geleitet, soweit nicht durch die Gemeindeordnung, diese Verordnung oder die Betriebssatzung etwas anderes bestimmt ist. Der Betriebsleitung obliegt insbesondere die laufende Betriebsführung. Sie ist für die wirtschaftliche Führung des Eigenbetriebs verantwortlich und hat die Sorgfalt eines ordentlichen und gewissenhaften Geschäftsleiters anzuwenden. Für Schäden haftet die Betriebsleitung entsprechend den Vorschriften des § 48 des Beamtenstatusgesetzes und § 81 des Landesbeamtengesetzes.

(2) Die Betriebsleitung besteht aus einer Betriebsleiterin, einem Betriebsleiter oder mehreren Betriebsleiterinnen oder Betriebsleitern. Der Rat kann eine Betriebsleiterin oder einen Betriebsleiter zur Ersten Betriebsleiterin oder zum Ersten Betriebsleiter bestellen. Die Betriebssatzung regelt, wie bei Meinungsverschiedenheiten innerhalb der Betriebsleitung zu verfahren ist.

(3) Gehört zur Betriebsleitung eine Beigeordnete oder ein Beigeordneter der Gemeinde, so ist sie Erste Betriebsleiterin oder er Erster Betriebsleiter.

(4) Die Geschäftsverteilung innerhalb der Betriebsleitung, die aus mehreren Mitgliedern besteht, regelt die Bürgermeisterin oder der Bürgermeister mit Zustimmung des Betriebsausschusses durch Dienstanweisung.

§ 3
Vertretung des Eigenbetriebs

(1) In den Angelegenheiten des Eigenbetriebs vertritt die Betriebsleitung die Gemeinde, sofern die Gemeindeordnung oder diese Verordnung keine andere Regelung treffen. Die

Betriebssatzung kann ihr weitergehende Vertretungsbefugnis einräumen. Besteht die Betriebsleitung aus mehreren Mitgliedern, so vertreten zwei von ihnen gemeinschaftlich den Eigenbetrieb.

(2) Der Kreis der Vertretungsberechtigten und der Beauftragten sowie der Umfang ihrer Vertretungsbefugnis werden von der Betriebsleitung öffentlich bekannt gemacht. Die Vertretungsberechtigten unterzeichnen unter dem Namen des Eigenbetriebs.

(3) Bei verpflichtenden Erklärungen für die Eigenbetriebe ist nach den Vorschriften der §§ 64 und 74 GO NRW zu verfahren. Die Erklärungen nach § 64 Abs. 1 GO NRW sind von der Bürgermeisterin bzw. dem Bürgermeister oder ihrer allgemeinen Vertretung und einem Mitglied der Betriebsleitung zu unterzeichnen. Arbeitsverträge und sonstige schriftliche Erklärungen zur Regelung der Rechtsverhältnisse von Arbeitnehmerinnen und Arbeitnehmern sind von der Bürgermeisterin bzw. dem Bürgermeister oder ihrer allgemeinen Vertretung zu unterzeichnen (§ 74 Abs. 3 GO NRW); Bürgermeisterin oder Bürgermeister sollen möglichst diese Unterschriftsbefugnis durch Dienstanweisung auf die Betriebsleitung übertragen. Die Geschäfte der laufenden Betriebsführung gelten als einfache Geschäfte der laufenden Verwaltung (§ 64 Abs. 2 GO NRW).

§ 4
Zuständigkeiten des Rates der Gemeinde

Der Rat der Gemeinde entscheidet über die Angelegenheiten, die er nach der Gemeindeordnung nicht übertragen kann, und über

a) die Bestellung und die Abberufung der Betriebsleitung,

b) die Feststellung und Änderung des Wirtschaftsplans,

c) die Feststellung des Jahresabschlusses und die Verwendung des Jahresgewinns oder die Behandlung eines Jahresverlustes und die Entlastung des Betriebsausschusses,

d) die Verminderung des Eigenkapitals zugunsten der Gemeinde.

§ 5
Betriebsausschuss

(1) Der Rat bildet für den Eigenbetrieb einen Betriebsausschuss. Für mehrere Eigenbetriebe einer Gemeinde kann ein gemeinsamer Betriebsausschuss gebildet werden. Dem Betriebsausschuss sollen keine Aufgaben bzw. Zuständigkeiten aus Bereichen anderer Ausschüsse des Rates der Gemeinde übertragen werden.

(2) Die Zusammensetzung des Betriebsauschusses wird durch die Betriebssatzung geregelt. An Beschlüssen und sonstigen Entscheidungen des Betriebsausschusses sowie deren Vorbereitung sollen keine Mitglieder mitwirken, für die Ausschließungsgründe nach § 31 GO NRW vorliegen. Scheidet ein Mitglied oder Stellvertreter aus dem Betriebsausschuss aus, wählt der Rat auf Vorschlag derjenigen Gruppe, die die Ausgeschiedene oder den Ausgeschiedenen vorgeschlagen hatte, eine Nachfolge. Macht die Gruppe innerhalb von zwei Wochen nach dem Ausscheiden von ihrem Vorschlagsrecht keinen Gebrauch, ist die Nachfolge nach § 50 Abs. 2 GO NRW zu wählen.

(3) An den Beratungen des Betriebsausschusses nimmt die Betriebsleitung teil; sie ist berechtigt und auf Verlangen verpflichtet, ihre Ansicht zu einem Punkt der Tagesordnung darzulegen.

(4) Der Betriebsausschuss berät die Beschlüsse des Rates vor. Über alle wichtigen Angelegenheiten die gemeindliche Entwicklung betreffend ist er von der Bürgermeisterin oder dem Bürgermeister zu unterrichten. Daneben obliegt der Betriebsleitung eine umfassende Unterrichtungspflicht gegenüber dem Betriebsausschuss bezogen auf alle

betrieblichen Angelegenheiten, insbesondere auch über die beabsichtigte Geschäftspolitik und andere grundsätzliche Fragen der Unternehmensplanung.

(5) Der Betriebsausschuss setzt unbeschadet der Vorschrift des § 4 die allgemeinen Lieferbedingungen fest und erteilt die Zustimmung zu erfolgsgefährdenden Mehraufwendungen und zu Mehrauszahlungen nach den §§ 15 und 16. Er entscheidet über die Entlastung der Betriebsleitung. Die Betriebssatzung kann dem Betriebsausschuss die Entscheidung in weiteren Angelegenheiten übertragen, soweit sie nicht zu den Geschäften der laufenden Betriebsführung gehören.

(6) Der Betriebsausschuss entscheidet in den Angelegenheiten, die der Beschlussfassung des Rates unterliegen, falls die Angelegenheit keinen Aufschub duldet. In Fällen äußerster Dringlichkeit kann die Bürgermeisterin bzw. der Bürgermeister mit der oder dem Vorsitzenden des Betriebsausschusses entscheiden. § 60 Abs. 1 Satz 3 und 4 GO NRW gilt entsprechend. Ist der Betriebsausschuss noch nicht gebildet, werden seine Aufgaben vom Hauptausschuss wahrgenommen; § 60 Abs. 1 Satz 2 bis 4 GO NRW findet Anwendung.

(7) Für die Haftung der Mitglieder des Betriebsausschusses gilt § 2 Abs. 1 Satz 4 sinngemäß.

§ 6

Rechtliche Stellung der Bürgermeisterin oder des Bürgermeisters

(1) Bürgermeisterin oder Bürgermeister sind Dienstvorgesetzte der Bediensteten des Eigenbetriebs. Die Befugnis zur Einstellung, Ein- oder Höhergruppierung und Beendigung von Arbeitsverhältnissen von Arbeitnehmerinnen und Arbeitnehmern kann, mit Ausnahme der Betriebsleiterinnen und -leiter, durch die Hauptsatzung (§ 7 Absatz 3 GO NRW) auf die Betriebsleitung übertragen werden. Soweit dies nicht geschieht, regelt die Betriebssatzung die Mitwirkung der Betriebsleitung bei den in Satz 2 genannten Personalentscheidungen. Der Betriebsleitung ist zumindest ein Vorschlagsrecht für die in Satz 2 genannten Personalentscheidungen einzuräumen. Die Zuständigkeit des Rates nach § 4 Buchstabe a bleibt unberührt.

(2) Die Betriebsleitung hat die Bürgermeisterin oder den Bürgermeister über alle wichtigen Angelegenheiten rechtzeitig zu unterrichten. Bürgermeisterin oder Bürgermeister können von der Betriebsleitung Auskunft verlangen und ihr im Interesse der Einheitlichkeit der Verwaltungsführung Weisungen erteilen. Glaubt die Betriebsleitung nach pflichtgemäßem Ermessen die Verantwortung für die Durchführung einer Weisung der Bürgermeisterin oder des Bürgermeisters nicht übernehmen zu können, so hat sie sich an den Betriebsausschuss zu wenden. Wird keine Übereinstimmung zwischen dem Betriebsausschuss und der Bürgermeisterin oder dem Bürgermeister erzielt, so ist die Entscheidung des Hauptausschusses herbeizuführen.

(3) Die Regelungen des Absatzes 2, insbesondere über Weisungsmöglichkeiten, gelten nicht für die Angelegenheiten der laufenden Betriebsführung, die ausschließlich der Betriebsleitung unterliegen.

§ 7

Unterrichtung der Kämmerin oder des Kämmerers

Die Betriebsleitung hat der Kämmerin oder dem Kämmerer den Entwurf des Wirtschaftsplans und des Jahresabschlusses, die Zwischenberichte, die Ergebnisse der Betriebsstatistik und die Kostenrechnungen zuzuleiten; sie hat ihr oder ihm ferner auf Anfordern alle sonstigen finanzwirtschaftlichen Auskünfte zu erteilen.

§ 8

Zusammenfassung von Betrieben

Die Versorgungsbetriebe einer Gemeinde sollen, wenn sie Eigenbetriebe sind, zu einem Eigenbetrieb zusammengefasst werden. Das Gleiche gilt für Verkehrsbetriebe. Die Versorgungsbetriebe sollen durch Betriebssatzung den Namen „Gemeindewerke" („Stadtwerke") erhalten. Die Betriebssatzung kann

a) die Einbeziehung der Verkehrsbetriebe sowie sonstiger Eigenbetriebe in die Gemeindewerke und
b) in Ausnahmefällen die gesonderte Führung von einzelnen Versorgungsbetrieben oder von einzelnen Verkehrsbetrieben vorsehen.

Im Übrigen können auch sonstige Betriebe einer Gemeinde zu einem einheitlichen Eigenbetrieb zusammengefasst werden.

II. TEIL
WIRTSCHAFTSFÜHRUNG UND RECHNUNGSWESEN

§ 9

Vermögen des Eigenbetriebs

(1) Der Eigenbetrieb ist finanzwirtschaftlich als Sondervermögen der Gemeinde zu verwalten und nachzuweisen. Auf die Erhaltung des Sondervermögens ist Bedacht zu nehmen. Bei der Errichtung eines Eigenbetriebs durch Ausgliederung von Vermögen und Schulden aus dem Haushalt der Gemeinde sind deren Gegenstand und Wert in der Betriebssatzung festzusetzen. Gleichzeitig sind in einem Ausgliederungsbericht die für die Angemessenheit der Einbringung wesentlichen Umstände darzulegen. Die Eröffnungsbilanz für den neu zu errichtenden Eigenbetrieb ist zu prüfen; § 21 findet entsprechende Anwendung.

(2) Das in der Betriebssatzung festzusetzende Stammkapital und die Rücklagen haben eine angemessene Eigenkapitalausstattung des Eigenbetriebs darzustellen.

§ 10

Maßnahmen zur Erhaltung des Vermögens und der Leistungsfähigkeit

(1) Für die dauernde technische und wirtschaftliche Leistungsfähigkeit des Eigenbetriebs ist zu sorgen. Hierzu ist u. a. ein Überwachungssystem einzurichten, das es ermöglicht, etwaige die Entwicklung beeinträchtigende Risiken frühzeitig zu erkennen. Zur Risikofrüherkennung gehören insbesondere

- die Risikoidentifikation,
- die Risikobewertung,
- Maßnahmen der Risikobewältigung einschließlich der Risikokommunikation,
- die Risikoüberwachung/Risikofortschreibung und
- die Dokumentation.

(2) Sämtliche Lieferungen, Leistungen und Darlehen, auch im Verhältnis zwischen Eigenbetrieb und Gemeinde, einem anderen Eigenbetrieb der Gemeinde oder einer Gesellschaft, an der die Gemeinde beteiligt ist, sind angemessen zu vergüten. Der Eigenbetrieb kann jedoch abweichend von Satz 1

1. Wasser für den Brandschutz, für die Reinigung von Straßen und Abwasseranlagen sowie für öffentliche Zier- und Straßenbrunnen unentgeltlich oder verbilligt liefern,

2. auf die Tarifpreise für Leistungen von Elektrizität, Gas, Wasser und Wärme einen Preisnachlass gewähren, soweit dieser steuerrechtlich anerkannt ist.

(3) Für die technische und wirtschaftliche Fortentwicklung des Eigenbetriebs und, soweit die Abschreibungen nicht ausreichen, für Erneuerungen sollen Rücklagen gebildet werden. Bei umfangreichen Investitionen kann neben der Eigenfinanzierung die Finanzierung aus Krediten treten. Eigenkapital und Fremdkapital sollen in einem angemessenen Verhältnis zueinander stehen.

(4) Die Gemeinde darf das Eigenkapital zum Zwecke der Rückzahlung nur dann vermindern, wenn dadurch die Erfüllung der Aufgaben und die zukünftige Entwicklung des Eigenbetriebs nicht beeinträchtigt werden. Vor der Beschlussfassung des Rates nach § 4 Buchstabe d sind der Betriebsausschuss und die Betriebsleitung zu hören; die Betriebsleitung hat schriftlich Stellung zu nehmen.

(5) Der Jahresgewinn des Eigenbetriebs soll so hoch sein, dass neben angemessenen Rücklagen nach Absatz 3 mindestens eine marktübliche Verzinsung des Eigenkapitals erwirtschaftet wird.

(6) Ein etwaiger Jahresverlust ist, soweit er nicht aus Haushaltsmitteln der Gemeinde ausgeglichen wird, auf neue Rechnung vorzutragen, wenn hierdurch die erforderliche Eigenkapitalausstattung des Eigenbetriebs nicht gefährdet wird. Eine Verbesserung der Ertragslage ist anzustreben. Ein nach Ablauf von fünf Jahren nicht getilgter Verlustvortrag kann durch Abbuchung von den Rücklagen ausgeglichen werden, wenn dies die Eigenkapitalausstattung zulässt; ist dies nicht der Fall, so ist der Verlust aus Haushaltsmitteln der Gemeinde auszugleichen.

§ 11

Zahlungsabwicklung, Liquiditätsplanung

Vorübergehend nicht benötigte Geldmittel des Eigenbetriebs sollen in Abstimmung mit der Liquiditätslage der Gemeinde angelegt werden. Wenn die Gemeinde die Mittel vorübergehend bewirtschaftet, ist sicherzustellen, dass die Mittel dem Eigenbetrieb bei Bedarf wieder zur Verfügung stehen.

§ 12

Wirtschaftsjahr

Wirtschaftsjahr des Eigenbetriebs ist das Kalenderjahr. Wenn die betrieblichen Bedürfnisse es erfordern, kann die Betriebssatzung ein hiervon abweichendes Wirtschaftsjahr bestimmen.

§ 13

Leitung des Rechnungswesens

(1) Alle Zweige des Rechnungswesens sind einheitlich zu leiten. Gehört der Betriebsleitung eine Person eigens für die kaufmännischen Angelegenheiten an, so ist diese für das Rechnungswesen verantwortlich.

(2) Die Anordnung und die Ausführung finanzwirksamer Vorgänge sind personell und organisatorisch zu trennen. Die mit diesen Aufgaben Betrauten dürfen nicht durch ein Angehörigenverhältnis im Sinne des § 20 Absatz 5 des Verwaltungsverfahrensgesetzes für das Land Nordrhein-Westfalen verbunden sein. Im Übrigen gelten die §§ 93 und 94 Absatz 1 GO NRW sowie § 31 Absatz 3 und 6 der Kommunalhaushaltsverordnung Nordrhein-Westfalen vom 12. Dezember 2018 (GV. NRW. S. 708), die durch Verordnung vom 30. Oktober 2020 (GV. NRW. S. 1049) geändert worden ist, sinngemäß.

§ 14
Wirtschaftsplan

(1) Der Eigenbetrieb hat spätestens einen Monat vor Beginn eines jeden Wirtschaftsjahres einen Wirtschaftsplan aufzustellen. Dieser besteht aus dem Erfolgsplan, dem Vermögensplan und der Stellenübersicht.

(2) Der Wirtschaftsplan ist unverzüglich zu ändern, wenn

a) das Jahresergebnis sich gegenüber dem Erfolgsplan erheblich verschlechtern wird und diese Verschlechterung die Haushaltslage der Gemeinde beeinträchtigt oder eine Änderung des Vermögensplans bedingt oder

b) zum Ausgleich des Vermögensplans erheblich höhere Zuführungen der Gemeinde oder höhere Kredite erforderlich werden oder

c) im Vermögensplan weitere Verpflichtungsermächtigungen vorgesehen werden sollen oder

d) eine erhebliche Vermehrung oder Hebung der in der Stellenübersicht vorgesehenen Stellen erforderlich wird, es sei denn, dass es sich um eine vorübergehende Einstellung von Aushilfskräften handelt.

§ 15
Erfolgsplan

(1) Der Erfolgsplan muss alle voraussehbaren Erträge und Aufwendungen des Wirtschaftsjahres enthalten. Er ist mindestens wie die Gewinn- und Verlustrechnung (§ 23 Abs. 1) zu gliedern.

(2) Die veranschlagten Erträge, Aufwendungen und Zuweisungen zu den Rücklagen sind ausreichend zu begründen, insbesondere soweit sie von den Vorjahreszahlen erheblich abweichen. Zum Vergleich sind die Zahlen des Erfolgsplans des laufenden Jahres und die Zahlen der Gewinn- und Verlustrechnung des Vorjahres daneben zu stellen. Die vorhandenen oder zu beschaffenden Deckungsmittel sind nachzuweisen. Deckungsmittel, die – etwa als Verlustausgleichszahlungen oder Betriebskostenzuschüsse – aus dem Haushalt der Gemeinde stammen, müssen mit der Veranschlagung in der Haushaltsplanung der Gemeinde übereinstimmen.

(3) Sind bei der Ausführung des Erfolgsplans erfolggefährdende Mindererträge zu erwarten, so hat die Betriebsleitung die Bürgermeisterin oder den Bürgermeister unverzüglich zu unterrichten. Erfolggefährdende Mehraufwendungen bedürfen der Zustimmung des Betriebsausschusses, es sei denn, dass sie unabweisbar sind. Sind sie unabweisbar, so sind die Bürgermeisterin oder der Bürgermeister und der Betriebsausschuss unverzüglich zu unterrichten. Bei Eilbedürftigkeit treten an die Stelle der Zustimmung des Betriebsausschusses die der Bürgermeisterin oder des Bürgermeisters und der oder des Vorsitzenden des Betriebsausschusses oder eines anderen dem Betriebsausschuss angehörenden Ratsmitglieds; der Betriebsausschuss ist unverzüglich zu unterrichten.

§ 16
Vermögensplan

(1) Der Vermögensplan muss mindestens enthalten:

a) alle voraussehbaren Einzahlungen und Auszahlungen des Wirtschaftsjahres, die sich aus Investitionen (Erneuerung, Erweiterung, Neubau, Veräußerung) und aus der Kreditwirtschaft des Eigenbetriebs ergeben,

b) die notwendigen Verpflichtungsermächtigungen.

(2) Die vorhandenen oder zu beschaffenden Deckungsmittel des Vermögensplans sind nachzuweisen. Deckungsmittel, die aus dem Haushalt der Gemeinde stammen, müssen mit der Veranschlagung in der Haushaltsplanung der Gemeinde übereinstimmen.

(3) Die Auszahlungen und die Verpflichtungsermächtigungen für Investitionen sind nach Vorhaben getrennt zu veranschlagen und zu erläutern. Die §§ 12 und 13 der Kommunalhaushaltsverordnung Nordrhein-Westfalen sind sinngemäß anzuwenden.

(4) Für die Inanspruchnahme der Ermächtigungen des Vermögensplans gilt § 24 Absatz 1 bis 3 Kommunalhaushaltsverordnung Nordrhein-Westfalen sinngemäß. Die Auszahlungsansätze sind übertragbar.

(5) Mehrauszahlungen für Einzelvorhaben, die einen in der Betriebssatzung festzusetzenden Betrag überschreiten, bedürfen der Zustimmung des Betriebsausschusses. Bei Eilbedürftigkeit treten an die Stelle der Zustimmung des Betriebsausschusses die der Bürgermeisterin oder des Bürgermeisters und der oder des Vorsitzenden des Betriebsausschusses oder eines anderen dem Betriebsausschuss angehörenden Ratsmitglieds; der Betriebsausschuss ist unverzüglich zu unterrichten.

§ 17
Stellenübersicht

(1) Die Stellenübersicht hat die im Wirtschaftsjahr erforderlichen Stellen für Arbeitnehmerinnen und Arbeitnehmer einschließlich der Angaben zur Stellenbewertung und Eingruppierung der Stelleninhaber zu enthalten. Beamte, die bei dem Eigenbetrieb beschäftigt werden, sind im Stellenplan der Gemeinde zu führen und in der Stellenübersicht des Eigenbetriebs nachrichtlich anzugeben.

(2) In der Stellenübersicht sind die Zahlen der im laufenden Wirtschaftsjahr vorgesehenen und der am 30. Juni des Vorjahres tatsächlich besetzten Stellen anzugeben.

§ 18
Mittelfristige Ergebnis- und Finanzplanung

Die mittelfristige Ergebnis- und Finanzplanung (§ 84 GO NRW) besteht aus einer Übersicht über die Entwicklung der Erträge und Aufwendungen des Erfolgsplans sowie der Auszahlungen und Deckungsmittel des Vermögensplans nach Jahren gegliedert. Sie ist in den Wirtschaftsplan einzubeziehen. Ihr ist ein Investitionsprogramm zugrunde zu legen.

§ 19
Buchführung und Kostenrechnung

(1) Der Eigenbetrieb führt seine Rechnung nach den Regeln der kaufmännischen doppelten Buchführung. Die Buchführung muss den handelsrechtlichen Grundsätzen oder den für das Neue Kommunale Finanzmanagement geltenden Grundsätzen entsprechen.

(2) Über die Buchführung, das Inventar und die Aufbewahrung finden die Vorschriften des Dritten Buchs des Handelsgesetzbuches in der im Bundesgesetzblatt Teil III, Gliederungsnummer 4100-1, veröffentlichten bereinigten Fassung, das zuletzt durch Artikel 1 des Gesetzes vom 19. Juni 2023 (BGBl. 2023 I Nr. 154) geändert worden ist, Anwendung, soweit sie nicht bereits unmittelbar gelten.

(3) Der Eigenbetrieb hat die für Kostenrechnungen erforderlichen Unterlagen zu führen und nach Bedarf Kostenrechnungen zu erstellen. Hierbei soll eine Kosten- und Leistungsrechnung zur Unterstützung der Steuerung und zur Beurteilung der Wirtschaftlichkeit und Leistungsfähigkeit der Aufgabenerfüllung geführt werden.

§ 20

Zwischenberichte

Die Betriebsleitung hat die Bürgermeisterin oder den Bürgermeister und den Betriebsausschuss vierteljährlich einen Monat nach Quartalsende über die Entwicklung der Erträge und Aufwendungen sowie über die Ausführung des Vermögensplans schriftlich zu unterrichten.

§ 21

Aufstellung des Jahresabschlusses und Prüfung

(1) Für den Schluss eines jeden Wirtschaftsjahres ist ein Jahresabschluss in entsprechender Anwendung der Vorschriften des Dritten Buches des Handelsgesetzbuches für Kapitalgesellschaften aufzustellen und zu prüfen, soweit sich aus dieser Verordnung oder der Betriebssatzung nichts anderes ergibt.

(2) Der Jahresabschluss ist zu prüfen. Die Betriebsleitung kann mit der Durchführung der Jahresabschlussprüfung eine Wirtschaftsprüferin, einen Wirtschaftsprüfer, eine Wirtschaftsprüfungsgesellschaft oder die Gemeindeprüfungsanstalt nach vorheriger Beschlussfassung durch den Betriebsausschuss beauftragen. In den Fällen des Satzes 1 gilt § 102 Absatz 2 Satz 2 der Gemeindeordnung für das Land Nordrhein-Westfalen sinngemäß. Wird die Buchführung des Eigenbetriebs nach den für Gemeinden geltenden Vorschriften geführt, so kann abweichend dazu auch die örtliche Rechnungsprüfung mit der Prüfung beauftragt werden. Im Falle der Prüfung durch die örtliche Rechnungsprüfung gilt § 102 der Gemeindeordnung für das Land Nordrhein-Westfalen entsprechend.

(3) Im Rahmen der Jahresabschlussprüfung ist die Anwendung des § 53 Absatz 1 des Haushaltsgrundsätzegesetzes vom 19. August 1969 (BGBl. I S. 1273), das zuletzt durch Artikel 10 des Gesetzes vom 14. August 2017 (BGBl. I S. 3122) geändert worden ist, zu beauftragen. In dem Bericht über die Prüfung des Jahresabschlusses ist ferner darauf einzugehen, ob das von der Gemeinde zur Verfügung gestellte Eigenkapital angemessen verzinst wird. Sofern ein Lagebericht aufzustellen ist, erstreckt sich die Jahresabschlussprüfung auch auf diesen.

(4) Die Aufwendungen für die Jahresabschlussprüfung trägt der Eigenbetrieb.

§ 22

Bilanz

(1) Die Bilanz ist, wenn der Gegenstand des Betriebs keine abweichende Gliederung bedingt, die gleichwertig sein muss, entsprechend der Vorschrift des § 266 des Handelsgesetzbuches aufzustellen. § 272 des Handelsgesetzbuchs findet keine Anwendung.

(2) Das Stammkapital ist mit seinem in der Betriebssatzung festgelegten Betrag anzusetzen.

(3) Pensionsverpflichtungen nach den beamtenrechtlichen Vorschriften sind für die Dauer der Beschäftigung von Beamtinnen und Beamten im Eigenbetrieb als Rückstellung zu bilanzieren, soweit die Gemeinde den Eigenbetrieb nicht gegen entsprechende Zahlungen von künftigen Versorgungsleistungen freistellt. § 37 Absatz 1 Kommunalhaushaltsverordnung Nordrhein-Westfalen gilt entsprechend. Die Sätze 1 und 2 finden spätestens ab dem Wirtschaftsjahr 2012 Anwendung.

§ 23
Gewinn- und Verlustrechnung

(1) Die Gewinn- und Verlustrechnung ist, wenn der Gegenstand des Betriebes keine abweichende Gliederung bedingt, die gleichwertig sein muss, entsprechend der Vorschrift des § 275 des Handelsgesetzbuches aufzustellen.

(2) Eigenbetriebe mit mehr als einem Betriebszweig haben für den Schluss eines Wirtschaftsjahres eine Gewinn- und Verlustrechnung für jeden Betriebszweig aufzustellen, die in den Anhang aufzunehmen ist. Dabei sind gemeinsame Aufwendungen und Erträge sachgerecht auf die Betriebszweige aufzuteilen, soweit Lieferungen und Leistungen nicht gesondert verrechnet werden.

§ 24
Anhang, Anlagenspiegel

In einem Anlagenspiegel als Bestandteil des Anhangs ist die Entwicklung der einzelnen Posten des Anlagevermögens einschließlich der Finanzanlagen entsprechend der Gliederung der Bilanz darzustellen. Hierzu gehört auch eine Darstellung

1. der Änderungen im Bestand der zum Eigenbetrieb gehörenden Grundstücke und grundstücksgleichen Rechte,
2. der Änderungen im Bestand, Leistungsfähigkeit und Ausnutzungsgrad der wichtigsten Anlagen,
3. des Stands der Anlagen im Bau und die geplanten Bauvorhaben,
4. der Entwicklung des Eigenkapitals und der Rückstellungen jeweils unter Angabe von Anfangsbestand, Zugängen und Entnahmen,
5. der Umsatzerlöse mittels einer Mengen- und Tarifstatistik des Berichtsjahres im Vergleich mit dem Vorjahr,
6. des Personalaufwands mittels einer Statistik über die zahlenmäßige Entwicklung der Belegschaft unter Angabe der Gesamtsummen der Löhne, Gehälter, Vergütungen, sozialen Abgaben, Aufwendungen für Altersversorgung und Unterstützung einschließlich der Beihilfen und sozialen Aufwendungen für das Wirtschaftsjahr.

§ 25
[aufgehoben]

§ 26
Rechenschaft

(1) Die Betriebsleitung hat den Jahresabschluss nach § 21 bis zum Ablauf von drei Monaten nach Ende des Wirtschaftsjahres aufzustellen und unter Angabe des Datums zu unterschreiben. Besteht die Betriebsleitung aus mehreren Personen, haben sämtliche Betriebsleiterinnen und Betriebsleiter zu unterschreiben. Die Betriebsleitung legt den Jahresabschluss nach § 21 über die Bürgermeisterin oder den Bürgermeister dem Betriebsausschuss vor, der diese Unterlagen mit dem Ergebnis seiner Beratungen nach Absatz 2 an den Rat der Gemeinde weiterleitet.

(2) Der Betriebsausschuss soll die Ergebnisse der Jahresabschlussprüfung nach § 21 sowie gegebenenfalls die Ergebnisse der Prüfung der örtlichen Rechnungsprüfung nach § 104 Absatz 1 Nummer 2 der Gemeindeordnung für das Land Nordrhein-Westfalen in seine Beratung einbeziehen.

(3) Der Rat der Gemeinde stellt den geprüften Jahresabschluss innerhalb eines Jahres nach Ende des Wirtschaftsjahres fest. Sofern ein Lagebericht Gegenstand des Jahresabschlusses und seiner Prüfung ist, nimmt er diesen zur Kenntnis. Zugleich beschließt er über die Verwendung des Jahresüberschusses oder die Behandlung eines Jahresfehlbetrages.

(4) Der Jahresabschluss, die Verwendung des Jahresüberschusses oder die Behandlung des Jahresfehlbetrages sowie das Ergebnis der Prüfung des Jahresabschlusses nach § 21 sind öffentlich bekannt zu machen. Der Jahresabschluss ist danach bis zur Feststellung des folgenden Jahresabschlusses zur Einsichtnahme verfügbar zu halten. Satz 2 gilt entsprechend für einen Lagebericht nach Absatz 3 Satz 2.

III. TEIL
SONDERVORSCHRIFT

§ 27
Anwendung des Neuen Kommunalen Finanzmanagements

Für die Wirtschaftsführung und das Rechnungswesen der Eigenbetriebe ist auch die Anwendung der Vorschriften der Kommunalhaushaltsverordnung Nordrhein-Westfalen zulässig. Wird hiervon Gebrauch gemacht, gelten die § 19 Absatz 2 und §§ 22 und 23 insoweit nicht. Des Weiteren ist dann der Erfolgsplan (§ 15) als Ergebnisplan nach § 2 der Kommunalhaushaltsverordnung Nordrhein-Westfalen und der Vermögensplan (§ 16) als Finanzplan nach § 3 GemHVO auszugestalten. In diesen Fällen ist die mittelfristige Ergebnis- und Finanzplanung nach § 18 in die in Satz 3 genannten Pläne einzubeziehen.

§ 28
[aufgehoben]

Eigenbetriebsverordnung für das Land Nordrhein-Westfalen (EigVO NRW)

vom 16. November 2004 (Art. 16 NKFG NRW) (GV. NRW. S. 644, ber. 2005 S. 15), zuletzt geändert durch Artikel 6 des Gesetzes vom 5. März 2024 (GV. NRW. S. 136), in Kraft getreten mit Wirkung vom 31. Dezember 2023.

– Kommentar –

Einführung

Übersicht

1. Die Änderungen durch das NKF-Gesetz im Jahre 2004
2. Die Änderungen im Jahre 2007
3. Die Änderungen im Jahre 2009
4. Die zweiten Änderungen im Jahre 2009
5. Die Änderungen im Jahre 2012
6. Die Änderung im Jahre 2016
7. Die Änderungen seit dem Wechsel der Landesregierung 2017
8. Die Änderungen im Jahre 2021
9. Die Änderungen im Jahre 2024
10. Die Änderungen im Jahre 2025

1. Die Änderungen durch das NKF-Gesetz im Jahre 2004

Die frühere Fassung der nordrhein-westfälischen EigVO NRW vom 1.6.1988 konnte die Reform der nordrhein-westfälischen Kommunalverfassung, die Abschaffung der „Doppelspitze" noch nicht berücksichtigen, da diese erst durch die am 1.10.1999 in Kraft getretene Gemeindeordnung erfolgte.

Nunmehr hat der Gesetzgeber die gesetzliche Verankerung des Neuen Kommunalen Finanzmanagements durch das Gesetz über ein Neues Kommunales Finanzmanagement im Lande Nordrhein-Westfalen – Kommunales Finanzmanagementgesetz NW – NKFG NRW – genutzt, um die Eigenbetriebsverordnung an die geltende Gemeindeordnung anzupassen. Überall dort, wo bislang der Gemeindedirektor genannt wurde, heißt es nun – auch um den Forderungen des Gleichstellungsgesetzes nachzukommen – „die Bürgermeisterin oder der Bürgermeister".

Bereits im Jahre 2001 gab es im Innenministerium Überlegungen zu einer Änderung der Eigenbetriebsverordnung. Diese Überlegungen waren dann zurückgestellt worden, bis es Klarheit über die aus der zu erwartenden Einführung des Neuen Kommunalen Finanzmanagements sich ergebenden Folgerungen und die neuen gesetzlichen Regelungen dafür gab. Bekanntlich wurde in einigen Städten und Kreisen als Modellkommunen das NKF ausprobiert. Auf der Basis der kaufmännischen Buchführung wurde ein Haushaltsrecht entwickelt, das besser als das kamerale die Darstellung des Gesamtressourcenaufkommens und -verbrauchs und des Vermögens erlaubt, das eine flexible Mittelbewirtschaftung unterstützt und das eine Vereinheitlichung des Rechnungswesens im „Konzern Stadt" ermöglicht. Die Testphase ist längst abgeschlossen, der Abschlussbericht vorgelegt. Über die praktische Erprobung in den sieben Modellkommunen wurde berichtet. Dieser Bericht enthielt den Vorschlag für ein künftiges Gemeindehaushaltsrecht auf der Basis der Doppik. Daraus ist das Gesetz entwickelt worden. Zum grundlegend neuen Recht des Kommunalen Finanzmanagements vgl. die Erl. der §§ 75 bis 96 (NKF) und insbesondere die Vorbemerkungen dazu bei *Klieve* in *Held*, GO. Zwar ist dieses Gesetz am 1.1.2005 in Kraft getreten, das Umsetzen dauert aber und wird sich sukzessive vollziehen. Für die nicht umgestellten Bereiche gelten daher weiter die GemHVO und die GemKVO in der bis zum 31.12.2004 geltenden Fassung.

Die kommunalen Spitzenverbände hatten auf die damalige Anfrage des Innenministeriums darauf aufmerksam gemacht, dass der Eigenbetrieb als Organisationsform für wirtschaftliche Unternehmen zunehmend an Bedeutung verliert, dass es aber eine wachsende Zahl von eigenbetriebsähnlichen Einrichtungen gibt. Deren Werkleitungen, so der Vortrag der Spitzenverbände, beklagten vor allem komplizierte Entscheidungsstrukturen, eine nur beschränkte eigenständige Personal- und Finanzwirtschaft, das Fehlen von Mitarbeitervertretern in den Werksausschüssen sowie die Bindung an die Vergabevorschriften. Hier sahen die kommunalen Spitzenverbände daher vordringlichen Reformbedarf. Dazu wurde natürlich die Anpassung an die neue Gemeindeordnung reklamiert. Schließlich meinten die Spitzenverbände, der Eigenbetrieb solle sich den handelsrechtlichen Vorschriften mehr nähern und vom Gemeindehaushaltsrecht entfernen.

In ihrer Begründung zum Gesetzentwurf führt die Landesregierung zur Neufassung der EigVO NRW aus, neben redaktionellen Anpassungen verfolge sie vor allem das Ziel der Modernisierung und damit einer Attraktivitätssteigerung der Betriebsform des Eigenbetriebs durch eine klarere Ausrichtung auf unternehmerische Bedürfnisse und in diesem Zusammenhang auf die entsprechenden handelsrechtlichen Anforderungen bzw. die weitgehend inhaltsgleichen Anforderungen des Neuen Kommunalen Finanzmanagements.

„Hierzu werden zunächst die innere Verfassung des Eigenbetriebs und insbesondere die Abgrenzung der Kompetenzen zwischen der Leitung der Gemeindeverwaltung und der Betriebsleitung, deren bisherige Bezeichnung als Werkleitung einer treffenderen und zeitgemäßeren weicht, klarer geregelt.

Daneben wird die Eigenbetriebsverordnung im Hinblick auf das zukünftig im gesamten kommunalen Bereich anzuwendende kaufmännische Rechnungswesen von allen bislang noch enthaltenen kameralistischen Elementen entfrachtet. Hierzu gehört auch und insbesondere die Streichung der bisherigen Möglichkeit, neben bzw. anstelle der kaufmännischen doppelten Buchführung auch eine geeignete Verwaltungsbuchführung zu praktizieren (§ 19 EigVO).“

Zum Vergleich ist im Folgenden eine Synopse der beiden Fassungen abgedruckt:

Alter Text	Text nach NKFG und folgenden Änderungen
Eigenbetriebsverordnung in der Fassung der Bekanntmachung vom 1.6.1988 (GV. NW. S. 324/SGV 641), berichtigt GV. NW. S. 360, geändert durch Gesetz zur Errichtung einer Gemeindeprüfungsanstalt vom 30.4.2002 (GV. NRW. S. 160)	Eigenbetriebsverordnung für das Land Nordrhein-Westfalen (EigVO NRW) Auf Grund des § 133 Abs. 1 und 2 der Gemeindeordnung für das Land Nordrhein-Westfalen (GO) in der Fassung der Bekanntmachung vom 14. Juli 1994 (GV. NRW. S. 666), zuletzt geändert durch die Verordnung zur Änderung der Eigenbetriebsverordnung für das Land Nordrhein-Westfalen vom 22. März 2021 (GV. NRW. S. 348), wird im Einvernehmen mit dem Finanzministerium und mit Zustimmung des Ausschusses für Kommunalpolitik des Landtags verordnet: I. Teil **Verfassung und Verwaltung**

Alter Text	Text nach NKFG und folgenden Änderungen
§ 1 **Rechtsgrundlagen des Eigenbetriebes** Die wirtschaftlichen Unternehmen der Gemeinde ohne Rechtspersönlichkeit (§ 88 GO) werden als Eigenbetrieb nach den Vorschriften der Gemeindeordnung und dieser Verordnung sowie nach den Bestimmungen der Betriebssatzung des Eigenbetriebs geführt.	**§ 1** **Rechtsgrundlagen des Eigenbetriebs** Die wirtschaftlichen Unternehmen der Gemeinde ohne Rechtspersönlichkeit (§ 114 der Gemeindeordnung – GO NRW) werden als Eigenbetrieb nach den Vorschriften der Gemeindeordnung und dieser Verordnung sowie nach den Bestimmungen der Betriebssatzung des Eigenbetriebs geführt.
§ 2 **Werkleitung** (1) Der Eigenbetrieb wird von der Werkleitung selbstständig geleitet, soweit nicht durch die Gemeindeordnung, diese Verordnung oder die Betriebssatzung etwas anderes bestimmt ist. Der Werkleitung obliegt insbesondere die laufende Betriebsführung. Sie ist für die wirtschaftliche Führung des Eigenbetriebs verantwortlich.	**§ 2** **Betriebsleitung** (1) Der Eigenbetrieb wird von der Betriebsleitung selbstständig geleitet, soweit nicht durch die Gemeindeordnung, diese Verordnung oder die Betriebssatzung etwas anderes bestimmt ist. Der Betriebsleitung obliegt insbesondere die laufende Betriebsführung. Sie ist für die wirtschaftliche Führung des Eigenbetriebs verantwortlich und hat die Sorgfalt eines ordentlichen und gewissenhaften Geschäftsleiters anzuwenden. Für Schäden haftet die Betriebsleitung entsprechend den Vorschriften des § 48 Beamtenstatusgesetzes und des § 81 des Landesbeamtengesetzes.
(2) Die Werkleitung besteht aus einem oder mehreren Werkleitern. Der Rat kann einen Werkleiter zum Ersten Werkleiter bestellen. Die Betriebssatzung regelt, wie bei Meinungsverschiedenheiten innerhalb der Werkleitung zu verfahren ist.	(2) Die Betriebsleitung besteht aus einer Betriebsleiterin, einem Betriebsleiter oder mehreren Betriebsleiterinnen oder. Betriebsleitern. Der Rat kann eine Betriebsleiterin oder einen Betriebsleiter zur Ersten Betriebsleiterin oder zum Ersten Betriebsleiter bestellen. Die Betriebssatzung regelt, wie bei Meinungsverschiedenheiten innerhalb der Betriebsleitung zu verfahren ist.
(3) Ist ein Werkleiter Beigeordneter der Gemeinde, so ist er Erster Werkleiter.	(3) Gehört zur Betriebsleitung eine Beigeordnete oder ein Beigeordneter der Gemeinde, so ist sie Erste Betriebsleiterin oder er Erster Betriebsleiter.
(4) Die Geschäftsverteilung innerhalb der Werkleitung, die aus mehreren Mitgliedern besteht, regelt der Gemeindedirektor mit Zustimmung des Werksausschusses durch Dienstanweisung.	(4) Die Geschäftsverteilung innerhalb einer Betriebsleitung, die aus mehreren Mitgliedern besteht, regelt die Bürgermeisterin oder der Bürgermeister mit Zustimmung des Betriebsausschusses durch Dienstanweisung.
§ 3 **Vertretung des Eigenbetriebs** (1) In den Angelegenheiten des Eigenbetriebs, die der Entscheidung der Werklei-	**§ 3** **Vertretung des Eigenbetriebs** (1) In den Angelegenheiten des Eigenbetriebs vertritt die Betriebsleitung die

Alter Text	Text nach NKFG und folgenden Änderungen
tung unterliegen, vertritt diese die Gemeinde. Die Betriebssatzung kann ihr weitergehende Vertretungsbefugnis einräumen. Besteht die Werkleitung aus mehreren Mitgliedern, so vertreten zwei von ihnen gemeinschaftlich den Eigenbetrieb.	Gemeinde, sofern die Gemeindeordnung oder diese Verordnung keine andere Regelung treffen. Die Betriebssatzung kann ihr weitergehende Vertretungsbefugnis einräumen. Besteht die Betriebsleitung aus mehreren Mitgliedern, so vertreten zwei von ihnen gemeinschaftlich den Eigenbetrieb.
(2) Der Kreis der Vertretungsberechtigten und der Beauftragten sowie der Umfang ihrer Vertretungsbefugnis werden von der Werkleitung öffentlich bekanntgemacht. Die Vertretungsberechtigten unterzeichnen unter dem Namen des Eigenbetriebs.	(2) Der Kreis der Vertretungsberechtigten und der Beauftragten sowie der Umfang ihrer Vertretungsbefugnis werden von der Betriebsleitung öffentlich bekannt gemacht. Die Vertretungsberechtigten unterzeichnen unter dem Namen des Eigenbetriebs.
(3) Bei verpflichtenden Erklärungen für die Eigenbetriebe ist nach den Vorschriften der §§ 54 und 56 GO zu verfahren. Die Erklärungen nach § 54 Abs. 3 Satz 2 und nach § 56 Abs. 1 sind von dem Gemeindedirektor oder seinem Stellvertreter und einem Werkleiter zu unterschreiben. Die Geschäfte der laufenden Betriebsführung gelten als einfache Geschäfte der laufenden Verwaltung (§ 56 Abs. 2 GO).	(3) Bei verpflichtenden Erklärungen für die Eigenbetriebe ist nach den Vorschriften der §§ 64 und 74 GO NRW zu verfahren. Die Erklärungen nach § 64 Abs. 1 GO NRW sind von der Bürgermeisterin bzw. dem Bürgermeister oder ihrer allgemeinen Vertretung und einem Mitglied der Betriebsleitung zu unterzeichnen. Arbeitsverträge und sonstige schriftliche Erklärungen zur Regelung der Rechtsverhältnisse von Angestellten und Arbeitern sind von der Bürgermeisterin bzw. dem Bürgermeister oder ihrer allgemeinen Vertretung zu unterzeichnen (§ 74 Abs. 3 GO); Bürgermeisterin oder Bürgermeister sollen möglichst diese Unterschriftsbefugnis durch Dienstanweisung auf die Betriebsleitung übertragen. Die Geschäfte der laufenden Betriebsführung gelten als Geschäfte der laufenden Verwaltung (§ 64 Abs. 2 GO).
§ 4 **Zuständigkeiten des Rats der Gemeinde** Der Rat der Gemeinde entscheidet über die Angelegenheiten, die er nach der Gemeindeordnung nicht übertragen kann, und über a) die Bestellung der Werkleiter, b) die Feststellung und Änderung des Wirtschaftsplans, c) die Feststellung des Jahresabschlusses und die Verwendung des Jahresgewinns oder die Deckung eines Verlustes,	**§ 4** **Zuständigkeiten des Rates der Gemeinde** Der Rat der Gemeinde entscheidet über die Angelegenheiten, die er nach der Gemeindeordnung nicht übertragen kann, und über a) die Bestellung und die Abberufung der Betriebsleitung, b) die Feststellung und Änderung des Wirtschaftsplans, c) die Feststellung des Jahresabschlusses und die Verwendung des Jahresgewinns oder die Behandlung eines Jah-

Alter Text	Text nach NKFG und folgenden Änderungen
d) die Rückzahlung von Eigenkapital an die Gemeinde.	resverlustes und die Entlastung des Betriebsausschusses, d) die Verminderung des Eigenkapitals zugunsten der Gemeinde.
§ 5 **Werksausschuß**	**§ 5** **Betriebsausschuss**
(1) Der Rat bildet für den Eigenbetrieb einen Werksausschuß. Für mehrere Eigenbetriebe einer Gemeinde kann ein gemeinsamer Werksausschuß gebildet werden.	(1) Der Rat bildet für den Eigenbetrieb einen Betriebsausschuss. Für mehrere Eigenbetriebe einer Gemeinde kann ein gemeinsamer Betriebsausschuss gebildet werden. Dem Betriebsausschuss sollen keine Aufgaben bzw. Zuständigkeiten aus Bereichen anderer Ausschüsse des Rates der Gemeinde übertragen werden.
(2) Die Zusammensetzung des Werksausschusses wird durch die Betriebssatzung geregelt. Dem Werksausschuß sollen keine Mitglieder angehören, für die Ausschließungsgründe nach § 23 GO vorliegen. Für die dem Ausschuß angehörenden Beschäftigten (§ 93 Abs. 3 Satz 1 und 3 GO) wählt der Rat eine gleich große Anzahl von Stellvertretern. Scheidet ein Mitglied oder Stellvertreter aus dem Werksausschuß aus, wählt der Rat auf Vorschlag derjenigen Gruppe, die den Ausgeschiedenen vorgeschlagen hat, einen Nachfolger. Macht die Gruppe innerhalb von zwei Wochen nach dem Ausscheiden von ihrem Vorschlagsrecht keinen Gebrauch, ist der Nachfolger nach § 35 Abs. 2 GO zu wählen. Sind Beschäftigte als Nachfolger zu wählen, so sind diese dem Vorschlag der Versammlung der Beschäftigten nach § 93 Abs. 3 Satz 4 GO zu entnehmen.	(2) Die Zusammensetzung des Betriebsausschusses wird durch die Betriebssatzung geregelt. An Beschlüssen und sonstigen Entscheidungen des Betriebsausschusses sowie deren Vorbereitung sollen keine Mitglieder mitwirken, für die Ausschließungsgründe nach § 31 GO NRW vorliegen. Scheidet ein Mitglied oder ein Stellvertreter aus dem Betriebsausschuss aus, wählt der Rat auf Vorschlag derjenigen Gruppe, die die Ausgeschiedene oder den Ausgeschiedenen vorgeschlagen hatte, eine Nachfolge. Macht die Gruppe innerhalb von zwei Wochen nach dem Ausscheiden von ihrem Vorschlagsrecht keinen Gebrauch, ist die Nachfolge nach § 50 Abs. 2 GO NRW zu wählen.
(3) An den Beratungen des Werksausschusses nimmt die Werkleitung teil; sie ist berechtigt und auf Verlangen verpflichtet, ihre Ansicht zu einem Punkt der Tagesordnung darzulegen.	(3) An den Beratungen des Betriebsausschusses nimmt die Betriebsleitung teil; sie ist berechtigt und auf Verlangen verpflichtet, ihre Ansicht zu einem Punkt der Tagesordnung darzulegen.
(4) Der Werksausschuß berät die Beschlüsse des Rats vor. Über alle wichtigen Angelegenheiten ist er von dem Gemeindedirektor und der Werkleitung zu unterrichten.	(4) Der Betriebsausschuss berät die Beschlüsse des Rates vor. Über alle wichtigen Angelegenheiten die gemeindliche Entwicklung betreffend ist er von der Bürgermeisterin oder dem Bürgermeister zu unterrichten. Daneben obliegt der Betriebsleitung eine umfassende Unterrichtungspflicht gegenüber dem Betriebsausschuss bezogen auf alle betrieblichen

Alter Text	Text nach NKFG und folgenden Änderungen
	Angelegenheiten, insbesondere auch über die beabsichtigte Geschäftspolitik und andere grundsätzliche Fragen der Unternehmensplanung.
(5) Der Werksausschuß setzt unbeschadet der Vorschrift des § 4 die allgemeinen Lieferbedingungen fest; er erteilt die Zustimmung zu erfolggefährdenden Mehraufwendungen und zu Mehrausgaben nach §§ 15 und 16 dieser Verordnung und benennt den Prüfer für den Jahresabschluß. Die Betriebssatzung kann dem Werksausschuß die Entscheidung in weiteren Angelegenheiten übertragen, soweit sie nicht zu den Geschäften der laufenden Betriebsführung gehören.	(5) Der Betriebsausschuss setzt unbeschadet der Vorschrift des § 4 die allgemeinen Lieferbedingungen fest; er erteilt die Zustimmung zu erfolggefährdenden Mehraufwendungen und zu Mehrauszahlungen nach den §§ 15 und 16 dieser Verordnung und schlägt der Gemeindeprüfungsanstalt eine Wirtschaftsprüferin oder einen Wirtschaftsprüfer oder eine Wirtschaftsprüfungsgesellschaft für den Jahresabschluss vor. Er entscheidet über die Entlastung der Betriebsleitung. Die Betriebssatzung kann dem Betriebsausschuss die Entscheidung in weiteren Angelegenheiten übertragen, soweit sie nicht zu den Geschäften der laufenden Betriebsführung gehören.
(6) Der Werksausschuß entscheidet in den Angelegenheiten, die der Beschlußfassung des Rats unterliegen, falls die Angelegenheit keinen Aufschub duldet. In Fällen äußerster Dringlichkeit kann der Bürgermeister mit dem Vorsitzenden des Werksausschusses entscheiden. § 43 Abs. 1 Satz 4 und 5 GO gilt entsprechend. Ist der Werksausschuß noch nicht gebildet, werden seine Aufgaben vom Hauptausschuß wahrgenommen; § 43 Abs. 1 Satz 2 bis 5 findet Anwendung.	(6) Der Betriebsausschuss entscheidet in den Angelegenheiten, die der Beschlussfassung des Rates unterliegen, falls die Angelegenheit keinen Aufschub duldet. In Fällen äußerster Dringlichkeit kann die Bürgermeisterin bzw. der Bürgermeister mit der oder dem Vorsitzenden des Betriebsausschusses entscheiden. § 60 Abs. 1 Satz 3 und 4 GO NRW gilt entsprechend. Ist der Betriebsausschuss noch nicht gebildet, werden seine Aufgaben vom Hauptausschuss wahrgenommen; § 60 Abs. 1 Satz 2 bis 4 GO NRW findet Anwendung.
	(7) Für die Haftung der Mitglieder des Betriebsausschusses gilt § 2 Abs. 1 Satz 4 sinngemäß.
§ 6 **Stellung des Gemeindedirektors** (1) Der Gemeindedirektor ist Dienstvorgesetzter der Dienstkräfte des Eigenbetriebs. Die Angestellten und Arbeiter werden von dem Gemeindedirektor oder in seinem Auftrag von der Werkleitung angestellt, befördert und entlassen. Die Hauptsatzung kann etwas anderes bestimmen, insbesondere die Anstellung, Beförderung und Entlassung der Angestellten und Arbeiter der Werkleitung übertragen. Soweit dies nicht	**§ 6** **Rechtliche Stellung der Bürgermeisterin oder des Bürgermeisters** (1) Bürgermeisterin oder Bürgermeister sind Dienstvorgesetzte der Dienstkräfte des Eigenbetriebs. Die Befugnis zur Einstellung, Ein- oder Höhergruppierung und Beendigung von Arbeitsverhältnissen von Arbeitnehmerinnen und Arbeitnehmern kann, mit Ausnahme der Betriebsleiterinnen und -leiter, durch die Hauptsatzung (§ 7 Absatz 3 GO NRW) auf die Betriebs-

Alter Text	Text nach NKFG und folgenden Änderungen
geschieht, regelt die Betriebssatzung die Mitwirkung der Werkleitung.	leitung übertragen werden. Soweit dies nicht geschieht, regelt die Betriebssatzung die Mitwirkung der Betriebsleitung bei den in Satz 2 genannten Personalentscheidungen. Der Betriebsleitung ist zumindest ein Vorschlagsrecht für die in Satz 2 genannten Personalentscheidungen einzuräumen. Die Zuständigkeit des Rates nach § 4 Buchstabe a bleibt unberührt.
(2) Die Werkleitung hat den Gemeindedirektor über alle wichtigen Angelegenheiten rechtzeitig zu unterrichten. Der Gemeindedirektor kann von der Werkleitung Auskunft verlangen und ihr im Interesse der Einheitlichkeit der Verwaltungsführung Weisungen erteilen. Glaubt die Werkleitung nach pflichtgemäßem Ermessen die Verantwortung für die Durchführung einer Weisung nicht übernehmen zu können, so hat sie sich an den Werksausschuß zu wenden. Wird keine Übereinstimmung zwischen dem Werksausschuß und dem Gemeindedirektor erzielt, so ist die Entscheidung des Hauptausschusses herbeizuführen.	(2) Die Betriebsleitung hat die Bürgermeisterin oder den Bürgermeister über alle wichtigen Angelegenheiten rechtzeitig zu unterrichten. Bürgermeisterin oder Bürgermeister können von der Betriebsleitung Auskunft verlangen und ihr im Interesse der Einheitlichkeit der Verwaltungsführung Weisungen erteilen. Glaubt die Betriebsleitung nach pflichtmäßigem Ermessen die Verantwortung für die Durchführung einer Weisung der Bürgermeisterin oder des Bürgermeisters nicht übernehmen zu können, so hat sie sich an den Betriebsausschuss zu wenden. Wird keine Übereinstimmung zwischen dem Betriebsausschuss und der Bürgermeisterin oder dem Bürgermeister erzielt, so ist die Entscheidung des Hauptausschusses herbeizuführen.
	(3) Die Regelungen des Absatzes 2, insbesondere über Weisungsmöglichkeiten, gelten nicht für die Angelegenheiten der laufenden Betriebsführung, die ausschließlich der Betriebsleitung unterliegen.
§ 7 **Unterrichtung des Kämmerers**	**§ 7** **Unterrichtung der Kämmerin oder des Kämmerers**
Die Werkleitung hat dem Kämmerer oder dem sonst für das Finanzwesen zuständigen Beamten den Entwurf des Wirtschaftsplans und des Jahresabschlusses, die Vierteljahresübersichten, die Ergebnisse der Betriebsstatistik und die Selbstkostenrechnungen zuzuleiten; sie hat ihm ferner auf Anfordern alle sonstigen finanzwirtschaftlichen Auskünfte zu erteilen.	Die Betriebsleitung hat der Kämmerin oder dem Kämmerer den Entwurf des Wirtschaftsplans und des Jahresabschlusses, die Vierteljahresübersichten, die Ergebnisse der Betriebsstatistik und die Kostenrechnungen zuzuleiten; sie hat ihr oder ihm ferner auf Anforderung alle sonstigen finanzwirtschaftlichen Auskünfte zu erteilen.
§ 8 **Zusammenfassung von Betrieben**	**§ 8** **Zusammenfassung von Betrieben**
Die Versorgungsbetriebe einer Gemeinde sind zu einem Eigenbetrieb zusammenzufassen. Das gleiche gilt für die Verkehrsbe-	Die Versorgungsbetriebe einer Gemeinde sollen, wenn sie Eigenbetriebe sind, zu einem Eigenbetrieb zusammengefasst

Alter Text	Text nach NKFG und folgenden Änderungen
triebe. Die Versorgungsbetriebe sollen durch Betriebssatzung den Namen „Gemeindewerke" („Stadtwerke") erhalten. Die Betriebssatzung kann a) die Einbeziehung der Verkehrsbetriebe sowie sonstiger Eigenbetriebe in die Gemeindewerke und b) in Ausnahmefällen die gesonderte Führung von einzelnen Versorgungsbetrieben oder von einzelnen Verkehrsbetrieben vorsehen.	werden. Das Gleiche gilt für Verkehrsbetriebe. Die Versorgungsbetriebe sollen durch die Betriebssatzung den Namen „Gemeindewerke" („Stadtwerke") erhalten. Die Betriebssatzung kann a) die Einbeziehung der Verkehrsbetriebe sowie sonstiger Eigenbetriebe in die Gemeindewerke und b) in Ausnahmefällen die gesonderte Führung von einzelnen Versorgungsbetrieben oder von einzelnen Verkehrsbetrieben vorsehen.
	Im Übrigen können auch sonstige Betriebe einer Gemeinde zu einem einheitlichen Eigenbetrieb zusammengefasst werden.
	II. Teil **Wirtschaftsführung und Rechnungswesen**
§ 9 **Vermögen des Eigenbetriebs**	**§ 9** **Vermögen des Eigenbetriebs**
(1) Der Eigenbetrieb ist finanzwirtschaftlich als Sondervermögen der Gemeinde zu verwalten und nachzuweisen. Auf die Erhaltung des Sondervermögens ist Bedacht zu nehmen.	(1) Der Eigenbetrieb ist finanzwirtschaftlich als Sondervermögen der Gemeinde zu verwalten und nachzuweisen. Auf die Erhaltung des Sondervermögens ist Bedacht zu nehmen. Bei der Errichtung eines Eigenbetriebs durch Ausgliederung von Vermögen und Schulden aus dem Haushalt der Gemeinde sind deren Gegenstand und Wert in der Betriebssatzung festzusetzen. Gleichzeitig sind in einem Ausgliederungsbericht die für die Angemessenheit der Einbringung wesentlichen Umstände darzulegen. Die Eröffnungsbilanz für den neu zu errichtenden Eigenbetrieb ist zu prüfen; § 103 Abs. 2 GO NRW findet entsprechende Anwendung.
(2) Der Eigenbetrieb ist mit einem angemessenen Stammkapital auszustatten. Die Höhe des Stammkapitals ist in der Betriebssatzung festzusetzen.	(2) Das in der Betriebssatzung festzusetzende Stammkapital und die Rücklagen haben eine angemessene Eigenkapitalausstattung des Eigenbetriebs darzustellen.
§ 10 **Maßnahmen zur Erhaltung des Vermögens und der Leistungsfähigkeit**	**§ 10** **Maßnahmen zur Erhaltung des Vermögens und der Leistungsfähigkeit**
(1) Für die dauernde technische und wirtschaftliche Leistungsfähigkeit des Eigenbetriebs ist zu sorgen. Insbesondere sind alle notwendigen Instandhaltungsarbeiten rechtzeitig durchzuführen.	(1) Für die dauernde technische und wirtschaftliche Leistungsfähigkeit des Eigenbetriebs ist zu sorgen. Hierzu ist u. a. ein Überwachungssystem einzurichten, das es ermöglicht, etwaige die Entwicklung beeinträchtigende Risiken frühzeitig zu

Alter Text	Text nach NKFG und folgenden Änderungen
	erkennen. Zur Risikofrüherkennung gehören insbesondere – die Risikoidentifikation, – die Risikobewertung, – Maßnahmen der Risikobewältigung einschließlich der Risikokommunikation, – die Risikoüberwachung/Risikofortschreibung und – die Dokumentation.
(2) Sämtliche Lieferungen, Leistungen und Darlehen, auch im Verhältnis zwischen Eigenbetrieb und Gemeinde, einem anderen Eigenbetrieb der Gemeinde oder einer Gesellschaft, an der die Gemeinde beteiligt ist, sind angemessen zu vergüten. Der Eigenbetrieb kann jedoch abweichend von Satz 1 a) Wasser für den Brandschutz, für die Reinigung von Straßen und Abwasseranlagen sowie für öffentliche Zier- und Straßenbrunnen unentgeltlich oder verbilligt liefern, b) Anlagen für die Löschwasserversorgung unentgeltlich oder verbilligt zur Verfügung stellen, c) auf die Tarifpreise für Leistungen von Elektrizität, Gas, Wasser und Wärme einen Preisnachlaß gewähren, soweit dieser steuerrechtlich anerkannt ist.	(2) Sämtliche Lieferungen, Leistungen und Darlehen, auch im Verhältnis zwischen Eigenbetrieb und Gemeinde, einem anderen Eigenbetrieb der Gemeinde oder einer Gesellschaft, an der die Gemeinde beteiligt ist, sind angemessen zu vergüten. Der Eigenbetrieb kann jedoch abweichend von Satz 1 1. Wasser für den Brandschutz, für die Reinigung von Straßen und Abwasseranlagen sowie für öffentliche Zier- und Straßenbrunnen unentgeltlich oder verbilligt liefern, 2. auf die Tarifpreise für Leistungen von Elektrizität, Gas, Wasser und Wärme einen Preisnachlass gewähren, soweit dieser steuerrechtlich anerkannt ist.
(3) Für die technische und wirtschaftliche Fortentwicklung des Eigenbetriebs und, soweit die Abschreibungen nicht ausreichen, für Erneuerungen sollen aus dem Jahresgewinn Rücklagen gebildet werden. Bei umfangreichen Investitionen kann neben der Eigenfinanzierung die Finanzierung aus Krediten treten. Eigenkapital und Fremdkapital sollen in einem angemessenen Verhältnis zueinander stehen.	(3) Für die technische und wirtschaftliche Fortentwicklung des Eigenbetriebs und, soweit die Abschreibungen nicht ausreichen, für Erneuerungen sollen Rücklagen gebildet werden. Bei umfangreichen Investitionen kann neben die Eigenfinanzierung die Finanzierung aus Krediten treten. Eigenkapital und Fremdkapital sollen in einem angemessenen Verhältnis zueinander stehen.
(4) Die Gemeinde darf das Eigenkapital zum Zwecke der Rückzahlung nur ausnahmsweise und nur dann vermindern, wenn dadurch die Erfüllung der Aufgaben und die zukünftige Entwicklung des Eigenbetriebs nicht beeinträchtigt werden. Hierüber entscheidet der Rat der Gemeinde. Vor der Beschlußfassung ist die Werkleitung zu hören; sie hat schriftlich Stellung zu nehmen.	(4) Die Gemeinde darf das Eigenkapital zum Zwecke der Rückzahlung nur vermindern, wenn dadurch die Erfüllung der Aufgaben und die erforderliche Eigenkapitalausstattung des Eigenbetriebs nicht gefährdet werden. Vor der Beschlussfassung des Rates nach § 4 Buchstabe b sind der Betriebsausschuss und die Betriebsleitung zu hören; die Betriebsleitung hat schriftlich Stellung zu nehmen.

Alter Text	Text nach NKFG und folgenden Änderungen
(5) Der Jahresgewinn des Eigenbetriebs soll so hoch sein, daß neben angemessenen Rücklagen nach Absatz 3 mindestens eine marktübliche Verzinsung des Eigenkapitals erwirtschaftet wird.	(5) Der Jahresgewinn des Eigenbetriebs soll so hoch sein, dass neben angemessenen Rücklagen nach Absatz 3 mindestens eine marktübliche Verzinsung des Eigenkapitals erwirtschaftet wird.
(6) Ein etwaiger Jahresverlust ist, soweit er nicht aus Haushaltsmitteln der Gemeinde ausgeglichen wird, auf neue Rechnung vorzutragen. Die Gewinne der folgenden fünf Jahre sind zunächst zur Verlusttilgung zu verwenden. Ein nach Ablauf von fünf Jahren nicht getilgter Verlustvortrag kann durch Abbuchung von den Rücklagen ausgeglichen werden, wenn dies die Eigenkapitalausstattung zuläßt; ist dies nicht der Fall, so ist der Verlust aus Haushaltsmitteln der Gemeinde auszugleichen.	(6) Ein etwaiger Jahresverlust ist, soweit er nicht aus Haushaltsmitteln der Gemeinde ausgeglichen wird, auf neue Rechnung vorzutragen, wenn hierdurch die erforderliche Eigenkapitalausstattung des Eigenbetriebs nicht gefährdet wird. Eine Verbesserung der Ertragslage ist anzustreben. Ein nach Ablauf von fünf Jahren nicht getilgter Verlustvortrag kann durch Abbuchung von den Rücklagen ausgeglichen werden, wenn dies die Eigenkapitalausstattung zulässt; ist dies nicht der Fall, so ist der Verlust aus Haushaltsmitteln der Gemeinde auszugleichen.
§ 11 **Kassenwirtschaft**	**§ 11** **Zahlungsabwicklung, Liquiditätsplanung**
Vorübergehend nicht benötigte Geldmittel der Sonderkasse des Eigenbetriebs sollen in Abstimmung mit der Kassenlage der Gemeinde angelegt werden. Wenn die Gemeinde die Mittel vorübergehend bewirtschaftet, ist sicherzustellen, daß die Mittel dem Eigenbetrieb bei Bedarf wieder zur Verfügung stehen.	Vorübergehend nicht benötigte Geldmittel des Eigenbetriebs sollen in Abstimmung mit der Liquiditätslage der Gemeinde angelegt werden. Wenn die Gemeinde die Mittel vorübergehend bewirtschaftet, ist sicherzustellen, dass die Mittel dem Eigenbetrieb bei Bedarf wieder zur Verfügung stehen.
§ 12 **Wirtschaftsjahr**	**§ 12** **Wirtschaftsjahr**
Wirtschaftsjahr des Eigenbetriebs ist das Haushaltsjahr der Gemeinde. Wenn die Art des Betriebs es erfordert, kann die Betriebssatzung ein hiervon abweichendes Wirtschaftsjahr bestimmen.	Wirtschaftsjahr des Eigenbetriebs ist das Kalenderjahr. Wenn die betrieblichen Bedürfnisse es erfordern, kann die Betriebssatzung ein hiervon abweichendes Wirtschaftsjahr bestimmen.
§ 13 **Leitung des Rechnungswesens**	**§ 13** **Leitung des Rechnungswesens**
Alle Zweige des Rechnungswesens sind einheitlich zu leiten. Hat der Eigenbetrieb einen Werkleiter für die kaufmännischen Angelegenheiten, so ist dieser für das Rechnungswesen verantwortlich.	(1) Alle Zweige des Rechnungswesens sind einheitlich zu leiten. Gehört der Betriebsleitung eine Person eigens für die kaufmännischen Angelegenheiten an, so ist diese für das Rechnungswesen verantwortlich.
	(2) Die Anordnung und die Ausführung finanzwirksamer Vorgänge sind personell und organisatorisch zu trennen. Die mit diesen Aufgaben Betrauten dürfen nicht durch ein Angehörigenverhältnis im Sinne des § 20 Absatz 5 des Verwaltungsverfah-

Alter Text	Text nach NKFG und folgenden Änderungen
	rensgesetzes für das Land Nordrhein-Westfalen verbunden sein. Im Übrigen gelten die §§ 93 und 94 Absatz 1 GO NRW sowie § 31 Absatz 3 und 6 der Kommunalhaushaltsverordnung Nordrhein-Westfalen vom 12. Dezember 2018 (GV. NRW. S. 708), die durch die Verordnung vom 30. Oktober 2020 (GV. NRW. S. 1049) geändert worden ist, sinngemäß.
§ 14 **Wirtschaftsplan**	**§ 14** **Wirtschaftsplan**
(1) Der Eigenbetrieb hat vor Beginn eines jeden Wirtschaftsjahres einen Wirtschaftsplan aufzustellen. Dieser besteht aus dem Erfolgsplan, dem Vermögensplan und der Stellenübersicht.	(1) Der Eigenbetrieb hat spätestens einen Monat vor Beginn eines jeden Wirtschaftsjahres einen Wirtschaftsplan aufzustellen. Dieser besteht aus dem Erfolgsplan, dem Vermögensplan und der Stellenübersicht.
(2) Der Wirtschaftsplan ist unverzüglich zu ändern, wenn a) das Jahresergebnis sich gegenüber dem Erfolgsplan erheblich verschlechtern wird und diese Verschlechterung die Haushaltslage der Gemeinde beeinträchtigt oder eine Änderung des Vermögensplans bedingt oder b) zum Ausgleich des Vermögensplans erheblich höhere Zuführungen der Gemeinde oder höhere Kredite erforderlich werden oder c) im Vermögensplan weitere Verpflichtungsermächtigungen vorgesehen werden sollen oder d) eine erhebliche Vermehrung oder Hebung der in der Stellenübersicht vorgesehenen Stellen erforderlich wird, es sei denn, dass es sich um eine vorübergehende Einstellung von Aushilfskräften handelt.	(2) Der Wirtschaftsplan ist unverzüglich zu ändern, wenn a) das Jahresergebnis sich gegenüber dem Erfolgsplan erheblich verschlechtern wird und diese Verschlechterung die Haushaltslage der Gemeinde beeinträchtigt oder eine Änderung des Vermögensplans bedingt oder b) zum Ausgleich des Vermögensplans erheblich höhere Zuführungen der Gemeinde oder höhere Kredite erforderlich werden oder c) im Vermögensplan weitere Verpflichtungsermächtigungen vorgesehen werden sollen oder d) eine erhebliche Vermehrung oder Hebung der in der Stellenübersicht vorgesehenen Stellen erforderlich wird, es sei denn, dass es sich um eine vorübergehende Einstellung von Aushilfskräften handelt.
§ 15 **Erfolgsplan**	**§ 15** **Erfolgsplan**
(1) Der Erfolgsplan muß alle voraussehbaren Erträge und Aufwendungen des Wirtschaftsjahres enthalten. Er ist mindestens wie die Gewinn- und Verlustrechnung (§ 23 Abs. 1) zu gliedern.	(1) Der Erfolgsplan muss alle voraussehbaren Erträge und Aufwendungen des Wirtschaftsjahres enthalten. Er ist mindestens wie die Gewinn- und Verlustrechnung (§ 23 Abs. 1) zu gliedern.
(2) Die veranschlagten Erträge, Aufwendungen und Zuweisungen zu den Rücklagen sind ausreichend zu begründen, insbesondere soweit sie von den Vorjahreszahlen erheblich abweichen. Zum Vergleich sind die Zahlen des Erfolgsplans des	(2) Die veranschlagten Erträge, Aufwendungen und Zuweisungen zu den Rücklagen sind ausreichend zu begründen, insbesondere soweit sie von den Vorjahreszahlen erheblich abweichen. Zum Vergleich sind die Zahlen des Erfolgsplans des

Alter Text	Text nach NKFG und folgenden Änderungen
laufenden Jahres und die abgerundeten Zahlen der Gewinn- und Verlustrechnung des Vorjahres daneben zu stellen.	laufenden Jahres und die Zahlen der Gewinn- und Verlustrechnung des Vorjahres daneben zu stellen. Die vorhandenen oder zu beschaffenden Deckungsmittel sind nachzuweisen. Deckungsmittel, die – etwa als Verlustausgleichszahlungen oder Betriebskostenzuschüsse – aus dem Haushalt der Gemeinde stammen, müssen mit der Veranschlagung in der Haushaltsplanung der Gemeinde übereinstimmen.
(3) Sind bei der Ausführung des Erfolgsplans erfolggefährdende Mindererträge zu erwarten, so hat die Werkleitung den Gemeindedirektor unverzüglich zu unterrichten. Erfolggefährdende Mehraufwendungen bedürfen der Zustimmung des Werksausschusses, es sei denn, daß sie unabweisbar sind. Sind sie unabweisbar, so sind der Gemeindedirektor und der Werksausschuß unverzüglich zu unterrichten. Bei Eilbedürftigkeit tritt an die Stelle der Zustimmung des Werksausschusses die des Gemeindedirektors; der Werksausschuß ist unverzüglich zu unterrichten.	(3) Sind bei der Ausführung des Erfolgsplans erfolggefährdende Mindererträge zu erwarten, so hat die Betriebsleitung die Bürgermeisterin oder den Bürgermeister unverzüglich zu unterrichten. Erfolggefährdende Mehraufwendungen bedürfen der Zustimmung des Betriebsausschusses, es sei denn, dass sie unabweisbar sind. Sind sie unabweisbar, so sind die Bürgermeisterin oder der Bürgermeister und der Betriebsausschuss unverzüglich zu unterrichten. Bei Eilbedürftigkeit treten an die Stelle der Zustimmung des Betriebsausschusses die der Bürgermeisterin oder des Bürgermeisters und der oder des Vorsitzenden des Betriebsausschusses oder eines anderen dem Betriebsausschuss angehörenden Ratsmitglieds; der Betriebsausschuss ist unverzüglich zu unterrichten.
§ 16 **Vermögensplan**	**§ 16** **Vermögensplan**
(1) Der Vermögensplan muß mindestens enthalten: a) alle voraussehbaren Einnahmen und Ausgaben des Wirtschaftsjahres, die sich aus Anlagenänderungen (Erneuerung, Erweiterung, Neubau, Veräußerung) und aus der Kreditwirtschaft des Eigenbetriebs ergeben, b) die notwendigen Verpflichtungsermächtigungen.	(1) Der Vermögensplan muss mindestens enthalten: a) alle voraussehbaren Einzahlungen und Auszahlungen des Wirtschaftsjahres, die sich aus Investitionen (Erneuerung, Erweiterung, Neubau, Veräußerung) und aus der Kreditwirtschaft des Eigenbetriebs ergeben, b) die notwendigen Verpflichtungsermächtigungen.
(2) Auf der Einnahmenseite des Vermögensplans sind die vorhandenen oder zu beschaffenden Deckungsmittel nachzuweisen. Deckungsmittel, die aus dem Haushalt der Gemeinde stammen, müssen mit den Ansätzen im Haushaltsplan der Gemeinde übereinstimmen.	(2) Die vorhandenen oder zu beschaffenden Deckungsmittel des Vermögensplans sind nachzuweisen. Deckungsmittel, die aus dem Haushalt der Gemeinde stammen, müssen mit der Veranschlagung in der Haushaltsplanung der Gemeinde übereinstimmen.
(3) Die Ausgaben und die Verpflichtungsermächtigungen für Anlagenänderungen	(3) Die Auszahlungen und die Verpflichtungsermächtigungen für Investitionen

Alter Text	Text nach NKFG und folgenden Änderungen
sind nach den Vorhaben getrennt zu veranschlagen und zu erläutern. Die Vorhaben sind nach dem Anlagennachweis (§ 24 Abs. 2) und die Ansätze, soweit möglich, nach Anlagenteilen zu gliedern. Die §§ 10 und 27 Abs. 2 der Gemeindehaushaltsverordnung vom 6. Dezember 1972 (GV. NW S. 418) sind anzuwenden.	sind nach Vorhaben getrennt zu veranschlagen und zu erläutern. Die §§ 12 und 13 Kommunalhaushaltsverordnung Nordrhein-Westfalen sind sinngemäß anzuwenden.
(4) Für die Inanspruchnahme der Ausgabeansätze gilt § 27 Abs. 1 der Gemeindehaushaltsverordnung vom 6. Dezember 1972 (GV. NW S. 418), geändert durch Verordnung vom 5. November 1976 (GV. NW S. 372), sinngemäß. Die Ausgabeansätze sind übertragbar.	(4) Für die Inanspruchnahme der Ermächtigungen des Vermögensplans gilt § 24 Absatz 1 bis 3 Kommunalhaushaltsverordnung Nordrhein-Westfalen sinngemäß. Die Auszahlungsansätze sind übertragbar.
(5) Ausgaben für verschiedene Vorhaben, die sachlich eng zusammenhängen, können für gegenseitig deckungsfähig erklärt werden. Mehrausgaben für das Einzelvorhaben, die einen in der Betriebssatzung festzusetzenden Betrag überschreiten, bedürfen der Zustimmung des Werksausschusses. Bei Eilbedürftigkeit tritt an die Stelle der Zustimmung des Werksausschusses die Zustimmung des Gemeindedirektors. Der Werksausschuß ist unverzüglich zu unterrichten.	(5) Mehrauszahlungen für Einzelvorhaben, die einen in der Betriebssatzung festzusetzenden Betrag überschreiten, bedürfen der Zustimmung des Betriebsausschusses. Bei Eilbedürftigkeit treten an die Stelle der Zustimmung des Betriebsausschusses die Zustimmung der Bürgermeisterin oder des Bürgermeisters und der oder des Vorsitzenden des Betriebsausschusses oder eines anderen dem Betriebsausschuss angehörenden Ratsmitglieds; der Betriebsausschuss ist unverzüglich zu unterrichten.
§ 17 **Stellenübersicht**	**§ 17** **Stellenübersicht**
(1) Die Stellenübersicht hat die im Wirtschaftsjahr erforderlichen Stellen für Angestellte und Arbeiter zu enthalten. Beamte, die bei dem Eigenbetrieb beschäftigt werden, sind im Stellenplan der Gemeinde zu führen und in der Stellenübersicht des Eigenbetriebs nachrichtlich anzugeben.	(1) Die Stellenübersicht hat die im Wirtschaftsjahr erforderlichen Stellen für Angestellte und Arbeiter einschließlich der Angaben zur Stellenbewertung und Eingruppierung der Stelleninhaber zu enthalten. Beamte, die bei dem Eigenbetrieb beschäftigt werden, sind im Stellenplan der Gemeinde zu führen und in der Stellenübersicht des Eigenbetriebs nachrichtlich anzugeben.
(2) Zum Vergleich sind die Zahlen der im laufenden Wirtschaftsjahr vorgesehenen und der tatsächlich besetzten Stellen anzugeben.	(2) In der Stellenübersicht sind die Zahlen der im laufenden Wirtschaftsjahr vorgesehenen und der am 30. Juni des Vorjahres tatsächlich besetzten Stellen anzugeben.
§ 18 **Finanzplan**	**§ 18** **Mittelfristige Ergebnis- und Finanzplanung**
Der fünfjährige Finanzplan besteht aus: a) einer Übersicht über die Entwicklung der Ausgaben und der Deckungsmittel des Vermögensplans entsprechend der	Die mittelfristige Ergebnis- und Finanzplanung (§ 84 GO NRW) besteht aus einer Übersicht über die Entwicklung der Erträ-

Alter Text	Text nach NKFG und folgenden Änderungen
für diesen vorgeschriebenen Ordnung, nach Jahren gegliedert, sowie b) einer Übersicht über die Entwicklung der Einnahmen und Ausgaben des Eigenbetriebs, die sich auf die Finanzplanung für den Haushalt der Gemeinde auswirken.	ge und Aufwendungen des Erfolgsplans sowie der Auszahlungen und Deckungsmittel des Vermögensplans nach Jahren gegliedert. Sie ist in den Wirtschaftsplan einzubeziehen. Ihr ist ein Investitionsprogramm zugrunde zu legen.
§ 19 **Buchführung und Kostenrechnung**	**§ 19** **Buchführung und Kostenrechnung**
(1) Der Eigenbetrieb führt seine Rechnung nach den Regeln der kaufmännischen doppelten Buchführung oder einer entsprechenden Verwaltungsbuchführung. Die Art der Buchungen muß die zwangsläufige Fortschreibung der Vermögens- und Schuldenteile ermöglichen. Die Buchführung muß zusammen mit der Bestandsaufnahme die Aufstellung von Jahresabschlüssen gestatten, die den Anforderungen nach § 21 entsprechen. Eine Anlagenbuchführung muß vorhanden sein.	(1) Der Eigenbetrieb führt seine Rechnung nach den Regeln der kaufmännischen doppelten Buchführung. Die Buchführung muss den handelsrechtlichen Grundsätzen oder den für das Neue Kommunale Finanzmanagement geltenden Grundsätzen entsprechen.
(2) Die Vorschriften des Dritten Buchs des Handelsgesetzbuchs über Buchführung, Inventar und Aufbewahrung finden Anwendung, soweit sie nicht bereits unmittelbar gelten.	(2) Die Vorschriften des Dritten Buchs des Handelsgesetzbuchs über Buchführung, Inventar und Aufbewahrung finden Anwendung, soweit sie nicht bereits unmittelbar gelten.
(3) Der Eigenbetrieb hat die für Kostenrechnungen erforderlichen Unterlagen zu führen und nach Bedarf Kostenrechnungen zu erstellen.	(3) Der Eigenbetrieb hat die für Kostenrechnungen erforderlichen Unterlagen zu führen und nach Bedarf Kostenrechnungen zu erstellen. Hierbei soll eine Kosten- und Leistungsrechnung zur Unterstützung der Steuerung und zur Beurteilung der Wirtschaftlichkeit und Leistungsfähigkeit der Aufgabenerfüllung geführt werden.
§ 20 **Zwischenberichte**	**§ 20** **Zwischenberichte**
Die Werkleitung hat den Gemeindedirektor und den Werksausschuß vierteljährlich über die Entwicklung der Erträge und Aufwendungen sowie über die Abwicklung des Vermögensplans schriftlich zu unterrichten. Die Betriebssatzung kann eine andere Frist von nicht mehr als 6 Monaten bestimmen.	Die Betriebsleitung hat die Bürgermeisterin oder den Bürgermeister und den Betriebsausschuss vierteljährlich einen Monat nach Quartalsende über die Entwicklung der Erträge und Aufwendungen sowie über die Abwicklung des Vermögensplans schriftlich zu unterrichten.
§ 21 **Jahresabschluß**	**§ 21** **Jahresabschluss**
Für den Schluß eines jeden Wirtschaftsjahres ist ein Jahresabschluß aufzustellen, der aus der Bilanz, der Gewinn- und Verlustrechnung und dem Anhang besteht. Die	Für den Schluss eines jeden Wirtschaftsjahres ist ein Jahresabschluss aufzustellen, der aus der Bilanz, der Gewinn- und Verlustrechnung und dem Anhang besteht.

Alter Text	Text nach NKFG und folgenden Änderungen
allgemeinen Vorschriften, die Ansatzvorschriften, die Vorschriften über die Bilanz und die Gewinn- und Verlustrechnung, die Bewertungsvorschriften und die Vorschriften über den Anhang für den Jahresabschluß der großen Kapitalgesellschaften finden sinngemäß Anwendung, soweit sich aus dieser Verordnung nichts anderes ergibt.	Die allgemeinen Vorschriften, die Ansatzvorschriften, die Vorschriften über die Bilanz und die Gewinn- und Verlustrechnung, die Bewertungsvorschriften und die Vorschriften über den Anhang für den Jahresabschluss der großen Kapitalgesellschaften im Dritten Buch des Handelsgesetzbuchs finden sinngemäß Anwendung, soweit sich aus dieser Verordnung nichts anderes ergibt.
§ 22 Bilanz	**§ 22 Bilanz**
(1) Die Bilanz ist, wenn der Gegenstand des Betriebs keine abweichende Gliederung bedingt, die gleichwertig sein muß, unbeschadet einer weiteren Gliederung nach Formblatt 1 (Anlage 1) aufzustellen. § 268 Abs. 1 bis 3, § 270 Abs. 1 Satz 1 und Abs. 2 sowie § 272 des Handelsgesetzbuchs finden keine Anwendung.	(1) Die Bilanz ist, wenn der Gegenstand des Betriebs keine abweichende Gliederung bedingt, die gleichwertig sein muss, entsprechend der Vorschrift des § 266 des Handelsgesetzbuches aufzustellen. § 272 des Handelsgesetzbuches findet keine Anwendung.
(2) Das Stammkapital ist mit seinem in der Betriebssatzung festgelegten Betrag anzusetzen.	(2) Das Stammkapital ist mit seinem in der Betriebssatzung festgelegten Betrag anzusetzen.
(3) Ertragszuschüsse können als Passivposten nach Formblatt 1 Posten C ausgewiesen oder von den Anschaffungs- oder Herstellungskosten der bezuschußten Anlagen abgesetzt werden. Werden Ertragszuschüsse passiviert, so sind jährlich diejenigen Teilbeträge als Umsatzerlöse in die Gewinn- und Verlustrechnung zu übernehmen, die an der Wirtschaftlichkeit der bezuschußten Betriebsleistungen jeweils fehlen. Soweit der Eigenbetrieb Bauzuschüsse aufgrund allgemeiner Lieferbedingungen erhebt, gelten sie als Ertragszuschüsse. Werden derartige Ertragszuschüsse passiviert, so sind sie jährlich mit einem Zwanzigstel aufzulösen. Kapitalzuschüsse der öffentlichen Hand, die die Gemeinde für den Eigenbetrieb erhalten hat, sind dem Eigenkapital zuzuführen, soweit die den Zuschuß bewilligende Stelle nichts Gegenteiliges bestimmt. Im übrigen finden auf die Bilanzierung der Zuschüsse die allgemeinen Grundsätze ordnungsgemäßer Buchführung Anwendung.	(3) Pensionsverpflichtungen nach den beamtenrechtlichen Vorschriften sind für die Dauer der Beschäftigung von Beamtinnen und Beamten im Eigenbetrieb als Rückstellung zu bilanzieren, soweit die Gemeinde den Eigenbetrieb nicht gegen entsprechende Zahlungen von künftigen Versorgungsleistungen freistellt. § 37 Absatz 1 Kommunalhaushaltsordnung Nordrhein-Westfalen gilt entsprechend. Die Sätze 1 und 2 finden spätestens ab dem Wirtschaftsjahr 2012 Anwendung.

Alter Text	Text nach NKFG und folgenden Änderungen
§ 23 **Gewinn- und Verlustrechnung, Erfolgsübersicht**	**§ 23** **Gewinn- und Verlustrechnung**
(1) Die Gewinn- und Verlustrechnung ist, wenn der Gegenstand des Betriebes keine abweichende Gliederung bedingt, die gleichwertig sein muß, unbeschadet einer weiteren Gliederung nach Formblatt 4 (Anlage 4) aufzustellen.	(1) Die Gewinn- und Verlustrechnung ist, wenn der Gegenstand des Betriebes keine abweichende Gliederung bedingt, die gleichwertig sein muss, entsprechend der Vorschrift des § 275 des Handelsgesetzbuches aufzustellen.
(2) Bei Versorgungsbetrieben muß der Ertrag aus Energielieferungen (Strom, Gas, Wärme) und Wasserlieferungen in jedem Wirtschaftsjahr 365, in Schaltjahren 366 Tage umfassen und auf den Bilanzstichtag abgegrenzt sein.	(2) Eigenbetriebe mit mehr als einem Betriebszweig haben für den Schluss eines jeden Wirtschaftsjahres eine Gewinn- und Verlustrechnung für jeden Betriebszweig aufzustellen, die in den Anhang aufzunehmen ist. Dabei sind gemeinsame Aufwendungen und Erträge sachgerecht auf die Betriebszweige aufzuteilen, soweit Lieferungen und Leistungen nicht gesondert verrechnet werden.
(3) Eigenbetriebe mit mehr als einem Betriebszweig haben für den Schluß eines Wirtschaftsjahres außerdem eine Erfolgsübersicht aufzustellen, die mindestens nach Formblatt 5 (Anlage 5) zu gliedern ist. Dabei sind gemeinsame Aufwendungen und Erträge sachgerecht auf die Betriebszweige aufzuteilen, soweit Lieferungen und Leistungen nicht gesondert verrechnet werden (Formblatt 5 Zeilen 1b und 14b).	
§ 24 **Anhang, Anlagennachweis**	**§ 24** **Anhang, Anlagenspiegel**
(1) Für die Darstellung im Anhang gilt § 285 Nr. 9 und 10 des Handelsgesetzbuchs mit der Maßgabe, daß die Angaben a) nach Nummer 9 über die vom Eigenbetrieb gewährten Leistungen für die Mitglieder der Werkleitung und für sonstige für den Eigenbetrieb in leitender Funktion tätige Personen sowie für die Mitglieder des Werksausschusses und b) nach Nummer 10 für die Mitglieder der Werkleitung und des Werksausschusses zu machen sind. § 258 Nr. 8 und § 286 Abs. 2 und 3 des Handelsgesetzbuches finden keinen Anwendung.	(1) § 285 Nummer 9 Buchstabe a des Handelsgesetzbuches ist mit der Maßgabe anzuwenden, dass die vom Eigenbetrieb für die Tätigkeit im Geschäftsjahr gewährten Gesamtbezüge und Leistungen für die Mitglieder der Betriebsleitung und des Betriebsausschusses im Anhang zum Jahresabschluss jeweils für jede Personengruppe sowie zusätzlich unter Namensnennung die Bezüge und Leistungen für jedes einzelne Mitglied dieser Personengruppen unter Aufgliederung nach erfolgsunabhängigen und erfolgsbezogenen sowie Komponenten mit langfristiger Anreizwirkung anzugeben sind. § 108 Absatz 1 Satz 1 Nummer 9 Satz 2 GO NRW gilt entsprechend. Ferner sind die in § 285 Nummer 9 Buchstaben b und c des

Alter Text	Text nach NKFG und folgenden Änderungen
	Handelsgesetzbuches genannten Angaben über die vom Eigenbetrieb gewährten Leistungen für die Mitglieder der Betriebsleitung und des Betriebsausschusses und die in § 285 Nummer 10 des Handelsgesetzbuches genannten Angaben für die Mitglieder der Betriebsleitung und des Betriebsausschusses zu machen.
(2) In einem Anlagennachweis als Bestandteil des Anhangs ist die Entwicklung der einzelnen Posten des Anlagevermögens einschließlich der Finanzanlagen nach Formblättern 2 und 3 darzustellen.	(2) In einem Anlagenspiegel als Bestandteil des Anhangs ist die Entwicklung der einzelnen Posten des Anlagevermögens einschließlich der Finanzanlagen entsprechend der Gliederung der Bilanz darzustellen. Hierzu gehört auch eine Darstellung 1. der Änderungen im Bestand der zum Eigenbetrieb gehörenden Grundstücke und grundstücksgleichen Rechte, 2. der Änderungen im Bestand, Leistungsfähigkeit und Ausnutzungsgrad der wichtigsten Anlagen, 3. des Stands der Anlagen im Bau und die geplanten Bauvorhaben, 4. der Entwicklung des Eigenkapitals und der Rückstellungen jeweils unter Angabe von Anfangsbestand, Zugängen und Entnahmen, 5. der Umsatzerlöse mittels einer Mengen- und Tarifstatistik des Berichtsjahres im Vergleich mit dem Vorjahr, 6. des Personalaufwands mittels einer Statistik über die zahlenmäßige Entwicklung der Belegschaft unter Angabe der Gesamtsummen der Löhne, Gehälter, Vergütungen, sozialen Abgaben, Aufwendungen für Altersversorgung und Unterstützung einschließlich der Beihilfen und sozialen Aufwendungen für das Wirtschaftsjahr.
§ 25 **Lagebericht**	**§ 25** **Lagebericht**
(1) Gleichzeitig mit dem Jahresabschluß ist ein Lagebericht aufzustellen. Im Lagebericht sind mindestens der Geschäftsverlauf und die Lage des Eigenbetriebs darzustellen, und zwar so, daß ein den tatsächlichen Verhältnissen entsprechendes Bild vermittelt wird.	(1) Gleichzeitig mit dem Jahresabschluss ist ein Lagebericht entsprechend den Vorschriften des § 289 des Handelsgesetzbuches aufzustellen.
(2) Im Lagebericht ist auch einzugehen auf 1. die Änderungen im Bestand der zum	(2) Im Lagebericht ist auch auf Sachverhalte einzugehen, die Gegenstand der

Alter Text	Text nach NKFG und folgenden Änderungen
Eigenbetrieb gehörenden Grundstücke und grundstücksgleichen Rechte, 2. die Änderungen im Bestand, Leistungsfähigkeit und Ausnutzungsgrad der wichtigsten Anlagen, 3. der Stand der Anlagen im Bau und die geplanten Bauvorhaben, 4. die Entwicklung des Eigenkapitals und der Rückstellungen jeweils unter Angabe von Anfangsbestand, Zugängen und Entnahmen, 5. die Umsatzerlöse mittels einer Mengen- und Tarifstatistik des Berichtsjahres im Vergleich mit dem Vorjahr, 6. der Personalaufwand mittels einer Statistik über die zahlenmäßige Entwicklung der Belegschaft unter Angabe der Gesamtsummen der Löhne, Gehälter, Vergütungen, sozialen Abgaben, Aufwendungen für Altersversorgung und Unterstützung einschließlich der Beihilfen und der sonstigen sozialen Aufwendungen für das Wirtschaftsjahr, 7. Vorgänge von besonderer Bedeutung, die nach Schluß des Wirtschaftsjahres eingetreten sind, 8. die voraussichtliche Entwicklung des Eigenbetriebes, 9. den Bereich Forschung und Entwicklung.	Berichterstattung gemäß § 103 Absatz 3 Satz 2 GO NRW im Rahmen der Prüfung nach § 53 des Haushaltsgrundsätzegesetzes sein können.
§ 26 **Rechenschaft**	**§ 26** **Rechenschaft**
(1) Die Werkleitung hat den Jahresabschluß, den Lagebericht und ggf. die Erfolgsübersicht aufzustellen, unter Angabe des Datums zu unterschreiben und über den Gemeindedirektor dem Werksausschuß vorzulegen, der sie mit dem Beratungsergebnis an den Rat der Gemeinde zur Feststellung weiterleitet. Besteht die Werkleitung aus mehreren Werkleitern, haben sämtliche Werkleiter zu unterschreiben. Jahresabschluß, Lagebericht und ggf. die Erfolgsübersicht sind bis zum Ablauf von drei Monaten nach Ende des Wirtschaftsjahres aufzustellen. Die Betriebssatzung kann eine andere Frist von nicht mehr als sechs Monaten bestimmen. Der Werksausschuß soll die Ergebnisse der Prüfung des Jahresabschlusses und des Lageberichts sowie ggf. die Ergeb-	(1) Die Betriebsleitung hat den Jahresabschluss und den Lagebericht bis zum Ablauf von drei Monaten nach Ende des Wirtschaftsjahres aufzustellen und unter Angabe des Datums zu unterschreiben. Besteht die Betriebsleitung aus mehreren Personen, haben sämtliche Betriebsleiterinnen und Betriebsleiter zu unterschreiben. Die Betriebsleitung legt den Jahresabschluss und den Lagebericht über die Bürgermeisterin oder den Bürgermeister dem Betriebsausschuss vor, der diese Unterlagen mit dem Ergebnis seiner Beratungen nach Absatz 2 an den Rat der Gemeinde weiterleitet.

Alter Text	Text nach NKFG und folgenden Änderungen
nisse der Prüfung des Rechnungsprüfungsamtes nach § 102 Abs. 1 Nr. 3 und § 102 Abs. 2 Nr. 4 GO in seine Beratung einbeziehen.	
(2) Der Rat der Gemeinde stellt den Jahresabschluß und den Lagebericht in der Regel innerhalb eines Jahres nach Ende des Wirtschaftsjahres fest. Zugleich beschließt er über die Verwendung des Jahresgewinns oder die Behandlung des Jahresverlustes.	(2) Der Betriebsausschuss soll die Ergebnisse der Prüfung des Jahresabschlusses und des Lageberichts sowie ggf. die Ergebnisse der Prüfung der örtlichen Rechnungsprüfung nach § 104 Absatz 1 Nummer 2 GO NRW in seine Beratung des geprüften Jahresabschlusses und Lageberichts einbeziehen.
(3) Die Feststellung durch den Rat der Gemeinde ist ortsüblich bekanntzumachen. Dabei sind die beschlossene Verwendung des Gewinns oder Behandlung des Verlustes nach Formblatt 4 (Anlage 4) sowie der abschließende Vermerk der Gemeindeprüfungsanstalt über die Jahresabschlußprüfung wiederzugeben. Gleichzeitig sind der Jahresabschluß, der Lagebericht und ggf. die Erfolgsübersicht an sieben Tagen öffentlich auszulegen; in der Bekanntmachung nach Satz 1 ist auf die Auslegung hinzuweisen.	(3) Der Rat der Gemeinde stellt den geprüften Jahresabschluss innerhalb eines Jahres nach Ende des Wirtschaftsjahres fest und nimmt den geprüften Lagebericht zur Kenntnis. Zugleich beschließt er über die Verwendung des Jahresgewinns oder die Behandlung eines Jahresverlustes.
	(4) Der Jahresabschluss, die Verwendung des Jahresgewinns oder die Behandlung des Jahresverlustes sowie das Ergebnis der Prüfung des Jahresabschlusses und des Lageberichts sind öffentlich bekannt zu machen. Der Jahresabschluss und der Lagebericht sind danach bis zur Feststellung des folgenden Jahresabschlusses zur Einsichtnahme verfügbar zu halten.
	III. Teil **Sondervorschrift**
§ 27 **Befreiungen**	**§ 27** **Anwendung des Neuen Kommunalen Finanzmanagements**
Der Regierungspräsident kann bestimmte Eigenbetriebe allgemein oder auf Antrag von Vorschriften dieser Verordnung befreien. Versorgungs- und Verkehrsbetriebe in Gemeinden oder Versorgungs- und Einzugsbereichen mit mehr als 25 000 Einwohnern können nur von einzelnen Vorschriften auf Antrag befreit werden.	Für die Wirtschaftsführung und das Rechnungswesen der Eigenbetriebe ist auch die Anwendung der Vorschriften der Kommunalhaushaltsverordnung Nordrhein-Westfalen zulässig. Wird hiervon Gebrauch gemacht, gelten die § 19 Absatz 2 und §§ 21 bis 23 sowie 25 insoweit nicht. Des Weiteren ist dann der Erfolgsplan (§ 15) als Ergebnisplan nach § 2 der Kommunalhaushaltsverordnung Nordrhein-Westfalen und der Vermögensplan nach § 3 der

Alter Text	Text nach NKFG und folgenden Änderungen
	Kommunalhaushaltsverordnung auszugestalten. In diesen Fällen ist die mittelfristige Ergebnis- und Finanzplanung nach § 18 in die in Satz 3 genannten Pläne einzubeziehen.
§ 28 Die Verordnung tritt am Tage nach ihrer Veröffentlichung in Kraft.	

Die meisten Änderungen sind sprachlicher Art: Betriebsleiter statt Werkleiter, Betriebsausschuss statt Werksausschuss, Bürgermeister statt Gemeindedirektor. Dazu kommt die (sprachlich wenig glückliche) gleichzeitige Verwendung der weiblichen und männlichen Form: Betriebsleiterin und Betriebsleiter, Bürgermeisterin und Bürgermeister, Kämmerin und Kämmerer. An manchen Stellen wird bemüht eine neutrale Ausdrucksweise verwandt: allgemeine Vertretung (statt Erster Beigeordneter respektive Stadtdirektor), eine Nachfolge statt Nachfolger. Der Glanzpunkt dieser Unfähigkeit zwischen genus und sexus unterscheiden zu wollen, ist in § 5 zu finden: *„eine Wirtschaftsprüferin, einen Wirtschaftsprüfer oder eine Wirtschaftsprüfungsgesellschaft."* Dazu kommen klarstellende Änderungen, deren Inhalt sich auch so der Verordnung entnehmen ließ. Nur weniges ist substantieller Natur.

Zur Sprache in diesem Kommentar: der Verfasser verwendet in der Regel die männliche Bezeichnung und meint damit die Funktion, die nichts mit dem Geschlecht der Funktionsinhaberin oder des Funktionsinhabers zu tun hat. (siehe zur generellen Problematik auch BGH, Urt. vom 13.3.2018, VI ZR 143/17) Eine Vorgehensweise, die im Übrigen auch in nordrhein-westfälischen Landesgesetzen Verwendung fand: „Soweit personenbezogene Bezeichnungen im Maskulinum stehen, wird diese Form verallgemeinernd verwendet und bezieht sich auf beide Geschlechter." so § 1 Abs. 3 des (inzwischen außer Kraft getretenen) LBG NRW vom 21.4.2009 (GV. NRW. S. 224). Die Sprachverwirrung, die sich zur angeblichen Gleichstellung der Geschlechter breit gemacht hat und u. a. dazu führt, dass Behördenbezeichnungen sich ändern, wenn der Amtsinhaber wechselt, so dass aus der Behörde „Der Oberbürgermeister der Stadt" die (neue? andere? alte?) Behörde „Die Oberbürgermeisterin der Stadt" wird. Die Folgen, die sich daraus ergeben können, sind durchaus von Unterhaltungswert. So las ich in einem Widerspruchsbescheid, in dem es um eine Ordnungsverfügung (wohlgemerkt der Behörde „Der Oberbürgermeister der Stadt Remscheid") ging, ständig „der damalige Oberbürgermeister der Stadt Remscheid", wenn es um den Inhalt der verfügten Maßnahmen bzw. deren Begründung ging. Und das alles nur, weil inzwischen eine Frau zur Oberbürgermeisterin gewählt wurde.

Durch die Erlassbereinigung im Jahre 2003 sind viele alte Erlasse aufgehoben worden – der Nachweis befindet sich im historischen Sammel-Ministerialblatt (http://lv.kommunen.nrw.testa-de.net). Dadurch sind auch die hier früher im Anhang abgedruckten Erlasse

- vom 14.4.1954 – Ausführung der EigVO NRW
- vom 29.7.1960 – Prüfungspflicht der kommunalen Wirtschaftsbetriebe
- vom 16.1.1962 – Befreiung von den Vorschriften

entfallen.

2. Die Änderungen im Jahr 2007

Die nordrhein-westfälische Landesregierung hat entsprechend der Koalitionsvereinbarung zwischen CDU und FDP aus dem Jahre 2005 (http://www.cdu-nrw.de/media/Koalitionsvereinbarung.pdf, S. 51 ff.) die Änderung der Gemeindeordnung betrieben. Sie wurde gegen heftige Proteste der Städte und Gemeinden und ihrer Stadtwerke sowie der Gewerkschaften des Öffentlichen Dienstes am 19.9.2007 vom Landtag beschlossen. Das Gesetz zur Stärkung der kommunalen Selbstverwaltung – GO-Reformgesetz – vom 9.10.2007 ist am 16.10.2007 (GV. NRW. S. 380) bekannt gemacht worden und im Wesentlichen am Tage nach der Verkündung in Kraft getreten. Neben Änderungen, die vor allem die Stellung des Bürgermeisters betreffen, ist ein Kernstück die Neuregelung der wirtschaftlichen Betätigung. Unter dem Schlagwort „Privat vor Staat" sollte die Zulässigkeit der wirtschaftlichen Betätigung kommunaler Gesellschaften beschränkt werden. Dies wird in den Erläuterungen zu § 1 näher dargestellt.

3. Die Änderungen im Jahr 2009

Die Verordnung zur Änderung von Rechtsverordnungen auf dem Gebiet des Gemeindewirtschaftsrechts vom 5.8.2009 hat einige Änderungen in den §§ 2, 3, 5, 6, 7, 9, 15, 17, 20, 22, 25, 26 und 27 EigVO NRW gebracht. Diese sind größtenteils sprachlicher Art ohne substanzielle Änderungen. Neu ist die Befristungsvorschrift – bis zum 31.12.2012 – des § 28 EigVO NRW.

4. Die zweite Änderung im Jahre 2009

Im gleichen Jahr kam es zu einer weiteren Änderung durch die Verordnung vom 17.12.2009. Geändert wurde § 24 Abs. 1 EigVO NRW. Dies war eine Folge des Gesetzes zur Schaffung von mehr Transparenz in öffentlichen Unternehmen im Lande Nordrhein-Westfalen (Transparenzgesetz) vom 17.12.2009, GV. NRW. S. 950. Ziel dieses Gesetzes ist es, dem Informationsanspruch der Allgemeinheit hinsichtlich der Vergütungen der Vorstände, Geschäftsführer und Mitglieder von Aufsichtsgremien zu dienen. Zu diesem Themenbereich mehr bei Erl. 3 zu § 24 EigVO NRW.

5. Die Änderungen im Jahre 2012

Diese Änderung – Verordnung vom 13.8.2012 – enthält neben sprachlichen Veränderungen vor allem die in den §§ 15 und 16 EigVO NRW aufgenommene zusätzliche Zustimmung durch den Vorsitzenden oder ein dem Betriebsausschuss angehöriges Ratsmitglied sowie die Neufassung des § 26 EigVO NRW – Rechenschaft. Außerdem ist die Befristung der Eigenbetriebsverordnung weggefallen.

6. Die Änderung im Jahre 2016

Durch Art. 26 des Gesetzes zur Änderung wasser- und wasserverbandsrechtlicher Vorschriften (GV. NRW. S. 539) wurde § 10 Abs. 2 Satz 2 Nr. 2 EigVO NRW aufgehoben.

7. Änderungen seit dem Wechsel der Landesregierung 2017

Es hat eine Reihe von Gesetzesänderungen gegeben, die die Kommunen betreffen, mittelbar auch die Eigenbetriebe und eigenbetriebsähnliche Einrichtungen. Durch die geänderte Geschäftsverteilung der Landesregierung ging die Zuständigkeit für die kommunalen Angelegenheiten vom früheren Ministerium für Inneres und Kommunales auf das Ministerium für Heimat, Kommunales, Bau und Gleichstellung über (vgl. die Bekanntmachungen des Ministerpräsidenten vom 13.7.2017 (GV. NRW. S. 699) und vom 29.3.2018 (GV. Nr. S. 194). In den einschlägigen Gesetzestexten wurde die Bezeichnung des zuständigen Ministeriums ausgetauscht, Zuständigkeitsbereinigungsgesetz vom 23.1.2018 (GV. Nr. S. 90).

Hinzuweisen ist auch auf das Vierte Gesetz zur Änderung des Justizgesetzes vom 18.12.2018 (GV. NRW. S. 770), das auf einem Antrag der Fraktionen von CDU und FDP beruht und die untergesetzliche Normenkontrolle nach § 47 VwGO eingeführt hat, also die Überprüfung kommunaler Satzungen mit einer Rechtsgrundlage außerhalb des BauGB (Lt.-Drs. 17/3580, siehe dazu die ablehnende Stellungnahme der Arbeitsgemeinschaft der

Kommunalen Spitzenverbände (Stellungnahme 17/931). Diese abstrakte Normenkontrolle besteht zusätzlich (Frist: ein Jahr ab Bekanntmachung) neben der weiter gegebenen Möglichkeit der Inzident-Kontrolle in einem verwaltungsgerichtlichen Verfahren.

Am Text des § 114 GO wie auch der Eigenbetriebsverordnung selbst hat sich nichts geändert. Wesentlich für die Eigenbetriebe und eigenbetriebsähnlichen Einrichtungen ist das Zweite NKF-Weiterentwicklungsgesetz vom 18.12.2018 (GV. NRW. S. 729), das die Jahresabschlussprüfung in § 103 GO NRW neu regelt (siehe dazu unten die Kommentierung zu § 26). Die Verordnung über die Durchführung der Jahresabschlussprüfung bei Eigenbetrieben und prüfungspflichtigen Einrichtungen (Anhang 5) ist noch nicht geändert worden.

Die Gemeindehaushaltsverordnung wurde durch die Verordnung über das Haushaltswesen der Kommunen im Land Nordrhein-Westfalen – KomHVO NRW – vom 12.12.2018, GVBl. NRW S. 708, abgelöst. Die (noch) unveränderten §§ 13, 16, 22 und 27 EigVO verweisen noch auf die GemHVO.

8. Die Änderungen im Jahre 2021

Die Änderungsverordnung vom 23. März 2021 verarbeitet die 2018 vorgenommen Überarbeitung des kommunalen Haushaltsrechts in Form der Ablösung der Gemeindehaushaltsverordnung durch die Kommunalhaushaltsverordnung.

Hierzu gehört auch die Verordnung zur Aufhebung der Verordnung über die Durchführung der Jahresabschlussprüfung bei Eigenbetrieben und prüfungspflichtigen Einrichtungen vom 1. Juni 2021 (GV. NRW. S. 758).

9. Die Änderungen im Jahre 2024

Durch das Dritte Gesetz zur Weiterentwicklung des Neuen Kommunalen Finanzmanagements im Land Nordrhein-Westfalen vom 15. März 2024 (GV. NRW. S. 113) sind wesentliche Änderungen auf den Gebieten des kommunalen Haushalts- und Wirtschaftsrechts eingetreten – rückwirkend zum 31.12.2023 (s. Art. 8 des Gesetzes). Art. 6 ändert die EigVO.

In der Gesetzesbegründung heißt es:

„Darüber hinaus werden mit dem 3. NKF-Weiterentwicklungsgesetz Nordrhein-Westfalen Erleichterungen für die Erstellung und Prüfung von Jahresabschlüssen bei juristischen Personen des öffentlichen und privaten Rechts der Kommunen sowie für (rechtlich unselbstständige) Eigenbetriebe nach der Eigenbetriebsverordnung für das Land Nordrhein-Westfalen geschaffen: Diese sollen zur Entlastung von Bürokratie an die Vorschriften des Dritten Buches des Handelsgesetzbuches für Kapitalgesellschaften angepasst werden."

Anders als früher wird den Eigenbetrieben nicht mehr vorgeschrieben, den Jahresabschluss in entsprechender Anwendung der Vorschriften des Dritten Buches des Handelsgesetzbuches für große Kapitalgesellschaften aufzsutellen. § 21 Abs. 1 EigVO verweist jetzt auf die Vorschriften des Dritten Buches des HGB für Kapitalgesellschaften.

Die Größenklassen der Kapitalgesellschaften – groß, mittelgroß, klein und kleinst – sind in den §§ 267 und 267a HGB definiert.

Diese Größenklassen sind nunmehr anzuwenden mit der Folge, dass es darauf ankommt, welcher Größenklasse der jeweilige Eigenbetrieb angehört. Da wohl nur die großen Abfallbeseitigung, Abwasserbeseitigung und Straßenreinigung betreibenden Eigenbetriebe zwei der drei folgenden Kritrien (mehr als 25 Mio. Euro Bilanzsumme, mehr als 50 Mio. Umsatzerlöse in den zwölf Monaten vor dem Abschlussstichtag, im Jahresdurchschnitt mehr als 250 Arbeitnehmer) erfüllen werden, sind nur diese Eigenbetriebe große Kapitalgesellschaften im Sinne des Handelsgesetzbuches. Für sie ändert sich an Aufstellung und Prüfung des Jahresabschlusses nichts. Für die anderen Eigenbetriebe bedeutet die Änderung eine wesentliche Erleichterung, was die Aufstellung des Jahresabschlusses mit verpflichtendem Lagebericht und die Prüfung betrifft.

10. Die Änderungen im Jahre 2025

Durch das Gesetz zur Änderung kommunalrechtlicher und weiterer Vorschriften im Land Nordrhein-Westfalen vom 10. Juli 2025 (GV. NRW. S. 618) ist ein neuer § 75a in die Gemeindeordnung aufgenommen worden, der weitgehende Erleichterungen im Vergtaberecht bringt:

„Allgemeine Vergabegrundsätze

(1) Die Gemeinde hat die Vergabe von öffentlichen Aufträgen vorbehaltlich anderweitiger Rechtsvorschriften wirtschaftlich, effizient und sparsam unter Beachtung der Grundsätze von Gleichbehandlung und Transparenz zu gestalten. Dies gilt auch bei der Vergabe von öffentlichen Aufträgen, deren geschätzter Auftrags- oder Vertragswert ohne Umsatzsteuer unterhalb der jeweils geltenden Schwellenwerte nach § 106 des Gesetzes gegen Wettbewerbsbeschränkungen in der Fassung der Bekanntmachung vom 26. Juni 2013 (BGBl. I S. 1750, 3245) in der jeweils geltenden Fassung liegt. Die Geltung höherrangiger Vorschriften sowie der Vorschriften für die Vergabe von öffentlichen Aufträgen, deren geschätzter Auftrags- oder Vertragswert die in Satz 2 genannten Schwellenwerte erreicht, bleibt unberührt.

(2) Die Gemeinde darf Regelungen, die die Durchführung von Vergaben einschränken, nur durch den Beschluss einer Satzung erlassen."

Die Vorschrift tritt nach Art. 13 am 1. Januar 2026 in Kraft.

Auf sie wird im Rahmen der Kommentierung des § 10 EigVO eingegangen.

I. TEIL
VERFASSUNG UND VERWALTUNG

§ 1
Rechtsgrundlagen des Eigenbetriebs

Die wirtschaftlichen Unternehmen der Gemeinde ohne Rechtspersönlichkeit (§ 114 der Gemeindeordnung – GO NRW) werden als Eigenbetrieb nach den Vorschriften der Gemeindeordnung und dieser Verordnung sowie nach den Bestimmungen der Betriebssatzung des Eigenbetriebs geführt.

Erläuterungen

Übersicht

1. § 114 GO NRW „Eigenbetriebe"
   1.1 Verwaltungsvorschrift
   1.2 Wirtschaftliche Unternehmen, nicht öffentliche Einrichtungen
   1.3 Gewerbebetrieb?
   1.4 Keine eigene Rechtspersönlichkeit
   1.5 Organe
   1.6 Betriebssatzung
   1.7 Selbstständigkeit der Betriebsleitung
   1.8 Betriebsausschuss
   1.9 Mitbestimmung
2. Wirtschaftliche Betätigung
   2.1 Der Unternehmensbegriff

2.2 Die Rechtsform
2.3 Voraussetzungen
2.3.1 Öffentlicher Zweck
2.3.2 Leistungsfähigkeit
2.3.3 Subsidiaritätsklausel
2.3.4 Die neuere Diskussion
2.3.4.1 Wettbewerbsrechtliche Streitfragen
2.3.4.2 Inzidentprüfung
2.3.5 Vergaberechtliche Probleme
2.4 Die Änderungen durch das GO-Reformgesetz 2007
2.5 Erneute Änderung 2010 durch das Gesetz zur Revitalisierung des Gemeindewirtschaftsrechts
2.6 Auswirkungen des Koalitionsvertrages zwischen CDU und FDP 2017
3. Nichtwirtschaftliche Betätigung
3.1 § 107 Abs. 2 GO NRW
3.2 Die Änderungen durch das GO-Reformgesetz 2007
3.3 Gewinnerzielungsverbot?
4. Wirtschaftsgrundsätze
5. Verbot der Ausnutzung einer Monopolstellung
5.1 Kartellrechtliche Preiskontrolle?
5.2 Abfalleigenbetrieb und Abfallwirtschaftsbehörde
6. Die öffentlich-rechtliche Anstalt
7. Die Mitwirkung der Kommunalaufsicht
8. Sonstige Vorschriften der GO NRW, die für Eigenbetriebe direkt oder entsprechend gelten
9. Datenschutz

Zum besseren Verständnis der Grundlagen des Eigenbetriebsrechts soll kurz das nordrhein-westfälische Gemeindewirtschaftsrecht, soweit es für die Eigenbetriebe von Bedeutung ist, dargestellt werden. Dabei wird insbesondere auch auf § 114 GO NRW eingegangen. Im Übrigen wird auf die Kommentierung von *Held, Decker und Kotzea* in Held, KVR NRW, §§ 107 ff. GO NRW, verwiesen. Die Entwicklung im Gemeindewirtschaftsrecht bis zum Entwurf des 1. ModernG zeigt *Traupel* (KommunalPraxis N 1999 S. 132) auf, speziell mit den Auswirkungen des 1999 in Kraft getretenen 1. ModernG befasst sich *B. Held* (GHH 2000 S. 11). Im Jahre 2006 haben *Stüer/Schmalenbach* einen Überblick über die „Rechtsgrundlagen der Kommunalwirtschaft" gegeben, sie haben sich dabei unter umfassender Auswertung der Literatur und Rechtsprechung mit der historischen Entwicklung und den neueren Tendenzen befasst, NWVBl. 2006 S. 161.

Auf die Diskussionen um die Änderung im Jahre 2007 gehen *Wellmann*, NWVBl. 2007 S. 1, *Prümm*, NWVBl. 2007 S. 14, *Köster*, NWVBl. 2008 S. 49, *Hamacher*, NWVBl. 2008 S. 81, *Stiel*, NWVBl. 2009 S. 46 und *Dünchheim/Schöne*, DVBl 2009 S. 146 ein. Die erneute Änderung 2010 hat dagegen nur in der Kommentarliteratur Niederschlag gefunden. *Held* bezeichnet die Neuregelung als „politischen Programmsatz" und verneint eine „gestaltende Rechtsnorm" (in Held, KVR NRW, § 107 GO Anm. 3.1.2.3).

1. § 114 GO NRW „Eigenbetriebe"

(1) Die gemeindlichen wirtschaftlichen Unternehmen ohne Rechtspersönlichkeiten (Eigenbetriebe) werden nach den Vorschriften der EigVO NRW und der Betriebssatzung geführt.

(2) In den Angelegenheiten des Eigenbetriebs ist der Betriebsleitung ausreichende Selbstständigkeit der Entschließung einzuräumen. Die Zuständigkeiten des Rates sollen soweit wie möglich dem Betriebsausschuss übertragen werden.

(3) Bei Eigenbetrieben mit mehr als 50 Beschäftigten besteht der Betriebsausschuss zu einem Drittel aus Beschäftigten des Eigenbetriebes. Die Gesamtzahl der Ausschussmitglieder muss in diesem Fall durch drei teilbar sein. Bei Eigenbetrieben mit weniger als 51, aber mehr als zehn Beschäftigten gehören dem Betriebsausschuss zwei Beschäftigte des Eigenbetriebes an. Die dem Betriebsausschuss angehörenden Beschäftigten werden aus einem Vorschlag der Versammlung der Beschäftigten des Eigenbetriebes gewählt, der mindestens die doppelte Zahl der zu wählenden Mitglieder und Stellvertreter enthält. Wird für mehrere Eigenbetriebe ein gemeinsamer Betriebsausschuss gebildet, ist die Gesamtzahl aller Beschäftigten dieser Eigenbetriebe maßgebend; Satz 4 gilt entsprechend. Die Zahl der sachkundigen Bürger darf zusammen mit der Zahl der Beschäftigten die der Ratsmitglieder im Betriebsausschuss nicht erreichen.

1.1 Verwaltungsvorschrift

Die VV dazu (zwar zu § 93 GO, der neue § 114 GO NRW entspricht ihm aber, so dass nach wie vor darauf zurückgegriffen werden kann):

1. Die Mitbestimmungsregelung des § 93 Abs. 3 GO NRW erstreckt sich auf die rechtlich unselbständigen wirtschaftlichen Unternehmen. Im Bereich der öffentlichen Einrichtungen im Sinne von § 88 Abs. 2 ist, weil sie nicht vergleichbar wirtschaftlich ausgerichtet sind, eine direktive Mitbestimmung nicht vorgesehen.
2. Die Beschäftigten werden durch den Rat nach § 35 Abs. 3 GO NRW zusammen mit den übrigen Ausschussmitgliedern in einem Wahlgang gewählt. Sie wirken gerade im Hinblick auf ihre Beschäftigteneigenschaft im Werksausschuss mit. Ihrer Mitgliedschaft im Ausschuss stehen Vorschriften über die Unvereinbarkeit von Amt und Mandat (§ 13 KWahlG) nicht entgegen.

1.2 Wirtschaftliche Unternehmen, nicht öffentliche Einrichtungen

Nur wirtschaftliche Unternehmen können Eigenbetriebe sein. Die Einrichtungen im Sinne des § 107 Abs. 2 GO NRW können zwar wie Eigenbetriebe geführt werden, sie sind aber keine Eigenbetriebe. Bestimmte Vorschriften gelten für sie nicht (z. B. die Mitarbeitermitbestimmung – dazu später), sie sollen auch nicht unbedingt Gewinne erwirtschaften. Bei ihnen steht der öffentliche Zweck noch mehr im Vordergrund. Auch ihr Vermögen ist Sondervermögen entsprechend § 97 Abs. 1 Nr. 3 GO NRW. Aber vor allen Dingen sollen sie auch wirtschaftlich arbeiten und selbstständig geführt werden.

1.3 Gewerbebetrieb?

Ob ein Eigenbetrieb ein Gewerbebetrieb ist, hängt davon ab, ob er von der Absicht der Gewinnerzielung beherrscht ist (s. dazu MüKoHGB/*Karsten Schmidt*, Erg.Band, § 1 Rdn. 18 ff., der allerdings für den handelsrechtlichen Gewerbebegriff die Gewinnerzielungsabsicht für verzichtbar hält, er stellt auf die entgeltliche Tätigkeit am Markt ab). Vor der Schuldrechtsmodernisierung war die Frage, ob Gewerbebetrieb oder nicht, für die Frage der Verjährung der Forderungen wichtig. § 196 Abs. 1 Nr. 1 BGB, der die Verjährung für Forderungen von Kaufleuten aus ihrem Gewerbebetrieb regelte, ist bei der Schuldrechtsmodernisierung weggefallen. Für diese gilt daher seitdem auch die gewöhnliche dreijährige Verjährungsfrist. Auch eine öffentlich-rechtliche Körperschaft kann ein Gewerbe betreiben, obwohl sie in Erfüllung ihrer öffentlich-rechtlichen gemeinnützigen

Aufgabe tätig wird. Wirtschaftliche Unternehmen einer Gemeinde sind daher solche, die auch von einem Privatunternehmer mit der Absicht der Gewinnerzielung betrieben werden können und gelegentlich auch werden (BGH, Urt. vom 22.4.1982, NJW 1982 S. 1815). Bei den eigenbetriebsähnlichen Einrichtungen des § 107 Abs. 2 GO NRW ist das zu verneinen (vgl. für eine Abwasserbeseitigung in Rheinland-Pfalz BGH, Urt. vom 28.2.1991, NVwZ 1991 S. 606). Bei anderen Betrieben ist das nicht so allgemein zu sagen. Für einen kleinen Wasserbetrieb ließ der BGH die Frage 1968 noch offen (Urt. vom 18.1.1968, BGHZ49 S. 258). In einem anderen Fall wurde der Wasserbetrieb gemeinsam mit der Abwasserbeseitigungsanlage betrieben, der BGH hat den Gewerbebetrieb insgesamt verneint (Urt. vom 28.2.1991, NVwZ 1991 S. 606). Für die Berliner Wasserbetriebe, eine Anstalt öffentlichen Rechts, hat das Kammergericht dagegen die Kaufmannseigenschaft bejaht (Urt. vom 30.4.1998, NJW-RR 1999 S. 638). Juristische Personen des öffentlichen Rechts, die zur Gewerbesteuer veranlagt werden und im Bezirk einer Industrie- und Handelskammer eine Betriebsstätte unterhalten, sind nach § 2 Abs. 1 IHKG Mitglied der Industrie- und Handelskammer. Für Eigenbetriebe der Kommunen gilt das jedoch nicht, sie sind nicht ex lege Mitglieder der IHK, § 2 Abs. 5 Satz 1 IHKG (vgl. VGH Baden-Württemberg, Urt. vom 29.7.2020, GewArch 2020 S. 365). Diese Ausnahmevorschrift ist eng auszulegen, gilt aber auch für Regiebetriebe (vgl. VG Stuttgart, Urt. vom 14.3.2019, GewArch 2019 S. 193, sowie jetzt auch VGH BW, Urt. vom 29.7.2020, GewArch 2020 S. 365). Dagegen gilt die eng auszulegende Ausnahme nicht für Zweckverbände (vgl. VG Potsdam, Urt. vom 25.9.2007, LKV 2008 S. 285, unter Berufung auf OVG RhPf, Urt. vom 28.7.1987, NVwZ 1988 S. 1145).

Man muss wohl sagen, dass in den Fällen, in denen die Gewinnerzielungsabsicht ausdrücklich in der Satzung ausgeschlossen ist (so z. B. bei einem Schlachthof in dem vom OLG Stuttgart entschiedenen Fall, Urt. vom 10.11.1998, OLGR Stuttgart 1999 S. 135) oder das Gesetz die Einrichtung ausdrücklich vom Unternehmensbegriff ausschließt (§ 107 Abs. 2 GO NRW), kein Gewerbebetrieb vorliegt. Ist der Eigenbetrieb dagegen von seiner Struktur her so ausgerichtet, dass er auch als privatrechtliche Gesellschaft einen anderen Eigentümer haben könnte, der seine Renditeerwartungen dort erfüllt sehen würde, so liegt ein Gewerbe vor.

Die – möglicherweise – andere Sicht des Steuerrechts wird bei § 8 EigVO NRW angesprochen.

Zum steuerlichen Einlagekonto vgl. BFH, Urt. v. 30.9.2020, DB 2021 S. 596, und dazu *Schmitz-Herscheid*, jurisPR-Steuerrecht 18/2021 Anm. 5, und *Abele*, DB 2021 S. 751.

1.4 Keine eigene Rechtspersönlichkeit

Ein Eigenbetrieb hat, wie sich aus § 114 Abs. 1 GO NRW ergibt, keine eigene Rechtspersönlichkeit. Ein Eigenbetrieb ist nicht beteiligtenfähig in einem Verwaltungsverfahren, er kann daher auch nicht Adressat einer Baugenehmigung sein (VG Arnsberg, Urt. vom 6.10.2015 – 4 K 1510/15 –). Die Gemeinde ist Inhaberin der Rechte und Pflichten des Eigenbetriebs. Allerdings tritt sie unter dem Namen des Eigenbetriebs auf, und zwar auch bei gerichtlichen Auseinandersetzungen als Klägerin oder Beklagte (vgl. BGH, Urt. vom 25.2.1981, MDR 1981 S. 1011). Zur Nicht-Parteifähigkeit eines rechtlich unselbständigen kommunalen Eigenbetriebs im Zivilrechtsstreit um die Vergabe des Wegenutzungsrechtes für den Betrieb eines Energieversorgungsnetzes vgl. BGH, Beschluss vom 18.10.2016, NZBau 2017 S. 236. Ein Eigenbetrieb bzw. eine eigenbetriebsähnliche Einrichtung unterliegt daher als Einrichtung der Gemeinde auch dem Informationsanspruch nach dem IFG NRW (vgl. VG Aachen, Urt. vom 28.11.2012 – 8 K 2366/10 –, juris).In verwaltungsgerichtlichen Verfahren ist aufgrund von § 78 Abs. 1 Nr. 1 VwGO die Gemeinde die richtige Beklagte, da das am 1.1.2011 in Kraft getretene Justizgesetz NRW keine dem früheren § 5 Abs. 2 des Ausführungsgesetzes zur VwGO entsprechende Bestimmung („Anfechtungsklage und Verpflichtungsklage sind gegen die Behörde zu richten, die den Verwaltungsakt erlassen oder den beantragten Verwaltungsakt unterlassen hat.") enthält.

1.5 Organe

Eine juristische Person wie die Gemeinde braucht Organe, um handeln und rechtsverbindlich tätig werden zu können. Wenn das Handeln einer Person oder einer Personenmehrheit unmittelbar der Gemeinde als eigenes Wollen und Handeln rechtlich zugerechnet wird, so ist diese Person oder Personenmehrheit ein Organ der Gemeinde: U. a. Rat, Bürgermeister und in kreisfreien Städten Bezirksvertretungen (vgl. *Wansleben* in Held, KVR NRW, § 1 GO NRW, Erl. 5).

Der Eigenbetrieb ist zwar keine eigenständige juristische Person, kann deshalb auch keine eigenen Organe im Rechtssinne haben, denn sein Handeln wird der Gemeinde zu gerechnet. Dem üblichen Sprachgebrauch folgend wird aber auch hier von den Organen des Eigenbetriebs gesprochen: Betriebsausschuss, Betriebsleitung und Kämmerer sind, da ihre Rechte unmittelbar aus dem Gesetz bzw. der EigVO NRW folgen, neben Rat und Bürgermeister unmittelbare Organe des Eigenbetriebs (vgl. *v. Lennep* in Rehn u. a., § 1 GO NRW Anm. III 4; *Cronauge*, Unternehmen, Rdn. 180 ff.).

1.6 Betriebssatzung

Das OVG NRW hat die Frage offengelassen, ob ein Eigenbetrieb ohne eine seine Angelegenheiten regelnde Betriebssatzung überhaupt existent ist (OVG NRW, Urt. vom 22.1.2008, Mitt.NWStGB 2008 S. 83). Die Frage wird aber zu verneinen sein. Schon § 114 GO NRW legt fest, dass ein Eigenbetrieb nach den Vorschriften der Eigenbetriebsverordnung und der Betriebssatzung geführt wird, setzt also voraus, dass ein Eigenbetrieb eine Betriebssatzung haben muss. Außerdem sieht die Eigenbetriebsverordnung vor, dass in der Betriebssatzung Regelungen getroffen werden müssen. Dabei handelt es sich um grundlegende Dinge. Ohne sie fehlt dem Eigenbetrieb die inhaltliche und organisatorische Basis, selbst wenn es einen Errichtungsbeschluss geben sollte. Erst mit Inkrafttreten der Satzung wird der Eigenbetrieb daher existent.

In der Betriebssatzung sind bestimmte Regelungen zu treffen, andere können getroffen werden. Die EigVO NRW spricht die Betriebssatzung an vielen Stellen an:

- nach § 2 Abs. 2 EigVO NRW muss die Betriebssatzung regeln, wie bei Meinungsverschiedenheiten zu verfahren ist, wenn mehrere gleichberechtigte Betriebsleiter vorhanden sind; die Betriebssatzung muss natürlich auch festlegen, wie viele Betriebsleiter es gibt und eventuell welcher der Erste ist;
- nach § 2 Abs. 1 EigVO NRW kann der Betriebsleitung eine weitergehende Vertretungsbefugnis einräumt werden;
- nach § 5 Abs. 2 Satz 1 EigVO NRW muss die Betriebssatzung die Zusammensetzung des Betriebsausschusses regeln;
- nach § 5 Abs. 5 Satz 1 EigVO NRW kann die Betriebssatzung die Entscheidungsbefugnisse des Betriebsausschusses erweitern;
- nach § 6 Abs. 1 Satz 4 EigVO NRW ist in der Betriebssatzung die Mitwirkung der Betriebsleitung bei der Anstellung, Eingruppierung und Entlassung der Angestellten und Arbeiter zu regeln, soweit nicht die Hauptsatzung ihr insoweit Entscheidungsbefugnisse zuweist;
- nach § 8 EigVO NRW kann von der ansonsten vorgeschriebenen Zusammenfassung von Versorgungsbetrieben zu einem Eigenbetrieb und von Verkehrsbetrieben zu einem Eigenbetrieb durch die Betriebssatzung abgesehen werden;
- ebenfalls nach § 8 kann die Einbeziehung der Verkehrsbetriebe oder sonstiger Eigenbetriebe in die Versorgungsbetriebe (Stadtwerke) vorgesehen werden;
- nach § 9 Abs. 1 Satz 3 EigVO NRW sind Gegenstand und Wert von Vermögen und Schulden bei einer Gründung durch Ausgliederung in der Betriebssatzung festzusetzen;

- nach § 9 Abs. 2 Satz 2 EigVO NRW ist die Höhe des Stammkapitals in der Betriebssatzung zu regeln;
- nach § 12 Satz 2 EigVO NRW ist ein vom Kalenderjahr abweichendes Wirtschaftsjahr in der Betriebssatzung zu regeln;
- in der Betriebssatzung muss der Betrag festgelegt werden, ab dem die Betriebsleitung die Zustimmung des Betriebsausschusses für die Leistung von Mehrauszahlungen benötigt, § 16 Abs. 5 Satz 2 EigVO NRW

Diese Regelungen werden bei den einzelnen Bestimmungen angesprochen.

Wegen § 3 Abs. 1 EigVO NRW muss in der Betriebssatzung geregelt sein, welche Aufgaben der Eigenbetrieb hat. Denn nur aus der Betriebssatzung ergibt sich, was die Angelegenheiten des Eigenbetriebs sind (vgl. OVG NRW, Urt. vom 22.1.2008 – 15 A 488/05 –, Mitt.NWStGB 2008 S. 83).

Der Erlass der Betriebssatzung obliegt dem Rat. Diese Aufgabe kann er nicht delegieren, da es sich um eine unübertragbare Zuständigkeit nach § 41 Abs. 1 Satz 2 Buchst. f GO NRW handelt. Wird eine bestehende Betriebssatzung geändert, ist dies zuvor im Betriebsausschuss zu beraten, da dieser nach § 5 Abs. 4 Satz 1 die Beschlüsse des Rates, die den Eigenbetrieb betreffen, vorzuberaten hat. Wie jede gemeindliche Satzung ist die Betriebssatzung nach ihrer Beschlussfassung öffentlich bekannt zu machen entsprechend den Regelungen der Gemeinde in ihrer Hauptsatzung; siehe dazu nach dem Beschl. des OVG NRW vom 8.2.2013, NWVBl. 2013 S. 283 den neu eingefügten § 7 Abs. 7 GO NRW und folgend dann den Beschluss des OVG NRW vom 26.2.2014 – 10 B 140/14, juris sowie die Entwicklung und die Anforderungen noch einmal darstellend VG Gelsenkirchen, Urt. vom 14.2.2017 – 6 K 5557/15 –, juris sowie generell *J. Müller*, VR 2013 S. 225 ff. Durch die 3. Änderungsverordnung vom 5.11.2015, GV. NRW. S. 741 wurde die öffentliche Bekanntmachung durch Bereitstellung im Internet zusätzlich zu den eingeführten Bekanntmachungsformen in die Bekanntmachungsverordnung aufgenommen.

1.7 Selbstständigkeit der Betriebsleitung

§ 114 Abs. 2 Satz 1 GO NRW verpflichtet die Gemeinde, der Betriebsleitung ausreichende Selbstständigkeit der Entschließung einzuräumen. Dies ist bereits bei der Ausgestaltung der Betriebssatzung zu berücksichtigen. Nach der GO NRW besteht die Verpflichtung, die gegebenen Möglichkeiten zur Aufgabenverlagerung auch einzuräumen. Bereits durch das Gesetz vorgegeben ist die in § 2 Abs. 1 Satz 2 EigVO NRW enthaltene unentziehbare Zuständigkeit der Betriebsleitung für die laufende Betriebsführung. Das bedeutet, dass alle im täglichen Betrieb ständig wiederkehrenden Maßnahmen, die zur Aufrechterhaltung des Betriebs notwendig sind, der Betriebsleitung obliegen. Eine nähere Darstellung erfolgt bei § 2 EigVO NRW.

1.8 Betriebsausschuss

Ähnliche Vorgaben gibt die GO NRW für die Ausgestaltung der Zuständigkeiten des Betriebsausschusses. Auch bei ihm muss der Rat der Stadt, wenn er die Betriebssatzung erlässt, von der Möglichkeit der weitgehenden Zuständigkeitsübertragung Gebrauch machen. *Held* (in Held, KVR NRW, § 114 GO NRW, Erl. 6) schließt aus der Formulierung des Absatzes 2, dass der Rat nur aus zwingenden Gründen von einer möglichen Zuständigkeitsverlagerung auf den Betriebsausschuss absehen darf. Aus der besonderen Stellung des Betriebsausschusses folgt auch, dass zwischen ihn und den Rat kein anderer Ausschuss mit- oder vorberatend eingeschaltet werden darf. Dies gilt selbstverständlich nur für Angelegenheiten, die ausschließlich den Eigenbetrieb betreffen, nicht für solche, die auch in die Zuständigkeit anderer Fachämter und damit auch anderer Fachausschüsse fallen. Als Beispiel hierfür wäre in kreisfreien Städten die Verabschiedung der Abfallsatzung zu nennen, die die Untere Abfallwirtschaftsbehörde genauso wie einen nach den Vorschriften des Eigenbetriebsrechts geführten Entsorgungsbetrieb betreffen.

Die besondere Stellung des Betriebsausschusses zeigt sich auch in der besonderen Regelung für Dringlichkeitsentscheidungen. Auch hier ist zwischen Rat und Ersatzorgan (Bürgermeister und Ratsmitglied) nicht der Hauptausschuss zwischengeschaltet. Außerdem ist ausdrücklich vorgeschrieben, dass der Vorsitzende des Betriebsausschusses an der Dringlichkeitsentscheidung mitwirken muss.

1.9 Mitbestimmung

In § 114 Abs. 3 GO NRW ist auch die drittelparitätische Mitbestimmung in Eigenbetrieben grundgelegt. Die früher umstrittene Frage der Zulässigkeit der Arbeitnehmermitbestimmung in öffentlich-rechtlichen Unternehmen (vgl. *Püttner*, Die Mitbestimmung in kommunalen Unternehmen) ist durch das Urteil des Verfassungsgerichtshofes für Nordrhein-Westfalen vom 15.9.1986 (DVBl 1986 S. 1196 mit Anm. von *Püttner*) geklärt: Soweit die Belegschaftsvertreter durch den Rat gewählt werden, bleibt die demokratische Legitimationskette gewahrt (vgl. *Held* in Held, KVR NRW, § 114 GO NRW Erl. 7.2; *Püttner*, DÖV 1988 S. 357). Die Besetzung des Betriebsausschusses wird in den Erl. zu § 5 EigVO NRW behandelt.

2. Wirtschaftliche Betätigung

Mit dem Entwurf eines Gesetzes zur Stärkung der kommunalen Selbstverwaltung – GO-Reformgesetz – vom 19.3.2007 wollte die nordrhein-westfälische Landesregierung das Gemeindewirtschaftsrecht partiell neu ausrichten, wie es in der Gesetzesbegründung heißt. (LT-Drs. 14/3979). Die stärkere Betonung eines Vorrangs der privaten Leistungserbringung sei erforderlich, andererseits die Konzentration der kommunalen Gebietskörperschaften auf die Kernaufgaben der öffentlichen Daseinsvorsorge. In der Tat ist es zu gravierenden Änderungen gekommen, die bereits während des Gesetzgebungsverfahrens auf heftige Kritik der Städte und Gemeinden und auch der Gewerkschaften des öffentlichen Dienstes trafen. Auf diese Änderungen wird im Folgenden eingegangen – Erl. 2.4 –, allerdings bleibt die bisherige Kommentierung davor unverändert stehen, da auch hierdurch die Änderungen und ihre Auswirkungen erst recht deutlich werden. 2010 erfolgte durch die neue (jetzt wieder rot-grüne) Mehrheit eine erneute Gesetzesänderung, die die 2007er Reform zurücknahm.

Die wirtschaftliche Betätigung ist in § 107 Abs. 1 Satz 3 GO NRW definiert: *„Als wirtschaftliche Betätigung ist der Betrieb von Unternehmen zu verstehen, die als Hersteller, Anbieter oder Verteiler von Gütern oder Dienstleistungen am Markt tätig werden, sofern die Leistung ihrer Art nach auch von einem Privaten mit der Absicht der Gewinnerzielung erbracht werden könnte."*

Nach ständiger Rechtsprechung des OVG NRW hat der die wirtschaftliche Betätigung der Gemeinden und deren Zulässigkeit regelnde § 107 Abs. 1 GO NRW hinsichtlich des (dringenden) öffentlichen Zwecks für konkurrierende Wirtschaftsunternehmen drittschützenden Charakter. Dies gilt auch für die Neufassung durch das Gesetz zur Stärkung der kommunalen Selbstverwaltung (OVG NRW, Beschl. vom 13.8.2003, NWVBl. 2003 S. 462, Beschl. vom 12.10.2004, NWVBl. 2005 S. 133, Beschl. vom 1.4.2008, NWVBl. 2008 S. 418).

2.1 Der Unternehmensbegriff

Was nun ein kommunales Unternehmen ist, ist gesetzlich nicht definiert. *Cronauge* (Unternehmen, Rdn. 27) stellt fest, dass die systematische Stellung der Regelungen im Gesetz ebenso wie die organisatorische Verselbständigung solcher Einheiten, die sich auch aus den für sie notwendigen finanzwirtschaftlichen und organisatorischen Regelungen ergebe, eben dafür sprächen, dass es sich um *„eine aus der unmittelbaren Kommunalverwaltung ausgegliederte, verselbständigte Verwaltungseinheit von gewisser organisatorischer Festigkeit und Dauer zur Erfüllung einzelner bestimmter öffentlicher Zwecke"* handeln müsse. Man könne von einem kommunalen Unternehmen sprechen, wenn eine Verselbständigung innerhalb der Gesamtverwaltung eines kommunalen Trägers und die Erbringung und Erfüllung eines eigenständigen Verwaltungszwecks feststellbar sei.

2.2 Die Rechtsform

Kommunale Unternehmen sind daher Eigenbetriebe und Eigen- und Beteiligungsgesellschaften (also privatrechtliche Rechtspersönlichkeiten in der Rechtsform der GmbH oder AG) sowie die seit der Änderung der GO NRW durch das 1. ModernG 1999 eingeführte (rechtsfähige) Anstalt des öffentlichen Rechts (s. dazu meinen Kommentar zur nordrhein-westfälischen KUV). Nicht zu den Unternehmen gehören dagegen die Regiebetriebe, die als Teil der Ämterverwaltung geführten Einrichtungen der Verwaltung und die kostenrechnenden Einrichtungen, die aus speziellen Entgelten finanzierten Einrichtungen, und schließlich auch nicht die sogenannten Betriebe gewerblicher Art, die steuerpflichtigen Tätigkeiten der Gemeinde unabhängig von ihrer Organisationsform.

In der Wahl der Organisationsform für ihre Betätigung ist die Gemeinde grundsätzlich frei (vgl. *Reichard*, S. 121 ff.), denn die Organisationshoheit ist Bestandteil der kommunalen Selbstverwaltung nach Art. 28 GG (vgl. BVerfG, Beschl. vom 26.10.1994, BVerfGE 91 S. 228; zuletzt noch bestätigt durch Urt. vom 7.10.2014, NVwZ 2015 S. 136 – Rdn. 117). Allerdings ist die kommunale Selbstverwaltung nur im Rahmen der Gesetze gewährleistet, so dass der Gesetzgeber befugt ist, näher die Angelegenheiten der örtlichen Gemeinschaft zu bestimmen und auch die Art und Weise der Erledigung zu regeln (BVerfG, Urt. vom 23.11.1988, BVerfGE 79 S. 127, 151). Dabei sind dem Gesetzgeber wiederum Grenzen durch die Garantie der kommunalen Selbstverwaltung gesetzt. Er darf deren Kernbereich nicht aushöhlen, muss vielmehr den Gemeinden eine hinreichende (Mit-)Verantwortung für die organisatorische Bewältigung ihrer Aufgaben lassen, also nicht durch eigene Vorgaben die Gemeinde aus ihrer Organisationsverantwortung drängen (BVerfG, Urt. vom 7.10.2014, NVwZ 2015 S. 136 – Rdn. 119). Dieser Gesetzesvorbehalt ist auch die Grundlage des Rechtes der Gemeindewirtschaft, insbesondere zum Beispiel der Vorschrift, dass die Gemeinde nur eine Rechtsform wählen darf, die ihre Haftung auf einen bestimmten Betrag begrenzt, § 108 Abs. 1 Satz 1 Nr. 3 GO NRW (zusammenfassende Darstellung beispielsweise bei *Katz*, S. 7 ff.).

Aber es ist der Gemeinde unbenommen, beispielsweise ihre Abwasserwirtschaft in Form eines Regiebetriebes, einer eigenbetriebsähnlichen Einrichtung, einer Anstalt des öffentlichen Rechts oder auch in privatrechtlicher Rechtsform zu betreiben (*Dedy*, NWVBl. 1993 S. 245; der gemeinsame RdErl. des IM und des MURL vom 3.1.1989, MBl. NRW S. 83, ist durch die Erlassbereinigung 2003 aufgehoben, das ändert aber nichts an der Rechtslage).

Den Zweck des abgestuften Systems der §§ 107 ff. GO NRW über die Zulässigkeit der wirtschaftlichen Betätigung der Kommunen in unterschiedlichen Rechtsformen sieht das VG Düsseldorf (Urt. vom 7.12.2007, NWVBl. 2008 S. 190) in der Sicherung des Einflusses der gemeindlichen Vertretungskörperschaft. Die Kontrollbefugnis des Rates setze das verfassungsrechtliche Fundamentalprinzip der Demokratie um. Jede Stufe der Verselbständigung – Regiebetrieb, Eigenbetrieb, Anstalt öffentlichen Rechts, GmbH, AG – verringere die Einflussmöglichkeiten des Rates und führe zu einem zunehmenden Verlust an demokratischer Kontrolle. Daher sei es gerechtfertigt, dass die Wahl der jeweiligen Organisationsform zusätzlichen Anforderungen unterliege. Für Eigenbetriebe und eigenbetriebsähnliche Einrichtungen gelten die §§ 114, 107 Abs. 2 GO NRW, für die Anstalt öffentlichen Rechts zusätzlich zu § 114a auch § 108 Abs. 1 Nr. 1 und 2 GO NRW und für privatrechtliche Gesellschaften außerdem noch die weiteren Voraussetzungen des § 108 GO.

2.3 Voraussetzungen

Die GO NRW stellt in § 107 Abs. 1 drei Voraussetzungen auf, die für eine wirtschaftliche Betätigung erfüllt sein müssen: ein öffentlicher Zweck muss die Betätigung erfordern, es muss ein angemessenes Verhältnis zur Leistungsfähigkeit der Gemeinde gegeben sein und der öffentliche Zweck kann – außer in den Bereichen der Energie- und Wasserversorgung, des öffentlichen Verkehrs und der Telekommunikationsleitungsnetze einschließlich der Telefondienstleistungen – nicht besser und wirtschaftlicher durch andere Unternehmen erfüllt werden. Zu den kommunalwirtschaftlichen Vorgaben einer wirtschaftlichen Tätigkeit im Netzbetrieb der Strom- und Gasversorgung vgl. *Dietl*, DÖV 2018 S. 407 ff.

2.3.1 Öffentlicher Zweck

Die wirtschaftliche Betätigung muss wegen eines öffentlichen Zwecks erforderlich sein. (s. dazu allgemein: *Scholl* in *Püttner*, Gemeindewirtschaftsrecht, S. 85; neuerdings *Marten*, Ein konzeptioneller Ansatz zur Konkretisierung des öffentlichen Zwecks, Dissertation Universität Düsseldorf 2013). Diese Forderung ist sehr unpräzise und bietet Raum für politische Auseinandersetzungen. Dies hat vor allem die zeitweilige Formulierung der GO NRW *(„dringender öffentlicher Zweck")* gezeigt. Insbesondere von Seiten des VKU wurde dagegen Sturm gelaufen, während vor allem die Handwerkerschaft und die mittelständische Industrie gegen den Wegfall des „dringend" protestierten (vgl. dazu die Begründung zum Entwurf eines Ersten Gesetzes zur Modernisierung von Regierung und Verwaltung in Nordrhein-Westfalen, LT-Drs. 12/3730 S. 105 f.). In der kommunalrechtlichen Literatur wurde kaum ein Unterschied gesehen (vgl. auch *Held/Kotzea* in Held, KVR NRW, § 107 GO NRW Erl. 3.1.2.3; *Traupel*, KommunalPraxis N 1999 S. 132, 134; a. A. *Schönershofen/ Binder-Falcke*, KommunalPraxis N 1996 S. 263 ff.).

Mit der Novelle vom 9.6.1999 (GV. NRW. S. 386) ist das Wort „dringend" entfallen, das GO-Reformgesetz vom 18.10.2007 (GV. NRW. S. 379) hat es wieder aufgenommen und das Gesetz zur Revitalisierung des Gemeindewirtschaftsrechts vom 21.12.2010 (GV. NRW. S. 685) abermals gestrichen. „**Künftig** ist die Zulässigkeit wirtschaftlicher Betätigung erneut **„nur"** davon abhängig, dass ein **„öffentlicher Zweck"** sie erfordert. Diese Neuregelung des § 107 Abs. 1 Satz 1 Nr. 1 GO reduziert sich deshalb eher auf einen politischen Programmsatz als auf eine gestaltende Rechtsnorm." (*Held* in Held, KVR NRW, § 107 GO Erl. 3.1.2.3).

Öffentlicher Zweck bedeutet die Rechtfertigung der Tätigkeit durch die grundsätzliche, aus dem Rechtsstaatsprinzip abgeleitete Begrenzung jeglicher Staatstätigkeit durch die Ausrichtung am Gemeinwohl und für die jeweilige Gemeinde bezogen auf ihre örtlichen Angelegenheiten (vgl. *Lange*, NVwZ 2014 S. 616 f.; für eine strenge Begrenzung auf das Gemeindegebiet *Marten*, passim, vor allem S. 146). Daraus ergibt sich, dass auch nur das Erforderliche an wirtschaftlicher Tätigkeit zur Versorgung der Einwohner in Angriff genommen werden darf. Auch wenn nach dem Gemeindewirtschaftsrecht wirtschaftliche Unternehmen der Gemeinde einen Gewinn für den Haushalt abwerfen sollen (§ 109 GO NRW), so bedeutet dies nicht, dass allein die Absicht, Gewinne zu erzielen, einen öffentlichen Zweck darstellt (vgl. BVerwG, Urt. vom 22.2.1979, BVerwGE 39 S. 329, 334; *Ehlers*, DVBl 1998 S. 499; *Tettinger* in Püttner Gemeindewirtschaftsrecht, S. 30; *Lange*, NVwZ 2014 S. 616 f.; zustimmend jetzt *Cronauge*, Unternehmen, Rdn. 413; *Oebbecke*, GHH 2019 S. 217, 220). Maßgeblich ist die Zielsetzung des gemeindlichen Handelns. Die Absicht der Gewinnerzielung muss deutlich hinter dem Gemeinwohlbelang, dem öffentlichen Zweck, zurückstehen. Auch kann nicht jeder öffentliche Belang die wirtschaftliche Tätigkeit rechtfertigen. *„Die Teilnahme des Staates am Wettbewerb muss ... durch einen Gemeinwohlbelang gerechtfertigt sein, ..."* (*di Fabio* in *Dürig/Herzog/Scholz*, Art. 2 Abs. 1 Rdn. 123). Siehe allerdings den 2010 neu aufgenommenen § 107a GO NRW, zu dem es in der Gesetzesbegründung heißt, dass „auch die Gewinnerzielung zur Deckung von Ausgabebedarfen in anderen öffentlichen Bereichen" ein öffentlicher Zweck ist. (LT-Drs. 15/27 S. 11).

Es ist aber auch darauf hinzuweisen, dass gerade die Frage des öffentlichen Zwecks der Einschätzung der Gemeinde, also dem Beurteilungsspielraum des Gemeinderates unterliegt. Kommunalaufsicht und Verwaltungsgerichte können nur eingeschränkt überprüfen, ob die Entscheidungsträger bei der Errichtung, Erweiterung oder Übernahme eines Unternehmens über das hinausgegangen sind, was für die örtliche Gemeinschaft sinnvoll und notwendig ist (vgl. *Hidien*, GewArch 1983 S. 177 und DÖV 1983 S. 1002; BVerwG, Urt.

vom 22.2.1972, BVerwGE 39 S. 329). Für die Neufassung des § 107 Abs. 1 Satz 1 Nr. 1 GO NRW hat das OVG NRW jetzt festgestellt, dass das Tatbestandsmerkmal „dringender öffentlicher Zweck" der uneingeschränkten verwaltungsgerichtlichen Kontrolle unterliegt, während die Beurteilung, ob ein solcher die Betätigung „erfordert", zur Einschätzungsprärogative der Verwaltung, der Gemeinde gehört, der nur auf grobe Fehleinschätzungen überprüfbar ist. (Beschl. vom 1.4.2008, NWVBl. 2008 S. 418; ebenso OLG Düsseldorf, Beschl. vom 13.8.2008 – VII-Verg 42/07 –, JURIS). Relativ großzügig hat das OVG NRW (Beschl. vom 13.8.2013, NWVBl. 2003 S. 462) Annextätigkeiten beurteilt, indem es die Vermietung eines Fitness-Studios auf einem Parkhaus, weil der Auslastung des Parkhauses dienend, billigte (kritisch dazu *Lange*, NVwZ 2014 S. 616, 618). Das OLG Düsseldorf hat sich dieser Rechtsprechung angeschlossen (Beschl. vom 7.8.2013, NZBau 2014 S. 57). In dieser Entscheidung hat das OLG die Verwertung eines brachliegenden gemeindeeigenen Grundstücks in Form der Bebauung mit einem Polizeigebäude für eine Kreispolizeibehörde und einen darauf abzuschließenden Mietvertrag als dem gemeinderechtlichen Gebot wirtschaftlicher Haushaltsführung entsprechend eingestuft. Darin liege ein wirtschaftliches Tätigwerden rechtfertigender öffentlicher Zweck i. S. d. § 107 Abs. 1 Satz 1 GO NRW.

2.3.2 Leistungsfähigkeit

Die Aufnahme einer wirtschaftlichen Tätigkeit darf nicht in einem unangemessenen Verhältnis zur Leistungsfähigkeit der jeweiligen Gemeinde stehen. Diese Voraussetzung soll vor allem verhindern, dass die Gemeinde Aufgaben übernimmt, die ihre Finanzkraft oder ihr Verwaltungsvermögen übersteigen. Diese Eindämmung der wirtschaftlichen Betätigung der Kommunen stammt aus der Deutschen Gemeindeordnung von 1934, sie ist nach wie vor von inhaltlicher Bedeutung.

2.3.3 Subsidiaritätsklausel

Die Neuregelung des Gemeindewirtschaftsrechts im Jahre 1999 hat es in Nordrhein-Westfalen dazu gebracht, dass die Subsidiaritätsklausel wieder in die GO NRW aufgenommen wurde. Kann der öffentliche Zweck durch andere Unternehmen besser und wirtschaftlicher erfüllt werden, so darf die Gemeinde die wirtschaftliche Tätigkeit nicht aufnehmen. Ausgenommen sind allerdings die Energieversorgung, die Wasserversorgung, der öffentliche Verkehr – also die klassischen Aufgaben der „Stadtwerke" – und der Bereich der Telekommunikationsleitungsnetze.

Gerade den Bereich der Energieversorgung zu definieren, ist schwierig, weil eine Reihe von Dienstleistungen damit traditionell in Zusammenhang stehen. Schon bei der Gesetzgebung im Jahre 1999 wurde der Energieversorgung auch der Energiehandel, das Energiemanagement und die Energieberatung zugerechnet. Für diese gilt daher die Subsidiaritätsklausel nicht. Das Innenministerium rechnet ebenso Contractingmodelle (auch Wärmelieferungen) diesen energienahen Dienstleistungen zu, soweit der Kunde auch Bezieher der Primärenergie beim kommunalen Energieversorger ist. Allerdings sollen Installation und Wartung beim Contracting dem Handwerk überlassen bleiben, das Ministerium empfiehlt hier Kooperationsformen. Schließlich wird auch die Ausstellung von Energieausweisen im weiteren Sinne als Energieberatung angesehen und ebenfalls von der Subsidiaritätsklausel ausgenommen. (Vgl. Erlass des Innenministeriums vom 15.4.2008 nach Mitteilung des nordrhein-westfälischen Städte- und Gemeindebundes, der diesen Erlass in seinem Intranet veröffentlicht hat.)

In den Jahren 1994 bis 1999, als die Subsidiaritätsklausel nicht im Gesetz enthalten war, ließ sich die Nachrangigkeit der kommunalwirtschaftlichen Betätigung aus dem Wort „erfordert" ableiten. Diese Meinung war allerdings umstritten.

Auch für die Subsidiaritätsklausel gilt, was oben zum „dringenden" öffentlichen Zweck gesagt wurde: ein gesetzgeberisches Hin-und-Her. Seit 2010 gilt wieder die einfache Subsidiaritätsklausel. Die letzte Änderung hat für den Bereich der Energieversorgung eine

Sonderregelung in § 107a GO getroffen (vgl. dazu die Darstellung bei *Held* in Held KVR NRW, § 107a GO).

§ 107 Abs. 5 GO NRW trifft ergänzend zur Subsidiaritätsklausel noch Verfahrensregelungen, er schreibt eine vorherige Marktanalyse und die Beteiligung der örtlichen Selbstverwaltungsorganisationen von Handwerk, Industrie und Handel sowie der jeweiligen Gewerkschaft für die betroffene Branche vor (dazu *B. Held*, GHH 2000 S. 11, 15). Die Bestimmungen des § 107 Abs. 5 GO NRW sind nicht drittschützend, sie sind an den Rat gerichtet, der vor einer Entscheidung über die Gründung eines Unternehmens bzw. einer Beteiligung umfassend über die Chancen und Risiken informiert werden soll. (VG Köln, Beschl. vom 29.7.2008 – 4 L 1060/08 –, JURIS).

2.3.4 Die neuere Diskussion

Die wirtschaftliche Betätigung der Gemeinden ist in jüngerer Zeit in vermehrtem Maße in das Blickfeld der Wissenschaft und der Gerichte geraten. Literatur und Rechtsprechung sind so umfangreich, dass hier nicht der Ort sein kann, dies in allen Verästelungen darzustellen, zumal eine abschließende Klärung bislang immer noch nicht eingetreten ist. Weiterführende Literatur zu diesen Fragen ist im Literaturverzeichnis aufgeführt; die Bedeutung und Aktualität des Themas kennzeichnend ist immer noch das Gutachten von *Ehlers* zum 64. Deutschen Juristentag im September 2002 (zu den Beratungen und insbesondere kommunalwirtschaftlich interessanten Ergebnissen vgl. den Bericht von *K. u. J. Müller*, GHH 2003 S. 54).

2.3.4.1 Wettbewerbsrechtliche Streitfragen

Insbesondere die bekannten Entscheidungen des OLG Hamm zum Fall „Gelsengrün" (vom 23.9.1997, DVBl 1998 S. 792), des OLG Düsseldorf zu „AWISTA" (vom 12.1.2001, NZBau 2000 S. 155) und „B+B-Autoverwertung" (vom 28.10.1999, NVwZ 2000 S. 111), des BGH zu „Gelsengrün" (Beschl. vom 8.10.1999, I ZR 284/97 – Nichtannahme der Revision) und „Elektroarbeiten" (Urt. vom 25.4.2002, NVwZ 2002 S. 1141 – positiv zu diesem Urt. *Neusinger*, GHH 2002 S. 278) sowie die Revisionsentscheidung in der Sache B+B (Urt. vom 26.9.2002, NVwZ 2003 S. 246) bewegen sich auf dem Gebiet des UWG – private Konkurrenten versuchen die Geschäftstätigkeit kommunaler Unternehmen mit dem Argument zu verhindern, die Tätigkeit verstoße gegen kommunalrechtliche Beschränkungen und dieser kommunalrechtliche Verstoß habe die Sittenwidrigkeit im Wettbewerbsrecht zur Folge. (s. dazu. *Köhler* in *Püttner*, Gemeindewirtschaftsrecht, S. 99) Die Gerichte haben dies mal bejaht, mal verneint. Zuletzt hat der BGH die Sittenwidrigkeit verneint (s. die oben zitierten Entscheidungen). Private könnten sich nicht über das Wettbewerbsrecht auf Verbote in der Gemeindeordnung berufen. Das UWG diene allein dem Verbraucherschutz, nicht aber dazu, Konkurrenten vom Markt fernzuhalten, es diene dem Schutz des lauteren Wettbewerbs, aber nicht der Verhinderung des Marktzutritts kommunaler Unternehmen zugunsten privater Konkurrenten (ähnlich auch schon OLG Karlsruhe, Urt. vom 16.11.2000, NVwZ 2001 S. 712, dazu *Boesen*, IBR 2001 S. 337). Das OLG Düsseldorf hat 2002 in einem Beschl. zum Vergaberecht (VergabeR 2002 S. 471) seine Rechtsprechung bekräftigt. Sie stehe nicht im Gegensatz zum „Elektroarbeiten"-Urteil des BGH, denn diese Entscheidung beziehe sich auf die bayerische GO. Wenn der BGH in dieser keine Norm zum Schutz der auf dem Markt tätigen privatwirtschaftlichen Unternehmen sehe, sage das nichts über das nordrhein-westfälische Landesrecht, bislang habe der BGH für den Bereich der GO NRW das anders gesehen. Der BGH seinerseits hat am 26.9.2002 über die Revision gegen die B+B-Entscheidung des OLG Düsseldorf entschieden und dabei sein „Elektroarbeiten"-Urteil bestätigt: Ein Verstoß gegen § 107 GO NRW begründet keinen Anspruch privater Wettbewerber aus § 1 UWG. S. zu diesem Problemkreis auch die Entscheidung des OVG NRW vom 13.8.2003, DVBl 2004 S. 133 und den Aufsatz von *Grooterhorst/Törnig*, DÖV 2004 S. 685. Mit dem Inkrafttreten des neuen UWG am 8.7.2004 (BGBL. I 1414) hat sich die Problematik wohl endgültig erledigt. (vgl. *Stamer*, S. 48 ff.) Die Zivilgerichte sind nur befugt, über das Verhalten der kommunalen Unternehmen im Wettbewerb zu entscheiden, nicht über ihren Eintritt in den Wettbewerb (vgl. *Mann*, NVwZ 2010 S. 857 f.). Entscheidend ist, ob eine geschäftliche Handlung im Sinne des § 2 Abs. 1 Nr. 1 UWG vorliegt. Soweit ein Eigenbetrieb aufgrund gesetzlicher Ermächtigung hoheitlich tätig wird, ist diese Beeinträchtigung einer Überprüfung des Wettbewerbsrechts entzogen. Das ist anders, wenn der Eigenbetrieb ohne ausdrückliche gesetzliche Ermächtigung zur Erfüllung einer öffentlichen Aufgabe handelt, dann kann eine wettbewerbsrechtlich relevante geschäftliche Handlung vorliegen, was anhand der relevanten Umstände des Einzelfalls zu würdigen ist. In seinem Urt. vom 27.7.2017 – I ZR 162/15 –,MDR 2018 S. 879 hat der BGH für den Fall eines Eigenbetriebs Friedhof eine solche geschäftliche Handlung wegen § 31 Abs. 2 BestattG BW verneint; dieser entspricht § 8 Abs. 1 BestG NRW. Ob die Neuregelung der Unternehmereigenschaft von juristischen Personen durch § 2b UStG durch Art. 12 des Gesetzes vom 2.11.2015 (BGBl. I S. 1834) Auswirkungen hat, bleibt abzuwarten. Zu der umsatzsteuerlichen Behandlung des Friedhof- und Bestattungswesens vgl. BMF-Schreiben vom 23.11.2020 (BSt. Bl. I S. 1335).

Aber den drittschützenden Charakter des § 107 Abs. 1 GO NRW hinsichtlich des Erfordernisses des (dringenden) öffentlichen Zwecks für die Zulässigkeit der wirtschaftlichen Betätigung der Gemeinde nimmt das OVG NRW in ständiger Rechtsprechung an (Beschl. vom 13.8.2003, NWVBl. 2003 S. 462, vom 12.10.2004, NWVBl. 2005 S. 133 und für die seit Oktober 2007 geltende Neufassung Beschl. vom 1.4.2008, NWVBl. 2008 S. 418).

Ein anderer wettbewerbs- bzw. lauterkeitsrechtlicher Aspekt ist vom OLG München in seinem Urteil vom 7.5.2020 – 29 U 769/20 – herausgearbeitet worden. Ein Wasserversorgungsunternehmen handelt nicht geschäftlich im Sinne des § 2 UWG, wenn es über die gesundheitsfördernden Eigenschaften seines Trinkwassers informiert. Solche Angaben seinen von der Informationspflicht der Trinkwasserversorgungsverordnung gedeckt. Die öffentliche Wasserversorgung ist eine Aufgabe der Daseinsvorsorge, § 50 WHG, sie steht in der Verantwortung der Städte und Gemeinden, § 38 LWG NRW. Die Gemeinden müssen in ihrem Gebiet eine dem Gemeinwohl entsprechende öffentliche Wasserversorgung sicherstellen. Sie können diese Aufgabe Dritten übertragen, wenn damit eine ordnungsgemäße Wasserversorgung im Gemeindegebiet gewährleistet ist. Die Sicherstellungspflicht verbleibt jedoch bei der Gemeinde. Zur ordnungsgemäßen Wasserversorgung gehört insbesondere die Einhaltung der Trinkwasserverordnung und der wasserwirtschaftlichen Bestimmungen.

2.3.4.2 Inzidentprüfung

Im Vergaberechtsstreit sehen sich BGH und OLG Düsseldorf berufen, im Rahmen einer Inzidentprüfung außervergaberechtliche Fragen zu prüfen.

In einem Rechtsstreit um die Vergabe einer Dienstleistungskonzession hat der BGH noch einmal darauf hingewiesen, dass ohne Hinzutreten besonderer Umstände bei diesen der Vergaberechtsweg nicht gegeben sei (hingewiesen sei hier auf den Beschluss des ThürOVG vom 26.2.2020, NVwZ-RR 2020 S. 1122: Die Vergabe der Veranstaltung eines Weihnachtsmarktes ist die Vergabe einer Dienstleistungskonzession, bei Streit darüber ist der Verwaltungsrechtsweg gegeben.). Im Streitfall sei es jedoch so, dass der Beschaffung der fraglichen Entsorgungsleistungen im Wege der Erteilung einer Dienstleistungskonzession die Regelung des § 16 Abs. 1 KrW-/AbfG entgegenstehe. Das sei vom Vergabesenat dann zu überprüfen, weil darin eine vergaberechtswidrige De-facto-Vergabe liegen könne, denn um eine solche handele es sich u. a. dann, wenn die Vergabestelle einen öffentlichen Auftrag unmittelbar einem Unternehmen erteilt, obwohl sie andere Unternehmen ohne gesetzliche Gestattung nicht am Vergabeverfahren beteiligt hat (§ 101b Abs. 1 Nr. 2 GWB). Diese Regelung wolle ermöglichen, dass ein vergaberechtswidrig erteilter Auftrag noch nachträglich einem geordneten Vergabeverfahren zugeführt werden könne. Vom Regelungsgegenstand des § 101b Abs. 1 Nr. 2 GWB unterscheide sich der Streitfall nur graduell durch den unerheblichen Umstand, dass die Antragsgegnerin zwar einen Teilnahmewettbewerb eröffnet, aber frei von den Restriktionen des für die Vergabe öffentlicher Aufträge oberhalb der einschlägigen Schwellenwerte geltenden Vergaberechts vergeben habe (Beschl. vom 18.6.2012, NZBau 2012 S. 586).

Dieser Auffassung des BGH kann gefolgt werden. Hier sollte eine Vergabe gegen ein gesetzliches Verbot, nämlich das im damaligen Kreislaufwirtschafts-/Abfallgesetz enthaltene Verbot von Dienstleistungskonzessionen als Vertragsform erfolgen.

Daraus hat das OLG Düsseldorf den Schluss gezogen, (z. B.) entsorgungsrechtlichen Vorschriften und Grundsätze seien im Rahmen vergaberechtlicher Anknüpfungs- oder Brückennormen inzident, nämlich im Sinn vorgelagerter Rechtsfragen, zu prüfen. Insofern könnten die vergaberechtlichen Grenzen der Bestimmungsfreiheit des Auftraggebers überschritten worden sein, und damit die Zulässigkeit des Vergaberechtswegs bejaht. „Ob ihnen tatsächlich zuwidergehandelt worden ist, ist eine im Zusammenhang mit der Begründetheit des Nachprüfungsantrags zu beantwortende Rechtsfrage." hat es dann weiter ausgeführt und in der Begründetheit eine umfängliche Überprüfung der einschlägigen entsorgungsrechtlichen Grundsätze und Vorschriften vorgenommen. Dort hat es dann u. a. zu seinem Prüfungsprogramm bemerkt: *„Die Leistungsbeschreibung, die Bedingungen für die Auftragsausführung und die Zuschlagskriterien haben den vorgenannten gesetzlichen Vorgaben Rechnung zu tragen. Sofern detaillierte Einzelanweisungen – wie hier – allerdings fehlen, hat der Auftraggeber die gesetzlichen Vorgaben kraft seines genuinen Bestimmungsrechts auszufüllen. Die vergaberechtliche Nachprüfung hat sich in der Art einer Ermessens- oder Beurteilungskontrolle darauf zu beschränken, ob der öffentliche Auftraggeber von seinem Recht einen bestimmungsgemäßen Gebrauch gemacht hat, und er bei seinen Festlegungen den zu beachtenden gesetzlichen Erfordernissen auch mit Blick auf die zu gewährleistende Effektivität vertretbar, d. h. vor allem frei von sachfremden Erwägungen, aufgrund eines zutreffend ermittelten Sachverhalts und ohne eine ersichtliche, insbesondere grundsätzliche Fehlbeurteilung der Dinge entsprochen hat."* (Beschl. vom 1.8.2012, VergabeR 2013 S. 71) Judicial Self-Restraint ist etwas anderes, hier beansprucht das OLG Düsseldorf wieder die Hoheit über jede Verwaltungsentscheidung.

2.3.5 Vergaberechtliche Probleme

Ein weiteres Gefechtsfeld hat sich aufgetan: das Vergaberecht. Das OLG Celle hält die Beteiligung einer Anstalt öffentlichen Rechts an einer VOB-/VOL-Ausschreibung für unzulässig (Beschl. vom 8.11.2001, VergabeR 2002 S. 154). Die Beteiligung einer Tochtergesellschaft eines Kreises an einer gebietsübergreifenden Ausschreibung hielt es dagegen nicht für vergaberechtswidrig (Beschl. vom 12.2.2001, VergabeR 2001 S. 207 mit Anmerkung *Stickler*). Auch das OLG Düsseldorf hat zunächst (Beschl. vom 12.1.2000, NZBau 2000 S. 155) die Beteiligung einer kommunalen GmbH an einer gebietsübergreifenden Ausschreibung für zulässig erachtet, später aber die Gegenposition eingenommen (Beschl. vom 17.6.2002, VergabeR 2002 S. 471). Ausgangspunkt der Überlegungen des OLG Düsseldorf ist es, dass die Vergabestelle wegen § 2 Nr. 1 Abs. 2 (jetzt § 2 Abs. 1) VOL/A auch die Einhaltung von § 107 GO NRW prüfen müsse, denn dieser habe den Schutz der Wettbewerbsordnung im Blick, sei deshalb bieterschützend. Die Schrankentrias (öffentlicher Zweck, Verhältnismäßigkeit, Subsidiaritätsklausel) sei generell drittschützend. Dies dürfte mit der neuesten BGH-Rechtsprechung zum nordrhein-westfälischen Gemeindewirtschaftsrecht (Urt. vom 26.9.2002, NVwZ 2003 S. 246) nicht zu vereinbaren sein (ablehnend *Lell*, Rödl & Partner Newsletter März 2003 S. 4). Das OLG Düsseldorf hat seinen Standpunkt im Beschl. vom 13.8.2008 (juris) bekräftigt. Zur Begründung hat sich der Vergabesenat u. a. auf europarechtliche Überlegungen bezogen: Die Mitgliedstaaten müssten das öffentliche Beschaffungswesen öffnen und konkrete, an den öffentlichen Auftraggeber gerichtete Verhaltenspflichten hervorbringen. Da sich eine unzulässige wirtschaftliche Betätigung der Kommunen wettbewerbsbeschränkend auswirke, müssten Vergabestelle und Vergabenachprüfungsinstanzen auch prüfen, ob sich der Bieter als kommunal beherrschtes Unternehmen an die kommunalwirtschaftlichen Schranken der §§ 107 ff. GO NRW gehalten habe und sich daher am Vergabeverfahren überhaupt beteiligen dürfe (ablehnend zu dieser Rechtsprechung *Mann*, NVwZ 2010 S. 857; s. auch die Kommentierung Erl. 4.2 zu § 10 EigVO NRW).

Leimkühler (VergabeR 2001 S. 353) sieht einen möglichen Anknüpfungspunkt für den Ausschluss eines kommunalen Bieters in § 2 Nr. 1 Abs. 2 (jetzt § 2 Abs. 1) VOL/A, da ein Verstoß gegen Kommunalverfassungsrecht ein Verstoß gegen die guten Sitten sein könnte. Aber auch § 2 Nr. 3 VOL/A a. F. könnte herangezogen werden, wonach nämlich ein Auftraggeber befürchten müsse, dass dem Bieter wegen des Rechtsverstoßes aufgrund aufsichtsbehördlicher oder gerichtlicher Entscheidung die Betätigung untersagt werde, so dass fehlende Zuverlässigkeit angenommen werden könnte. Kein Anknüpfungspunkt könne dagegen § 7 Nr. 6 VOL/A a. F. sein, da kommunale Entsorgungsgesellschaften keine „ähnlichen Einrichtungen" seien. Der Zweck der Norm gehe dahin zu verhindern, dass erwerbswirtschaftliche Unternehmen durch öffentliche Einrichtungen, die steuerbegünstigt seien oder wegen öffentlicher Zuschüsse Wettbewerbsvorteile hätten, verdrängt würden. Auch seien Betriebe der öffentlichen Hand und Verwaltungen anders als in § 8 Nr. 6 VOB/A (nunmehr § 6 Abs. 1 Nr. 3 VOB/A 2012) gerade nicht ausgeschlossen. Daher müsse hier ein Umkehrschluss zulässig sein. Die Neufassung der VOL/A 2009 hat diese Überlegungen obsolet gemacht, da der neue Text nur noch Justizvollzugsanstalten aufführt.

Kämper/Heßhaus (NWVBl. 2001 S. 377, 384) verstehen die VOB/A-Vorschrift so, dass mit „Betrieben der öffentlichen Hand" nicht sämtliche öffentlichen Unternehmen gemeint seien, sondern nur solche, die nicht erwerbswirtschaftlich tätig sind. Eigenbetriebe wollen sie aber wohl darunter fassen. Dem kann nur vom Ansatz her zugestimmt werden. Aber es kann nicht gesagt werden, dass ein Eigenbetrieb nicht erwerbswirtschaftlich tätig ist. Er bewegt sich – je nach Aufgabe – am Markt und steht auch im Wettbewerb, insoweit ist er auch gewinnorientiert. Das unterscheidet ihn von eigenbetriebsähnlichen Einrichtungen.

Die Fachkommentare zur VOL und zur VOB nehmen dagegen klar den gegenteiligen Standpunkt ein: Die Unternehmen der öffentlichen Hand sollen ausgeschlossen sein. Am weitesten gehen hier *Prieß/Hausmann* (Beck'scher VOB Kommentar, § 8 Rdn. 135, 136, 138, 156): Diese fassten nicht nur Regie- und Eigenbetrieb darunter, sondern auch juristische Personen des öffentlichen Rechts und selbst privatwirtschaftliche Unternehmen im Anteilseigentum der öffentlichen Hand sollen ausgeschlossen sein. Außerdem wollten sie den engeren § 7 Nr. 6 VOL/A a. F. erweitert auslegen. Das hat sich mit der Neufassung erledigt. (vgl. *Meininger* in Fabry/Augsten, S. 119) Enger sind dagegen *Ingenstau/Korbion* (§ 8 Rdn. 22), die Kapitalgesellschaften nicht angesprochen sehen, und *Zdzieblo* (in Daub/Eberstein, § 7 Rdn. 72, 74), der kommunale Unternehmen der Abfallentsorgung nicht erfasst sieht.

Nachdem VOL/A 2009 und VOB/A 2012 neu gefasst wurden, steht einer Teilnahme von kommunalen Eigenbetrieben an einer VOL-Ausschreibung diese nicht mehr entgegen. Im VOB-Bereich sind sie nach dem Text dagegen ausgeschlossen (so auch *Meininger* in Fabry/Augsten, S. 119). Das verstößt aber nach einer neueren Entscheidung des OLG Düsseldorf (Beschl. vom 7.8.2013, NZBau 2014 S. 57) gegen Europarecht. Der EuGH habe in der CoNisMa-Entscheidung (Urt. vom 23.12.2009, NZBau 2010 S. 188) dargelegt, dass der Unionsgesetzgeber die Teilnahme am Wettbewerb nicht auf unternehmerisch strukturierte Wirtschaftsteilnehmer habe eingrenzen wollen. Die Richtlinie 2004/18 stehe – so der EuGH – der Auslegung einer nationalen Regelung entgegen, die es öffentlichen Einrichtungen untersage, sich an Vergabeverfahren zu beteiligen. Deshalb, so das OLG Düsseldorf, sei § 6 Abs. 1 Nr. 3 VOB/A-EG in Vergabenachprüfungsverfahren nicht anzuwenden, weil er eine Teilnahme der öffentlichen Hand an Vergabeverfahren untersage.

Grundsätzlich ist zu bemerken: Zum einen ist festzustellen, dass das Grundgesetz einer wirtschaftlichen Tätigkeit der öffentlichen Hand nicht entgegensteht (vgl. *Pieroth/Hartmann*, DVBl 2002 S. 421). Auch *Britz* (NVwZ 2001 S. 380) weist darauf hin, dass es kein Verbot erwerbswirtschaftlicher Tätigkeit des Staates gebe, weder aus Gemeinschaftsrecht noch aus den Grundrechten oder dem Staatsorganisationsrecht. Hier kommen jetzt auch europarechtliche Gesichtspunkte zum Tragen. Der EuGH hat in seiner ARGE Gewässerschutz-Entscheidung (Urt. vom 7.12.2000, VergabeR 2001 S. 28) festgestellt, dass der in der Dienstleistungsrichtlinie enthaltene Grundsatz der Gleichbehandlung der Bieter nicht dadurch verletzt werde, dass Einrichtungen zugelassen seien, die Zuwendungen, gleich welcher Art, von öffentlichen Auftraggebern erhielten, die es ihnen ermöglichten, zu Preisen anzubieten, die erheblich unter denen von Mitbewerbern, die keine solchen Zuwendungen erhalten, lägen. *Antweiler* (VergabeR 2001 S. 259) zeigt in einer Besprechung dieser Entscheidung auf, dass Dienstleistungsrichtlinie, Baukoordinierungsrichtlinie und Lieferkoordinierungsrichtlinie alle die Beteiligung öffentlicher Unternehmen zuließen; das gilt auch für das neue Recht ab 2005, Richtlinie 2004/18/EG über die Koordinierung der Verfahren zur Vergabe öffentlicher Bauaufträge, Lieferaufträge und Dienstleistungsaufträge, ABl. Nr. L 134 vom 30.3.2004, S. 114 ff. Nach deutschem Recht, § 97 Abs. 2 GWB, seien alle Bieter gleich zu behandeln, wenn nicht eine Ungleichbehandlung aufgrund des GWB geboten oder gestattet sei. Dazu gebe es § 8 Nr. 6 VOB/A (nunmehr § 6 Abs. 1 Nr. 3 VOB/A 2012) und § 7 Nr. 6 VOL/A. Allerdings sei der Zweck dieser Vorschriften darauf gerichtet, nicht erwerbswirtschaftlich tätige öffentliche Einrichtungen auszuschließen. Daher könnten öffentliche Unternehmen nach deutschem Vergaberecht an Ausschreibungen teilnehmen. Nach deutschem Verfassungsrecht sei die wirtschaftliche Betätigung der Gemeinden grundsätzlich an einen öffentlichen Zweck gebunden. Der könne bei überörtlicher Tätigkeit darin liegen, dass damit die Voraussetzungen für die Erhaltung oder Erhöhung der Wirtschaftlichkeit innerhalb des Gemeindegebietes geschaffen würden. Art. 12 GG biete keinen Schutz gegen Konkurrenz der öffentlichen Hand. Haushaltsrecht begründe keine subjektiven Rechte Dritter. § 1 UWG gewähre privaten Mitbewerbern keinen Unterlassungsanspruch.

Eine weitere Entscheidung des EuGH (Urt. vom 10.5.2001, VergabeR 2001 S. 281 mit Anmerkung *Schnabel*, VergabeR 2001 S. 285, dazu auch *Boesen*, IBR 2001 S. 438) ist von Bedeutung. Der Gerichtshof legt Art. 1b Unterabs. 2 der Dienstleistungsrichtlinie dahingehend aus, dass eine Einrichtung, die u. a. zwar keine Gewinnerzielungsabsicht verfolgt, aber ihre Geschäftsführung an Leistungs-, Effizienz- und Wirtschaftlichkeitskriterien ausrichtet und in einem wettbewerblich geprägten Umfeld tätig wird, keine öffentliche Einrichtung sei. *Schnabel* führt dazu aus, dass § 98 Nr. 2 GWB dem Wortlaut der Vergaberichtlinien folge, so dass die Auslegung des EuGH dazu zwingend sei. Mit dem Urteil sei ein weites Tor raus aus dem Vergaberecht (kein nichtstaatlicher öffentlicher Auftraggeber) geöffnet worden. Dann muss aber auch die Kehrseite richtig sein: Solche Einrichtungen können dann nicht als Anbieter ausgeschlossen werden. Die genannten Kriterien gelten für eine Vielzahl staatlicher oder kommunaler Einrichtungen, die zudem auch im Wettbewerb stehen, z. B. Krankenhäuser, aber auch andere eigenbetriebsähnliche Einrichtungen (siehe dazu das bereits oben angesprochene Urt. des EuGH vom 23.12.2009, NZBau 2010 S. 188, in der Sache CoNisMa, wonach die Richtlinie 2004/18/EG keine Einrichtungen, die nicht in erster Linie eine Gewinnerzielung anstreben, vom Wettbewerb ausschließt und entsprechenden gegenlautenden nationalen Regelungen entgegensteht).

Dass eine umsatzsteuerliche Organschaft keine unlautere Handlungsweise ist, hat das LG Mannheim (Urt. vom 20.6.2008 – 22 O 33/07 –, juris) entschieden. Hier hatte ein privates Reinigungsunternehmen nach einem europaweitem Ausschreibungsverfahren über Reinigungsdienstleistungen für Krankenhäuser, das es gegen eine Organgesellschaft der Kommune als Träger des Krankenhauses verloren hatte, Klage aufgrund des UWG erhoben. Das LG Mannheim sah in der Bildung einer steuerrechtlichen Organschaft ein gebräuchliches Mittel zum Zwecke der Kostenreduzierung, kein wettbewerbswidriges Handeln.

2.4 Die Änderungen durch das GO-Reformgesetz 2007

Die Definition der wirtschaftlichen Betätigung hat sich nicht geändert, aber die davor stehenden Bedingungen, unter denen sich eine Gemeinde wirtschaftlich betätigen darf, sind verändert worden:

- Es muss jetzt (wieder) ein dringender öffentlicher Zweck vorliegen.

- Die Subsidiaritätsklausel ist verschärft worden: Der öffentliche Zweck muss nicht besser und wirtschaftlicher durch ein Privatunternehmen erfüllt werden können, es reicht „ebenso gut und wirtschaftlich".

In der Gesetzesbegründung heißt es dazu:

„Mit den Änderungen in Absatz 1 Satz 1 wird die wirtschaftliche Betätigung an strengere Voraussetzungen gebunden. Gegenüber der bisherigen Fassung wird für die wirtschaftliche Betätigung nicht mehr nur ein einfacher öffentlicher Zweck, sondern ein dringender öffentlicher Zweck gefordert. Hiermit sollen erhöhte Anforderungen an die Zulässigkeit einer wirtschaftlichen Betätigung gestellt werden. Faktisch führt dies regelmäßig zu einer erhöhten Darlegungslast der jeweiligen kommunalen Gebietskörperschaft. Sie muss sich verstärkt mit der Frage auseinandersetzen, ob der mit der wirtschaftlichen Betätigung verfolgte öffentliche Zweck tatsächlich so dringend ist, dass eine eigene wirtschaftliche Betätigung erforderlich ist. Das künftige Erfordernis eines dringenden öffentlichen Zwecks befördert eine wünschenswerte Konzentration auf die Betätigungen, für die tatsächlich ein erhöhtes öffentliches Bedürfnis besteht und bewirkt insoweit auch eine Stärkung der kommunalen Daseinsvorsorgetätigkeit.

Die Verschärfung der Subsidiaritätsklausel beinhaltet die stärkere Betonung eines Vorrangs der privaten Leistungserbringung vor der Leistungserbringung durch die öffentliche Hand. Bestimmte Kernbereiche der kommunalen Daseinsvorsorge werden wie bisher in Absatz 1 Satz 1 Nr. 3 von der Anwendung der Subsidiaritätsklausel ausgeschlossen. Vorsorglich ist darauf hinzuweisen, dass für die in § 107 Abs. 1 Nr. 3 genannten Kernbereiche (Energieversorgung, Wasserversorgung, öffentlicher Verkehr und Telekommunikation) für den jeweiligen Heimatmarkt in aller Regel problemlos das Vorliegen eines dringenden öffentlichen Zwecks anzunehmen ist. Gleich gelagerte verschärfte Subsidiaritätsklauseln bestehen auch in Baden-Württemberg, Bayern, Hessen, Rheinland-Pfalz, Saarland und Thüringen." (LT-Drs. 14/3979, S. 149).

Die Auswirkungen dieser Änderungen werden insbesondere von Seiten der kommunalen Unternehmen als bedrohlich angesehen. So schätzt etwa Hans-Joachim Reck, der damalige Hauptgeschäftsführer des Verbandes kommunaler Unternehmen, diese Einschränkungen so ein, dass kommunalen Unternehmen damit jegliche Entwicklungsperspektiven genommen seien, dass sie zum Stillstand verurteilt seien und sich Marktentwicklungen nicht mehr anpassen könnten *(Interview in kommunalwelt.de, Oktober 2007, S. 36 f.).*

Dieser Einschätzung muss man sich anschließen. § 107 Abs. 1 GO NRW ist durch die Reform eindeutig verschärft worden (so auch OVG NRW, Beschl. vom 1.4.2008, NWVBl. 2008 S. 418). Das Erfordernis eines *„dringenden öffentlichen Zwecks"* baut eine nur schwer überwindbare Hürde für eine kommunalwirtschaftliche Tätigkeit auf. Auch wenn weiter oben ausgeführt wurde, dass zwischen der Regelung durch die vorhergehende Abschaffung des *„dringend"* und der davor bestehenden Formulierung in der kommunalrechtlichen Literatur kaum ein Unterschied gemacht wurde, so muss doch festgestellt werden, dass insbesondere das OLG Düsseldorf (vgl. Urt. vom 10.10.1996, NWVBl. 1997 S. 353) gerne solche Formulierungen aufgreift, um wirtschaftliche Betätigungen nordrhein-westfälischer Kommunen einzuschränken (wird eigentlich auch bei außerhalb des Landes beheimateten Bietern nach der öffentlich-rechtlichen Zulässigkeit ihrer Tätigkeit gefragt?). Außerdem kann auch nicht außer Acht gelassen werden, dass die neue Gesetzesformulierung ausdrücklich mit der Absicht der Eindämmung kommunalwirtschaftlicher Tätigkeiten gewählt wurde – das können die Verwaltungsgerichte nicht ignorieren. Ob ein dringender öffentlicher Zweck vorliegt, unterliegt als Tatbestandsmerkmal der uneingeschränkten gerichtlichen Kontrolle, ob ein dringender öffentlicher Zweck die Betätigung „erfordert", fällt dagegen unter die Einschätzungsprärogative der Kommune (OVG NRW, Beschl. vom 1.4.2008, NWVBl. 2008 S. 418; dagegen sieht *Geerlings*, NWVBl. 2008 S. 90, 91, einen nur beschränkt gerichtlich überprüfbaren Beurteilungsspielraum der Gemeinde).

Kritisch ist auch die Verschärfung der Subsidiaritätsklausel. Die Kommunen müssen jetzt den Nachweis erbringen, dass sie die Aufgaben besser als die Privatwirtschaft erfüllen. Ein optimal wirtschaftendes Privatunternehmen wäre mit einem optimal wirtschaftenden kommunalen Unternehmen zu vergleichen, ein Vergleich, der nicht zu führen ist, da die kommunalen Unternehmen nicht in erster Linie der Gewinnerzielung, sondern gemäß § 109 Abs. 1 GO NRW der nachhaltigen Erfüllung des öffentlichen Zwecks verpflichtet sind.

Bereits vor dem Gesetzesentwurf waren die sich abzeichnenden Pläne der Landesregierung von *Prümm*, NWVBl. 2007 S. 14, und *Wellmann*, NWVBl. 2007 S. 1, einer kritischen Würdigung unterzogen worden. Dabei hat *Wellmann* aufgezeigt, dass eine Verschärfung der Subsidiaritätsklausel nicht zur Folge haben dürfte, dass bestehenden Unternehmen keine Weiterentwicklungsmöglichkeiten mehr gewährt würden, das hätte die Verfassungswidrigkeit zur Folge. Diese Frage ist durch den Gesetz gewordenen Text noch nicht abschließend geklärt.

Zwar sind auch nach der Neufassung die Kernbereiche der kommunalen Daseinsversorgung – die klassischen Stadtwerke und die Telekommunikation – von der Anwendung der Subsidiaritätsklausel ausgenommen, aber nicht die damit zusammenhängenden Dienstleistungen. Gerade der Zwang, jede über das Kerngeschäft hinausgehende Betätigung an der strengen Subsidiarität messen zu müssen, nimmt den Unternehmen Entwicklungsmöglichkeiten, verhindert Weiterentwicklungen auf sich entwickelnden Märkten und wirft sie damit hinter die private Konkurrenz zurück. Im Ergebnis wird dies nicht zum Nutzen des Wettbewerbs und damit des Verbrauchers/Bürgers sein. Die Regierungsfraktionen haben hierzu einen Entschließungsantrag gefasst:

„Der Landtag erklärt:

In der Anhörung wurden Bedenken geäußert, dass auch der nach geltendem Recht aus dem Anwendungsbereich der Subsidiaritätsklausel ausgenommene Bereich des § 107 Abs. 1 Satz 1 Nr. 3 (Energieversorgung, Wasserversorgung, öffentlicher Verkehr, Betrieb von Telekommunikationsnetzen) den aus dem Merkmal „dringend" abgeleiteten Einschränkungen unterliegen könnte. Dies ist nach Wortlaut und Sinn des Gesetzes nicht beabsichtigt. Vielmehr sollen Kommunen auch weiterhin berechtigt sein, für den Heimatmarkt Energie zu erzeugen und energienahe Dienstleistungen anzubieten. Zu diesen Dienstleistungen gehören auch das Energiemanagement, die Energieberatung und sonstige energienahe Dienstleistungen, soweit nicht in den Bereich des Handwerks übergegriffen wird." (LT-Drs. 4/4961)

Keine wirklich überzeugende Regelung, denn diesem Entschließungsantrag kommt keine Rechtsverbindlichkeit zu (ebenso *Geerlings*, NWVBl. 2008 S. 90), das hätte man besser direkt im Gesetz geregelt.

Die gebietsübergreifende wirtschaftliche Betätigung ist durch den Verweis auf Absatz 1, dessen Voraussetzung hier noch einmal vorliegen müssen, ebenfalls eingeschränkt worden und nur unter verschärften Voraussetzungen möglich. Dies schränkt die Wettbewerbsfähigkeit kommunaler Unternehmen weiter ein, denn die Grenzen sind zu eng gezogen. Es ist nämlich durchaus fraglich, ob der (dringende) öffentliche Zweck bei räumlichem Übergreifen zur Erhaltung oder Verbesserung der Rentabilität oder der Marktposition allgemein bejaht wird oder bei Auslastung von Kapazitäten. Allerdings hat das OVG NRW eine Auslegung für die überörtliche Tätigkeit nichtwirtschaftlicher Einrichtungen gefunden, die auch hier von Interesse ist. Es hat aus § 107 Abs. 2 Satz 2 GO NRW, nach dem diese eigenbetriebsähnlichen Einrichtungen nach wirtschaftlichen Gesichtspunkten zu verwalten sind, geschlossen, dass dies es auch erfordert, vorhandene Kapazitäten möglichst auszulasten. Gerade für die Abfallentsorgung gelte, dass die dafür erforderlichen Einrichtungen ihrem öffentlichen Zweck entsprechend auf dem jeweiligen Stand der Entsorgungstechnik dauerhaft und zugleich für die Abfallverursacher möglichst kostengünstig betrieben werden könnten. Dies erfordere dann eine Betätigung auch außerhalb des eigenen Gebietes (Beschl. vom 1.4.2008, NWVBl. 2008 S. 418; ebenso OLG Düsseldorf, Beschl. vom

13.8.2008 – VII-Verg 42/07 –, JURIS). Dieser Gedanke lässt sich sicherlich bei entsprechenden Konstellationen auch für wirtschaftliche Betätigungen heranziehen, allerdings hat das OVG auch offengelassen, wie eine gezielt geschaffene Überkapazität, mit der dann das Erfordernis der Betätigung begründet werden soll, zu beurteilen ist.

Zu der entsprechenden bayerischen Regelung s. *Scharpf*, NVwZ 2005 S. 148. Zur überörtlichen Tätigkeit nach altem Recht ist der Aufsatz von *Jarass*, DVBl 2006 S. 1, vor allem im Hinblick auf die Ausführungen zur Selbstverwaltungsgarantie von Bedeutung. *Ehricke* ist in einem für den VKU erstellten Gutachten zu dem Ergebnis gekommen, dass das Örtlichkeitsprinzip des § 107 GO gegen Europarecht verstößt, soweit grenzüberschreitende Sachverhalte betroffen sind, nicht dagegen Einschränkungen innerhalb Deutschlands (siehe dazu auch *Becker*, Kommunales Örtlichkeitsprinzip vs. Niederlassungsfreiheit nach Art. 49 AEUV, VR 2018 S. 329). Dass die überörtliche Tätigkeit im Licht des deutschen Verfassungsrechts kritisch zu sehen ist, wird vielfach ausgeführt. (vgl. *Ehlers*, Gutachten S. 143; *Eisenkötter*, S. 146 f.; *Held* in Held, KVR NRW, § 107a GO Erl. 5.1)

Auch die Bestandsschutzklausel des § 1 des Art. X des Gesetzes

„Wirtschaftliche und nichtwirtschaftliche Betätigungen, die vor dem 19. März 2007 auf der Grundlage der seinerzeit geltenden Gemeindeordnung aufgenommen wurden, dürfen unbeschadet der in diesem Gesetz erfolgten Änderungen des § 107 GO fortgesetzt werden."

ist unzureichend, weil statisch (so auch *Köster*, NWVBl. 2008 S. 49, 53). Sie müsste aber dynamisch sein und angemessene Entwicklungsmöglichkeiten bieten. Das soll zwar nach Auffassung des federführenden Ausschusses für Kommunalpolitik und Verwaltungsstrukturreform mit dieser Formulierung erreicht worden sein, denn es heißt in der Begründung der Beschlussempfehlung:

„Die Bestandsschutzregelung bedeutet keinesfalls ein Einfrieren auf dem derzeitigen Stand zugelassener und aufgenommener Betätigungen. Bestehende Tätigkeiten können in sachlicher und räumlicher Hinsicht durchaus erweitert werden. Hierbei sind allerdings die Neuregelungen des § 107 zu beachten, die keineswegs sinnvolle Erweiterungsmöglichkeiten ausschließen oder diese auch nur wesentlich erschweren. Vielmehr lassen auch die Neuregelungen umfängliche Spielräume für eine kraftvolle wirtschaftliche und nichtwirtschaftliche Betätigung." (LT-Drs. 14/4981 S. 74 f.)

Aber hier gilt das Gleiche wie beim Entschließungsantrag: nicht rechtsverbindlich. Auch *Hamacher*, NWVBl. 2008 S. 81, 84, weist darauf hin, dass Begründung wie Entschließungsantrag zwar in die richtige Richtung weisen, aber der Wortlaut die Messlatte der Gerichte sein wird. *Stiel*, NWVBl. 2009 S. 46 beschäftigt sich ausführlich mit dieser Neuregelung. Er legt sie mit Hilfe von grammatikalischen, historischen, systematischen und teleologischen Methoden aus und greift auch auf betriebswirtschaftliche Überlegungen zurück. Dabei kommt er zu dem Ergebnis, dass man die Regelung auch dynamisch interpretieren könne.

Von Lennep/Wellmann (KommJur 2007 S. 401, 406 f.) meinen, es handele sich bei der Überprüfung, ob die Voraussetzungen der echten Subsidiaritätsklausel vorlägen, um eine Prognoseentscheidung, bei der der Gemeinde ein umfangreicher Beurteilungsspielraum zukomme, wobei die Überprüfung der Zweckmäßigkeitserwägungen den Aufsichtsbehörden und den Gerichten weiterhin weitgehend entzogen sei, letztlich könnten nur unvertretbare Verwaltungsverhandlungen unterbunden werden. Diese Einschätzung erscheint mir vor dem klaren Willen des Gesetzgebers, die kommunale Wirtschaftstätigkeit einzuschränken, etwas zu optimistisch.

Das OVG NRW hat in seinem Beschl. vom 1.4.2008 (NWVBl. 2008 S. 418) die Bestimmung dahingehend ausgelegt, dass „nichtwirtschaftliche Betätigungen auf dem Gebiet einer anderen Gemeinde bestandsgeschützt nur insoweit (sind), als sie dort bereits vor dem Stichtag aufgenommen wurden". Denn aus der Ausschussbegründung ergebe sich, dass die Erweiterung bestehender Tätigkeiten in sachlicher und räumlicher Hinsicht nicht bereits durch die Bestandsschutzklausel garantiert seien, sondern die Änderungen des § 107 GO NRW berücksichtigen müssten (ebenso OLG Düsseldorf, Beschl. vom 13.8.2008 – VII-Verg 42/07 –, juris).

2.5 Erneute Änderung 2010 durch das Gesetz zur Revitalisierung des Gemeindewirtschaftsrechts

Wie zu erwarten war, hat der Regierungswechsel von der CDU/FDP-Regierung unter Ministerpräsident Jürgen Rüttgers zur SPD/GRÜNEN-Regierung unter Hannelore Kraft im Sommer 2010 dazu geführt, dass die von den Kommunen abgelehnten Änderungen rückgängig gemacht wurden. § 107 GO NRW erhielt durch Art. 1 Nr. 1 des Gesetzes zur Revitalisierung des Gemeindewirtschaftsrechts vom 21.12.2010 (GV. NRW. S. 688) eine neue Fassung. Zwar ersetzt die Neuregelung den gesamten bisherigen Text des § 107 GO NRW, wesentlich sind aber hier sowie in dem neuen § 107a und in der Änderung des § 108 Abs. 1 Nr. 2 GO NRW nur drei Dinge:

1. Der erst 2007 eingeführte „dringende" öffentliche Zweck wird wieder gestrichen. Damit werden die „Rahmenbedingungen für eine wirtschaftliche Tätigkeit der Gemeinden wieder deutlich verbessert" (Begründung des Gesetzentwurfs der Fraktionen der SPD und BÜNDNIS 90/DIE GRÜNEN, LT-Drs. 15/27 S. 11).
2. Durch Einführung eines neuen § 107a GO wird die kommunale „energiewirtschaftliche Betätigung" gesondert geregelt. Das Gesetz soll die energiewirtschaftliche Betätigung der Gemeinden erweitern, indem es bestehende Wettbewerbsbeschränkungen aufhebt. Die Versorgung mit Strom, Gas und Wärme dient einem öffentlichen Zweck, wobei die Begründung zum Gesetzentwurf ausdrücklich feststellt, dass „auch die Gewinnerzielung zur Deckung von Ausgabebedarfen in anderen öffentlichen Bereichen" ein öffentlicher Zweck ist (LT-Drs. 15/27 S. 11). Siehe zu den kommunalwirtschaftlichen Vorgaben in diesem Bereich *Dietl*, Die kommunale Netzgesellschaft, DÖV 2018 S. 407.
3. Für die Einrichtungen des § 107 Abs. 2 GO NRW entfällt die Notwendigkeit der Erfüllung der Voraussetzungen des § 8 Abs. 1 GO NRW. Diese Bezugnahme verhinderte kommunale Kooperationen vor allem im Bereich der verwaltungsinternen Dienstleistungen (siehe allerdings schon zur vorherigen Fassung OVG NW, Urt. vom 26.10.2010, NWVBl. 2011 S. 149; zur Neufassung *Schmitz/Lindt*, GHH 2011 S. 162).

2.6 Auswirkungen des Koalitionsvertrages zwischen CDU und FDP 2017

Im Koalitionsvertrag zwischen CDU und FDP (https://www.cdu-nrw.de/sites/default/files/media/docs/nrwkoalition_koalitionsvertrag_fuer_nordrhein-westfalen_2017_-_2022.pdf) ist kein festes Programm für eine Änderung der wirtschaftlichen Betätigung der Kommunen enthalten, aber es finden sich Aussagen, die Änderungen nicht als ausgeschlossen erscheinen lassen:

Im Kapitel II: Land der Innovation und einer starken Wirtschaft, Abschnitt: Bürokratieabbau und digitale Verwaltung, Unterabschnitt: Wirtschaft und Bürger entfesseln – weniger Bürokratie, findet sich auf S. 32 folgende Formulierung: *„Wir werden den Mittelstand vor unfairer Konkurrenz durch öffentliche Unternehmen und den Staat schützen. Die Betätigung von öffentlichen Unternehmen ist nur dann gerechtfertigt, wenn die Betätigung zur Erfüllung einer öffentlichen Aufgabe dringend erforderlich ist und private Unternehmen diese Aufgabe nicht ebenso wirksam und effektiv erledigen können. Wir prüfen das Beteiligungsportfolio des Landes auf Privatisierungsmöglichkeiten."*

In dem Unterabschnitt: Handwerk und Mittelstand heißt es auf S. 41: *„Durch die Digitalisierung werden sich auch die Geschäftsmodelle öffentlicher Unternehmen grundlegend verändern. Produkte und Dienstleistungen wachsen zusammen. Die Erhebung und Nutzung von Daten wird immer bedeutsamer. Das darf nicht zu neuen Monopolen führen. Öffentliche Unternehmen müssen in diesem Marktumfeld auch in Zukunft die Chance* *haben, ihren Auftrag effektiv erfüllen zu können, ohne dass dies im Verhältnis zu Handwerk und Mittelstand zu Verwerfungen führt. Dies stellt hohe Anforderungen an die Kommunalaufsicht, die sich der Herausforderung eines dynamischen Marktumfeldes im Interesse eines fairen Wettbewerbs in Zukunft besser wird stellen müssen."*

Und schließlich wird in Kapitel IV: Land der vielfältigen Regionen, Abschnitt: Kommunen, Unterabschnitt: Kommunalaufsicht auf S. 72 ausgeführt: *„Dafür werden wir klare und landesweit einheitliche Vorgaben des Landes an die Kommunalaufsicht insbesondere für die Aufsicht über die wirtschaftliche Betätigung von Kommunen einführen. Dabei ist künftig auch ein stärkerer Blick auf betriebswirtschaftliche Aspekte zu legen."*

Es wird daher abzuwarten bleiben, ob die neue nordrhein-westfälische Landesregierung Gesetzesänderungen verfolgen wird, die an das anknüpfen, was unter der Regierung *Rüttgers* als strengere Regeln für die wirtschaftliche Betätigung der Kommunen eingeführt wurde.

Der Städtetag Nordrhein-Westfalen hat dazu bereits ablehnend Stellung bezogen, weil dadurch die wirtschaftliche Betätigung der Kommunen eingeschränkte würde. (http://www.staedtetag-nrw.de/fachinformationen/aus_dem_staedtetag/082491/) Allerdings hat die Landesregierung auf eine kleine Anfrage erklärt, eine Änderung der §§ 107, 108 GO NRW sei nicht beabsichtigt, jedoch werde im Interesse des Mittelstands konsequent auf die Einhaltung der Vorschriften des Gemeindewirtschaftsrechts hingewirkt (LT-Drs. 17/422).

3. Nichtwirtschaftliche Betätigung

3.1 § 107 Abs. 2 GO NRW

Bestimmte, ebenfalls der Versorgung der Einwohner dienende Einrichtungen hat der Gesetzgeber aus der wirtschaftlichen Tätigkeit herausgenommen, es sind dies die in § 107 Abs. 2 GO NRW aufgeführten Einrichtungen. Das sind zunächst die, zu deren Errichtung die Gemeinde gesetzlich verpflichtet ist, weiterhin Einrichtungen auf den Gebieten der sozialen, kulturellen, sportlichen, sozialen, gesundheitlichen Versorgung. Weiterhin sind Einrichtungen für den Umweltschutz, die Wirtschafts- und Fremdenverkehrsförderung und die Wohnraumversorgung ebenso ausgenommen wie Hilfsbetriebe der Gemeinde. Diese Regelung hat zur Folge, dass die zuvor aufgezeigten Zulässigkeitsvoraussetzungen nicht erfüllt sein müssen. Diese Einrichtungen, die nach den Vorschriften über die Eigenbetriebe geführt werden können, sind auch nach wirtschaftlichen Gesichtspunkten zu führen, dürfen aber nicht mit dem Ziel wirtschaften, einen Ertrag für den Haushalt abwerfen zu wollen.

Betriebe im Sinne des § 107 Abs. 2 GO NRW sind nach § 11 Abs. 2 KostO i. V. m. § 1 Abs. 1 Nr. 2 GebBefrG NRW (jetzt § 122 Abs. 1 Nr. 2 JustG) von der Zahlung der Gerichtsgebühren, welche die ordentlichen Gerichte in Zivilsachen erheben, befreit. (OLG Köln, Beschl. vom 24.2.1997, NVwZ-RR 1998 S. 469 für einen Zivilrechtsstreit zwischen einer Gemeinde und einem privaten Entsorger über einen Vertrag zur Sammlung von Biomüll) Dazu gehören auch Angelegenheiten der freiwilligen Gerichtsbarkeit (OLG Köln, Beschl. vom 5.9.2007, JurBüro 2008 S. 97). Allerdings muss der Betrieb ausschließlich nichtwirtschaftlich tätig sei. Für den Fall eines als Eigenbetrieb organisierten Gebäudemanagements (Hochbau und Immobilienverwaltung) hat das OLG Düsseldorf die Gebührenfreiheit abgelehnt, weil dieser, wenn auch nur in geringem Umfang, auch an Dritte Gebäude vermietete und damit die Voraussetzungen des § 107 Abs. 2 Nr. 5 GO NRW nicht mehr erfüllte. Das Gericht hat es auch ausgeschlossen, in Fällen, in denen sich die gemeindliche Einrichtung wirtschaftlich wie nichtwirtschaftlich betätigt, auf die Art der jeweiligen Tätigkeit abzustellen (Beschl. vom 17.7.2008, OLGR Düsseldorf 2009 S. 95). Auch soweit der Gegenstand des Rechtsstreites eine wirtschaftliche Betätigung (etwa Zinsswap-Geschäfte) betrifft, kommt eine Gebührenfreiheit nicht in Betracht (OLG Düsseldorf, Beschl. vom 24.4.2014 – 10 W 46/14 – Juris; ebenso zuletzt Beschl. vom 8.12.2016, NVwZ-RR 2017 S. 592; s. a. *Bosse*, KommJur 2015 S. 203).

Das OLG Düsseldorf hat (z. B. im Beschl. vom 17.6.2002, NWVBl. 2003 S. 192) die Auffassung vertreten, § 107 GO NRW stehe einer Tätigkeit der Kommune außerhalb ihres Gebiets entgegen. Dem hat das OVG NRW 2004 ausdrücklich widersprochen, soweit § 107 Abs. 2 GO NRW betroffen ist: Die in Absatz 2 aufgeführten privilegierten Tätigkeitsfelder seien als nichtwirtschaftliche Betätigung vollständig aus dem Anwendungsbereich des Absatzes 1 mit seinen Schranken für eine wirtschaftliche Betätigung der Kommunen ausgenommen. Deshalb verbiete § 107 GO NRW nicht die Abfallentsorgung einer Gemeinde auf dem Gebiet einer anderen Gemeinde. Es hat deshalb den Antrag eines privatwirtschaftlichen Abfallentsorgers gegen die Teilnahme eines Eigenbetriebs der Stadt Münster an der Ausschreibung der Abfallentsorgung einer anderen Stadt zurückgewiesen (Beschl. vom 12.10.2004, NWVBl. 2005 S. 133). Diese Rechtslage hat sich durch die Neuregelung in § 107 Abs. 4 GO NRW geändert (s. dazu OVG NRW, Beschl. vom 1.4.2008, NWVBl. 2008 S. 418; zu diesem Beschl.: *Vetterlein*, pwc: public services, Mai 2008 S. 11).

3.2 Die Änderungen durch das GO-Reformgesetz 2007

Diese überörtliche nichtwirtschaftliche Tätigkeit ist durch die Novelle des Jahres 2007 ebenfalls erheblich eingeschränkt worden. § 107 Abs. 4 GO NRW verlangt nämlich nunmehr die Erfüllung der Voraussetzungen des Abs. 1 Satz 1 Nr. 1, d. h. das Vorliegen eines dringenden öffentlichen Zweckes. Aus der Gesetzesbegründung ergibt sich eindeutig, dass der Gesetzgeber die überörtliche Betätigung eindämmen wollte, dass ihm die Rechtsprechung der Verwaltungsgerichte zu weit ging:

„Aufgrund der Erfahrungen mit der Anwendung des aktuellen Gemeindewirtschaftsrechts, z. T. auch als Reaktion auf einschlägige Entscheidungen der Verwaltungsgerichtsbarkeit, sind weitere Änderungen im Bereich des Gemeindewirtschaftsrechts bzw. damit zusammenhängender Vorschriften der Gemeindeordnung angezeigt. Dies betrifft die überörtliche nichtwirtschaftliche Betätigung i. S. des § 107 Abs. 2 GO sowie die wirtschaftliche und nichtwirtschaftliche Betätigung im Ausland. Hier ergeben sich schwerpunktmäßig folgende Änderungen:

– Auch die nichtwirtschaftliche überörtliche Betätigung wird ausdrücklich an das Vorliegen der Voraussetzungen des § 107 Abs. 1 Nrn. 1 und 2 GO (dringender öffentlicher Zweck und Leistungsfähigkeit) gebunden“ (LT-Drs. 14/3979 S. 129).

Und weiter heißt es zu § 107 Abs. 4 GO NRW selbst:

„Die bisherige kommunalaufsichtliche Praxis verlangte auch bei einer nichtwirtschaftlichen Betätigung außerhalb des Gemeindegebiets von der betroffenen Gemeinde die Darlegung eines öffentlichen Zwecks. Diese Praxis ist nach den Beschlüssen des OVG NW vom 12. Oktober 2004 (15 B 1873/04 und 15 B 1889/04; NWVBl 2005, 133 –135) in Zweifel gezogen. Die vorgesehene Änderung stellt klar, dass die bisherige kommunalaufsichtliche Praxis dem gesetzgeberischen Willen entspricht.“ (LT-Drs. 14/3979 S. 149).

Damit steht eindeutig fest, dass die überörtliche nichtwirtschaftliche Betätigung einer Gemeinde an ganz strenge Voraussetzungen geknüpft werden soll. Eine interkommunale Zusammenarbeit ist damit fraglich geworden. Was die Landesregierung in ihrer Gesetzesbegründung dazu schreibt, überzeugt nicht:

„Im Übrigen schränken – wie bisher – die Vorschriften für die überörtliche wirtschaftliche und nichtwirtschaftliche Betätigung nicht die Möglichkeiten der interkommunalen Kooperation ein. So schließen kommunale Zusammenarbeitsformen nach dem Gesetz über kommunale Gemeinschafsarbeit (GkG) regelmäßig die Anwendung der Vorschriften über die überörtliche wirtschaftliche und nichtwirtschaftliche Betätigung schon deshalb aus, da in diesen Fällen keine Betätigung am Markt vorliegt. Hierbei ist jedoch die vergaberechtliche Rechtsprechung der Zivilgerichte hinsichtlich öffentlich-rechtlicher Vereinbarungen im Sinne des § 23 Abs. 2 Satz 2 GkG zu berücksichtigen. Solche sog. mandatierenden Vereinbarungen werden von der vergaberechtlichen Rechtsprechung insoweit nicht akzeptiert, als sie in diesen Fällen von der Verpflichtung zu einem vergaberechtlichen Verfahren

ausgeht. Beruht allerdings die überörtliche Betätigung einer Gemeinde auf einer erfolgreichen Beteiligung an einem Vergabeverfahren sind regelmäßig die Vorschriften des § 107 Abs. 3 und 4 einschlägig und ist kein Fall einer interkommunalen Kooperation anzunehmen." (LT-Drs. 14/3979 S. 150)

Aus der Gemeindeordnung ergibt sich nicht, dass eine nichtwirtschaftliche überörtliche Betätigung auf der Basis des GkG nicht unter § 107 Abs. 4 GO NRW fällt. Dort findet sich keine Einschränkung, so dass insbesondere für Aufgabenübernahmen der dringende öffentliche Zweck gegeben sein muss und zwar bei der übernehmenden Kommune. Hier hat allerdings das OVG NRW in einer summarischen Prüfung die Auffassung vertreten, dass Bezugssubjekt für die Feststellung des dringenden öffentlichen Zwecks die die Tätigkeit aufnehmende Gemeinde sei; werde diese aber tätig, weil die andere Gemeinde sich zur Erfüllung ihrer Aufgaben ihrer bedienen wolle, so könnte es ausreichen, wenn der dringende öffentliche Zweck bei der abgebenden Kommune zu bejahen sei. Für die ausgreifende Gemeinde seien dann an den dringenden öffentlichen Zweck geringere Anforderungen zu stellen (Beschl. vom 1.4.2008, NWVBl. 2008 S. 418; zu diesem Beschl.: *Vetterlein*, pwc: public services, Mai 2008 S. 11; ebenso OLG Düsseldorf, Beschl. vom 13.8.2008 – Verg 42/07 –, juris).

Die Zulässigkeit der nichtwirtschaftlichen Betätigung außerhalb des eigenen Gemeindegebiets muss jeweils konkret bezogen auf jedes außerhalb des eigenen Gemeindegebiets gelegene andere Gemeindegebiet, in dem die Betätigung aufgenommen werden soll, geprüft werden. Dies gilt auch bei räumlichen Erweiterungen gegenüber bereits vor dem Stichtag 19.3.2007 stattgefundenen Betätigungen, weil das OVG NRW die Bestandsschutzklausel so auslegt (Beschl. vom 1.4.2008, NWVBl. 2008 S. 418; ebenso OLG Düsseldorf, Beschl. vom 13.8.2008 – VII-Verg 42/07 –, juris).

Für die Frage der Überörtlichkeit stellt das OVG im gleichen Beschluss auf die einzelne Tätigkeit ab: Wird also im fremden Gebiet Abfall gesammelt und in einer Anlage im eigenen Gebiet entsorgt, so ist nur das Einsammeln überörtliche Tätigkeit, während die Entsorgung nicht unter § 107 Abs. 4 GO NRW fällt.

Auch hat das OVG NRW im gleichen Beschl. aus § 107 Abs. 2 Satz 2 GO NRW, nach dem diese eigenbetriebsähnlichen Einrichtungen nach wirtschaftlichen Gesichtspunkten zu verwalten sind, geschlossen, dass dies es auch erfordert, vorhandene Kapazitäten möglichst auszulasten. Gerade für die Abfallentsorgung gelte, dass die dafür erforderlichen Einrichtungen ihrem öffentlichen Zweck entsprechend auf dem jeweiligen Stand der Entsorgungstechnik dauerhaft und zugleich für die Abfallverursacher möglichst kostengünstig betrieben werden könnten. Dies erfordere dann eine Betätigung auch außerhalb des eigenen Gebietes, allerdings hat es auch offengelassen, wie eine gezielt geschaffene Überkapazität, mit der dann das Erfordernis der Betätigung begründet werden soll, zu beurteilen ist (ebenso OLG Düsseldorf, Beschl. vom 13.8.2008 – VII-Verg 42/07 –, juris).

In diesem Zusammenhang sei darauf hingewiesen, dass die überörtliche nichtwirtschaftliche Betätigung aufgrund öffentlich-rechtlicher Verträge (mandatierende Vereinbarung, delegierende Vereinbarung, Zweckverband) in das Blickfeld des Vergaberechts gekommen ist und die Oberlandesgerichte sie nicht einhellig beurteilen. Mandatierende Vereinbarungen dürften eindeutig dem Vergaberecht unterfallen, da sie lediglich die Ausführung einer öffentlichen Aufgabe auf eine andere Kommune übertragen und die Aufgabenverantwortung bei der auftraggebenden Kommune verbleibt – diese Ausführung könnte auch einem Privaten übertragen werden, so dass es sich praktisch um einen Beschaffungsvorgang handelt. Anders ist es bei delegierenden Verträgen, die zu einem Aufgabenübergang führen. Auch Zweckverbände haben diese Folge. Beides sind also Vorgänge im Rahmen der Staatsorganisation und daher dem Vergaberechtsregime entzogen, s. dazu *J. Müller*, VergabeR 2005 S. 436 und GHH 2006 S. 178; *Tomerius* GHH 2006 S. 173 und auch *Pape/Holz*, NVwZ 2007 S. 636, die allerdings die angesprochenen Entscheidungen nicht differenziert genug betrachten, sowie die Entscheidungen OLG Düsseldorf vom 5.5.2004, VergabeR 2004 S. 613 – mandatierende Vereinbarung; OLG Frankfurt vom 7.9.2004, VergabeR 2005 S. 80 – mandatierende Vereinbarung; OLG Naumburg 3.11.2005, VergabeR 2006 S. 88 – delegierende Vereinbarung; OLG Düsseldorf vom 21.6.2006, VergabeR 2006 S. 777 – Zweckverband. Hier ist auch auf die Antwort der Bundesregierung auf die Kleine Anfrage der Abgeordneten Gisela Piltz, Martin Zeil, Frank Schäffler, weiterer Abgeordneter und der Fraktion der FDP zum Thema „Kommunale Selbstverwaltung und europäisches Vergaberecht" zu verweisen, BT-Drs. 16/6112 = KommJur 2007 S. 339. Die Bundesregierung vertritt hier noch einmal die Auffassung, dass jede Form interkommunaler Zusammenarbeit eine nicht dem Vergaberecht unterliegende innerstaatliche Organisationsentscheidung sei, der Europäischen Union fehle es insoweit an einer Kompetenz, das zu regeln. Im Übrigen weist sie darauf hin, dass auch das Urteil des EuGH in der Rechtssache Tragsa vom 19.4.2007, VergabeR 2007 S. 487 eine Anwendung des europäischen Vergaberechts auf die Bildung von Zweckverbänden wohl verneine und dass die Kommission inzwischen wohl der Auffassung sei, dass eine vollständige Aufgabenübertragung, also delegierende Vereinbarungen, dem europäischen Vergaberecht nicht unterlägen. Die mit dem Gesetz zur Modernisierung des Vergaberechts geplante Klarstellung, dass solche Kooperationen vom Anwendungsbereich des Vergaberechts ausgenommen sind, vgl. den Gesetzentwurf BT-Drs. 16/117 zu § 99 Abs. 1 GWB, ist nicht verwirklicht worden. Allerdings hat der Bundesrat die Bundesregierung aufgefordert, sich auf europäischer Ebene für eine Klarstellung einzusetzen.

Zumindest europarechtlich dürfte die Frage jetzt aber geklärt sein. Der EuGH hat – was nicht unbedingt zu erwarten war – am 9.6.2009 in dem Vertragsverletzungsverfahren der EU-Kommission gegen die Bundesrepublik wegen der 1995 erfolgten Beauftragung der Stadtreinigung Hamburg durch die Landkreise Kreise Rotenburg (Wümme), Harburg, Soltau-Fallingbostel und Stade mit Abfallentsorgungsleistungen ohne vorherige europaweite Ausschreibung sein Urt. gesprochen (NVwZ 2009 S. 898), er hat die Klage der Kommission abgewiesen. Mit dem Vertrag werde eine interkommunale Zusammenarbeit zur Wahrnehmung der Abfallentsorgung vereinbart. Nach der Rechtsprechung des Gerichtshofs könne eine öffentliche Stelle ihre im allgemeinen Interesse liegenden Aufgaben mit ihren eigenen Mitteln und auch in Zusammenarbeit mit anderen öffentlichen Stellen erfüllen, ohne gezwungen zu sein, sich an externe Einrichtungen zu wenden. Das Gemeinschaftsrecht schreibe den öffentlichen Stellen für die gemeinsame Wahrnehmung ihrer öffentlichen Aufgaben keine spezielle Rechtsform vor. Eine Zusammenarbeit öffentlicher Stellen stelle den freien Dienstleistungsverkehr und den unverfälschten Wettbewerb nicht in Frage, solange sie nur durch Überlegungen und Erfordernisse bestimmt werde, die mit der Verfolgung von im öffentlichen Interesse liegenden Zielen zusammenhingen und der Grundsatz der Gleichbehandlung der Interessenten gewährleistet sei, also kein privates Unternehmen besser gestellt werde als seine Wettbewerber (zu diesem Urteil und den daraus zu ziehenden Schlussfolgerungen *Frenz*, NVwZ 2010 S. 609 und *Brauser-Jung*, VergabeR 2010 S. 306 sowie *Albrecht*, juris, PR-ITR 22/2009 Anm. 4).

Diese Entscheidung konnte so nicht erwartet werden. Zumal nach den Schlussanträgen des Generalanwalts war zu befürchten, dass die Bundesrepublik verurteilt werden würde. Nach der bisherigen Rechtsprechung sprach viel für die Auffassung des Generalanwalts. Das Kontroll-Kriterium der Teckal-Entscheidung war nicht erfüllt. Auch handelte es sich nicht um die Gründung eines Zweckverbandes, sondern die Verbindung zwischen den vier Kreisen und der Stadtreinigung Hamburg beruhte auf einem Vertrag, der sich ohne weiteres als Dienstleistungsvertrag einordnen hätte lassen. Der Gerichtshof nahm den aus seiner Rechtsprechung nicht abzuleitenden Standpunkt ein, die Zusammenarbeit von Gebietskörperschaften zur Erfüllung einer öffentlichen Aufgabe unterfalle nicht dem Vergaberechtsregime, solange kein Privater beteiligt sei (der Vertrag zwischen der Stadtreinigung Hamburg und dem Betreiber der Müllverbrennungsanlage, an der auch privates Kapital beteiligt ist, stand nicht zur Beurteilung).

Die Rechtsprechung des EuGH ist weitergegangen und hat die Anforderungen an eine interkommunale Kooperation präzisiert. Zunächst hat er in der Entscheidung Econord (Urt.

vom 29.11.2012, NZBau 2013 S. 55) bestätigt, dass In-House-Vergaben auch bei gemischtöffentlichen Gesellschaften möglich sind, auch wenn die Kapitalbeteiligung der einzelnen Gemeinde gering ist. Die Beteiligung allein reicht aber nicht aus, ebenso wenig die gemeinsame Kontrolle durch die beteiligten Gemeinden insgesamt, wenn ein Mehrheitsgesellschafter dominant ist. Der EuGH hat in dieser Entscheidung vielmehr gefordert, dass jede der beteiligten Kommunen am Kapital und am Leitungsorgan der gemeinsamen Einrichtung beteiligt ist. (dazu *Hausman*, NVwZ 2013 S. 760) Im Urteil ASL Lecce hat er dann darauf abgestellt, dass die beteiligten Gemeinden eine gemeinsame, ihnen selbst obliegende öffentliche Aufgabe wahrnehmen. (Urt. vom 19.12.2012, NVwZ 2013 S. 710 mit Anm. *Schrotz/Ahlhaus*, NVwZ 2013 S. 712 sowie *Hertwig*, NZBau 2013 S. 278) *Geitel* (NVwZ 2013 S. 765) will aus dieser Entscheidung die Schlussfolgerung ableiten, dass die deutschen Landesgesetze über die kommunale Zusammenarbeit gegen europäisches Vergaberecht verstießen; dem kann nicht gefolgt werden. Auf die Vorlage des OLG Düsseldorf (Besch. vom 6.7.2011, NZBau 2011 S. 769) hat der EuGH am 13.6.2013 in dem Rechtsstreit um die Übertragung der Gebäudereinigung von dem Kreis Düren gehörenden Gebäuden auf die Stadt Düren im Wege einer öffentlich-rechtlichen Vereinbarung nach dem GkG folgerichtig entschieden, dass die Übertragung bloßer Hilfsdienstleistungen nicht die gemeinsame Wahrnehmung öffentlicher Aufgaben ist und mithin nicht vergaberechtsfrei erfolgen kann (NVwZ 2013 S. 931 dazu Anm. *Brakalova*, EuZW 2013 S. 593; *Kunde*, NZBau 2013 S. 555 ff.).

Damit ist zwar wohl immer noch nicht eine endgültige Klärung der vielfältigen Rechtsfragen im Zusammenhang mit interkommunaler Zusammenarbeit und In-House-Vergaben eingetreten, aber etliche Fragen sind geklärt (dazu auch *Hoffmann/Schulz/Gottberg*, KommJur 2017 S. 245). Eine interkommunale Zusammenarbeit, die der gemeinsamen Wahrnehmung von Gemeinwohlaufgaben dient, ist kein Vergabevorgang. Die gemeinsame Wahrnehmung muss dann so organisiert sein, dass jeder Beteiligte auch entsprechende Einflussmöglichkeiten hat – gerade in diesem Bereich bleiben aber Fragen offen. Mittlerweile hat der EuGH mit Urt. vom 12.12.2016 – C-51/15 –, NVwZ 2017 S. 373 – Remondis – die Gründung eines Zweckverbandes als vom Vergaberecht nicht erfasst angesehen, wenn es sich um eine echte Kompetenzübertragung handelt, also *„die Übertragung sowohl die mit der übertragenen Kompetenz verbundenen Zuständigkeiten als auch die damit einhergehenden Befugnisse betrifft, so dass die neuerdings zuständige öffentliche Stelle über eine eigene Entscheidungsbefugnis und eine finanzielle Unabhängigkeit verfügt"*. Dieser Entscheidung folgte dann der abschließende Beschluss des OLG Celle vom 3.8.2017, KommJur 2017 S. 376, dazu *Jan-Peter Müller*, juris, PR-VergR 11/2017 Anm. 3 (vorgehend: Vorlagebeschluss des OLG Celle vom 17.12.2014, NZBau 2017 S. 178, dazu *Dieckmann*, AbfallR 2015 S. 70; zu den Schlussanträgen des Generalanwaltes siehe *Siederer/Viezens*, AbfallR 2016 S. 188) Ein Dienstleistungsauftrag an einen Auftragnehmer, der zufällig auch öffentlich-rechtlich organisiert ist, ist dagegen ein normaler Vergabevorgang, der den entsprechenden Regeln unterliegt (zustimmend *Probst/Winters*, ELR 2013 S. 163, 165).

3.3 Gewinnerzielungsverbot?

Eine Entscheidung des OVG NRW aus dem Jahre 2005 hat eine gewisse Unruhe verursacht (vgl. etwa *Gesterkamp*, AbfallR 2006 S. 27). Mit Beschl. vom 22.11.2005, GHH 2006 S. 68, hat es einen zwischen einer Stadt und ihrer Eigengesellschaft – einer AG – vereinbarten Gewinnzuschlag nicht als beitragsfähigen Aufwand im Rahmen der Kalkulation eines Straßenbaubeitrages anerkannt. In diesem Zusammenhang hat es ausgeführt, dass die Gewinnerwirtschaftungsvorschrift des § 109 GO NRW für nicht wirtschaftliche Einrichtungen des § 107 Abs. 2 GO NRW nicht gelte (vgl. StGB NRW-Mitteilung 135/2006 vom 11.1.2006) Das BVerwG hat diese Entscheidung mit Beschl. vom 14.9.2006, KStZ 2007 S. 72 bestätigt, sich dabei aber nicht mit der hier interessierenden Frage beschäftigt. (dazu auch *Nolte*, jurisPR-BVerwG 1/2007 Anm. 5). Die Entscheidung verkennt den Regelungsgehalt des § 109 Abs. 1 Satz 2 GO NRW, dieser fordert im Bereich der wirtschaftlichen Unternehmen der Gemeinden eine Gewinnerwirtschaftung, verhält sich aber nicht zu den nichtwirtschaftlichen Unternehmen. Hierfür lässt sich der Vorschrift nur entnehmen, dass sie nicht zur Gewinnerzielung aufgefordert sind, also auch defizitär arbeiten dürfen, ohne dass damit gegen ein gesetzliches Verbot verstoßen würde. Im Übrigen muss festgestellt werden, dass die Entscheidung einen abgabenrechtlichen Tatbestand betraf, auch wenn sie vom für Kommunalverfassungsfragen zuständigen 15. Senat des OVG stammt. Die Kernaussage ist daher abgabenrechtlicher Art: Sie bezieht sich auf das Aufwandsüberschreitungsverbot des § 8 Abs. 4 Satz 5 KAG NRW, das die Gemeinde nicht durch Beauftragung einer Eigengesellschaft und die Vereinbarung eines Gewinnes, der dann indirekt ihr zugutekommt, umgehen darf. Für das Gemeindewirtschaftsrecht und insbesondere die Einrichtungen des § 107 Abs. 2 GO NRW sollten aus dieser Entscheidung keine Folgerungen gezogen werden, zumal der 9. Senat des OVG NRW zu Entscheidungen aus dem Gebührenrecht zweimal einen kalkulatorischen Gewinn als ansatzfähig angesehen hat (Urt. vom 15.12.1994, NVwZ 1995 S. 1238 und Urt. vom 4.10.2001, NVwZ-RR 2002 S. 684 – s. auch *Glückert/Franßen*, NWVBl. 2007 S. 465).

4. Wirtschaftsgrundsätze

§ 109 GO NRW legt fest, dass die Unternehmen und Einrichtungen einerseits den öffentlichen Zweck, zu dem sie gegründet wurden, nachhaltig erfüllen. Andererseits sollen die Unternehmen aber auch einen Ertrag für den Haushalt der Gemeinde abwerfen. Ihr Jahresgewinn soll die notwendigen Rücklagen für die technische und wirtschaftliche Entwicklung und mindestens eine marktübliche Verzinsung des Eigenkapitals erwirtschaften. Da diese Vorschrift sich inhaltlich in § 10 EigVO NRW wiederfindet, wird sie dort näher kommentiert werden.

Gerade der öffentliche Zweck gemeindlicher Unternehmen und Einrichtungen ist von großer Bedeutung. Seit dem In-Kraft-Treten des Gesetzes zur Kontrolle und Transparenz im Unternehmensbereich (KonTraG) ist Corporate Governance ein wesentlicher Aspekt, dessen Entwicklung besondere Aufmerksamkeit gewidmet wird. Auch auf den öffentlichen Bereich strahlt dies aus, so wird ein spezieller gemeinwohlorientierter Public Corporate Governance Kodex (s. dazu den von *Ruter/Sahr/Graf Waldersee* 2005 herausgegebenen Sammelband Public Corporate Governance; *Ruter*, ZKF 2005 S. 97; *Dietrich/Struwe*, ZögU 2006, Bd. 29 S. 1; *Schwarting* ZöGU 2013 S. 191) diskutiert, der zwar nur auf die privatrechtlich organisierten Gesellschaften der Kommunen zielt, der aber entsprechende Hinweise gibt. Das Thema bleibt aktuell und ist weit gespannt, wie der Vortrag von *Budäus* im Jahre 2015 bei der Freiherr-vom-Stein-Gesellschaft zeigte.

5. Verbot der Ausnutzung einer Monopolstellung

§ 110 GO NRW verbietet den als Eigenbetrieben geführten wirtschaftlichen Unternehmen (nur diese sind als Normadressaten gemeint, nicht auch die eigenbetriebsähnlichen Einrichtungen des § 107 Abs. 2 Nr. 2 GO wie *Decker* in Held, KVR NRW, § 110 GO NRW, Erl. 1 zu Recht ausführt), eine wettbewerbslose Marktstellung für Koppelungsgeschäfte auszunutzen. Dennoch abgeschlossene Verträge sind nach § 130 Abs. 2 GO NRW nichtig. Allerdings ist darauf zu verweisen, dass bei Versorgungsverhältnissen über Gas, Strom, Fernwärme und Wasser § 110 GO NRW ausgeschlossen ist, wenn das Unternehmen die Abnahme der Leistungen und Lieferungen innerhalb des Rahmens der Verordnungen über Allgemeine Bedingungen für die Grundversorgung von Haushaltskunden und die Ersatzversorgung aus dem Niederspannungsnetz (StromGVV) vom 26.10.2006 (BGBl. I S. 2391), zuletzt geändert durch Art. 9 des Gesetzes vom 29.8.2016 (BGBl. I S. 2034), Allgemeine Bedingungen für die Grundversorgung von Haushaltskunden und die Ersatzversorgung aus dem Niederdrucknetzt (GasGVV) vom 26.10.2016 (BGBl. I S. 2391, 2396), zuletzt geändert durch Art. 10 des Gesetzes vom 26.10.2016 (BGBl. I S. 2034), für die Versorgung mit Fernwärme (AVBFernwärmeV) vom 20.6.1980 (BGBl. I S. 742), zuletzt geändert durch Art. 16 des Gesetzes vom 25.7.2013 (BGBl. I S. 2722) und über Allgemeine Bedingungen für die Versorgung mit Wasser (AVBWasserV) vom 20.6.1980 (BGBl. I S. 750), zuletzt geändert durch Art. 8 des Gesetzes vom 11.12.2014 (BGBl. I 2010). Diese Verordnungen regeln nämlich die Beziehungen zwischen Versorgungsunternehmen und Kunden ausgewogen entsprechend den gesetzlichen Grundlagen (§ 39 Abs. 2 EnWG, 310 Abs. 2 BGB).

5.1 Kartellrechtliche Preiskontrolle?

Allerdings stellt sich die Frage, ob ein öffentlich-rechtlicher Eigenbetrieb, der seine Beziehungen zu seinen Abnehmern öffentlich-rechtlich organisiert, also über einen Anschluss- und Benutzungszwang, der Kontrolle der Kartellbehörden unterliegt.

Das OLG Düsseldorf hat einen Auskunftsbeschluss des Bundeskartellamtes gegenüber einem Zweckverband, der die Wasserversorgung öffentlich-rechtlich betrieb, für rechtswidrig angesehen. Der Zweckverband sei nicht als Unternehmen im Sinne des § 59 Abs. 1 Satz 1 Nr. 1 GWB anzusehen. Dies folge wegen des funktionalen, allein auf die wirtschaftliche Betätigung abstellenden Unternehmensbegriff nicht bereits daraus, dass es sich um eine Körperschaft des öffentlichen Rechts handele. Die Versorgungstätigkeit des Zweckverbandes sei aber als hoheitlich zu qualifizieren und damit dem Anwendungsbereich des Gesetzes gegen Wettbewerbsbeschränkungen entzogen. Dies ergebe sich jedenfalls aus dem satzungsmäßigen Anschluss- und Benutzungszwang. Denn dadurch sei ein Wettbewerb Dritter von vornherein ausgeschlossen. In einem solchen Fall sei das Gesetz gegen Wettbewerbsbeschränkungen nicht anwendbar, denn es setze zumindest potenzielle Wettbewerbsbeziehungen zu Dritten voraus. (Beschl. vom 8.12.2010, KommJur 2011 S. 61)

Dieser Auffassung ist der BGH dann allerdings nicht gefolgt, er hat die Entscheidung des OLG Düsseldorf aufgehoben. Dazu hat er ausgeführt, der im Kartellrecht geltende funktionale Unternehmensbegriff sei relativ, weswegen eine öffentlich-rechtliche Körperschaft, die hoheitlich tätig sei, als Unternehmen anzusehen sei, wenn und soweit sie daneben in einer Wettbewerbsbeziehung zu anderen Unternehmen stehe. Mit § 59 GWB solle den Kartellbehörden die Möglichkeit gegeben werden, sich ausreichende Informationen beschaffen können, um ihre gesetzlichen Aufgaben ordnungsgemäß zu erfüllen. „Dagegen geht es nicht darum, die Angemessenheit der Wasserpreise des in den Formen des öffentlichen Rechts tätigen Wasserversorgers zu überprüfen. Eine Auskunft kann deshalb unabhängig davon erteilt werden, ob der jeweilige Wasserversorger sein Leistungsverhältnis öffentlich-rechtlich oder privatrechtlich ausgestaltet hat. Seine öffentlich-rechtliche Tätigkeit wird dadurch nicht beeinträchtigt. Im Gegenteil steht er insoweit auf einer Stufe mit allen anderen Wasserversorgern, die ebenfalls zu Auskünften nach § 59 Abs. 1 GWB verpflichtet sind." (Beschl. vom 18.10.2011, NJW 2012 S. 1150 – dazu *Breder*, NVwZ 2012, 940, *Deichfuß*, jurisPR-WettbR 2/2012 Anm. 2 und *Säcker*, NJW 2012, 1105, die alle dem Beschluss im Grundsatz zustimmen, hinsichtlich einer möglichen Preiskontrolle aber eher ablehnend eingestellt sind, jedenfalls soweit die öffentlich-rechtliche Ausgestaltung nicht nur Deckmantel einer tatsächlich privatrechtlichen Tätigkeit ist; grundsätzlich zu diesem Themenkomplex schon *Breuer*, NVwZ 2009 S. 1249).

In der Entscheidung über die Zulassung einer Rechtsbeschwerde hat der BGH dann kurz später die zuvor in der eben zitierten Entscheidung noch völlig offengelassene Frage, ob die in öffentlich-rechtlichen Formen tätigen Wasserversorger wegen der Besonderheit, dass die öffentlich-rechtliche und die privatrechtliche Ausgestaltung der Leistungsbeziehung im Fall der Wasserversorgung weitgehend austauschbar sind, der Preiskontrolle nach dem Gesetz gegen Wettbewerbsbeschränkungen unterworfen sind, zwar nicht beantwortet, aber ihre Verneinung in Frage gestellt (Beschl. vom 19.6.2012, ZNER 2012 S. 487). Der BGH hatte dann keine Gelegenheit mehr, die Frage näher zu prüfen. Der Antrag auf Anordnung der aufschiebenden Wirkung wurde zurückgenommen, so dass das Verfahren beendet war.

Die Frage, ob öffentlich-rechtliche Wasserversorgungsunternehmen, die mit Anschluss- und Benutzungszwang und Benutzungsgebühren ihre Rechtsbeziehungen zu den Abnehmern gestalten, einer kartellrechtlichen Preiskontrolle unterliegen, ist höchstrichterlich damit wohl noch offen. Dagegen hat das OLG Brandenburg im Beschl. vom 11.3.2014, juris ausdrücklich festgestellt, dass die von einem Zweckverband erhobenen Gebühren ab dem 1.1.2013 deshalb nicht mehr durch die Landeskartellbehörde auf einen Missbrauch im Sinne des § 19 Abs. 2 Nr. 2 GWB überprüft werden können, weil dieser die Wasserversorgung seit diesem Zeitpunkt öffentlich-rechtlich organisiert hat. Allerdings ist die Entscheidung nicht auf diese Überlegung gestützt. Es ging um frühere Jahre. Bemerkenswert ist auch, dass sich der Zweckverband zur Begründung der Höhe der früheren privatrechtlichen Entgelte auf eine kommunalaufsichtliche Anordnung des Landrates, die kostendeckende Entgelte forderte, berief. Die Landeskartellbehörde forderte die Vorlage dieser Anordnung. Das OLG Brandenburg bestätigte das. Dies entspricht auch der kartellrechtlichen Rechtsprechung des BGH, der schon 1991 geurteilt hatte, dass privatrechtliche Entgelte auch dann von der Kartellaufsicht überprüft werden könnten, wenn sie zuvor öffentlich-rechtlich durch das zuständige Ministerium bestätigt worden waren. (Urt. vom 10.10.1991, BGHZ 115, 311)

Das OLG Düsseldorf (Beschl. vom 24.2.2014, ZNER 2014 S. 184) hat kürzlich noch einmal bestätigt, dass privatrechtliche Entgelte, die von einer der Wasserversorgung der Bevölkerung dienenden Anstalt öffentlichen Rechts gefordert werden, der Missbrauchsaufsicht unterliegen. Andererseits hat es ausgeführt: Zwar habe der BGH in seinen Beschl. vom 18.10.2011 (NJW 2012 S. 1150) und vom 19.6.2012 (ZNER 2012 S. 487) erkennen lassen, auch die öffentlich-rechtlichen Wassergebühren als von der Missbrauchsaufsicht erfasst einer Kontrolle unterziehen zu wollen. Diese Tendenz des BGH hinsichtlich öffentlich-rechtlicher Wassergebühren sei aber durch die 8. GWB-Novelle überholt, denn der neue § 130 Abs. 1 GWB (jetzt seit dem Vergaberechtsmodernisierungsgesetz 2016: § 185 Abs. 1 Satz 2) nehme Gebühren und Beiträge ausdrücklich aus. Zur Kontrolle von Wasserpreisen hat das Bundeskartellamt 2016 den *„Bericht über die großstädtische Trinkwasserversorgung in Deutschland"* vorgelegt, in dem ab S. 102 ff. scharfe Kritik an der 8. GWB-Novelle und der daraus resultierenden Zweiteilung der Entgeltaufsicht im Wasserbereich geübt wird. Da die GWB-Neuregelung vor allem bei Kartellrechtlern durchgängig auf Kritik gestoßen ist (z. B. *Coenen/Haucap*, WuW 2014 S. 356; *Engelsing*, EnWT 2013, 481; *Schmidt/Weck*, NZKart 2013 S. 343; *Daiber*, NJW 2013 S. 1990 – positiver dagegen *Hausmann* GewArch 2014 S. 101 ff.), – die Verbände der (öffentlich-rechtlichen) Wasserwirtschaft und der öffentlichen Unternehmen sehen das natürlich anders –, ist es dennoch nicht ausgeschlossen, dass sich hier eine entsprechende Entwicklung anbahnen könnte, zumal europarechtlich sowieso andere Tendenzen vorherrschend sind (vgl. *Schweitzer*, ZHR 181 (2017) S. 119).

Öffentlich-rechtliche Wasserversorgungsunternehmen unterliegen jedenfalls der Kontrolle der Kommunalaufsicht und der Verwaltungsgerichte bei Klagen gegen die Gebühren.

Zu diesem Themenkomplex *Queitsch*, Öffentliche Wasserversorgung und Wassergebühr, KStZ 2014 S. 48 und 61.

5.2 Abfalleigenbetrieb und Abfallwirtschaftsbehörde

Vor dem Hintergrund des verfassungsrechtlichen Neutralitätsgebotes kann die Zuständigkeit einer kreisfreien Stadt als unterer Umweltschutzbehörde nach § 38 LAbfG i. V. m. § 1 Absätze 1, 2 Satz 1 Nr. 3 und Absatz 3 Zuständigkeitsverordnung Umweltschutz problematisch sein, da sie als öffentlich-rechtlicher Entsorgungsträger nach § 5 Abs. 1 LAbfG selbst Abfall sammelt oder zumindest für dessen Verwertung verantwortlich ist (§ 5 Abs. 2 LAbfG) und ggf. zugleich am Anzeigeverfahren betreffend gewerbliche/gemeinnützige Abfallsammlungen beteiligt wird. Indessen haben die Verwaltungsgerichte zu Recht eine behördeninterne Trennung für ausreichend erachtet: *„Insoweit mag eine vollständige Trennung der Zuständigkeiten (untere Umweltschutzbehörde und öffentlich-rechtlicher Entsorgungsträger) wünschenswert sein, sie bildet aber keine notwendige Voraussetzung für die gebotene Distanz und Unabhängigkeit. Eine Behörde mit Doppelzuständigkeit hat als Teil der öffentlichen Verwaltung in beiden ihr übertragenen Funktionen dem Gemeinwohl zu dienen, ist an Recht und Gesetz gebunden und untersteht exekutiver Aufsicht.*

Angesichts dessen ist eine neutrale Aufgabenwahrnehmung durch sie jedenfalls dann in einer rechtsstaatlichen Anforderungen genügenden Weise gesichert, wenn behördenintern für eine organisatorische und personelle Trennung beider Aufgabenbereiche gesorgt ist." (VG Düsseldorf, Urt. vom 9.5.2014 – 17 K 3013/13 – juris Rdn. 50) Die organisatorische und personelle Trennung von Eigenbetrieb Abfallwirtschaft und Unterer Abfallwirtschaftsbehörde in einer Gebietskörperschaft verhindert daher die Rechtswidrigkeit einer Verfügung nach § 18 Abs. 4 KrWG aus formellen Gründen (vgl. OVG NRW, Urt. vom 26.1.2016 – 20 A 319/14 – Juris Rdn. 24 ff.).

6. Die öffentlich-rechtliche Anstalt

Mit der Änderung der GO NRW durch das 1. ModernG wurde 1999 eine neue Unternehmensform in das Gemeindewirtschaftsrecht eingeführt, die rechtsfähige Anstalt öffentlichen Rechts. Hier ist nicht der Ort, dieses neue Instrument näher zu kommentieren (s. dazu meine Kommentierung zur KUV). Es sei nur darauf hingewiesen, dass die öffentlich-rechtliche Anstalt zwischen den bisher verwaltungsnahen Eigenbetrieben (und ebenso den Regiebetrieben und eigenbetriebsähnlichen Einrichtungen) und den verwaltungsferneren privatrechtlichen Gesellschaften liegt. Sie hat eine eigene Rechtspersönlichkeit, ist also vollständig selbstständig. Ein Vorstand leitet sie in eigener Verantwortung und vertritt sie gerichtlich und außergerichtlich. Allerdings haftet die Gemeinde unbeschränkt als Gewährträgerin. Die Anstalt kann Aufgaben ganz oder teilweise übertragen bekommen, sie hat dann Dienstherrenfähigkeit. Zu ihren Gunsten kann ein Anschluss- und Benutzungszwang vorgeschrieben werden, sie kann auch das Recht erhalten, Satzungen zu erlassen. Abgesehen von der Übertragung öffentlicher Aufgaben nähert das die Anstalt einem privatrechtlichen Unternehmen an. Andererseits gibt es statt eines Aufsichtsrates einen Verwaltungsrat, dem der Bürgermeister (oder der zuständige Beigeordnete) vorsitzt und dem neben Ratsmitgliedern anders als beim Eigenbetrieb keine Bediensteten der Anstalt angehören können (eine Mitbestimmungsregelung enthält § 114a GO NRW nicht). In bestimmten Fragen ist der Verwaltungsrat abhängig von Weisungen des Gemeinderates. Es kann bislang nicht festgestellt werden, dass von diesem neuen Instrument in großem Umfang Gebrauch gemacht wird. Es ermöglicht die Umwandlung von Regie- und Eigenbetrieben in selbständigere Einheiten und bietet dabei größere Einflussmöglichkeiten als privatrechtliche Gesellschaften wie GmbH oder AG, die die Neigung zur Verselbständigung haben (kritisch zu diesen Überlegungen *Held*, NWVBl. 1995 S. 326). Die Zurückhaltung der Kommunen lässt sich möglicherweise daraus erklären, dass die Kommunalunternehmensverordnung eine Vielzahl von Regelungen aus dem Eigenbetriebsrecht übernommen hat, so dass Städte- und Gemeindebund (LT NRW Zuschrift 13/0913) und VKU (LT NRW Zuschrift 13/0917) kritisieren, dass die Anstalt öffentlichen Rechts sich zu wenig vom Eigenbetrieb unterscheidet, um wirklich attraktiv zu sein.

Mit der Änderung der Eigenbetriebsverordnung einher ist auch die Änderung der Kommunalunternehmensverordnung gegangen (Art. 18 NKFG). Beide sind jetzt mehr an die kaufmännische Übung angeglichen worden, Verwaltungseigentümlichkeiten sind abgeschafft.

Durch das GO-Reformgesetz ist 2007 die Möglichkeit geschaffen worden, dass mehrere Kommunen gemeinsam eine Anstalt öffentlichen Rechts gründen (§§ 27, 28 GkG), etwas, das in der kommunalen Praxis zwar schon vorgekommen, aber bis dahin noch nicht geregelt war.

7. Die Mitwirkung der Kommunalaufsicht

Nach § 115 GO NRW ist die geplante Errichtung oder wesentliche Erweiterung oder Änderung des Zwecks eines Eigenbetriebes und ebenso die geplante Führung von Einrichtungen entsprechend den Vorschriften über die Eigenbetriebe der Kommunalaufsicht spätestens sechs Wochen vor Beginn des Vollzugs anzuzeigen. Anzeige heißt zwar nicht Genehmigungspflichtigkeit, aber selbstverständlich hat die Kommunalaufsicht wie auch bei anderen Anzeigeverfahren die Möglichkeit, die Gemeinde auf die in der geplanten Maßnahme liegenden Verstöße gegen geltendes Recht hinzuweisen und so den Vollzug zu verhindern.

8. Sonstige Vorschriften der GO NRW, die für Eigenbetriebe direkt oder entsprechend gelten

- § 103 GO NRW in der Fassung des 2. NKF-Weiterentwicklungsgesetzes regelte die Jahresabschlussprüfung der Eigenbetriebe und eigenbetriebsähnlichen Einrichtungen für die Wirtschaftsjahre ab 2021. Das ist jetzt hinfällig, § 103 GO NRW verweist nach dem 3. NKF-Weiterentwicklungsgesetz nur noch auf § 114 GO NRW, der wiederum auf die Eigenbetriebsverordnung verweist. Nach dieser sind die Vorschriften des Dritten Buchs des HGB anzuwenden. Die wesentliche Änderung liegt darin, dass der Verweis auf die Regelungen für Große Kapitalgesellschaften – anzuwenden auf alle Eigenbetriebe – weggefallen ist.
- Nach § 97 Abs. 3 GO NRW gelten für wirtschaftliche Unternehmen ohne eigene Rechtspersönlichkeit, eben Eigenbetriebe, die Vorschriften der §§ 75 Abs. 1, Abs. 2 Sätze 1 und 2, Abs. 6 und 7, 84 bis 90, 92 Abs. 3 und 7, 93, 94, 96 GO NRW sinngemäß.
- § 75 Abs. 1 GO NRW legt die allgemeinen Grundsätze der Haushaltsführung fest, also vor allem Sparsamkeit und Wirtschaftlichkeit sowie ein ausgeglichenes Ergebnis, vor allem die Sicherung der stetigen Aufgabenerfüllung.
- § 75 Abs. 2 GO NRW fordert einen ausgeglichenen Haushalt, hier also Wirtschaftsplan, dessen Erträge die Höhe des Gesamtbetrages der Aufwendungen mindestens erreicht.
- § 75 Abs. 6 GO NRW fordert die Sicherstellung der Liquidität.
- § 75 Abs. 7 GO verbietet eine Überschuldung, die als Aufbrauchen des Eigenkapitals definiert wird.
- § 84 GO NRW verlangt eine fünfjährige Ergebnis- und Finanzplanung.
- § 85 GO NRW beschäftigt sich mit den Verpflichtungsermächtigungen.
- § 86 GO NRW zeigt die Voraussetzungen auf, unter denen Kredite aufgenommen werden dürfen; neu in Folge des 2. NKF-Weiterentwicklungsgesetzes sind in Abs. 1 die Sätze 3 und 4: Kreditaufnahmen nur in Euro, in anderen Währungen nur in Verbindung mit einem Währungssicherungsgeschäft.
- Durch § 87 GO NRW wird die Gestellung von Sicherheiten und insbesondere Bürgschaften geregelt.
- § 88 GO NRW betrifft Rückstellungen, neu gefasst durch das 2. NKF-Weiterentwicklungsgesetz.
- § 89 GO NRW die Sicherung der Liquidität.
- § 90 GO NRW betrifft das Vermögen, es muss pfleglich und wirtschaftlich verwaltet werden, soll nur erworben werden, soweit es zur Aufgabenerfüllung notwendig ist, und darf nur veräußert werden, wenn es zur Erfüllung der Aufgaben nicht mehr gebraucht wird; auch hier wurden Ergänzungen durch das 2. NKF-Weiterentwicklungsgesetz vorgenommen.
- § 92 Abs. 3 und 7 GO NRW betrifft die Eröffnungsbilanz – nach der Neuformulierung durch das 2. NKF-Weiterentwicklungsgesetz ist Absatz 3 jetzt Absatz 2 Satz 1 und Absatz 7 jetzt Absatz 5.
- Die Finanzbuchhaltung richtet sich nach § 93 GO NRW, sie kann nach § 94 GO NRW auf Stellen außerhalb der Gemeindeverwaltung übertragen werden; dieser Paragraf wurde ergänzt.
- Schließlich geht es in § 96 GO NRW um die Feststellung des Jahresabschlusses und die Entlastung; Absatz 1 ist durch das 2. NKF-Weiterentwicklungsgesetz um eine Regelung ergänzt worden, wonach bei Fehlbeträgen der Vorjahre mit Reduzierung der allgemeinen Rücklage ein Jahresüberschuss der allgemeinen Rücklage zuzuführen ist.

Wegen dieser Vorschriften wird auf die Kommentierung bei *Held* verwiesen.

9. Datenschutz

Da Eigenbetrieb und eigenbetriebsähnliche Einrichtung Bestandteile der allgemeinen Gemeindeverwaltung sind und – anders als die AöR – keine eigenen juristischen Personen, gelten für sie die Regelungen, die für Gemeinden gelten. Es sind also keine speziellen Anordnungen im Gesetz oder in der Betriebssatzung über die Geltung des nordrhein-westfälischen Datenschutzgesetzes und des nordrhein-westfälischen Informationsfreiheitsgesetzes erforderlich.

Auch das Datennutzungsgesetz gilt für sie, da sie öffentliche Stellen sind. Anders als die AöR genießen sie aber nicht die Privilegierungen als Unternehmen der Daseinsvorsorge (§ 2 Abs. 2 Nr. 2 i. V. m. § 3 Nr. 2 DNG), wenn sie diese Aufgaben gewerblich im Wettbewerb wahrnehmen (dazu *Martini Roeingh/Wagner*, NVwZ 2025 S. 387).

§ 2
Betriebsleitung

(1) Der Eigenbetrieb wird von der Betriebsleitung selbstständig geleitet, soweit nicht durch die Gemeindeordnung, diese Verordnung oder die Betriebssatzung etwas anderes bestimmt ist. Der Betriebsleitung obliegt insbesondere die laufende Betriebsführung. Sie ist für die wirtschaftliche Führung des Eigenbetriebs verantwortlich und hat die Sorgfalt eines ordentlichen und gewissenhaften Geschäftsleiters anzuwenden. Für Schäden haftet die Betriebsleitung entsprechend den Vorschriften des § 48 des Beamtenstatusgesetzes und § 81 des Landesbeamtengesetzes.

(2) Die Betriebsleitung besteht aus einer Betriebsleiterin, einem Betriebsleiter oder mehreren Betriebsleiterinnen oder Betriebsleitern. Der Rat kann eine Betriebsleiterin oder einen Betriebsleiter zur Ersten Betriebsleiterin oder zum Ersten Betriebsleiter bestellen. Die Betriebssatzung regelt, wie bei Meinungsverschiedenheiten innerhalb der Betriebsleitung zu verfahren ist.

(3) Gehört zur Betriebsleitung eine Beigeordnete oder ein Beigeordneter der Gemeinde, so ist sie Erste Betriebsleiterin oder er Erster Betriebsleiter.

(4) Die Geschäftsverteilung innerhalb der Betriebsleitung, die aus mehreren Mitgliedern besteht, regelt die Bürgermeisterin oder der Bürgermeister mit Zustimmung des Betriebsausschusses durch Dienstanweisung.

Erläuterungen

Übersicht

1. Selbstständigkeit der Betriebsleitung
2. Einschränkungen aus der GO NRW und aus der EigVO NRW
3. Betriebsleitung ist Behörde
4. Laufende Betriebsführung
5. Die Zusammensetzung der Betriebsleitung
6. „Betriebsleiter" oder „Geschäftsführer"?
7. Geschäftsverteilung
8. Stellvertretende Betriebsleiter
9. Zusammenarbeit mit dem Personalrat
10. Haftungsregelung
11. Abberufung und Kündigung eines Betriebsleiters

1. Selbstständigkeit der Betriebsleitung

Dass ein Eigenbetrieb wirtschaftlich – nicht rechtlich – selbständiges Sondervermögen der Gemeinde ist, ergibt sich bereits aus der GO NRW. Diese Selbstständigkeit kommt auch in der eigenständigen Leitung des Eigenbetriebs zum Ausdruck. Während § 114 Abs. 2 Satz 1 GO NRW lediglich davon spricht, dass der Betriebsleitung ausreichend Selbstständigkeit der Entschließung einzuräumen ist, geht die EigVO NRW selbst weiter. Die Betriebsleitung leitet den Betrieb selbstständig, soweit nicht die GO NRW, die Verordnung selbst oder die Betriebssatzung Einschränkungen machen. Unentziehbar – insoweit über die Stellung des Verwaltungschefs hinausgehend – obliegt der Betriebsleitung die laufende Betriebsführung. Es gibt kein Recht des Betriebsausschusses oder des Rates, Kompetenzen zurückzuholen, wie es beim Bürgermeister bei den laufenden Geschäften der Verwaltung nach § 41 Abs. 3 GO NRW möglich ist (so jetzt auch *Kremer*, DVP 2006 S. 411).

Auch der Bürgermeister kann nicht in die laufenden Geschäfte des Eigenbetriebs eingreifen, seine Rechte sind abschließend in § 6 aufgezeigt. Die allgemeinen Kompetenzen des Verwaltungschefs, die sich aus § 62 GO NRW ergeben, gelten hier nur eingeschränkt. Dies ist auch durch den § 6 Abs. 3, wie er durch das NKF-Gesetz eingefügt wurde, klargestellt.

2. Einschränkungen aus der GO NRW und der EigVO NRW

Es ergeben sich Einschränkungen der Selbstständigkeit der Betriebsleitung aus der GO NRW und der EigVO NRW, auch die Betriebssatzung kann Einschränkungen festlegen, darf aber dabei nicht in die laufende Betriebsführung eingreifen. Im Einzelnen ergibt sich:

- aufgrund von § 3 Abs. 3 EigVO NRW gilt § 64 GO NRW, der die Abgabe von verpflichtenden Erklärungen regelt;
- für die Anstellung, Eingruppierung und Entlassung von Angestellten und Arbeiter ist grundsätzlich, wie sich aus § 6 Abs. 1 EigVO NRW ergibt, der Bürgermeister zuständig, der dabei dann aber die in der Betriebssatzung zu regelnden Mitwirkungsrechte der Betriebsleitung beachten muss; er kann mit diesen Aufgaben – ganz oder teilweise – die Betriebsleitung beauftragen, dieser dabei dann auch Weisungen erteilen; die Hauptsatzung kann auch der Betriebsleitung diese Aufgaben ganz oder teilweise übertragen;
- aus der Regelung des § 6 Abs. 1 EigVO NRW ergibt sich im Umkehrschluss, dass die Betriebsleitung für personalwirtschaftliche Maßnahme im Beamtenbereich nicht zuständig ist, denn Beamte sind dort nicht erwähnt;
- zur Wahrung der Einheitlichkeit der Verwaltung kann der Bürgermeister der Betriebsleitung Weisungen erteilen; diese kann dagegen den Betriebsausschuss anrufen (§ 6 Abs. 2 EigVO NRW); das Weisungsrecht erfasst aber keine Angelegenheiten der laufenden Betriebsführung;
- die Betriebsleitung hat Informationspflichten gegenüber dem Bürgermeister und dem Stadtkämmerer, § 7 EigVO NRW;
- die Betriebsleitung ist in ihrer Geschäftsverteilung eingeschränkt, gibt es einen kaufmännischen Betriebsleiter, so hat dieser die Verantwortlichkeit für das Rechnungswesen, § 13 EigVO NRW;
- bei Gefährdungen des Erfolgsplans ist die Selbstständigkeit ebenfalls eingeschränkt: sind Mindererträge zu erwarten, so muss die Betriebsleitung den Bürgermeister unverzüglich unterrichten, erfolgsgefährdende Mehraufwendungen darf sie nur mit Zustimmung des Betriebsausschusses, in Eilfällen des Bürgermeisters und des Vorsitzenden des Betriebsausschusses oder eines anderen, dem Betriebsausschuss angehörenden Ratsmitglieds tätigen, bei Unabweisbarkeit gelten wiederum Unterrichtungspflichten, § 15 Abs. 3 EigVO NRW;
- Vergleichbares gilt auch bei Mehrauszahlungen für Einzelvorhaben, die im Vermögensplan enthalten sind, wenn sie einen in der Betriebssatzung festzusetzenden Betrag überschreiten, § 16 Abs. 5 EigVO NRW;

- nach § 20 EigVO ist die Betriebsleitung verpflichtet, Zwischenberichte vorzulegen;
- nach § 26 Abs. 1 EigVO NRW ist die Betriebsleitung verpflichtet, den Jahresabschluss innerhalb von drei Monaten nach Ende des Wirtschaftsjahres aufzustellen.

3. Betriebsleitung ist Behörde

Erlässt die Betriebsleitung einen Verwaltungsakt, so ist sie Behörde (VG Aachen, Urt. vom 8.8.2007 – 6 K 1444/06 –, juris; ebenso: VG Köln, Urt. vom 29.11.2007, – 20 K 4444/06 –, juris, und VG Aachen, Urt. vom 23.10.2008, – 4 K 433/07 –, juris). Denn Behörden im Sinne des Verwaltungsprozessrechtes sind solche Stellen, die durch organisationsrechtliche Rechtssätze gebildet werden, die vom Wechsel der Amtsinhaber unabhängig sind und die nach der für sie geltenden Zuständigkeitsregelung berufen sind, unter eigenem Namen für den Staat oder einen anderen Träger öffentlicher Verwaltung Aufgaben der öffentlichen Verwaltung wahrzunehmen (OVG NRW, Urt. vom 7.12.1988, NVwZ-RR 1989 S. 576).

Diese Definition trifft auf Eigenbetriebe zu. Sie werden durch die vom Rat erlassene Betriebssatzung gebildet, in der auch ihre Zuständigkeiten festgelegt werden. Für sie ist eine Betriebsleitung zu bestellen, die den Eigenbetrieb selbstständig leitet. Die Betriebsleitung vertritt die Stadt unter dem Namen des Eigenbetriebs der Stadt und unterzeichnet ohne Angabe eines Vertretungsverhältnisses. Die Aufgaben des Eigenbetriebs sind öffentliche Verwaltungstätigkeiten der Stadt. Voraussetzung ist allerdings auch, dass eine Betriebssatzung erlassen wurde (vgl. OVG NRW, Urt. vom 22.1.2008, Mitt.NWStGB 2008 S. 83).

Auch vom Empfängerhorizont aus betrachtet erscheint die Betriebsleitung als die den Verwaltungsakt erlassende Behörde. Der Eigenbetrieb steht im Briefkopf – hier sollte allerdings deutlich gemacht werden, dass es sich um einen städtischen Eigenbetrieb handelt. Bei Forderungen wird sein Konto angegeben.

Weber (DVP 2011 S. 53) spricht der Betriebsleitung dagegen die Behördeneigenschaft ab. Weder Gemeindeordnung noch Eigenbetriebsverordnung regelten ausdrücklich ein Tätigwerden der Betriebsleitung nach außen auf hoheitlichem Gebiet. § 3 Abs. 3 EigVO NRW erfasse nur Verpflichtungsgeschäfte. Die laufende Betriebsführung beziehe sich nur auf interne Entscheidungszuständigkeiten. Eine entsprechende Regelung in der Betriebssatzung würde in die Organrechte des Bürgermeisters eingreifen. Dieser Auffassung kann nicht gefolgt werden. Denn wegen der „laufenden Betriebsführung" obliegt es der Betriebsleitung eines als eigenbetriebsähnlich organisierten Abwasserwerks grundsätzlich, im Rahmen der ihr übertragenen Aufgaben im eigenen Namen für die Trägergemeinde Verwaltungsakte zu erlassen, die das zwischen der Gemeinde und dem Anschlusspflichtigen bestehende Kanalbenutzungsverhältnis betreffen (vgl. VG Arnsberg, Urt. vom 15.11.2002, – 13 K 3588/01 –, juris; OVG NRW, Urt. vom 12.9.1997, StGR 1999 S. 24).

Will die Betriebsleitung dagegen nicht als (eigene) Behörde handeln, etwa weil sie nicht eigene Aufgaben wahrnimmt, sondern für die Gemeindeverwaltung handelt, so muss dies auch nach außen deutlich werden: In diesen Fällen muss das Vertretungsverhältnis offenliegen: „Der Bürgermeister – Eigenbetrieb" und die Unterzeichnung durch die Betriebsleitung mit dem Zusatz „Im Auftrag".

Problematisch werden Fälle, die sich aus unübersichtlichen Organisationsstrukturen ergeben. Wurden etwa Verwaltungsaufgaben in privatrechtliche Gesellschaften verlagert (diese können innerhalb bestimmter rechtlicher Grenzen an der Erstellung von Abgabenbescheiden mitwirken, vgl. OVG NRW, Beschl. vom 31.1.2013, VersorgW 2013 S. 219 f.) und die mit diesen Aufgaben bisher befassten städtischen Beamten seinerzeit nach § 123a Abs. 2 BRRG dieser zugewiesen, so haben diese Beamten dadurch zwar ihre Rechte und Pflichten gegenüber dem Dienstherrn unverändert behalten, konkret-funktionell sind sie aber bei diesem ohne Amt. Dadurch wiederum hat der Dienstherr, die Gemeinde, das ihr gegenüber diesen Beamten bestehende fachliche Weisungsrecht verloren, so dass die Beamten nicht mehr der Gemeinde zuzurechnende Verwaltungsakte in die Welt setzen können. Das ändert sich auch dann nicht, wenn die Gemeinde später eine eigenbetriebsähnliche Einrichtung für die der GmbH übertragenen Aufgaben gründet und diese in der Folge personenidentisch von der Geschäftsführung der GmbH als Betriebsleitung geleitet wird. Auch die der GmbH zugewiesenen Beamten bleiben rechtlich bei der GmbH, wenn sie dann die Aufgaben in der Einrichtung wahrnehmen. Verwaltungsakte können sie in dieser Eigenschaft für die Gemeinde nicht wirksam erlassen (vgl. VG Düsseldorf, Urt. vom 5.2.2014 – 5 K 2297/13 –, juris).

Nach dem Inkrafttreten des Justizgesetzes für das Land Nordrhein-Westfalen (JustG) vom 26.1.2010 (GV. NRW. S. 30) ist die Frage, Behörde oder nicht, für die Passivlegitimation im verwaltungsgerichtlichen Verfahren nicht mehr von Bedeutung. Anders als § 5 Abs. 2 AGVwGO NRW enthält das Justizgesetz keine Regelung im Sinne des § 78 Abs. 1 Nr. 2 VwGO (dazu *Klenke*, Behörden als Beklagte – Vom Sinn der Regelung gemäß § 78 Abs. 1 Nr. 2 VwGO, NWVBl. 2004 S. 85), so dass jetzt auch in Nordrhein-Westfalen die Gemeinde richtige Beklagte ist.

4. Laufende Betriebsführung

Dieser Begriff wird nicht definiert (s. dazu *Püttner*, StT 1989 S. 803; *Rademacher*, GHH 1984 S. 179). Wie bei § 41 GO NRW fällt darunter alles, was zu den ständig wiederkehrenden Maßnahmen und Geschäftsvorfällen gehört. Geschäfte der laufenden Verwaltung im Sinne des § 41 GO NRW sind solche, die mehr oder weniger regelmäßig wiederkehren und zugleich nach Größe, Umfang der Verwaltungstätigkeit und Finanzkraft der beteiligten Gemeinde von sachlich wenig erheblicher Bedeutung sind (ständige Rechtsprechung, s. BGH, Urt. vom 20.9.1984, NJW 1985 S. 1778, 1780; OLG Hamm, Beschl. vom 22.2.2012 – 15 W 67/11 –, juris; LG Dortmund, Urt. vom 7.9.2016 – 3 O 14/16 –, juris).

Der BGH hat in seinem Urt. vom 22.6.1989 (NVwZ 1990 S. 403) unter § 3 Abs. 3 Satz 3 EigVO NRW, in dem dieser Begriff auch verwandt wird, solche Angelegenheiten gefasst, die ein ihrer Natur nach im gewöhnlichen Betriebsablauf regelmäßig wiederkehrendes Geschäft darstellen oder von ihrem Umfang und ihrer finanziellen Tragweite her von sachlich weniger erheblicher Bedeutung sind. Die zur Aufrechterhaltung des Betriebes notwendigen Maßnahmen wie der innerbetriebliche Personaleinsatz, der Einkauf von Rohstoffen und Materialien, der Abschluss von Tarif- und Sonderverträgen mit Abnehmern bei Versorgungsunternehmen gehören hierzu (vgl. *Brummer* in *Bolsenkötter* Rdn. 573). Auch die Instandhaltungsarbeiten und Netzerweiterungen bei leitungsgebundenen Einrichtungen fallen unter diesen Begriff, soweit es sich nicht aufgrund der Höhe der notwendigen Aufwendungen um außergewöhnliche Vorfälle handelt (vgl. VGH Kassel, Urt. vom 6.11.1986, HSGZ 1987 S. 76).

Selbstverständlich fallen Vergaben von Aufträgen nach VOL und VOB ebenfalls darunter, wenn hierzu keine Regelung getroffen wird. Denkbar ist, dass die Vergaben vollständig in die Zuständigkeit der Betriebsleitung fallen (ebenso für die Gesamtverwaltung dem Bürgermeister zufallen). Denkbar ist aber auch, dass in der Hauptsatzung und parallel dazu in der Betriebssatzung definiert wird, bis zu welchem Auftragswert eine Angelegenheit in die laufende Betriebsführung gehört und was darüber hinaus geht. Gerade für die Eigenbetriebe sollte die Zuständigskeitszuweisung an die Betriebsleitung großzügig ausfallen. Die Wertgrenzen müssen auch nicht mit denen für die Gesamtverwaltung identisch sein.

Die Verfolgung von Ansprüchen des Eigenbetriebs ist ebenfalls ein Geschäft der laufenden Betriebsführung, darunter fallen auch Entscheidungen über die Gewährung besonderer Zahlungsmodalitäten (Stundungen, Ratenzahlungen) und den Verzicht auf Forderungen, unabhängig davon, ob es um öffentlich-rechtliche oder privatrechtliche Ansprüche geht.

In einem Beschluss, der einen Vergleichsvorschlag zur Beendigung eines Rechtsstreits enthielt, hat der für das Benutzungsgebührenrecht zuständige 9. Senat des OVG NRW 2013 (– 9 A 2553/11 –, juris) die Auffassung vertreten, die Betriebsleitung eines Eigenbetriebs sei nicht für den Erlass von Wasserbenutzungsgebührenbescheiden zuständig (ebenso VG Köln, Urt. vom 19.12.2013 – 14 K 6559/11 –, juris; anders dagegen VG Minden, Urt. vom 14.5.2014 – 3 K 462/13 –). Zur Begründung hat der Senat ausgeführt: Nach der Beitrags- und Gebührenordnung der Stadt erhebe „die Stadt" Benutzungsgebühren und nach § 41 Abs. 3 GO seien dem Bürgermeister als allgemeiner Verwaltungsbehörde die Geschäfte der laufenden Verwaltung zugewiesen. Weder aus der EigVO NRW noch aus der Betriebssatzung ergebe sich eine Spezialzuweisung dieser Aufgabe an die Betriebsleitung. Es handele sich auch nicht um ein Geschäft der laufenden Betriebsführung. Denn nach der Betriebssatzung seien diejenigen regelmäßig anfallenden Geschäfte erfasst, die das „Vorhalten" der als Eigenbetrieb geführten öffentlichen Einrichtung „Wasserversorgung" betreffen, also alle im täglichen Betrieb wiederkehrenden Maßnahmen, die typischerweise zur Aufrechterhaltung des Betriebs notwendig sind. Für seine Auffassung zitiert der 9. Senat zwei Urt. des Bayerischen VGH (vom 25.1.2010, NVwZ-RR 2010 S. 931 und vom 6.9.2012 – 20 B 11.2171 –, juris). Er weist aber auch auf die entgegenstehenden Entscheidungen des OVG NRW (Urt. vom 22.7.1959, OVGE 15, 106), des Sächsischen OVG (Urt. vom 30.6.2004, 5 B 369/03, juris), des HessVGH (Urt. vom 19.9.2002 – 5 UE 1147/02 –, juris, und Beschl. vom 2.3.1993 – 5 TH 1649/91 –, JURIS) sowie des VG Arnsberg (Urt. vom 15.11.2002 – 13 K 3588/01 –, juris) hin. Der Senat gibt außerdem das Urt. des 22. Senat (vom 7.12.1988, NVwZ-RR 1989 S. 576) an, zu dem er meint, dieser habe die Frage offen gelassen. Allerdings neigt der 22. Senat wohl eher zur Zuständigkeit der Betriebsleitung, denn in dieser Entscheidung hatte er zwar eine Zuständigkeit der Betriebsleitung für die Verfügung eines Anschluss- und Benutzungszwangs abgelehnt, weil es sich dabei nicht um Betriebsführung, sondern um die Bestimmung der kommunalrechtlichen Vorgaben für die Betriebsführung handelte. In diesem Zusammenhang hat er dann ausgeführt, ob Maßnahmen, die die Benutzung der öffentlichen Einrichtung – und nicht nur ihr „Vorhalten" – betreffen, zur laufenden Betriebsführung zu rechnen seien, sei fraglich: *„Jedenfalls könnten dies nur solche auf die Abwicklung der einzelnen Versorgungsverhältnisse gerichteten Maßnahmen sein, die im täglichen Betrieb ständig wiederkehren und (deshalb) nach vorbestimmten „Mustern" zu treffen sind, ... möglicherweise die Heranziehung zum Kostenersatz, zu Anschlußbeiträgen oder Gebühren, die nach Grund und Höhe weitgehend durch das einschlägige Satzungsrecht determiniert sind."*

Der Meinung des 9. Senats des OVG NRW kann daher nicht zugestimmt werden. Es ist nicht überzeugend, nur die Ausgabenseite als zur Erhaltung des Eigenbetriebs erforderliche Maßnahmen anzusehen, ohne Einnahmen könnte er nicht bestehen. Wenn daher die Kommune für bestimmte öffentlich-rechtliche Aufgaben wie Abwasser, Abfallentsorgung, Straßenreinigung oder auch Wasserversorgung eine eigenbetriebsähnliche Einrichtung gründet, spricht im Grundsatz nichts dafür, dass die Einnahmeerzielung über Gebühren bei der Kommune verbleiben sollte (für eine Zuständigkeit der Betriebsleitung auch *Cronauge*, Unternehmen, Rdn. 187). Der 15. Senat des OVG NRW hat die Zuständigkeit der Betriebsleitung für die Erhebung eines Kanalanschlussbeitrages jedenfalls dann bejaht, wenn dies in der Betriebssatzung so geregelt sei (Beschl. vom 30.4.2019 – 15 A 883/19 –, juris). Im Urteil vom 4.2.2020 – 15 A 3136/18 –, juris, hat der Senat nach Feststellung, dass die Gemeinde für Anordnungen zur Umsetzung der Selbstüberwachungsverordnung Abwasser zuständig ist, ausgeführt, dass solche Anordnungen zur Aufrechterhaltung eines einwandfreien Betriebs erforderlich und von der Regelung zur laufenden Betriebsführung erfasst seien. Die Betriebsleitung sei daher ermächtigt, entsprechende Verwaltungsakte zu erlassen.

Es empfiehlt es sich allerdings, eine klarstellende Regelung in die Betriebssatzung aufzunehmen. Als Beispiel kann hier eine Bestimmung der Betriebssatzung des Abfallwirtschaftsbetriebs der Stadt Köln dienen: „Die Betriebsleitung entscheidet darüber hinaus über alle Angelegenheiten im Bereich des Abfallwirtschaftsbetriebes, die gemäß der Zuständigkeitsordnung der Stadt Köln der/dem Oberbürgermeister/in zur Entscheidung übertragen sind oder danach als Geschäfte der laufenden Verwaltung gelten." (§ 2 Abs. 2

Satz 3 der Betriebssatzung der Stadt Köln für den Abfallwirtschaftsbetrieb der Stadt Köln vom 12.4.2010, ABl. der Stadt Köln 2010 S. 320)

Die Betriebsleitung eines Abwassereigenbetriebes ist auch zum Erlass von Verwaltungsakten berechtigt, durch die eine von einem Anschlussnehmer vorgenommene Fehleinleitung in die Kanalisation untersagt wird (OVG NRW, Urt. vom 12.9.1997, StGR 1999 S. 24). Auch Vorausleistungen auf einen Abwasserbeitrag gehören nach Auffassung des HessVGH zu den Geschäften der laufenden Betriebsführung (Urt. vom 2.3.1993, HSGZ 1993 S. 460).

Andererseits hat das OVG NRW die Auffassung vertreten, dass Verwaltungsakte über die Begründung und Aufrechterhaltung eines Anschluss- und Benutzungsverhältnisses nicht zu den Angelegenheiten der laufenden Betriebsführung gehören (Urt. vom 7.12.1988, NVwZ-RR 1989 S. 576 – insoweit zustimmend OVG NRW, Beschl. vom 5.3.2014, NWVBl. 2014 S. 230, allerdings mit dem Hinweis, ungeklärt sei, ob der Rat der Betriebsleitung diese Zuständigkeit übertragen könne). Auch die Rückforderung von Zuschüssen, die das Land etwa für die Herstellung von Regenwassernutzungsanlagen über die Stadt zur Weiterleitung an den Zuwendungsempfänger gewährt hat und dann wegen eines Verstoßes des Zuwendungsempfängers gegen die Förderrichtlinien gegenüber der Stadt zurückgenommen hat, ist nicht Zuständigkeit der Betriebsleitung, selbst wenn die Abwicklung über den Eigenbetrieb gelaufen ist (VG Aachen, Urt. vom 8.8.2007 – 6 K 1444/06 –, juris).

Nicht zur laufenden Betriebsführung gehört nach Auffassung des OLG Hamm – Urt. vom 5.5.2023 – 11 U 111/22 –, juris) die Abwehr von Schadensersatzansprüchen wegen eines Mietausfallschadens nach § 2 HaftPflG, denn das sei keine Angelegenheit, die der Aufrechterhaltung des Eigenbetriebs diene. Daher werde die Gemeinde in einem Prozess vom Bürgermeister und nicht dem Betriebsleiter vertreten, wenn nicht die Betriebssatzung eine eindeutige Regelung treffe.

Der BayVGH hat in zwei Entscheidungen die Auffassung vertreten, soweit der Betriebsleitung nach Art. 95 BayGO ausdrücklich „personalrechtliche Befugnisse" übertragen würden, könne es sich bei deren Ausübung nicht um ein Geschäft der laufenden Betriebsführung handeln (Urt. vom 23.4.1997 – 17 P 96.2259 –, VGHE BY 50, 91 und – 17 P 96.2260 –, PersR 1998 S. 196). Es stellt sich die Frage, ob dies für NRW ebenso zu sehen ist. Dies ist wohl zu verneinen. Wenn der Rat durch Betriebssatzung der Betriebsleitung die arbeits- und tarifrechtlichen Entscheidungen überträgt, so macht er damit zugleich deutlich, dass sie zu den Aufgaben der Betriebsführung gehören. Dies gilt umso mehr, als das Leitbild der GO NRW in § 74 Abs. 1 Satz 2 GO NRW von einer Zuständigkeit des Bürgermeisters und nicht des Rates ausgeht. Wenn also dessen Normalkompetenz der Betriebsleitung übertragen wird, so ist das Ergebnis gewöhnliche, laufende Geschäftstätigkeit.

Bereits vor der Neufassung war einhellige Meinung, dass der Bürgermeister nicht durch Weisungen in den laufenden Geschäftsbetrieb des Eigenbetriebes eingreifen kann (so auch *Cronauge*, Unternehmen, Rdn. 191); das ist seit dem NKF-Gesetz 2004 ausdrücklich in § 6 Abs. 3 formuliert. Zum Verhältnis der Selbstständigkeit der Betriebsleitung und den Informations- und Auskunftsrechten des Bürgermeisters s. OVG NRW, Beschl. vom 22.7.2011, NVwZ-RR 2011 S. 911. Auch wenn ein Beigeordneter als Betriebsleiter bestellt ist, kann der Bürgermeister nicht in den laufenden Betrieb eingreifen. Der Beigeordnete untersteht zwar direkt dem Bürgermeister in seiner Funktion als Beigeordneter, insoweit hat der Bürgermeister die Rechte aus § 62 Abs. 1 GO NRW und kann dem Beigeordneten in Einzelfällen Vorgänge zur Bearbeitung entziehen und Weisungen erteilen (vgl. OVG NRW, Urt. vom 18.9.1981, OVGE 35, 292, und vom 16.1.1992, EildStTNW 1992 S. 431). Als Betriebsleiter hat aber auch ein Beigeordneter alle Rechte eines Betriebsleiters. Der Bürgermeister ist insoweit nicht weisungsbefugt. Sicherlich wird der Beigeordnete eher im Verwaltungsvorstand zu Abstimmungen mit der allgemeinen Gemeindeverwaltung kommen als ein „Außenstehender". Das ändert aber nichts an seiner unabhängigen Stellung als Betriebsleiter (vgl. *Brummer* in *Bolsenkötter*, Rdn. 553).

5. Die Zusammensetzung der Betriebsleitung

Die Betriebsleitung hat nicht nur den Eigenbetrieb ordentlich zu verwalten, sie muss vielmehr unternehmerische Fähigkeiten zeigen und die Führung übernehmen. Ihr obliegt die Sorge für die Betriebserhaltung und für die Weiterentwicklung des Eigenbetriebs, die Verantwortung für eine wirtschaftliche Betriebsführung. An dieser Aufgabe sollte die Besetzung der Position eines Betriebsleiters ausgerichtet sein, die aufgrund einer Ausschreibung erfolgen sollte.

Das Amt eines Betriebsleiters ist ein öffentliches Amt im Sinne des Art. 33 Abs. 2 GG, denn solche sind nicht nur Beamtenstellen, sondern alle Stellen, die ein öffentlicher Arbeitgeber auf der Grundlage eines privatrechtlichen Dienst- oder Arbeitsvertrages zu besetzen beabsichtigt (Vgl. BAG, Urt. vom 19.5.2015 – 9 AZR 837/13 –, juris, Rdn. 16; VG Düsseldorf, Beschl. vom 5.4.2016 – 10 L 698/16 –, juris, Rdn. 9). Bei seiner Besetzung ist daher der Bewerbungsverfahrensanspruch der Bewerber so zu beachten wie bei einer beamtenrechtlichen Konkurrentenklage, unabhängig davon, ob der Betriebsleiter in einem Beamtenverhältnis oder in einem privatrechtlichen Dienstverhältnis steht (siehe dazu den Fall der Besetzung der Stelle eines kaufmännischen Betriebsleiters einer Immobilienverwaltung in Form einer städtischen eigenbetriebsähnlichen Einrichtung, der gleich drei Gerichtsbarkeiten beschäftigt hat: erst das ArbG Duisburg, das den Rechtsstreit an das LG Duisburg verwies, das seinerseits den Fall dann an das VG Düsseldorf weiterverwies, LG Duisburg, Beschl. vom 8.3.2016 – 8 O 58/16 –, juris, VG Düsseldorf, Beschl. vom 5.4.2016 – 10 L 698/16 –, juris).

Die Betriebsleitung kann aus einer oder aus mehreren Personen bestehen. Es gibt weder eine gesetzliche Vorgabe noch feststehende Regeln für die Zusammensetzung. Die einzelne Gemeinde wird dies individuell nach der Aufgabenstellung und Größe des Eigenbetriebes entscheiden, wobei sie aber den Grundsatz der Sparsamkeit und Wirtschaftlichkeit der Verwaltung beachten muss (vgl. für die Zahl der Beigeordneten, OVG NRW, Beschl. vom 28.9.1982, VR 1983 S. 191).

Es gibt keine Vorschriften über die fachliche Ausbildung, die ein Betriebsleiter haben muss. Für ihn gilt allerdings auch die allgemeine Vorschrift des § 74 Abs. 1 Satz 1 GO NRW (ebenso *Brummer/Ulbrich* in *Bolsenkötter* Rdn. 543). Er muss die erforderlichen fachlichen Voraussetzungen erfüllen, um seiner Aufgabe gewachsen zu sein. Es gibt keinen Zwang, einen kaufmännisch Ausgebildeten an die Spitze des Eigenbetriebs zu stellen. Techniker, Verwaltungsfachleute, Kaufleute und Juristen – oder auch sonstiges Fachpersonal vor allem bei Einrichtungen im Sinne des § 107 Abs. 2 GO NRW – finden sich allein oder gemeinsam an der Spitze eines Eigenbetriebs, je nach Größe des Betriebs. Abzustellen ist auf die Aufgabe des jeweiligen Eigenbetriebs und seine Größe und Komplexität.

Ab einer gewissen Größe wird ein einzelner Betriebsleiter nicht mehr ausreichend sein, erst recht kann die Aufgabe dann nicht mehr im Nebenamt von einem Beigeordneten oder einem anderen Mitarbeiter der Verwaltung wahrgenommen werden. Auch um den Vorwurf des Organisationsverschuldens zu vermeiden, wird es dann unumgänglich, Techniker und Kaufmann in der Betriebsleitung zu haben, dies gilt in besonderem Maße für Versorgungsunternehmen.

Das OVG NRW hat in einem Beschl. vom 10.6.2002, DVP 2002 S. 524, einem Beigeordneten, dem die Werkleitung eines Stadtentwässerungsbetriebs übertragen werden sollte, einstweiligen Rechtsschutz dagegen gewährt. Dabei hat es offengelassen, ob es sich bei dieser Maßnahme um die Übertragung eines Nebenamtes i. S. d. § 67 LBG i. V. m. § 74 Abs. 2 GO NRW oder um die Festlegung des Geschäftskreises eines Beigeordneten nach § 73 Abs. 1 GO NRW handelte. Es hat in seiner Entscheidung nicht nur darauf abgestellt, dass der Antragsteller sich wegen fehlender betriebswirtschaftlicher Kenntnisse für unqualifiziert hielt und dass er wegen der Größe seines übrigen Dezernates möglicherweise überlastet sein könnte – die Schätzung einer zusätzlichen wöchentlichen Belastung von vier Arbeitsstunden, die die Stadt unterstellte, wurde vom OVG in Zweifel gezogen –, sondern auch § 2 Abs. 3 EigVO NRW in einer Weise ausgelegt, die nicht akzeptiert werden kann: Es meint offensichtlich, dass der Betriebsleitung nur dann ein Beigeordneter angehören kann, wenn sie aus mehreren Personen besteht. Dies lässt sich aber § 2 Abs. 3 EigVO NRW mitnichten entnehmen. Dort ist allein festgeschrieben, dass bei einer Mehr-Personen-Betriebsleitung, zu der ein Beigeordneter gehört, dieser Erster Betriebsleiter sein muss, aber nicht, dass ein Beigeordneter nicht alleiniger Betriebsleiter sein kann (zu dem Beschl. gibt es eine zustimmende Anmerkung von *Beckmann*, DVP 2002 S. 524).

Die Zusammensetzung und Besetzung der Betriebsleitung ist Aufgabe des Rates, der dazu auch schon in der Betriebssatzung die Weichen stellen muss. Gemäß Absatz 2 Satz 3 muss die Betriebssatzung bei mehreren Betriebsleitern eine Regelung über die Lösung von Meinungsverschiedenheiten enthalten. Eine Meinungsverschiedenheit liegt schon dann vor, wenn nur einer der Betriebsleiter anderer Meinung ist, auch wenn er dabei in der Minderheit bleibt. (vgl. *Meier*, ZKF 2010 S. 106) Denkbar sind Einstimmigkeit – also der Zwang zum Kompromiss –, absolute Mehrheit und einfache Mehrheit. Der Rat kann festlegen, dass es einen Ersten Betriebsleiter gibt, der dann bei Meinungsverschiedenheiten den Ausschlag gibt, auch wenn dies nicht wie z. B. in der EigVO Hessen ausdrücklich geregelt ist. (mit überzeugenden Argumenten ablehnend zu einem Entscheidungsrecht des Ersten Betriebsleiters in der Form, dass er immer der Mehrheit angehören muss oder nicht überstimmt werden kann, *Meier*, ZKF 2010 S. 107). Vorzugswürdig dürfte daher eine Regelung sein, die eine einfache Mehrheit vorsieht und eine entscheidende Stimme für den Ersten Betriebsleiter bei Pattsituationen.

Diese Aufgabe kann nicht dem Bürgermeister zufallen (so aber *Brummer* in Bolsenkötter, Rdn. 559), weil der nicht in die Leitung des Eigenbetriebs eingreifen darf (so das VG Gießen für die allerdings etwas andere hessische Struktur, Urt. vom 8.3.1993, NVwZ-RR 1994 S. 173). § 3 Abs. 1 der nordrhein-westfälischen Mustersatzung in der Fassung vom 17.8.2005 sah in einer Alternative vor, dass bei Meinungsverschiedenheiten unter gleichberechtigten Mitgliedern der Betriebsleitung im Falle der Stimmengleichheit der Bürgermeister entscheidet. Diese Bestimmung war fraglich, denn dann greift der Bürgermeister in die laufende Betriebsführung ein, es kann auch zu Konflikten mit dem ihm sonst zufallenden Kontrollpflichten gegenüber dem Eigenbetrieb kommen. Auch eine Entscheidung durch den Betriebsausschuss oder gar den Rat kann nicht in Frage kommen. Die neue Mustersatzung vom 25.10.2010 (Anhang 1) sieht deshalb auch allein vor, dass ein Erster Betriebsleiter bestellt wird, dessen Stimme den Ausschlag in Fällen von Stimmengleichheit gibt.

Wenn einer der Betriebsleiter in einer mehrköpfigen Betriebsleitung Beigeordneter der Gemeinde ist, so ist er Erster Betriebsleiter. Sollte, was bei umfangreichen Aufgabenstellungen eines Eigenbetriebes nicht ausgeschlossen werden kann, in der Betriebsleitung mehr als ein Beigeordneter vertreten sein, so muss der Gemeinderat festlegen, welcher von diesen Erster Betriebsleiter ist (ebenso *Brummer* in Bolsenkötter, Rdn. 557).

Nur in Ausnahmefällen sollte der Bürgermeister zum Betriebsleiter bestellt werden.(ebenso *Kremer*, DVP 2006 S. 412) Verboten ist dies zwar durch die EigVO NRW nicht (anders die Regelung in Rheinland-Pfalz), sie ist aber unglücklich, weil damit die wirtschaftliche Eigenständigkeit des Eigenbetriebs gefährdet wird (so auch *Brummer* in Bolsenkötter, Rdn. 552). Auch spricht die zumindest bei mittleren und größeren Eigenbetrieben nicht unerhebliche Arbeitsbelastung dagegen, dass der Bürgermeister diese Aufgabe zusätzlich qualifiziert übernehmen kann (ähnlich auch *Cronauge*, Unternehmen, Rdn. 183).

6. „Betriebsleiter" oder „Geschäftsführer"?

Meier (ZKF 2002 S. 178) hat die Frage aufgeworfen, ob der Erste Betriebsleiter insbesondere auch die Bezeichnung „Geschäftsführer" tragen dürfe. Er hat dies nach sorgfältiger Auslegung der Gemeindeordnung mit Recht verneint. Der Betriebsleiter habe vor allem nicht das Recht, aufgrund seiner selbstständigen Leitungsfunktion eine andere Bezeichnung zu wählen. Aber auch die Gemeindeordnung und die Eigenbetriebsverordnung bieten keine Möglichkeit, anderweitige Titulaturen in der Betriebssatzung festzulegen. Weiter ist die Bezeichnung „Geschäftsführer" nicht unproblematisch, weil sie im Geschäftsverkehr automatisch Assoziationen mit privatrechtlich organisierten Gesellschaften hervorruft, wie *Meier* ausführt. Schließlich verbinde sich mit einer solchen Bezeichnung im Rechtsverkehr auch eine bestimmte Vorstellung hinsichtlich Kompetenzen und Vertretungsmacht, die auf den Betriebsleiter nicht zutreffe. Die Wahl einer anderen Bezeichnung als Betriebsleiter könne daher eine Irreführung sein, die auch Zurechnungsfolgen nach sich ziehen könne. Die Gemeindeordnung und die auf ihrer Grundlage erlassenen EigVO NRW und KUV legen die Bezeichnungen ihres „Geschäftsführungsorgans" mit Betriebsleiter bzw. Vorstand fest. Daran ist festzuhalten.

7. Geschäftsverteilung

Bei einer mehrköpfigen Betriebsleitung müssen die Aufgaben und Verantwortlichkeiten klar verteilt sein. Häufig ergeben sie sich bereits aus der personellen Zusammensetzung. Wenn Techniker und Kaufmann in der Betriebsleitung sind, ergibt sich daraus die Aufgabenverteilung bei technischen Eigenbetrieben. Sind verschiedene Techniker für verschiedene Sparten in der Betriebsleitung, wird man auch diesen ihren fachlichen Fähigkeiten entsprechend die Aufgaben zuweisen. Für das Rechnungswesen legt § 13 EigVO NRW fest, dass dafür ein in der Betriebsleitung vorhandener Betriebsleiter für kaufmännische Angelegenheiten zuständig sein muss. Trotzdem wird es noch Aufgabenbereiche geben, die zu verteilen sind. Das muss dann in einer Dienstanweisung geschehen, die der Bürgermeister erlässt und die der Zustimmung des Betriebsausschusses bedarf.

Unabhängig von der Frage der ressortmäßigen Aufteilung und damit der Verantwortlichkeit des einzelnen Betriebsleiters für den ihm unterstellten Bereich ist die Verantwortung jedes Betriebsleiters für den Gesamtbetrieb. Allgemeine Überwachungspflichten treffen einen Betriebsleiter auch bezüglich der ihm nicht zugewiesenen Ressorts (vgl. BGH, Urt. vom 28.1.1985, GmbH-Rdsch. 1985 S. 255).

8. Stellvertretende Betriebsleiter

Gibt es nur einen Betriebsleiter, muss ein Stellvertreter des Betriebsleiters für die Abwesenheit des ordentlichen Leiters vorhanden sein. Aber auch bei mehrköpfigen Betriebsleitungen in großen Eigenbetrieben gibt es immer häufiger Stellvertreter. Ob sie ständig zur Betriebsleitung gehören, ist eine Frage der Einzelfallregelung. Legt die Betriebssatzung fest, dass es einen oder mehrere stellvertretende Betriebsleiter gibt, so gehören diese zur Betriebsleitung, vor allem dann, wenn sie auch so bestellt werden. Es kann sich aber auch nur um eine Abwesenheits- oder Teilvertretung handeln. Insoweit sollte jedenfalls eine klare Regelung in der Betriebssatzung getroffen werden (vgl. *Brummer* in Bolsenkötter, Rdn. 564).

Formulierungen, wie man sie in manchen Betriebssatzungen findet, genügen dem nicht immer.

Völlig unzureichend ist:

> *„Zur Leitung des Eigenbetriebs wird eine Betriebsleitung bestellt."*

Regelungen wie:

> *„Zur Leitung des Eigenbetriebs werden ein Betriebsleiter und ein Stellvertreter bestellt."*

oder

> *„Zur Leitung des Eigenbetriebs wird ein Betriebsleiter bestellt. Für den Betriebsleiter werden zwei Stellvertreter bestellt."*

sind zu unklar und nicht ausreichend. Im ersten Fall soll der Stellvertreter wohl Mitglied der Betriebsleitung sein, eindeutig ist es aber nicht geregelt. Auch ist ungewiss, ob es sich um eine Abwesenheitsvertretung oder um eine der Stellung eines allgemeinen Vertreters (wie beim Ersten Beigeordneten) vergleichbare Vertretung handelt. Im zweiten Fall ist völlig unklar, wie die Vertretung geregelt ist: wer ist im Vertretungsfall zur Vertretung berufen? Sollen die Vertreter jeweils nur für Teilbereiche gleichberechtigt nebeneinanderstehen? Aus dem Satzungstext ergibt sich das nicht.

Klarer sind Formulierungen:

> *„Die Betriebsleitung besteht aus einem Betriebsleiter, der vom Rat der Stadt bestellt wird. Für den Fall der Verhinderung bestellt der Rat der Stadt einen Stellvertreter."*

Es handelt sich um eine Verhinderungsvertretung, der stellvertretende Betriebsleiter soll also nicht allgemeiner Vertreter des Betriebsleiters sein. Auch ist klar, dass er nicht zur Betriebsleitung gehört, wenn der Betriebsleiter anwesend ist.

oder

> *„Die Betriebsleitung besteht aus dem Betriebsleiter und seinem Stellvertreter, die beide vom Rat bestellt werden. Der Stellvertreter vertritt allgemein den Betriebsleiter im Amt"*

Hier ist eindeutig geregelt, dass der Stellvertreter Mitglied der Betriebsleitung ist und jederzeit den Betriebsleiter vertritt, also eine umfassende Stellung hat.

oder für den Fall mehrerer Stellvertreter:

> *„Die Betriebsleitung besteht aus dem vom Rat bestellten Betriebsleiter. Der Rat bestellt für den Verhinderungsfall den Leiter des kaufmännischen Bereichs zum ersten Stellvertreter des Betriebsleiters und einen der Leiter der technischen Bereiche zum zweiten Stellvertreter."*

9. Zusammenarbeit mit dem Personalrat

Der Betriebsleiter ist nicht Dienststellenleiter im Sinne des Landespersonalvertretungsgesetzes, dies ist der Bürgermeister als Leiter der Verwaltung. Da auf diesen als Organ und nicht als Behörde abzustellen ist, kommt auch keine Delegation in Frage, die von der Vertretungsregelung des § 8 LPVG abweicht, VG Düsseldorf, Beschl. vom 16.6.2021 – 40 L 1009/21.PVL –, juris.

Soweit bei einem Eigenbetrieb ein Teilpersonalrat gebildet wird (vgl. zur Teildienststellenbildung OVG NRW, Beschl. vom 26.2.1987, PersV 1989 S. 31), ist der zuständige Betriebsleiter der Leiter der verselbstständigten Dienststelle, der mit dem Teilpersonalrat zusammenarbeitet und auch den Eigenbetrieb diesem gegenüber vertritt. Etwas anderes gilt nur dann, wenn er für die arbeitsrechtlichen Regelungen keine Zuständigkeit hat, diese also beim Bürgermeister verblieben sind.

Wird die Anrufung der Einigungsstelle wegen Nichteinigung zwischen Betriebsleitung und Teilpersonalrat erforderlich, so muss der Leiter der Dienststelle, also der Bürgermeister, die Einigungsstelle anrufen, das liegt nicht in der Zuständigkeit der Betriebsleitung (vgl. OVG NRW, Beschl. vom 2.12.1993, NWVBl. 1994 S. 266). Der Beschl. des BVerwG vom 20.9.2013, NVwZ-RR 2014 S. 498, zur Zuständigkeit von Betriebsleiter und Eigenbetriebspersonalrat zur Besetzung und Einberufung der Einigungsstelle in Mitbestimmungsverfahren des Eigenbetriebs betrifft das sächsische Landespersonalvertretungsgesetz, das sich vom nordrhein-westfälischen unterscheidet, so dass der Beschluss nicht hierher übertragbar ist.

10. Haftungsregelung

Die 2004 aufgenommene Haftungsregelung in Absatz 1 bringt im Grunde nichts Neues. Schon nach der alten Fassung oblag der Betriebsleitung die Verantwortlichkeit für die wirtschaftliche Führung des Eigenbetriebs. Die Aufnahme der *„Sorgfalt eines ordentlichen und gewissenhaften Geschäftsleiters"* ist § 93 Abs. 1 AktG und § 43 Abs. 1 GmbHG entlehnt. Es handelt sich dabei um einen Sorgfaltsmaßstab, der von dem in § 276 Abs. 1 BGB – verkehrsübliche Sorgfalt – und dem in § 374 Abs. 1 HGB – Sorgfalt eines ordentlichen Kaufmanns – zu unterscheiden ist. (*Schmid* in *Ring/Grziwotz*, § 43 Rdn. 7) Allgemein gesagt handelt es sich um die „Sorgfalt eines selbständigen, treuhänderischen Verwalters fremder Vermögensinteressen in verantwortlich leitender Position" (*Kleindiek* in *Lutter/Hommelhoff*, § 43 Rdn. 6) In erster Linie beinhaltet das die Pflicht zur ordnungsgemäßen Unternehmensleitung, also den Vorteil des Unternehmens zu wahren und Schaden von ihm abzuwenden. (vgl. *Hefermehl* in *Geßler/Hefermehl/Eckardt/Kropf*, § 93 Rdn. 13; *Mertens/Cahn*, AktG, § 93 Rdn. 66) Dieser allgemeine Maßstab muss im Einzelfall unter Berücksichtigung von Art und Größe des Unternehmens konkretisiert werden (*Kleindiek* in *Lutter/Hommelhoff*, § 43 Rdn. 6; *Hefermehl* in *Geßler/Hefermehl/Eckardt/Kropf*, § 93 Rdn. 12).

In Bezug auf den Betriebsleiter eines Eigenbetriebs ist zu berücksichtigen, dass der Handlungsspielraum eines GmbH-Geschäftsführers größer sein dürfte und der eines Vorstandsmitglieds einer AG deutlich darüber hinaus geht. Das ändert aber nichts daran, dass auch dem Betriebsleiter die Verantwortung für die Rechtmäßigkeit der Organisation und der Entscheidungsprozesse innerhalb des Eigenbetriebs, das gesetzmäßige Verhalten nach außen und die Aufsichtspflicht über die Mitarbeiter obliegt. (zu § 43 GmbHG: *Joussen*, GmbHR 2005 S. 441 und *Lutter*, GmbHR 2000 S. 301; zu § 93 Akt. *Kust*, WM 1980 S. 758; zum ehrbaren Kaufmann *Joachim* GuT 2012 S. 5) Diese Pflichten ließen sich aber auch vorher schon aus dem Beamtenverhältnis oder den arbeitsrechtlichen Beziehungen zur Stadt ableiten.

Zu den Voraussetzungen der Haftung siehe die Urteile des VG Köln zur Oberbürgermeisterin und zum Stadtdirektor der Stadt Bonn. Der Stadt Bonn war durch das fehlgeschlagene Projekt *Internationales Kongresszentrum Bundeshaus Bonn* (später *World Conference Center Bonn*) ein erheblicher Schaden entstanden, den sie durch Regress gegenüber der früheren Oberbürgermeisterin und dem früheren Stadtdirektor geltend machte. Mit den Voraussetzungen des § 48 BeamtStG und insbesondere dem Tatbestand der Fahrlässigkeit setzte sich das VG Köln in seinen Urteilen ausführlich auseinander, Urt. vom 10.9.2020 – 19 K 4769/18 – und – 19 K 4770/18 –, juris. Die Verfahren wurden in zweiter Instanz in einem Güterichtverfahren einvernehmlich gegen Zahlung von 200 000 Euro seitens der Oberbürgermeisterin und von 30 000 Euro seitens des Stadtdirektors an die Stadt Bonn beendet.

Bei der Verantwortlichkeit mehrerer kommt es zu einem Gesamtschuldnerausgleich. Nimmt diesen nicht der Dienstherr vor, ist dafür der Rechtsweg zu den Zivilgerichten gegeben, BGH, Beschl. vom 7.1.2021 – III ZB 13/20 –, BGHZ 228 S. 105; zustimmend dazu *Itzel*, MDR 2021 S. 543, und *Schwenker*, jurisPR-BGHZivilR, 26/2021 Anm. 5.

Der Auffassung von *Brummer* in Bolsenkötter, Rdn. 583 beim Sorgfaltsmaßstab des Betriebsleiters sei zu berücksichtigen, dass dieser auch dem öffentlichen Zweck des Eigenbetriebs verpflichtet sei, kann nicht so verstanden werden, dass eine geringere Sorgfalt in Bezug auf das wirtschaftliche Handeln zu fordern sei. Soweit öffentliches Interesse eine *„Unwirtschaftlichkeit"* fordert, bedarf diese einer Entscheidung des Gemeinderats, in deren Vorbereitung der Betriebsleiter auf die wirtschaftlichen Folgen für den Eigenbetrieb und die Gemeinde deutlich hinweisen muss.

Zur Haftung des Geschäftsführers einer kommunalen GmbH, der die nach den Zuwendungsbestimmungen notwendige öffentliche Ausschreibung unterlässt, s. LG Münster, Urt. vom 18.5.2006, NZBau 2006 S. 523. Danach trifft den Geschäftsführer ein hoher Sorgfaltsmaßstab, dem er sich nicht durch Delegation auf Prokuristen entziehen kann, denn dann muss er diese engmaschig überwachen. Eine Entlastung durch die Gesellschafterversammlung steht einer Haftung nur entgegen, wenn die Gesellschafter zum Zeitpunkt der Entlastung den haftungsbegründenden Verstoß gegen die Geschäftsführerpflichten gekannt haben oder hätten kennen müssen. Dieser aus dem Gesellschaftsrecht entwickelte Gedanke lässt sich auf das öffentliche Recht übertragen.

Satz 4 wurde durch die Rechtsverordnung vom 5.8.2009 geändert. Dies war eine Folge der geänderten Gesetzgebungszuständigkeiten aufgrund der Föderalismusreform, denn Art. 74 Abs. 1 Nr. 27 GG beschränkt die bundesrechtliche Zuständigkeit auf die Regelung der sogenannten Statusrechte und -pflichten der Beamten, also der grundsätzlichen Ausgestaltung des Beamtenverhältnisses. Anders als das frühere Beamtenrechtsrahmengesetz, das den Ländern sehr weitgehende, konkrete Vorgaben machte, gilt das Beamtenstatusgesetz unmittelbar.

§ 48 BeamtStG – Pflicht zum Schadensersatz – hat folgenden Wortlaut:

„Beamtinnen und Beamte, die vorsätzlich oder grob fahrlässig die ihnen obliegenden Pflichten verletzen, haben dem Dienstherrn, dessen Aufgaben sie wahrgenommen haben, den daraus entstehenden Schaden zu ersetzen. Haben mehrere Beamtinnen und Beamte den Schaden verursacht, so haften sie als Gesamtschuldner."

Seit der Neufassung des Landesbeamtengesetzes vom 14.6.2016 findet sich die landesrechtliche Haftungsbestimmung in § 80. Dessen Text ist mit dem früheren § 81 identisch. Zu den Voraussetzungen der Haftung vgl. VG Arnsberg, Urt. vom 14.12.2016 – 2 K 2373/13 –, juris.

„(1) Ansprüche nach § 48 BeamtStG verjähren in drei Jahren von dem Zeitpunkt an, in dem der Dienstherr von dem Schaden und der Person des Ersatzpflichtigen Kenntnis erlangt hat, ohne Rücksicht auf diese Kenntnis in zehn Jahren von der Begehung der Handlung an. Hat der Dienstherr einem Dritten Schadensersatz geleistet, so tritt an die Stelle des Zeitpunkts, in dem der Dienstherr von dem Schaden Kenntnis erlangt, der Zeitpunkt, in dem der Ersatzanspruch des Dritten diesem gegenüber vom Dienstherrn anerkannt oder dem Dienstherrn gegenüber rechtskräftig festgestellt wird.

(2) Leistet der Beamte dem Dienstherrn Ersatz und hat dieser einen Ersatzanspruch gegen einen Dritten, so geht der Ersatzanspruch auf den Dritten über."

Der Verweis auf diese Vorschriften bringt gegenüber dem bisherigen Verweis auf § 84 LBG NRW (alt) keine inhaltliche Veränderung. Das, was jetzt in § 48 BeamtStG steht, stand zuvor in § 84 Abs. 1 LBG NRW und § 80 LBG NRW (neu) ist wortgleich mit den Absätzen 2 und 3 der Vorgängervorschrift.

Inhaltlich ist die Regelung eine Selbstverständlichkeit. Soweit Betriebsleiter Beamte sind, gilt diese Vorschrift aus ihrer Rechtsstellung heraus. Für den Angestelltenbereich wurde früher auf sie verwiesen, vgl. § 14 BAT. Der TVöD regelt in § 3 Abs. 6 für Arbeitnehmerinnen und Arbeitnehmer, deren Dienstherr dem Kommunalen Arbeitgeberverband angehört, dass ihre Schadenshaftung auf Vorsatz und grobe Fahrlässigkeit beschränkt ist. Für diese trifft damit § 2 Abs. 1 Satz 4 EigVO NRW die weiteren Regelungen.

Mit den haftungsrechtlichen Folgen des Projektes *World Conference Center Bonn* (ursprünglich *Internationales Kongresszentrum Bundeshaus Bonn*) für die Oberbürgermeisterin und den Stadtdirektor der Stadt Bonn, das für die Stadt zu einem Schaden von 70 Millionen Euro geführt hatte, hat sich das VG Köln befasst, s. o. Bei beiden bejahte es die Haftung aus grober Fahrlässigkeit,Eine Haftung des Betriebsleiters des Städtischen Gebäudemanagements Bonn, der als Projektcontroller eingesetzt war, verneinte das LAG Köln. Es machte dabei das Verhältnis der Ausschlussfrist des § 37 TVöD zu einem Verzicht auf die Verjährungseinrede klar, verneinte aber auch eine grob fahrlässige Pflichtverletzung (Urt. vom 9.1.2020 – 8 Sa 787/18 –, juris, dazu *Fischer*, juris-PR Arbeitsrecht, 21/2020 Anm. 4).

In dem eher kuriosen Fall, in dem das sächsische Landesamt für Schule und Bildung eine Schadensersatzforderung nach § 48 BeamtStG gegen eine tarifbeschäftigte Lehrerin durch Verwaltungsakt festsetzte, stellte das VG Leipzig richtig fest, dass Schadensersatzansprüche gegen Tarifbeschäftigte nicht durch Verwaltungsakt festgesetzt werden können, dass aber eine Klage gegen einen solchen Verwaltungsakt auf den Verwaltungsrechtsweg gehört (Urt. vom 29.7.2020 – 8 K 33398/17 –, juris; dazu *Sobotta*, juris-PR Arbeitsrecht, 21/2021 Anm. 6).

Hinzuweisen ist auch auf eine neuere Entscheidung des BGH (Beschl. vom 7.1.2021, NVwZ 2021 S. 742). Dieser bejaht den Zivilrechtsweg für den gesamtschuldnerischen Ausgleich zwischen Beamten nach § 48 Satz 2 BeamtStG.

11. Abberufung und Kündigung eines Betriebsleiters

Nach § 4 Buchst. a EigVO NRW ist es Aufgabe des Rates, die Betriebsleitung zu bestellen und abzuberufen.

Die Abberufung ist eine öffentlich-rechtliche Angelegenheit, die vor den Verwaltungsgerichten im Wege eines Kommunalverfassungsstreitverfahrens anzufechten wäre. Sie betrifft die Rechtsstellung als Organ des Eigenbetriebs und hat als solche keine Auswirkungen auf das Dienst- bzw. Beamtenverhältnis des Stelleninhabers.

Für Beamte gilt, dass sie ein bestimmtes statusrechtliches Amt haben, das hiervon nicht betroffen ist. Sie haben Anspruch auf ein diesem Status entsprechendes abstrakt-funktionelles und konkret-funktionelles Amt (vgl. statt vieler VG Minden, Urt. vom 20.11.2007 – 10 K 1223/07 –, juris), sie müssen daher entsprechend umgesetzt werden.

Für Angestellte ergibt sich aus der Abberufung als Betriebsleiter nicht die Beendigung ihres Dienstverhältnisses zur Gemeinde. Dies muss gegebenenfalls durch eine Kündigung beendet werden.

Das BAG hat in einem Fall, der den Ersten Werkleiter eines (brandenburgischen) Eigenbetriebs betraf, entschieden, dass für die Kündigungsschutzklage der Weg zur Arbeitsgerichtsbarkeit eröffnet ist. Ein Betriebsleiter eines Eigenbetriebs sei nicht als Person, die zur Vertretung einer juristischen Person berufen sei, anzusehen. Denn die Gemeinde werde durch den hauptberuflichen Bürgermeister vertreten, während der Werkleiter die Kommune lediglich in Angelegenheiten des Eigenbetriebs vertrete (Beschl. vom 17.12.2008, NVwZ-RR 2009 S. 575). Aus verschiedenen Vorschriften der brandenburger Eigenbetriebsverordnung vom 27.3.1995 (jetzt außer Kraft durch die neue Eigenbetriebsverordnung vom 26.3.2009, aber in den hier interessierenden Passagen zumindest noch inhaltlich gleich) folgerte das Bundesarbeitsgericht (5. Senat), ein Werkleiter nehme nicht die Repräsentantenstellung ein, die nach dem Zweck des § 5 Abs. 1 Satz 3 ArbGG die Austragung eines Streites im Arbeitgeberlager vor den Gerichten für Arbeitssachen ausschließen solle (dazu BAG, Beschl. vom 20.8.2003, NJW 2003 S. 3290).

Anders haben das allerdings das ArbG Wuppertal (Beschl. vom 1.9.2004 – 5 Ca 690/04 –, n. v.) und das LAG Düsseldorf (Beschl. vom 18.11.2004 – 15 Ta 608/04 –, n. v.) gesehen. Hier hatte der Betriebsleiter einer eigenbetriebsähnlichen Einrichtung gegen seine Kündigung geklagt. Beide Gerichte hielten unter Berufung auf das BAG (2. Senat, Urt. vom 17.1.2002, NZA 2002 S. 854 dazu Anmerkung von *Reiserer*, AP Nr. 8 zu § 14 KschG 1969 und *Junker*, EWiR 2002 S. 821; zur Problematik insgesamt: *Rost*, Festschrift Wißmann, S. 61 ff.) den Rechtsweg zu den Arbeitsgerichten für unzulässig. Dieses habe nämlich zum gleichlautenden § 14 Abs. 1 KSchG entschieden, dass für den Werkleiter eines (bayerischen) Eigenbetriebes der Ausschluss des allgemeinen Kündigungsschutzes gelte, weil er eine gesetzliche Vertretungsmacht für den Eigenbetrieb besitze; dass diese nicht für die gesamte Gemeinde gelte, stehe dem nicht entgegen. Daher sei die Arbeitnehmereigenschaft eines Werkleiters ausgeschlossen. Allerdings hatte das BAG nicht die Zuständigkeit der Arbeitsgerichtsbarkeit verneint (ebenso LAG Rostock, Urt. vom 30.4.2008, – 2 Sa 236/07 –, juris).

Ob sich die nordrhein-westfälischen Arbeitsgerichte der Meinung des 5. Senats anschließen oder ob sie – wie das LAG Düsseldorf und das ArbG Wuppertal – dem 2. Senat folgen, bleibt abzuwarten. In seinem Beschl. vom 17.12.2008 hat der 5. Senat eine Divergenz mit der Begründung verneint, dass § 14 KSchG anders als § 5 Abs. 1 Satz 3 ArbGG nicht aussage, dass die jeweils genannte – identische – Personengruppe „nicht als Arbeitnehmer gelten", sondern dass diese Personengruppe vom Geltungsbereich des Ersten Abschnitts des Kündigungsschutzgesetzes ausgenommen sei.

§ 3
Vertretung des Eigenbetriebs

(1) In den Angelegenheiten des Eigenbetriebs vertritt die Betriebsleitung die Gemeinde, sofern die Gemeindeordnung oder diese Verordnung keine andere Regelung treffen. Die Betriebssatzung kann ihr weitergehende Vertretungsbefugnis einräumen. Besteht die Betriebsleitung aus mehreren Mitgliedern, so vertreten zwei von ihnen gemeinschaftlich den Eigenbetrieb.

(2) Der Kreis der Vertretungsberechtigten und der Beauftragten sowie der Umfang ihrer Vertretungsbefugnis werden von der Betriebsleitung öffentlich bekannt gemacht. Die Vertretungsberechtigten unterzeichnen unter dem Namen des Eigenbetriebs.

(3) Bei verpflichtenden Erklärungen für die Eigenbetriebe ist nach den Vorschriften der §§ 64 und 74 GO NRW zu verfahren. Die Erklärungen nach § 64 Abs. 1 GO NRW sind von der Bürgermeisterin bzw. dem Bürgermeister oder ihrer allgemeinen Vertretung und einem Mitglied der Betriebsleitung zu unterzeichnen. Arbeitsverträge und sonstige schriftliche Erklärungen zur Regelung der Rechtsverhältnisse von Arbeitnehmerinnen und Arbeitnehmern sind von der Bürgermeisterin bzw. dem Bürgermeister oder ihrer allgemeinen Vertretung zu unterzeichnen (§ 74 Abs. 3 GO NRW); Bürgermeisterin oder Bürgermeister sollen möglichst diese Unterschriftsbefugnis durch Dienstanweisung auf die Betriebsleitung übertragen. Die Geschäfte der laufenden Betriebsführung gelten als einfache Geschäfte der laufenden Verwaltung (§ 64 Abs. 2 GO NRW).

Erläuterungen

Übersicht

1. Gesetzliche Vertretungsbefugnis
2. Gemeinschaftliche Vertretung
3. Die Bekanntmachung der Vertretungsberechtigten
4. Die Zeichnung der Vertretungsberechtigten
5. Verpflichtende Erklärungen
   5.1 Bürgermeister und allgemeiner Vertreter
   5.2 Geschäfte der laufenden Betriebsführung
6. Die Folgen fehlerhafter Vertretung
7. Arbeitsverträge

1. Gesetzliche Vertretungsbefugnis

Obwohl der Eigenbetrieb ein Teil der Gemeinde ist, ist seine Vertretung abweichend von den Regelungen der GO NRW durch die EigVO NRW festgelegt. Die Betriebsleitung vertritt den Eigenbetrieb und damit die Gemeinde in allen Angelegenheiten. Diese Vertretung gilt „in Angelegenheiten des Eigenbetriebs". Was diese sind, ergibt sich aus der Betriebssatzung (OVG NRW, Urt. vom 22.1.2008, MittNWStGB 2008 S. 83). Nicht zur laufenden Betriebsführung gehört nach Auffassung des OLG Hamm – Urt. vom 5.5.2023 – 11 U

111/22 –, juris) die Abwehr von Schadensersatzansprüchen wegen Mietausfallschadens nach § 2 HaftPflG, denn sie sei keine Angelegenheit, die der Aufrechterhaltung des Eigenbetriebs diene. Daher werde die Gemeinde in einem Prozess vom Bürgermeister und nicht dem Betriebsleiter vertreten, wenn nicht die Betriebssatzung eine eindeutige Regelung treffe.

Die frühere Einschränkung *„die ihrer Entscheidung unterliegen"* ist weggefallen. Damit ist die Stellung der Betriebsleitung gestärkt worden. Auch vermeidet diese Neuregelung Irritationen im Geschäftsverkehr, die es bislang gab. Durch die Neuregelung ist die früher mögliche Erweiterung der Vertretungsbefugnis durch die Betriebssatzung überflüssig geworden. Wie bei der Gemeinde die des Bürgermeisters umfasst die Außenvertretungsmacht des Betriebsleiters alle Arten von Rechtsgeschäften, einseitige Willenserklärungen ebenso wie den Abschluss von Verträgen (mit der Einschränkung des Absatzes 3) und auch die Vornahme von Prozesshandlungen. Diese Vertretungsmacht ist keine rechtgeschäftliche, sondern eine organschaftliche (vgl. *Faber*, VR 2001 S. 231).

2. Gemeinschaftliche Vertretung

Soweit nur ein Betriebsleiter bestellt ist, vertritt dieser allein den Eigenbetrieb. Ist mehr als ein Betriebsleiter bestellt, so vertreten jeweils zwei von ihnen gemeinschaftlich den Eigenbetrieb.

Nach außen kann diese Vertretungsbefugnis nicht eingeschränkt werden. Intern wäre es aber durch Dienstanweisung nach § 2 Abs. 4 EigVO NRW möglich, die Betriebsleiter anzuweisen, wie die Außenvertretung zu erfolgen hat, also zum Beispiel eine Bestimmung, dass immer der Erste Betriebsleiter mit unterzeichnen muss oder dass der kaufmännische Betriebsleiter immer unterzeichnen muss.

3. Die Bekanntmachung der Vertretungsberechtigten

Da der Eigenbetrieb ein wirtschaftliches Unternehmen ist, das am Wirtschaftsleben teilnimmt, muss für die Geschäftspartner und für die Öffentlichkeit auch offensichtlich sein, wer ihn im Geschäftsleben verbindlich vertreten kann. Für Einzelkaufleute und privatrechtliche Gesellschaften ist die Anmeldung zum Handelsregister vorgeschrieben, in der Firma und Vertretungsberechtigte angegeben sein müssen.

Auch kommunale Unternehmen (und Einrichtungen) können jetzt, da durch das Handelsrechtsreformgesetz vom 22.6.1998 (BGBl. I S. 1474) § 36 HGB aufgehoben worden ist, eintragungspflichtig sein (s. dazu den Erlass des Innenministers NRW vom 23.12.1999 – III B 4 – 75.10.01 – 5121/99 –, im Anhang 6 abgedruckt; vgl. *Meier*, NWVBl. 2001 S. 11 zu den Voraussetzungen für eine Eintragungspflicht und *Holland*, ZNotP 1999 S. 466 aus notarieller Sicht zu den eigentlichen Eintragungsfragen; auch *Boos*, DB 2000 S. 1061 und VersorgW 2000 S. 197 sowie *Kohler-Gehrig*, Rpfleger 2000 S. 45 und *Kornblum* DÖV 2012 S. 20). Diese zählen kostenrechnende Eigenbetriebe oder eigenbetriebsähnliche Einrichtungen zu den eintragungspflichtigen Unternehmen, da sie verpflichtet seien, zur Erhaltung ihrer Leistungsfähigkeit, Rücklagen zu bilden. Darin sei die notwendige Gewinnerzielungsabsicht zu sehen. Der nordrhein-westfälische Städte- und Gemeindebund berichtet von einer die Eintragungspflicht für einen Immobilien- und Grundstückverwaltungseigenbetrieb, der auch den An- und Verkauf von Grundstücksflächen zur Ausweisung von Wohnbau- und Gewerbegrundstücken betreibt, ablehnendem Beschwerdeentscheidung des LG Detmold (StGB NRW-Mitteilung 187/2002 vom 5.4.2002 (StGB NRW-Mitteilung 187/2002 vom 5.4.2002).

Als Vorstand einzutragen sind die Betriebsleiter. (vgl. OLG Frankfurt/Main, Beschl. vom 10.12.2009, – 20 W 150/09 –, juris; OLG Frankfurt, Beschl. vom 20.12.2001, NVwZ 2002 S. 895; BayObLG, Beschl. vom 12.12.2001, DB 2002 S. 370).

Eine solche Eintragungspflicht entbindet allerdings nicht von der durch § 3 Abs. 2 Satz 1 EigVO NRW auferlegten Pflicht, den Kreis der Vertretungsberechtigten und der Beauftragten und den Umfang ihrer Vertretungsbefugnis öffentlich bekannt zu machen. Öffentliche Bekanntmachung im Sinne des Gemeinderechts heißt immer eine Bekanntmachung nach den Vorschriften der Bekanntmachungsverordnung. § 52 Abs. 3 GO NRW schreibt nämlich vor, dass für die aufgrund der GO NRW oder anderen Rechtsvorschriften vorgeschriebenen sonstigen öffentlichen Bekanntmachungen die für die öffentliche Bekanntmachung von Satzungen geltenden Bestimmungen angewandt werden müssen.

Öffentliche Bekanntmachungen der Gemeinde erfolgen nach den Regeln der jeweiligen Hauptsatzung entsprechend der Bekanntmachungsverordnung. Üblicherweise waren die Anforderungen an die öffentliche Bekanntmachung von Ortsrecht weitergehend als an sonstige öffentliche Bekanntmachungen. Das OVG hat in einer überraschenden Entscheidung im Jahre 2013 auch für amtliche Bekanntmachungen im Sinne des § 52 Abs. 3 GO, also für andere als Satzungen, die grundsätzliche Beachtung der Regeln der Bekanntmachungsverordnung gefordert, nämlich einen Bestätigungsvermerk und eine Bekanntmachungsanordnung. (Beschl. vom 8.2.2013, NWVBl. 2013 S. 283; dazu *J. Müller*, VR 2013 S. 225). Diese Entscheidung erging in einem baurechtlichen Verfahren, in dem es um die Zurückstellung eines Bauantrages ging. Das OVG verlangte, dass der Aufstellungsbeschluss für einen Bebauungsplan entsprechend § 52 Abs. 3 GO erfolgen müsse. Es reiche nicht die Einhaltung der Abs. 4 und 6 des § 7 GO, vielmehr müssten alle Vorschriften Anwendung finden. Der Gesetzgeber hat auf Drängen der kommunalen Spitzenverbände reagiert und im Gesetz zur Weiterentwicklung der politischen Partizipation in den Gemeinden und zur Änderung kommunalverfassungsrechtlicher Vorschriften vom 19.12.2013 (GV NW S. 878) § 7 einen Absatz 7 angefügt:

„(7) Die Gemeinden bestimmen in ihrer Hauptsatzung die Form der öffentlichen Bekanntmachung für die nach diesem Gesetz oder anderen Rechtsvorschriften vorgeschriebenen sonstigen öffentlichen Bekanntmachungen, soweit nicht andere Gesetze hierüber besondere Regelungen enthalten. Für die Form und den Vollzug der Bekanntmachung gilt die Rechtsverordnung nach Absatz 5 entsprechend."

Damit ist für die Form und den Vollzug der Bekanntmachung der sonstigen öffentlichen Bekanntmachungen die entsprechende Anwendung der BekanntmVO (das sind deren §§ 4 und 6) vorgeschrieben. Das Problem des OVG dürfte damit erledigt sein. (Zu den Bekanntmachungsvorschriften siehe *Wansleben* in *Held*, KVR NRW, § 7 GO)

Durch öffentliche Bekanntmachung der Betriebsleitung – insoweit ausdrücklich abweichend von sonstigen öffentlichen Bekanntmachungen, die vom Bürgermeister zu unterzeichnen sind – muss daher bekannt gemacht werden, wer für den Eigenbetrieb vertretungsberechtigt ist, also zunächst die Betriebsleiter, dann die stellvertretenden Betriebsleiter und schließlich diejenigen, die für einen bestimmten Geschäfts- oder Aufgabenkreis von der Betriebsleitung mit der Vertretung beauftragt worden sind. In jedem Fall ist anzugeben, welchen Umfang die Vertretungsberechtigung hat.

Daher ist eine Bekanntmachung wie die folgende unzureichend:

„1. *Die Betriebsleiter 1 und 2 vertreten die Stadt in Angelegenheiten des Eigenbetriebes.*

2. *Bei Abwesenheit eines der unter 1. aufgeführten Betriebsleiter ist der andere gemeinsam mit einem der Geschäftsbereichsleiter 3, 4, 5, 6, 7, 8 oder 9 unbegrenzt vertretungsberechtigt.*

3. *In der laufenden Betriebsführung vertritt einer der unter 1. aufgeführten Betriebsleiter gemeinsam mit einem der unter 2. genannten Mitarbeiter den Eigenbetrieb bis zu einer Wertgrenze von 40 000 Euro innerhalb des jeweiligen Aufgabenbereichs.*

4. *Die unter 2. genannten Mitarbeiter sind beauftragt, den Eigenbetrieb im Rahmen der laufenden Betriebsführung mit einem weiteren Mitarbeiter ihres Aufgabenbereichs bis zu einer Wertgrenze von 20 000 Euro zu vertreten.*

5. *Im Rahmen der laufenden Geschäftsführung beauftragt die Betriebsleitung durch interne Anweisung weitere Mitarbeiter mit begrenzten Vertretungsrechten."*

Die Nrn. 1 und 2 sind eindeutige Regelungen, bei den anderen ist das nicht der Fall. Bei Nr. 3 erschließt sich aus dem Text nicht, wo die Einschränkung ist. Wessen Aufgabenbereich ist gemeint, der des Betriebsleiters oder der des Geschäftsbereichsleiters? Der Vertragspartner kann nicht ersehen, ob es sich um eine ordnungsgemäße Vertretung handelt. Bei Nr. 4 wird gewollt sein, dass die Geschäftsbereichsleiter in ihrem Bereich bis 20 000 zeichnen können, das ist aber nicht formuliert. Eine zweite Unterschrift ist erforderlich, aber es wird nicht angegeben, wer das sein kann. Und Nr. 5 ist keine Bekanntmachung – es gibt noch weitere Vertretungsberechtigte, ist dem zu entnehmen, mehr nicht.

Bei Nr. 3 sollte vorab klargestellt werden, dass Angelegenheiten der laufenden Betriebsführung durch einen Wert von 40 000 € begrenzt sind. Für solche Angelegenheiten ist dann ein Betriebsleiter innerhalb seines Bereichs mit einem (seiner) Geschäftsbereichsleiter vertretungsberechtigt. Die Geschäftsbereichsleiter wiederum, das wäre in Nr. 4 deutlich zu machen, sind gemeinsam mit jeweils einem ihrer einzeln aufzuführenden Mitarbeiter bis zu einem Betrag von 20 000 € zeichnungsberechtigt. Soweit weiteren Mitarbeitern im geringerwertigen Bereich eine Vertretungsbefugnis zugewiesen wird, müssten diese jeweils einzeln mit dem ihnen zugestandenen Bereich aufgeführt werden. Dies gilt natürlich auch, soweit Betriebsleitern oder Geschäftsbereichsleitern eine Einzelvertretung bis zu bestimmten Wertgrenzen zugewiesen wird.

Damit ist auch dem Erfordernis des § 174 BGB Genüge getan, wonach bei einseitigen Rechtsgeschäften (vor allem also bei Kündigungen) durch Bevollmächtigte eine Vollmachtsurkunde beigefügt sein muss. Der Sinn des § 174 BGB liegt darin, dass bei einem einseitigen Rechtsgeschäft, das ein Bevollmächtigter vornimmt, der Erklärungsempfänger sichergehen können soll, dass der Erklärende hierzu tatsächlich bevollmächtigt ist. Dem dient im Allgemeinen die Vorlage einer Vollmachtsurkunde. (LAG Köln, Urt. vom 23.1.2008 – 7 Sa 1027/07 –, juris). Die Vorlage der Vollmacht ist nicht erforderlich, soweit der Handelnde Kraft seiner dienstlichen Funktion typischerweise für den Vertretenen handeln kann, in der Übertragung des Amtes also bereits die Bekanntgabe der Bevollmächtigung zu sehen ist, oder der Erklärungsempfänger früher bereits in Kenntnis gesetzt wurde. Dafür reicht allerdings nicht ein Aushang am „Schwarzen Brett" (vgl. LAG Köln, Urt. vom 3.5.2002, NZA-RR 2003 S. 194).

Dass § 174 BGB auch im öffentlichen Dienst Anwendung findet, hat das Bundesarbeitsgericht entschieden. (Urt. vom 20.9.2006, NZA 2007 S. 377) Für gesetzliche oder organschaftliche Vertreter gilt er dagegen nicht. (BAG, Urt. vom 10.2.2005, AP Nr. 18 zu § 174 BGB) Die organschaftliche Vertretung ist gegeben, wenn die Vertreterstellung auf Grund der Satzung einer Körperschaft öffentlichen Rechts, die auf einer gesetzlichen Satzungsermächtigung beruht, besteht. Hierunter fallen Betriebsleitung und deren Stellvertretung, soweit sie in der Satzung vorgesehen ist und ihre Befugnisse dort geregelt sind. (vgl. dazu BAG, Urt. vom 20.9.2006, NZA 2007 S. 377) Diese Satzung muss öffentlich bekanntgemacht sein. Die öffentliche Bekanntmachung erfüllt nämlich die Voraussetzungen der §§ 171 Abs. 1, 174 Satz 2 BGB (vgl. *Palandt-Ellenberger*, § 174 Rdn. 7; MüKo/*Schramm*, § 174 Rdn. 7; allgemein zur Auslegung des § 174 Satz 2 BGB BAG, Urt. vom 29.10.1992, NJW 1993 S. 1286). Zusammen mit der öffentlichen Bekanntmachung nach § 3 Abs. 2 Satz 1 EigVO NRW ist damit § 174 Satz 2 BGB genüge getan (vgl. *Leder*, S. 43).

Insbesondere bei arbeitsrechtlichen Kündigungen vertritt zumindest ein Teil der Arbeitsgerichte die Auffassung, dass auch bei Vertretungsmacht, die aufgrund von organschaftlichen Rechten durch Weiterdelegation begründet wurde, eine Vollmachtsurkunde beigefügt werden muss (vgl. LAG Köln, Urt. vom 1.12.1999, – 3 Sa 980/99 –, n. v.; BAG, Urt. vom 29.6.1989, EZA § 174 BGB Nr. 6; anders LAG Hamm, Urt. vom 10.7.1991, LAGE § 174 BGB Nr. 4). Eine derartige Delegation sieht das LAG Hamm als rechtsgeschäftliche Vertretung, nicht als auf gesetzlicher Vertretung beruhend an (Urt. vom 26.4.2007 – 17 Sa 1914/06 –, JURIS).

4. Die Zeichnung der Vertretungsberechtigten

So wie der Kaufmann unter seiner Firma zeichnet (§ 17 HGB), so zeichnen die Vertretungsberechtigten des Eigenbetriebs unter dem Namen des Eigenbetriebs und nicht unter dem Namen der Trägergemeinde. Dabei zeichnen die Betriebsleiter ohne Zusatz, die stellvertretenden Betriebsleiter „In Vertretung" und die übrigen Bediensteten „Im Auftrag".

5. Verpflichtende Erklärungen

Verpflichtende Erklärungen sind in § 64 GO NRW geregelt. Bis zum 29.9.2012, dem Tag des Inkrafttretens des Gesetzes zur Stärkung des kommunalen Ehrenamtes und weiterer kommunalverfassungsrechtlicher Vorschriften (GV. NRW. S. 421; Gesetzentwurf LT-Drs. 16/48) ordnete die nordrhein-westfälische Gemeindeordnung die Unterzeichnung durch zwei Vertreter der Gemeinde an. Verpflichtende Erklärungen mussten den dort niedergelegten Formvorschriften (schriftlich, zwei Unterschriften) genügen, sonst war die Gemeinde an derartige Erklärungen nicht gebunden (§ 64 Abs. 4 GO NRW). In dieser gesetzlichen Regelung lag die Anordnung einer Gesamtvertretung. (BGH, Urt. vom 4.12.1981, NJW 1982 S. 1036) § 64 Abs. 3 GO NRW bot dann die Möglichkeit, einen Vertreter für ein bestimmtes Geschäft oder einen Kreis von Geschäften ausdrücklich zu bevollmächtigen; dieser konnte, wenn die Vollmacht entsprechend Absatz 1 von den zwei Vertretungsberechtigten unterzeichnet war, bindende Erklärungen allein abgeben. Eine derartige Vollmacht war aber nur dann wirksam, wenn sie nicht so weit gefasst war, dass damit die Vorschriften über die Gesamtvertretung unterlaufen werden (BGH, Urt. vom 6.5.1997, NVwZ-RR 1997 S. 725), dass damit praktisch eine Alleinvertretung eingeführt wird (BGH, Urt. vom 25.11.1985, NJW-RR 1986 S. 778). Dies widerspreche dem Zweck der gesetzlichen Regelung, denn diese diene dem Schutz des Vertretenen, also der Gemeinde. Eine Vollmacht, die einen Stadtkämmerer ermächtigte, „in allen Grundstücksangelegenheiten" die Stadt zu vertreten, hat der BGH daher als nicht wirksam angesehen (Urt. vom 27.10.2008, NJW 2009 S. 289).

Während des Gesetzgebungsverfahrens stellten die Fraktionen von SPD, Bündnis 90/Die Grünen und der FDP einen Änderungsantrag, der die Abschaffung der eingeführten Gesamtvertretung zur Folge hatte. (LT-Drs. 16/870) Auslöser war das zuletzt zitierte BGH-Urteil. In der Antragsbegründung hieß es:

„Aus der kommunalen Praxis wurde berichtet, dass diese Rechtsprechung zur Folge hat, dass der Hauptverwaltungsbeamte und ein weiterer Vertreter persönlich an jedem Beurkundungsverfahren teilnehmen müssen. Andernfalls würde vollmachtlos gehandelt, da die Notare nur noch ausdrückliche Vollmachten und keine generellen Vollmachten mehr akzeptieren würden. Jedenfalls in Massengeschäften mit Grundstücksbezug sei das durch Gesamtvertretung geprägte Verfahren nach der bisherigen Rechtslage unter Berücksichtigung der vorstehend skizzierten Rechtsprechung außerordentlich umständlich und aufwändig. Deshalb solle auf eine generelle gesetzliche Anordnung der Gesamtvertretung für Kommunen aller Größenklassen verzichtete werden.

Durch die Neuregelung wird eine übermäßige Komplizierung der Außenvertretung der Kommunen beseitigt, die im Nachgang der Rechtsprechung des BGH entstanden ist. Neun der anderen Flächenländer haben bereits die Einzelvertretung durch den Bürgermeister oder dessen Stellvertreter oder von diesen bevollmächtigte Bedienstete normiert. Aufgrund der auch in Nordrhein-Westfalen durch die Direktwahl des Bürgermeisters gegebenen demokratischen Legitimation ist ein Festhalten an der Gesamtvertretung nicht mehr begründbar."

Diese Änderung des § 64 Abs. 1 GO NRW macht wenig Sinn. Die Probleme, die von der „kommunalen Praxis" berichtet wurden, scheinen übertrieben (sie ergeben sich wohl auch eher aus der Frage, was ein Geschäft der laufenden Verwaltung ist – vgl. OLG Hamm, Beschlüsse vom 25.10.2010, RNotZ 2010 S. 459 und vom 22.2.2012, FGPrax 2012 S. 150). Sie hätten sich auch ohne den vom Gesetzgeber vorgenommenen Wegfall des Vier-Augen-

Prinzips lösen lassen. Das BGH-Urt. verneinte eine wirksame Bevollmächtigung „für alle Grundstücksangelegenheiten", wobei es richtig darauf hinwies, dass diese Vollmacht „einen wesentlichen Bereich der Geschäfte, für die nach § 64 Abs. 1 GO NRW eine Gesamtvertretung angeordnet ist (betrifft). Da die Geschäfte der laufenden Verwaltung davon ohnehin ausgenommen sind, sind es gerade die Grundstücksgeschäfte, die von der Gesamtvertretung erfasst werden. Für sie ist ein besonderer Schutz der Gemeinde angezeigt. Wenn für diesen Bereich eine umfassende Einzelvollmacht erteilt werden könnte, würde damit der von § 64 Abs. 1 GO NRW bezweckte Schutz der Gemeinde unterlaufen. Die gesetzlich angeordnete Gesamtvertretung wäre dann für einen wichtigen Geschäftsbereich in eine Alleinvertretungsmacht umgewandelt. Das würde gegen den Zweck des § 64 GO NRW verstoßen." Dieses Monitum hat natürlich nicht zur Folge, dass der Oberbürgermeister an jeder Beurkundung teilnehmen muss – ein vollmachtloser Vertreter mit nachlaufender Genehmigung ist möglich. Die Begründung des Wegfalls des Vier-Augen-Prinzips mit „der durch die Direktwahl des Bürgermeisters gegebenen demokratischen Legitimation" hat mit der Sache nichts zu tun. Hier wurde ein wichtiges Instrument zum Schutz der Gemeinde unnötig über Bord geworfen. Zu allem Überfluss macht der folgende Wortlaut des § 64 GO NRW nun überhaupt keinen Sinn mehr, er war eine Folge des früheren Absatzes 1.

In die Eigenbetriebsverordnung ist die Aufgabe der Gesamtvertretung nicht übernommen worden. Die bisherigen Regeln müssen weiterhin in Angelegenheiten des Eigenbetriebs beachtet werden, sowohl bei Geschäften im Sinne des Absatzes 1 als auch bei denen des Absatzes 3. Der Text des § 3 EigVO NRW ist allerdings durch die Änderung des § 64 GO NRW widersprüchlich geworden, da einerseits auf § 64 GO NRW verwiesen wird – was die Alleinunterzeichnung durch den Bürgermeister oder dessen Allgemeinen Vertreter bedeuten würde –, während andererseits die auf der alten Fassung der Gemeindeordnung beruhende Bestimmung des Betriebsleiters als des Zweitunterzeichners bestehen geblieben ist. Der Sinn bestand natürlich darin, bei für den Eigenbetrieb verpflichtenden Erklärungen die Mitunterzeichnung der Betriebsleitung auch nach außen deutlich zu machen. Es erscheint daher sinnvoll, diese Regelung beizubehalten, um die wirtschaftlich eigenständige Stellung des Eigenbetriebs weiter zu betonen. Empfehlenswert wäre daher eine Neufassung des § 3 Abs. 3 EigVO NRW, bei der der erste Satz etwa formuliert werden könnte: *„Verpflichtende Erklärungen für die Eigenbetriebe nach § 64 Abs. 1 GO NRW sind von der Bürgermeisterin bzw. dem Bürgermeister oder ihrer allgemeinen Vertretung und einem Mitglied der Betriebsleitung zu unterzeichnen."* Der zweite Satz könnte dann entfallen.

5.1 Bürgermeister und allgemeiner Vertreter

Die früher unklare Wortwahl des § 64 Abs. 1 GO NRW „Stellvertreter" ist bereits durch das Gesetz zur Stärkung der kommunalen Selbstverwaltung vom 9.10.2007 (GV. NRW. S. 373) beseitigt worden. „Klarstellend" (LT-Drs. 14/3979) wurde dort neu formuliert *„oder seinem allgemeinen Vertreter"*. Dies entspricht der hier schon bisher vertretenen Auffassung: Nach dem Sprachgebrauch der GO NRW ist mit Stellvertreter des Bürgermeisters, wie sich aus § 67 Abs. 1 Satz 1 GO NRW ergibt, der ehrenamtliche Vertreter des Bürgermeisters, der aus dem Kreis der Ratsmitglieder vom Rat gewählt wird und der den Bürgermeister bei repräsentativen Aufgaben und bei der Leitung der Ratssitzung vertritt, gemeint. Die Außenvertretung der Gemeinde nach §§ 63, 64 GO NRW obliegt dem Bürgermeister aber nicht als Repräsentanten des Rates, sondern als gesetzlichem Vertreter der Gemeinde, wie es früher der Gemeindedirektor war (vgl. dazu *J. Müller*, NWVBl. 1999 S. 405, 406).

Ist der Erste Beigeordnete verhindert, ergibt sich die allgemeine Vertretung des Bürgermeisters gemäß § 68 Abs. 1 GO NRW aufgrund einer Regelung durch den Rat.

Hat die Gemeinde keinen Beigeordneten, so bestellt der Rat einen anderen Beamten zum allgemeinen Vertreter, § 68 Abs. 1 Satz 4 GO NRW.

5.2 Geschäfte der laufenden Betriebsführung

Da im Grunde genommen jedes auch noch so kleine Geschäft eine verpflichtende Erklärung beinhaltet, wäre es überzogen, wenn jede dieser Erklärungen durch zwei vertretungsberechtigte Personen abgegeben werden müsste. Daher regelt schon § 64 Abs. 2 GO NRW, dass diese strengen Formvorschriften nicht für Geschäfte der laufenden Verwaltung gelten. Hier gelten die Ermächtigungen, die durch den Bürgermeister erteilt werden, also Amtsleiter, Abteilungsleiter und Sachbearbeiter jeweils bis zu bestimmten Summen, über die sie verfügungsberechtigt sind. Entsprechend regelt auch § 3 Abs. 3 Satz 3 EigVO NRW, dass die Geschäfte der laufenden Betriebsführung anders zu behandeln sind, sie sollen unter § 64 Abs. 2 GO NRW fallen. Hier hat die Betriebsleitung festzulegen, welche ihrer Mitarbeiter welche Verpflichtungserklärungen abgeben dürfen. Dies ist dann in der Bekanntmachung (s. oben Erl. 3) öffentlich zu machen.

6. Die Folgen fehlerhafter Vertretung

Die Einhaltung der in der GO NRW für die Gemeinde bzw. in § 3 Abs. 3 EigVO NRW vorgesehenen Form für Verpflichtungserklärungen ist Voraussetzung dafür, dass die abgegebene Erklärung rechtsverbindlich für die vertretene Gemeinde bzw. den Eigenbetrieb ist. Da es sich wie oben dargestellt um eine organschaftliche Vertretung handelt, richten sich die Folgen von Formfehlern nach den Vorschriften über Vertretung ohne Vertretungsmacht, §§ 177 ff. BGB, und nicht nach § 125 BGB. Nach der Rechtsprechung des BGH führen Fehler in der Vertretung (also nur eine Unterschrift oder die Unterschrift eines Falschen) zur Übertretung der Vertretungsmacht, d. h. zu schwebender Unwirksamkeit des Geschäfts bis zu seiner Genehmigung und nicht zu einer Nichtigkeit wegen Formmangels (vgl. BGH, Urt. vom 4.12.1981, NJW 1982 S. 1036, 1037). Denn es geht bei dieser eine Gesamtvertretung anordnenden Vorschrift um die Frage, ob die zur Vertretung berufenen Organe innerhalb ihrer Vertretungsmacht gehandelt haben und die Erklärung die Gemeinde bzw. den Eigenbetrieb rechtsverbindlich verpflichtet hat (vgl. BGH, Urt. vom 16.11.1978, NJW 1979 S. 117, 118). (vgl. dazu *Leder*, S. 16 ff.) Die Gemeinde ist dabei frei in ihrer Entscheidung, ob sie nachträglich genehmigt. Sie kann die zweite Unterschrift auch verweigern, ohne dass das – außer in Ausnahmefällen – gegen Treu und Glauben verstieße (vgl. BGH, Urt. vom 20.9.1984, NJW 1985 S. 1778, 1780). Eventuell kommt aber eine Haftung aus der Rechtsfigur des Verschuldens beim Vertragsschluss (culpa in contrahendo) in Betracht (BGH, Urt. vom 13.10.1983, NJW 1984 S. 606, 607), jetzt in § 311 BGB geregelt.

7. Arbeitsverträge

Absatz 3 trifft eine ausdrückliche Regelung für Arbeitsvertrage und ähnliche Regelungen. Diese sind vom Bürgermeister oder seinem allgemeinen Vertreter zu unterzeichnen. Hier gilt also zunächst nicht die allgemeine Regelung des § 3 EigVO NRW, die Vertretung des Eigenbetriebs durch die Betriebsleitung. Vielmehr sollen Arbeitsverträge vom Bürgermeister unterzeichnet werden, da die Arbeitnehmerinnen und Arbeitnehmer des Eigenbetriebs schließlich Bedienstete der Gemeinde sind. Allerdings fordert die EigVO NRW in § 3 Abs. 3 Satz 3 auch, dass der Bürgermeister diese Unterschriftsbefugnis auf die Betriebsleitung überträgt. Damit soll (so die Begründung zur EigVO NRW) die Kompetenz der Betriebsleitung gestärkt werden.

§ 4
Zuständigkeiten des Rates der Gemeinde

Der Rat der Gemeinde entscheidet über die Angelegenheiten, die er nach der Gemeindeordnung nicht übertragen kann, und über

a) die Bestellung und die Abberufung der Betriebsleitung,

b) die Feststellung und Änderung des Wirtschaftsplans,

c) die Feststellung des Jahresabschlusses und die Verwendung des Jahresgewinns oder die Behandlung eines Jahresverlustes und die Entlastung des Betriebsausschusses,

d) die Verminderung des Eigenkapitals zugunsten der Gemeinde.

Erläuterungen

Übersicht

1. Die Aufgaben des Rates nach der GO NRW
1.1 Wahl der Mitglieder des Betriebsausschusses (§ 41 Abs. 1 Satz 2 Buchst. b GO NRW)
1.2 Erlass, Änderung und Aufhebung von Satzungen und anderen ortsrechtlichen Bestimmungen (§ 41 Abs. 1 Satz 2 Buchst. f GO NRW)
1.3 Festsetzung allgemein geltender öffentlicher Abgaben und privatrechtlicher Entgelte (§ 41 Abs. 1 Satz 2 Buchst. i GO NRW)
1.4 Teilweise oder vollständige Veräußerung oder Verpachtung von Eigenbetrieben (§ 41 Abs. 1 Satz 2 Buchst. k GO NRW)
1.5 Errichtung, Übernahme, Erweiterung, Einschränkung und Auflösung von Eigenbetrieben (§ 41 Abs. 1 Satz 2 Buchst. l GO NRW)
1.6 Umwandlung der Rechtsform von Eigenbetrieben (§ 41 Abs. 1 Satz 2 Buchst. m GO NRW)
1.7 Verträge zwischen Betriebsleitern und der Gemeinde (§ 41 Abs. 1 Satz 2 Buchst. r GO NRW)
1.8 Übertragung von Aufgaben auf den Betriebsausschuss (§ 41 Abs. 2 GO NRW)
2. Die ausschließlichen Ratszuständigkeiten nach der EigVO NRW
2.1 Bestellung und Abberufung der Betriebsleiter
2.2 Feststellung und Änderung des Wirtschaftsplans
2.3 Feststellung des Jahresabschlusses und Verwendung des Jahresgewinns oder Behandlung eines Verlustes
2.4 Entlastung des Betriebsausschusses
2.5 Rückzahlung von Eigenkapital an die Gemeinde

1. Die Aufgaben des Rates nach der GO NRW

Der Rat ist nach § 41 Abs. 1 Satz 1 GO NRW für alle Angelegenheiten der Gemeindeverwaltung zuständig, soweit die GO NRW nichts anderes festlegt. Dabei kann er Aufgaben delegieren, bestimmte Zuständigkeiten sind aber nicht übertragbar. Diese sind hier gemeint. Im Einzelnen handelt es sich um:

1.1 Wahl der Mitglieder des Betriebsausschusses (§ 41 Abs. 1 Satz 2 Buchst. b GO NRW)

Der Rat ist die Vertretung der Bürger, er ist Ortsgesetzgeber und oberstes Verwaltungsorgan. Der Rat ist kein Parlament. Die Ausschüsse als Teile des Rates leiten ihre Legitimation von diesem ab, weil sie von ihm gewählt werden. Sie bereiten die Entscheidungen des Rates vor, teilweise entscheiden sie an seiner Stelle, weil der Rat ihnen Entscheidungsrechte übertragen hat (§ 42 Abs. 2 GO NRW). Ihre Zusammensetzung entspricht im Grundsatz der des Rates, § 50 Abs. 3 GO NRW (vgl. dazu BVerwG, Urt. vom 10.12.2003, NWVBl. 2004 S. 184 – *„Spiegelbildrechtsprechung des BVerwG"*, siehe dazu die Kommentierung bei § 5 Anm. 4). Für die Zusammensetzung des Betriebsausschusses gilt die besondere Vorschrift des § 114 Abs. 3 GO NRW (s. dazu *Held* in Held, KVR NRW, § 114 GO NRW, Erl. 8 und u. die Erl. zu § 5 EigVO NRW).

Der Rat kann einen Betriebsausschuss innerhalb der laufenden Wahlperiode zum Zwecke der Neubildung auflösen (VG Düsseldorf, Beschl. vom 14.8.2003 – 1 L 1579/03 –, JURIS, bestätigt durch OVG NRW, Beschl. vom 17.10.2003, NWVBl. 2004 S. 436).

1.2 Erlass, Änderung und Aufhebung von Satzungen und anderen ortsrechtlichen Bestimmungen (§ 41 Abs. 1 Satz 2 Buchst. f GO NRW)

Der Rat als Ortsgesetzgeber ist das Organ der Gemeinde, das die Satzungen erlässt, eben die Ortsgesetze. Da die Eigenbetriebe Teil der Gemeinde bleiben, kann nur der Rat, wenn für die Arbeit der Eigenbetriebe satzungsrechtliche Regelungen notwendig sind, die entsprechenden Satzungen erlassen. Anders ist es hingegen bei der Anstalt öffentlichen Rechts; bei ihr kann der Rat neben der Aufgabe auch die Satzungskompetenz übertragen, § 114a Abs. 3 GO. Zu denken ist in Bezug auf den Eigenbetrieb neben der Betriebssatzung vor allem an die Entwässerungs- und Abfallsatzung, die dazu gehörigen Gebührensatzungen und Satzungen zur Regelung eines Anschlusszwangs nach § 9 GO NRW für Wasserleitung und Kanalisation, für Abfallbeseitigung und andere der Volksgesundheit dienende Einrichtungen und für Fernwärme; auch der Benutzungszwang ist satzungsrechtlich nach § 9 GO NRW zu regeln und zwar für diese Zwecke und zusätzlich auch für die Benutzung eines Schlachthofs.

Sonstige ortsrechtliche Bestimmungen sind alle Rechtsvorschriften, die mit Wirkung nach außen von der Gemeinde erlassen werden können, z. B. ordnungsbehördliche Verordnungen oder auch privatrechtliche Benutzungsordnungen.

1.3 Festsetzung allgemein geltender öffentlicher Abgaben und privatrechtlicher Entgelte (§ 41 Abs. 1 Satz 2 Buchst. i GO NRW)

Da Eigenbetriebe wirtschaftliche Unternehmen sind, bieten sie eine Leistung am Markt an. Für diese Leistung muss eine Gegenleistung festgesetzt werden. Das ist Aufgabe des Rates unabhängig davon, ob es sich um öffentlich-rechtliche Abgaben (Beiträge oder Gebühren nach Kommunalabgabengesetz) oder um privatrechtliche Entgelte handelt.

Allgemein geltende öffentliche Abgaben werden in Satzungen festgesetzt, die bereits von § 41 Abs. 1 Buchst. f GO NRW erfasst werden. Privatrechtliche Entgelte können durch Tarifordnungen festgesetzt werden, die keinen ortsrechtlichen Charakter haben. Voraussetzung ist, dass das gesamte Benutzungsverhältnis privatrechtlich geregelt ist wie häufig z. B. bei Schwimmbädern (s. zu den öffentlichen Einrichtungen einer Gemeinde und ihren rechtlichen Ausgestaltungen *Wansleben* in Held, KVR NRW, § 8 GO NRW).

1.4 Teilweise oder vollständige Veräußerung oder Verpachtung von Eigenbetrieben (§ 41 Abs. 1 Satz 2 Buchst. k GO NRW)

Der hier angesprochene Tatbestand wird materiell in § 111 GO NRW geregelt. Dieser ist eine spezielle Ausgestaltung des Grundsatzes des sorgsamen Umgangs mit Gemeindevermögen, geregelt in den §§ 10, 90 GO NRW. Danach darf die Gemeinde ihr Vermögen nur veräußern oder einem Dritten zur Nutzung überlassen, soweit es in absehbarer Zeit nicht mehr zur Aufgabenerfüllung gebraucht wird, § 90 GO NRW. Der Rat hat hier sorgsam zu prüfen, ob die Gemeinde auch nach der Vornahme des Rechtsgeschäftes in der Lage ist, ihre Aufgabe so wie bisher wahrzunehmen (vgl. *Cronauge* in Rehn u. a., § 111 GO NRW, Anm. II 2).

Eine Verpachtung von Eigenbetrieben wird eher selten vorkommen, näher liegt da schon eine materielle Privatisierung durch Veräußerung. In einem solchen Fall kommt es zu tiefgreifenden Veränderungen in der Aufgabenstruktur und im Vermögen der Gemeinde. Beides bedarf einer Entscheidung des Rates.

1.5 Errichtung, Übernahme, Erweiterung, Einschränkung und Auflösung von Eigenbetrieben (§ 41 Abs. 1 Satz 2 Buchst. l GO NRW)

Natürlich kann nur der Rat darüber befinden, ob ein Teil der Gemeindeverwaltung als Eigenbetrieb geführt werden soll. Der Errichtungsbeschluss ist also Aufgabe des Rates. Dazu gehört auch die Festlegung, welche Aufgaben vom Eigenbetrieb wahrgenommen werden sollen.

Gerade bei dieser Frage kann es zu Konflikten mit dem Bürgermeister kommen. Denn dieser hat das unentziehbare Recht der Geschäftsverteilung; der Rat kann nur den Beigeordneten Dezernate zuweisen. Er kann schon nicht bestimmen, was in dem einem bestimmten Beigeordneten zugewiesenen Amt für Aufgaben erledigt werden (vgl. *J. Müller*, PersV 1996 S. 205, 206). Es ist denkbar, dass die Einrichtung eines Eigenbetriebs Auswirkungen auf die restliche Organisation der Gemeindeverwaltung hat, der Bürgermeister also Einwendungen gegen die Errichtung überhaupt oder die Aufgabenzusammenstellung hat. Dieser Konflikt muss gelöst werden. Dabei hilft auch das Organisationsrecht des Bürgermeisters nicht weiter. Zwar hat das VG Düsseldorf entschieden, dass der vom Bürgermeister aufzustellende Organisationsplan den Rat bei der Verabschiedung des Haushaltsplans bindet, es sei denn, der Organisationsplan verstieße gegen das Gebot der sparsamen Haushaltswirtschaft (Urt. vom 1.2.1962, Mitt NWStGB 1962 S. 119). Aber der Konflikt wird letztlich zugunsten des Rates ausgehen müssen, auch wenn nicht mehr wie früher die Entscheidung einfach mit der Begründung, der Rat als das vom Bürger gewählte Organ habe die höhere Legitimation als der vom Rat gewählte Gemeindedirektor, getroffen werden kann. Es muss aber festgestellt werden, dass die Gemeindeverfassung den Rat als oberstes Organ ansieht. Diesem System würde es widersprechen, wenn der Bürgermeister mit seiner Organisationskompetenz Entscheidungen des Rates zur Ausgliederung von Teilen des Aufgabenspektrums auf einen Eigenbetrieb, eine Eigengesellschaft oder durch Vergabe an einen Dritten verhindern könnte.

Von beiden Organen ist zu fordern, dass sie sich gegenseitig in „Organtreue" begegnen, also dem jeweils anderen ermöglichen, seine Kompetenzen gesetzmäßig wahrzunehmen. (*Plückhahn* in Held, KVR NRW, § 62 GO Erl. 5).

Auch alle anderen grundlegenden Entscheidungen muss der Rat treffen:

- die Übernahme eines Eigenbetriebs kommt kaum in Frage: Da jeder Eigenbetrieb Teil der jeweiligen Gemeinde ist, kann eine Gemeinde keinen Eigenbetrieb in einer anderen Gemeinde betreiben; dafür steht allenfalls das Gesetz über kommunale Gemeinschaftsarbeit i. d. F. der Bekanntmachung vom 1.10.1979 (GV. NRW. S. 621, zuletzt geändert durch Gesetz vom 12.5.2009, GV. NRW. S. 298, 326) zur Verfügung. Selbstverständlich ist das Arbeiten eines Eigenbetriebs in einer Nachbargemeinde damit nicht ausgeschlossen, wenn diese den Eigenbetrieb beauftragt, zum Beispiel denkbar beim Sammeln und Transportieren von Abfall oder bei der Straßenreinigung. Ursprünglich vertrat auch der Vergabesenat des OLG Düsseldorf diese Auffassung (Beschl. vom 12.1.2000, NZBau 2000 S. 155). Im Jahre 2002 hat das OLG diese Position dann aufgegeben und über § 2 Nr. 1 Abs. 2 VOL/A a. F. § 107 GO herangezogen und so eine Teilnahme als Verstoß gegen die Wettbewerbsordnung angesehen (Beschl. vom 17.6.2002, VergabeR 2002 S. 471). Dazu ist allerdings wiederum zu bemerken, dass der BGH anders als in früheren Entscheidungen nunmehr den Bestimmungen der Gemeindeordnung über die wirtschaftliche Betätigung nicht mehr als Schutznormen für den lauteren Wettbewerb, als Schranke gegen den Marktzutritt kommunaler Unternehmen, als Schutz Privater vor kommunaler Konkurrenz ansieht (zuletzt Urt. vom 26.9.2002, WRP 2003 S. 262). Damit spricht eigentlich nichts mehr gegen eine überörtliche Tätigkeit eines Eigenbetriebs, zumindest solange sie auf der Einladung der betroffenen Gemeinde beruht. Das OVG NRW hat jetzt auch mit Beschl. vom 12.10.2004 (NWVBl. 2005 S. 133) ausdrücklich festgestellt, dass die Beschränkungen des § 107 Abs. 1 GO NRW nicht für die Einrichtungen des § 107 Abs. 2 GO NRW gelten, diese können außerhalb ihres Gemeindegebietes tätig werden (der Beschluss betraf einen Abfallentsorgungseigenbetrieb); das war dann allerdings Anlass für die Änderung durch das GO-Reformgesetz im Jahre 2007 (vgl. oben bei § 1 Anm. 3.2). Das OVG NRW hat aus § 107 Abs. 2 Satz 2 GO NRW, nach dem diese eigenbetriebsähnlichen Einrichtungen nach wirtschaftlichen Gesichtspunkten zu verwalten sind, geschlossen, dass dies es auch erfordert, vorhandene Kapazitäten möglichst auszulasten. Gerade für die Abfallentsorgung gelte, dass die dafür erforderlichen Einrichtungen ihrem öffentlichen Zweck entsprechend auf dem jeweiligen Stand der Entsorgungstechnik dauerhaft und zugleich für die Abfallverursacher möglichst kostengünstig betrieben werden könnten. Dies erfordere dann eine Betätigung auch außerhalb des eigenen Gebietes. (Beschl. vom 1.4.2008, NWVBl. 2008 S. 418; ebenso OLG Düsseldorf, Beschl. vom 13.8.2008 – VII-Verg 42/07 –, juris). Dieser Gedanke lässt sich sicherlich bei entsprechenden Konstellationen auch für wirtschaftliche Betätigungen heranziehen, allerdings hat das OVG auch offengelassen, wie eine gezielt geschaffene Überkapazität, mit der dann das Erfordernis der Betätigung begründet werden soll, zu beurteilen ist.

Ehricke ist in einem für den VKU erstellten Gutachten zu dem Ergebnis gekommen, dass das Örtlichkeitsprinzip des § 107 GO gegen Europarecht verstößt, soweit grenzüberschreitende Sachverhalte betroffen sind, nicht dagegen Einschränkungen innerhalb Deutschlands. Dass die überörtliche Tätigkeit im Licht des deutschen Verfassungsrechts kritisch zu sehen ist, wird vielfach ausgeführt (vgl. *Ehlers*, Gutachten S. 143; *Eisenkötter*, S. 146 f.; *Held* in Held, KVR NRW, § 107a GO Erl. 5.1):

- die Erweiterung eines Eigenbetriebs ist die Zuweisung zusätzlicher Aufgaben;
- die Einschränkung eines Eigenbetriebs ist die Zuweisung von Aufgaben an einen Anderen: einen anderen Eigenbetrieb, an eine öffentlich-rechtliche Anstalt, an eine gemeindliche Gesellschaft oder an einen Privaten, selbstverständlich auch an die Kernverwaltung;
- die Auflösung ist die völlige Einstellung des Eigenbetriebs, die Aufgabe muss dann einem anderen übertragen werden, das Vermögen bleibt bei der Gemeinde (s. auch *Meier*, VR 1999 S. 161).

In diesem Zusammenhang sei darauf hingewiesen, dass die Gründung eines Eigenbetriebs keine mitbestimmungspflichtige Angelegenheit i. S. d. § 72 Abs. 4 Nr. 22 LPVG ist. Danach unterliegt die Übertragung von Aufgaben der Gemeinde, die üblicherweise von ihren Beschäftigten wahrgenommen werden, auf Dauer an Privatpersonen oder wirtschaftliche Unternehmen der Mitbestimmung des Personalrats (dazu *J. Müller*, PersV 1990 S. 59 ff.). Da aber mit dieser Bestimmung nur natürliche und juristische Personen des Privatrechts gemeint sind (OVG NRW, Beschl. vom 9.11.1987, PersV 1988 S. 315) und unter Aufgabenübertragung die Entlassung einer öffentlichen Aufgabe aus der direkten öffentlichen Verantwortung und Entscheidung unter Aufrechterhaltung öffentlicher Kontrolle zu verstehen ist (vgl. OVG NRW, Beschl. vom 18.3.1991, NWVBl. 1992 S. 22), fällt eine Eigenbetriebsgründung nicht hierunter (so auch für die inhaltsgleiche hessische Regelung HessVGH, Beschl. vom 26.1.1995, HessVGRspr. 1995 S. 70). Etwas anderes ist dann natürlich die Umwandlung eines Eigenbetriebs in eine Eigengesellschaft.

1.6 Umwandlung der Rechtsform von Eigenbetrieben (§ 41 Abs. 1 Satz 2 Buchst. m GO NRW)

Die Rechtsform eines Eigenbetriebs kann seit Neuregelung des Gemeindewirtschaftsrechts durch das 1. ModernG auch öffentlich-rechtlich geändert werden, nämlich die Umwandlung eines Eigenbetriebs in eine öffentlich-rechtliche Anstalt nach § 114a GO NRW. Außerdem bleibt die Umwandlung in eine GmbH (s. dazu § 108 Abs. 4 GO NRW) oder – gegenüber dem bisherigen Recht nur noch eingeschränkt möglich, nämlich wenn der öffentliche Zweck nicht ebenso gut in einer anderen Rechtsform erfüllt werden kann – in eine AG (s. dazu § 108 Abs. 3 GO NRW).

Hier ist darauf hinzuweisen, dass erwirtschaftete steuerrechtliche Verlustvorträge eines Eigenbetriebs bei Umwandlung in eine Anstalt öffentlichen Rechts verloren gehen (BFH, Urt. vom 12.1.2011, GmbHR 2011 S. 719 und die Besprechungen dazu von *Heger*, jurisPR-SteuerR 29/2011 Anm. 4, *Herden/Engel*, NWB 2011 S. 2706 und *Kronawitter*, KStZ 2011 S. 141).

Auch kann die Regelung der Arbeitsverhältnisse zu Problemen führen. Das LAG Hamm hat zur Frage der Anwendung des § 613a BGB bei Umwandlung eines Eigenbetriebes in eine Anstalt öffentlichen Rechts ausgeführt: *„Betriebsübergänge, die im Wege der*

Gesamtrechtsnachfolge kraft Gesetzes vollzogen werden, sind vom sachlichen Geltungsbereich des § 613a BGB ausgeschlossen" (BAG 28.9.2006 – 8 AZR 441/05 –, AP BGB § 419 Funktionsnachfolge Nr. 26). Das Wasserwerk ist gemäß § 114a Abs. 1 GO NRW in die rechtsfähige Anstalt des öffentlichen Rechtes SBO umgewandelt worden. Die Umwandlung geschieht im Wege der Gesamtrechtsnachfolge. Das bedeutet, dass das Vermögen mit allen Rechten und Pflichten auf die Rechtsnachfolgerin übergeht, die in die Stellung des Rechtsvorgängers tritt. Daraus folgt jedoch nicht, dass die bei dem Rechtsvorgänger bestehenden Arbeitsverhältnisse kraft Gesetzes auf die AöR übergehen. Denn gemäß § 114a Abs. 2 GO NRW erfolgt die Umwandlung durch eine vom Rat der Gemeinde zu erlassende Satzung. Sie regelt Inhalt und Umfang der Gesamtrechtsnachfolge (*Held*, KVR NRW, § 114a GO Erl. 3.2, 3.4). Entsprechend hat die Beklagte mit Satzung vom 17.12.2008, gemäß § 15 der Satzung am 1.1.2006 in Kraft getreten, die SBO als AöR errichtet. Nach § 13 Abs. 2 Satz 1 der Satzung ist die SBO zwar im Wege der Gesamtrechtsnachfolge gemäß § 114a GO NRW in alle bestehenden Rechte und Pflichten des Eigenbetriebs Wasserwerk eingetreten, soweit ein Zusammenhang mit der nach § 2 der Satzung übertragenen Aufgaben bestand. Die Gesamtrechtsnachfolge erfasste aber nicht die Arbeitsverhältnisse der im Wasserwerk Beschäftigten. Gemäß § 13 Abs. 1 der Satzung sind diese nach den Regelungen des § 613a BGB, nicht aufgrund des Satzungsrechtes des Rates auf die SBO übergegangen." (Urt. vom 25.8.2011 – 17 Sa 498/11 –, juris). Das bedeutet, die Arbeitsverträge mit der Stadt blieben weiterhin gültig. § 613a BGB betrifft den Betriebsübergang durch Rechtsgeschäft. Das hatte die Satzung hier angeordnet. Wäre dazu nichts gesagt worden, wären die Arbeitsverhältnisse im Wege der Gesamtrechtsnachfolge übergegangen. So kam § 613a Abs. 5 BGB zur Anwendung, der umfassende Informationspflichten gegenüber den Arbeitnehmern statuiert und dessen Absatz 6 dem einzelnen Arbeitnehmer das Recht gibt, dem Übergang auf den neuen Arbeitgeber zu widersprechen, und zwar innerhalb einer Frist von einem Monat nach Unterrichtung. Wird nicht informiert – so war es in dem Fall des LAG Hamm –, bleibt das Widerspruchsrecht bestehen, das Arbeitsverhältnis geht nicht über.

1.7 Verträge zwischen Betriebsleitern und der Gemeinde (§ 41 Abs. 1 Satz 2 Buchst. r GO NRW)

Soweit die Hauptsatzung die Betriebsleiter zu den leitenden Dienstkräften der Gemeinde rechnet, obliegt die Genehmigung von Verträgen zwischen diesen und der Gemeinde dem Rat, jedenfalls aber von solchen mit Mitgliedern des Rates und des Betriebsausschusses.

Es ist denkbar, dass es zu vertraglichen Beziehungen zwischen der Gemeinde und bestimmten Funktionsträgern kommt; dies mögen Grundstücksverträge oder auch andere Kaufverträge, Mietverträge oder Werkverträge sein. Um hier allen Verdächtigungen, sicherlich auch um allen Versuchungen einen Riegel vorzuschieben, legt die GO NRW fest, dass derartige Verträge der Genehmigung des Rates bedürfen. Nähere Bestimmungen dazu trifft die Hauptsatzung der Gemeinde. Diese muss einerseits regeln, wer unter „leitende Dienstkräfte" zu verstehen ist. Sollte die Hauptsatzung die Betriebsleiter – und gegebenenfalls auch deren Stellvertreter – dazu rechnen, so fallen Verträge mit diesen auch unter die Genehmigungsklausel. Andererseits kann die Hauptsatzung auch die Art der Verträge differenziert betrachten, also etwa solche, die die laufende Betriebsführung berühren, ausnehmen oder auch der Genehmigung durch den Betriebsausschuss unterwerfen (vgl. *Wansleben* in Held, KVR NRW, § 41 GO NRW Erl. 2.1 zu Buchst. r). Häufig werden Verträge auf der Grundlage feststehender Tarife und auf der Grundlage vorgenommener Ausschreibungen ausgeschlossen (*Paal* in *Rehn u. a.*, § 41 GO NRW Rdn. 8s).

1.8 Übertragung von Aufgaben auf den Betriebsausschuss (§ 41 Abs. 2 GO NRW)

Der Rat als oberstes Verwaltungsorgan kann und soll auch nicht alles selbst entscheiden. Insbesondere in größeren Kommunen tagt er dazu auch viel zu selten. Es ist deshalb in § 41 Abs. 2 GO NRW vorgesehen, dass der Rat seine Zuständigkeiten abgesehen von dem Ausnahmekatalog des § 41 Abs. 1 GO NRW auf die Ausschüsse überträgt. Für den

Betriebsausschuss ergibt sich bereits aus § 114 Abs. 2 Satz 2 GO NRW, dass in Angelegenheiten der Eigenbetriebe die Zuständigkeiten des Rates weitmöglichst auf den Betriebsausschuss übertragen werden sollen. Dies geschieht durch Beschluss des Rates nach § 41 Abs. 2 GO NRW.

2. Die ausschließlichen Ratszuständigkeiten nach der EigVO NRW

Durch § 4 EigVO NRW wird geregelt, dass der Rat bestimmte Zuständigkeiten nicht übertragen kann. Auch bei diesen Entscheidungen handelt es sich um wesentliche Entscheidungen für den Eigenbetrieb und die Gemeinde, so dass der Ratsvorbehalt auch sein muss. Die Angelegenheiten sind vergleichbar denen, die bei einer Gesellschaft auch von den Gesellschaftern, vom Eigentümer getroffen werden.

2.1 Bestellung und Abberufung der Betriebsleiter

Bei der Bestellung des Betriebsleiters handelt es sich um eine der wesentlichsten Entscheidungen für den Eigenbetrieb. Mit der richtigen Wahl des Leiters werden die Weichen für die wirtschaftliche Entwicklung des Betriebs getroffen. Da diese Entwicklung von größter Bedeutung für die Gemeinde ist, da auch die Stellung des Betriebsleiters eine herausragende Stelle in der Gemeindeverwaltung ist und er eine weitgehende Selbstständigkeit genießt, muss diese wichtige Entscheidung vom Rat als oberstem Organ der Gemeinde getroffen werden. Nur als Klarstellung ist die Neuregelung, die die Abberufung der Betriebsleitung aufgenommen hat, anzusehen, denn als actus contrarius zur Bestellung oblag sie schon bisher dem Rat.

Zur Frage des Rechtswegs bei einer der Abberufung eines angestellten Betriebsleiters folgenden Kündigung s. die Ausführungen Erl. 11 zu § 2 EigVO NRW.

2.2 Feststellung und Änderung des Wirtschaftsplans

Der Wirtschaftsplan ist nach § 14 EigVO NRW aufzustellen. Er entspricht dem Haushaltsplan der Gemeinde und ist daher auch wie dieser vom Rat zu beschließen.

2.3 Feststellung des Jahresabschlusses und Verwendung des Jahresgewinns oder Behandlung eines Verlustes

Der Jahresabschluss ist in § 21 EigVO NRW geregelt. Er weist nach Schluss des Wirtschaftsjahres den wirtschaftlichen Erfolg oder Misserfolg in Bilanz und Gewinn- und Verlustrechnung nach. Dieser wirtschaftliche Abschluss muss dann vom Rat beschlossen werden (Näheres dazu in § 26 EigVO NRW), wobei insbesondere der beigefügte Lagebericht (§ 25 EigVO NRW) Aufschluss über die Lage und die künftige Entwicklung geben muss. Dieser ist nach dem 3. NKF-WeiterentwicklungsG nicht mehr für alle Eigenbetriebe vorgeschrieben, da die Anwendung der Vorschriften für Goße Kapitalgesellschaften weggefallen ist (s. die Kommentierung zu § 21).

Gleichzeitig mit dem Jahresabschluss muss der Rat darüber befinden, was mit dem Ergebnis der wirtschaftlichen Tätigkeit geschehen soll. Ein Jahresgewinn sollte nach § 10 Abs. 5 EigVO NRW neben den notwendigen Rücklagen auch eine marktübliche Verzinsung des Eigenkapitals umfassen. Der Jahresgewinn sollte zunächst für die notwendigen Rücklagen für die technische und wirtschaftliche Entwicklung des Eigenbetriebs und die erforderlichen Erneuerungen (§ 10 Abs. 3 EigVO NRW) verbraucht werden. Sodann ist daran zu denken, notwendige Rücklagen für etwaige Verluste in künftigen Jahren anzusammeln. Schließlich sollte die marktübliche Verzinsung des Eigenkapitals an den Haushalt der Gemeindeabgeführt werden. Zur Steuerpflicht bei der Trägerkörperschaft vgl. BFH, Urt. vom 16.11.2011, BFHE 226, 48.

Hat der Eigenbetrieb dagegen einen Verlust erwirtschaftet, so ist durch den Rat darüber zu befinden, wie dieser Verlust zu decken ist. Er kann aus Haushaltsmitteln der Gemeinde gedeckt werden. Er kann auch auf neue Rechnung vorgetragen werden, hier hat die Neufassung allerdings eine Einschränkung gebracht: dies darf die erforderliche Eigenkapitalausstattung des Eigenbetriebs nicht gefährden. Dann ist er durch Gewinn in den folgenden fünf Jahren auszugleichen, soweit das nicht vollständig möglich ist, kann dann bei zureichender Eigenkapitalausstattung auf Rücklagen zurückgegriffen werden, anderenfalls muss die Gemeinde den Verlust ausgleichen.

2.4 Entlastung des Betriebsausschusses

Der Eigenbetrieb ist den kaufmännischen Unternehmen noch mehr angeglichen worden. Vor diesem Hintergrund kann man den Betriebsausschuss als eine Art Aufsichtsrat des Eigenbetriebs ansehen. Daher haben die kommunalen Spitzenverbände die Anregung gegeben, die Entlastung des Betriebsausschusses einzuführen. Da auch eine Haftungsregelung (§ 5 Abs. 7 EigVO NRW) neu eingeführt wurde, ist das konsequent, auch wenn es das bisherige System der nordrhein-westfälischen Kommunalverfassung verlässt. Mit der Entlastung gibt der Rat nämlich sein Einverständnis mit dem wirtschaftlichen und finanziellen Gebaren des Betriebsausschusses für das vergangene Geschäftsjahr zum Ausdruck. Denn im gemeindlichen Haushaltsrecht wird unter Entlastung in der Regel verstanden, dass der Rat mit der Abwicklung der Haushaltswirtschaft des vergangenen Jahres einverstanden ist, etwaige Mängel als geheilt ansieht und auf Haftungs- und Ersatzansprüche verzichtet (vgl. *Klieve* in *Held*, KVR NRW, § 96 GO Erl. 3.1; *Hamacher* in *Articus/Schneider*, § 94 Anm. 3).

2.5 Rückzahlung von Eigenkapital an die Gemeinde

Nach § 10 Abs. 4 EigVO NRW darf Eigenkapital nur aufgrund eines Ratsbeschlusses nach Anhörung des Betriebsausschusses und nach Anhörung und schriftlicher Stellungnahme der Betriebsleitung zurückgezahlt werden, wenn dadurch die Erfüllung der Aufgaben des Eigenbetriebs und seine künftige Entwicklung nicht beeinträchtigt werden.

§ 5
Betriebsausschuss

(1) Der Rat bildet für den Eigenbetrieb einen Betriebsausschuss. Für mehrere Eigenbetriebe einer Gemeinde kann ein gemeinsamer Betriebsausschuss gebildet werden. Dem Betriebsausschuss sollen keine Aufgaben bzw. Zuständigkeiten aus Bereichen anderer Ausschüsse des Rates der Gemeinde übertragen werden.

(2) Die Zusammensetzung des Betriebsauschusses wird durch die Betriebssatzung geregelt. An Beschlüssen und sonstigen Entscheidungen des Betriebsausschusses sowie deren Vorbereitung sollen keine Mitglieder mitwirken, für die Ausschließungsgründe nach § 31 GO NRW vorliegen. Scheidet ein Mitglied oder Stellvertreter aus dem Betriebsausschuss aus, wählt der Rat auf Vorschlag derjenigen Gruppe, die die Ausgeschiedene oder den Ausgeschiedenen vorgeschlagen hatte, eine Nachfolge. Macht die Gruppe innerhalb von zwei Wochen nach dem Ausscheiden von ihrem Vorschlagsrecht keinen Gebrauch, ist die Nachfolge nach § 50 Abs. 2 GO NRW zu wählen.

(3) An den Beratungen des Betriebsausschusses nimmt die Betriebsleitung teil; sie ist berechtigt und auf Verlangen verpflichtet, ihre Ansicht zu einem Punkt der Tagesordnung darzulegen.

(4) Der Betriebsausschuss berät die Beschlüsse des Rates vor. Über alle wichtigen Angelegenheiten die gemeindliche Entwicklung betreffend ist er von der Bürgermeisterin oder dem Bürgermeister zu unterrichten. Daneben obliegt der Betriebsleitung eine umfassende Unterrichtungspflicht gegenüber dem Betriebsausschuss bezogen auf alle betrieblichen Angelegenheiten, insbesondere auch über die beabsichtigte Geschäftspolitik und andere grundsätzliche Fragen der Unternehmensplanung.

(5) Der Betriebsausschuss setzt unbeschadet der Vorschrift des § 4 die allgemeinen Lieferbedingungen fest und erteilt die Zustimmung zu erfolgsgefährdenden Mehraufwendungen und zu Mehrauszahlungen nach den §§ 15 und 16. Er entscheidet über die Entlastung der Betriebsleitung. Die Betriebssatzung kann dem Betriebsausschuss die Entscheidung in weiteren Angelegenheiten übertragen, soweit sie nicht zu den Geschäften der laufenden Betriebsführung gehören.

(6) Der Betriebsausschuss entscheidet in den Angelegenheiten, die der Beschlussfassung des Rates unterliegen, falls die Angelegenheit keinen Aufschub duldet. In Fällen äußerster Dringlichkeit kann die Bürgermeisterin bzw. der Bürgermeister mit der oder dem Vorsitzenden des Betriebsausschusses entscheiden. § 60 Abs. 1 Satz 3 und 4 GO NRW gilt entsprechend. Ist der Betriebsausschuss noch nicht gebildet, werden seine Aufgaben vom Hauptausschuss wahrgenommen; § 60 Abs. 1 Satz 2 bis 4 GO NRW findet Anwendung.

(7) Für die Haftung der Mitglieder des Betriebsausschusses gilt § 2 Abs. 1 Satz 4 sinngemäß.

Erläuterungen

Übersicht

1. Betriebsausschuss als Pflichtausschuss
2. Gemeinsamer Betriebsausschuss
3. Regelungen in der Betriebssatzung
4. Wahl der Mitglieder
   4.1 Vertreter des Rates
   4.2 Ausschlussgründe
   4.3 Vertreter der Belegschaft
      4.3.1 Die Wahl der Belegschaftsvertreter
      4.3.2 Wählbare Bedienstete
      4.3.3 Eigenbetriebsähnliche Einrichtungen
   4.4 Nachwahl bei Ausscheiden eines Mitglieds
5. Teilnahme- und Redepflicht der Betriebsleitung
6. Die Informationspflichten der Betriebsleitung und des Bürgermeisters
   6.1 Die Informationspflicht der Betriebsleitung
   6.2 Die Informationspflicht des Bürgermeisters
7. Zuständigkeiten des Betriebsausschusses
   7.1 Vorbereitung der Beschlüsse des Rates
   7.2 Festsetzung der allgemeinen Lieferbedingungen
   7.3 Zustimmung zu erfolggefährdenden Mehraufwendungen und Mehrauszahlungen nach §§ 15 und 16 EigVO NRW
   7.4 Die Entscheidung über die Entlastung der Betriebsleitung
   7.5 Die Übertragung weiterer Zuständigkeiten
   7.6 Dringliche Angelegenheiten
      7.6.1 Die Eilkompetenz des Betriebsausschusses
      7.6.2 Bürgermeister und Vorsitzender
8. Vor Bildung des Betriebsausschusses
9. Die Haftungsregelung
10. Das Verfahren im Ausschuss

1. Betriebsausschuss als Pflichtausschuss

Wenn die Gemeinde einen Eigenbetrieb gegründet hat, muss sie dafür einen Betriebsausschuss bilden. Das ist bereits in der GO NRW geregelt, denn § 114 Abs. 2 und 3 GO NRW trifft dafür grundlegende Bestimmungen. § 5 Abs. 1 EigVO NRW legt das dann noch einmal ausdrücklich fest. Mit dieser Regelung ist auch klar, dass der Rat die Aufgaben des Betriebsausschusses weder durch einen anderen Ausschuss wahrnehmen lassen, noch sie selbst übernehmen kann (vgl. auch *Meier*, ZKF 2003 S. 41). Neu ist die Regelung, dass dem Betriebsausschuss keine Aufgaben und Zuständigkeiten aus Bereichen anderer Ratsausschüsse übertragen werden sollten. Das ist nur sinnvoll, wenn man die besondere Aufgabe, die besondere Stellung und die besonderen Erwartungen, die an den Betriebsausschuss gerichtet sind, bedenkt.

2. Gemeinsamer Betriebsausschuss

Es ist wegen § 5 Abs. 1 Satz 2 EigVO NRW aber möglich, dass der Rat für mehrere Eigenbetriebe einen gemeinsamen Ausschuss bildet. Das Für und Wider einer solchen Regelung ist sorgfältig abzuwägen.

Dafür könnten Überlegungen sprechen, die auf mögliche Kosteneinsparungen abstellen. Denn ebenso wie die Anwesenheit der Betriebsleitungen und der Bediensteten Kosten verursacht, entstehen auch durch die Teilnahme der Ausschussmitglieder Ansprüche auf Sitzungsgelder und Fahrtkosten nach der Verordnung über die Entschädigung der Mitglieder kommunaler Vertretungen und Ausschüsse vom 5.5.2014 (GV. NRW. S. 276). Gegen diese Überlegung spricht aber, dass die Einsparungen eher marginal sein werden und daher kaum den Verzicht auf einen Betriebsausschuss tragen können.

Gewichtiger können da schon Überlegungen sein, zum Beispiel betriebswirtschaftliche Kompetenz auf Seiten des überwachenden Betriebsausschusses zu sichern, denn bei einer Mehrzahl von Betriebsausschüssen könnte sonst die Belastung für einzelne Ausschussmitglieder mit Doppel- oder Mehrfachmitgliedschaften zu groß werden. Gegen diesen Ansatz lässt sich aber anführen, dass dann die Vertretung der Beschäftigten der Eigenbetriebe sehr ungleichgewichtig werden kann, insbesondere, wenn die Beschäftigtenzahlen eines Eigenbetriebes gegenüber den oder dem anderen sehr groß ist.

Allenfalls erscheint ein zusammenfassender Betriebsausschuss dann sinnvoll, wenn die betreffenden Eigenbetriebe verwandte Aufgaben haben und etwa gleich groß sind. Dann stellt sich allerdings auch die Frage, ob es nicht besser ist, einen gemeinsamen Eigenbetrieb zu bilden.

3. Regelungen in der Betriebssatzung

Nach § 5 Abs. 2 EigVO NRW sind in der Betriebssatzung Regelungen über die Zusammensetzung des Betriebsausschusses zu treffen. Hier wäre natürlich auch zu regeln, dass ein gemeinsamer Betriebsausschuss für zwei oder mehr Eigenbetriebe gebildet wird.

Der Rat legt dabei zunächst die Größe des Betriebsausschusses fest. Die Größe liegt in seinem Organisationsermessen, das nur durch den verfassungsrechtlich fundierten Spiegelbildgrundsatz und das Willkürverbot begrenzt ist. Das Willkürverbot ist etwa dann verletzt, wenn die Größe missbräuchlich so bestimmt wird, dass dadurch gezielt kleine Gruppen ausgeschlossen werden (vgl. OVG NRW, Urt. vom 24.11.2017 – 15 A 2331/15 –, juris). Der Spiegelbildgrundsatz wird unten in Anm. 4 näher behandelt. Das bedeutet nicht, dass der Rat die Ausschussgröße so wählen muss, dass alle Fraktionen mindestens einen Sitz mit Stimmrecht erhalten, die Ausschussgröße darf durchaus die Folge haben, dass eine Fraktion nicht vertreten ist, für sich allein ist das nicht zu beanstanden (vgl. OVG NRW, Urt. vom 24.11.2017– 15 A 2331/15 –, juris).

Die Betriebssatzung ist dabei an Vorgaben aus der GO NRW gebunden. Diese ergeben sich zunächst aus § 114 Abs. 3 GO NRW. Danach gehören dem Betriebsausschuss auch

Beschäftigte des Eigenbetriebs an, soweit der Eigenbetrieb mehr als zehn Beschäftigte hat. Hat der Eigenbetrieb mehr als zehn, aber weniger als 51 Beschäftigte, gehören zwei Beschäftigte dem Betriebsausschuss an, bei mehr als 50 Beschäftigten ist ein Drittel des Betriebsausschusses durch diese zu besetzen. In diesem Falle muss die Zahl der in der Betriebssatzung festzulegenden Betriebsausschussmitglieder durch drei teilbar sein.

Da nach § 114 Abs. 3 Satz 6 GO NRW die Ratsmitglieder die Mehrzahl der Mitglieder des Betriebsausschusses stellen müssen, ist in der Betriebssatzung auch festzulegen, wie viele sachkundige Bürger dem Betriebsausschuss angehören dürfen. Für drittelparitätisch besetzte Betriebsausschüsse ergibt sich damit, dass bei Betriebsausschüssen mit bis zu sechs Mitgliedern keine sachkundigen Bürger dem Ausschuss angehören können. Bei einer Größe von neun oder 12 Mitgliedern kann ein sachkundiger Bürger gewählt werden, bei 15 oder 18 Mitgliedern können zwei sachkundige Bürger dem Betriebsausschuss angehören und bei einer Größe von 21 dann drei sachkundige Bürger.

Sollen dem Betriebsausschuss auch sachkundige Einwohner nach § 58 Abs. 4 GO NRW angehören, so ist auch dies in der Betriebssatzung schon zu regeln. Keiner Regelung bedarf hingegen das Recht der nicht im Betriebsausschuss vertretenen Fraktionen, ein Ratsmitglied oder einen sachkundigen Bürger als beratendes Mitglied zu benennen, weil dies aus § 58 Abs. 1 Satz 7 GO NRW folgt.

4. Wahl der Mitglieder

Der Betriebsausschuss wird vom Rat gewählt. Dies ergibt sich bereits aus § 41 Abs. 1 Satz 2 Buchst. b GO NRW. Das Wahlverfahren ist in § 50 Abs. 3 GO NRW geregelt. Der Bürgermeister ist dabei nicht stimmberechtigt, § 40 Abs. 2 Satz 5 GO NRW.

Danach gibt es unterschiedliche Möglichkeiten. Einigen sich die Ratsmitglieder auf einen einheitlichen Wahlvorschlag, so genügt der einstimmige Beschluss über die Annahme dieses Vorschlages (Stimmenthaltungen zählen nicht mit, § 50 Abs. 5 GO NRW). Einigen sich die Ratsmitglieder dagegen nicht, so wird nach den Grundsätzen der Verhältniswahl über die Wahlvorschläge der Fraktionen und Gruppen abgestimmt. Dieser Wahlvorgang erfordert das Vorliegen mindestens zweier Wahlvorschläge; der nicht einstimmig angenommene Wahlvorschlag kann nicht im Wege eines Mehrheitsbeschlusses in einem zweiten Wahlgang gewählt werden, vgl. OVG NRW, Beschl. vom 21.5.2021 – 15 B 471/21 –, juris. Die Zuteilung erfolgt seit dem Inkrafttreten des § 50 Abs. 3 GO NRW in der Fassung des GO-Reformgesetzes am 20.9.2009 nicht mehr nach dem d'Hondtschen Höchstzahlverfahren (dazu, dass dies verfassungsrechtlich nicht geboten war: OVG NRW, Beschl. vom 27.5.2005, NWVBl. 2005 S. 347), sondern nach dem Proportionalverfahren nach Hare-Niemeyer, auch als Quotenmethode mit Ausgleich nach größten Resten bezeichnet (das zwar auch nicht zu einer völligen Vermeidung von Gleichheitsverzerrungen führt, aber die kleineren Vorschläge weniger benachteiligt; vgl. zu den verfassungsrechtlichen Fragen der Zuteilungsmethoden d'Hondt, Hare-Niemeyer und Sainte-Laguë/Schepers: *Rauber*, NVwZ 2014 S. 626; siehe jetzt auch das Urteil des Verfassungsgerichtshofes für Nordrhein-Westfalen vom 20.5.2025 – 101/24 –, juris, zu Berechnungsmethoden und Anforderungen an die Wahlrechtsgleichheit). Die auf die Listenvorschläge jeweils entfallenden Stimmen werden durch die Gesamtzahl der abgegebenen gültigen Stimmen geteilt, dies ergibt eine prozentuale Quote, mit der die Zahl der zu vergebenden Ausschusssitze zu multiplizieren ist. Jedem Wahlvorschlag wird dann die Zahl der Sitze zugeteilt, die der ganzen Zahl entsprechen. Verbleiben noch zu vergebende Sitze, erfolgt dies in der Reihenfolge der Nachkommazahlen.

Beispiel: zu besetzen sind die 12 auf Vertreter des Rates entfallenden Sitze eines 18-köpfigen Betriebsausschusses, abgegeben wurden 52 Stimmen

Wahlvorschlag	Stimmen	Quote	Sitzanteil	Sitze	Restsitze	Gesamt
Wahlvorschlag A	20	38,461	4,615	4	1	5

Wahlvorschlag	Stimmen	Quote	Sitzanteil	Sitze	Restsitze	Gesamt
Wahlvorschlag B	19	36,538	4,385	4	1	5
Wahlvorschlag C	4	0,077	0,00924	0	1	1
Wahlvorschlag D	3	0,058	0,00696	0	1	1
Wahlvorschlag E	2	0,038	0,00456	0	0	0
Wahlvorschlag F	2	0.038	0,00456	0	0	0
Wahlvorschlag G	2	0,038	0,00456	0	0	0

Dabei ist in einem Wahlgang über Ratsmitglieder, sachkundige Bürger, Beschäftigte und gegebenenfalls auch sachkundige Einwohner abzustimmen (*Plückhahn/Faber* in Held, KVR NRW, § 50 GO NRW Erl. 6.9; *von Lennep* in *Rehn u. a.*, § 50 Anm. IV 3; siehe auch OVG NRW, Beschl. vom 27.3.1990, NVwZ-RR 1990 S. 505).

Das Bundesverwaltungsgericht hat mit Urt. vom 10.12.2003 (NWVBl. 2004 S. 184) unter Berufung auf das Demokratieprinzip gemeinsame Wahlvorschläge mehrerer Fraktionen bei der Beschlussfassung über die Ausschuss-Sitzverteilung für unzulässig erklärt. Es hat dabei den Standpunkt eingenommen, die Ausschüsse müssten spiegelbildlich die Sitzverteilung des Rates wiedergeben, allerdings nichts dagegen einzuwenden gehabt, dass aufgrund der Ausschussgröße auch Ergebnisse zustande kommen können, die kleinere Fraktionen außen vor lassen. Es hat aber nicht akzeptiert, dass sich mehrere Fraktionen zusammenschließen mit dem Ergebnis, dass eine nicht eingeschlossene Fraktion dadurch Nachteile erleidet. Das OVG NRW hatte in der Vorinstanz anders entschieden (Urt. vom 26.11.2002, NWVBl. 2003 S. 267). Kritisch zum Urteil des BVerwG hat sich *Krüper* (NWVBl. 2005 S. 97) geäußert; s. auch *Meyer* KommJur 2005 S. 121 zur Frage, ob diese Rechtsprechung auch für die Wahl von Gemeindevertretern in kommunalen Gesellschaften gilt. Das Innenministerium NRW hat es durch Erlass vom 12.3.2004 (– 3–31.2–11.10–4825/04 (1 –) dahingehend interpretiert, dass Listenverbindungen zum Nachteil einer anderen Fraktion unzulässig sind – sonst nicht, es können unter den verbundenen Fraktionen Verschiebungen erfolgen. Das BVerwG hat seine Auffassung durch Urt. vom 9.12.2009, NVwZ 2010 S. 834 bestätigt: Nicht nur (negative) Zählgemeinschaften, auch der Zusammenschluss von Fraktionen zu Koalitionen sei bei der Wahl von abgeleiteten Ratsgremien unzulässig. Anders dagegen hat das BVerwG es bei der Wahl der ehrenamtlichen Magistrats-/Gemeindevorstandsmitglieder in Hessen beurteilt, denn dabei gehe es um die Zusammensetzung eines eigenständigen Gremiums. (Urt. vom 28.4.2010, NVwZ-RR 2010 S. 818 mit Anmerkung *Deiseroth*, jurisPR-BVerwG 18/2010 Anm. 3) Dem folgend hat das OVG NRW klar ausgesprochen, dass nur der Stadtrat und seine Ausschüsse von dieser Rechtsprechung erfasst werden, nicht hingegen Gremien, die nach § 50 Abs. 4 GO NRW besetzt werden. Im Übrigen stehe es den Fraktionen frei, auch ihnen nicht angehörige Ratsmitglieder auf ihre Listen zu nehmen. (Beschl. vom 26.4.2011, NWVBl. 2011 S. 473).

Mit zwei Entscheidungen im Jahre 2017 hat das OVG NRW den Spiegelgrundsatz weiter ausgeschärft. Grundsätzlich ist dieser verfassungsrechtlich fundierte Grundsatz bei der Zusammensetzung der Ausschüsse des Rates zu beachten, allerdings bedeutet das nicht, dass die Kräfteverhältnisse im Rat optimal abgebildet sein müssen, also das Verhältnis 1:1 umgesetzt werden muss. Unwesentliche Abweichungen sind zulässig, in seinem Urt. vom 24.11.2017 – 15 A 2331/15 –, juris, hat das OVG NRW sich mit verschiedenen Fallgestaltungen, die Unzulässigkeit oder Zulässigkeit nach sich ziehen können, befasst. In dem Beschl. vom 31.1.2017 – 15 B 1286/16 –, juris, hat es die Beachtung des Spiegelbildgrundsatzes auch während der Wahlperiode gefordert: Änderungen des Kräfteverhältnisses im Rat – etwa der Verlust der absoluten Mehrheit durch den Austritt von Fraktionsmitgliedern – müsse dazu führen, dass dies in den Ausschusszusammensetzungen widergespiegelt werde, die Ausschüsse müssten dann auch während der Wahlperiode aufgelöst und neu gebildet werden. Dies hat das OVG NRW dann in dem Beschl. vom 25.6.2021 – 15 B 152/21 –, juris dahingehend präzisiert, wesentlich seien Veränderungen dann, wenn eine Neubesetzung geeignet wäre, geänderte Kräfteverhältnisse und damit neue Mehrheitsverhältnisse bei den Abstimmungen in den Ausschüssen herbeizuführen.

Die Wahlvorschriften einschließlich des Grundsatzes der Spiegelbildlichkeit gewährleisten freie Wahlen. Sie begründen keine Verpflichtung der Ratsmitglieder, eine von einer Fraktion als Nachfolger vorgeschlagene Person zu wählen. Auch eine gerichtliche Überprüfung der Ablehnung der Wahl, ob sie durch sachliche Gründe gerechtfertigt ist, kommt nicht in Betracht (OVG NRW, Urt. vom 11.11.2024 – 15 A 1404/23 –, juris).

Dass der Rat während der laufenden Wahlperiode einen Betriebsausschuss auflösen kann, um ihn anschließend neu zu bilden, um über eine Neubesetzung der Änderung des Kräfteverhältnisses im Rat Rechnung tragen zu können, hatte schon das VG Düsseldorf im Beschl. vom 14.8.2003 – 1 L 1579/03 –, juris (bestätigt durch OVG NRW, Beschl. vom 17.10.2003 – 15 B 1798/03 –, NWVBl. 2004 S. 436) entschieden. Bei der Auflösungsentscheidung hat der Bürgermeister Stimmrecht (vgl. die beiden soeben zitierten Entscheidungen), nicht dagegen bei der Wahl der Mitglieder, wie sich schon aus § 40 Abs. 2 Satz 5 GO NRW ergibt.

4.1 Vertreter des Rates

Als Vertreter des Rates sind Ratsmitglieder und sachkundige Bürger wählbar. Sachkundige Bürger können nach § 58 Abs. 3 GO NRW alle Bürger mit passivem Wahlrecht zum Rat sein, das heißt alle Deutschen im Sinne des Art. 116 Abs. 1 GG und alle Staatsangehörigen eines Mitgliedstaates der Europäischen Union, soweit sie das 16. Lebensjahr vollendet haben (vgl. § 7 KWG), wenn sie nicht nach § 8 KWahlG das Wahlrecht verloren haben. § 58 Abs. 3 GO NRW, der das Wählbarkeitsalter auf 16 Jahren absenkt, tritt mit Beginn der Wahlperiode der im Jahre 2025 gewählten Vertretungen in Kraft (Art. 13 Abs. 1 Nr. 1 des Gesetzes zur Änderung kommunalrechtlicher und weiterer Vorschriften im Land Nordrhein-Westfalen).

Sachkundige Einwohner können den Ratsausschüssen mit beratender Stimme angehören. Einwohner sind nach § 21 Abs. 1 GO NRW alle diejenigen, die in der Gemeinde wohnen. Um als sachkundiger Einwohner gewählt werden zu können, muss der Betreffende das 16. Lebensjahr vollendet haben, § 58 Abs. 4 GO NRW (s. o.).

Obwohl die Bestimmung ursprünglich in die GO NRW eingefügt wurde, um eine Repräsentanz ausländischer Einwohner, die als Nicht-Bürger auch nicht wahlberechtigt sind, zu ermöglichen, lässt es die Gesetzesformulierung auch zu, dass Bürger als sachkundige Einwohner gewählt werden, dies dürfte inzwischen auch eher der Regelfall sein. Der Auffassung von *Zielke* (in *Dieckmann/Heinrichs*, § 58 Anm. 1), nur Personen, die aufgrund fehlender Wählbarkeitsvoraussetzungen als (Nicht-EU-)Ausländer oder als Staatenloser nicht dem Rat angehören könnten, seien wählbar, kann nicht gefolgt werden. Das Änderungsgesetz vom 17.5.1994 (GV. NRW. S. 270), das nach dem Entwurf der Landesregierung eine entsprechende Klarstellung beabsichtigte, hat diesen Effekt nicht erbracht (so jetzt auch *Kirchhof/Plückhahn/Faber* in Held, KVR NRW, § 58 GO NRW Erl. 6.2). Voraussetzung für die Wahl als sachkundiger Einwohner ist allein, dass der Betreffende Bewohner der Gemeinde und nach deutschem Recht volljährig ist (so auch *v. Lennep* in *Rehn* u. a., § 58 GO NRW Erl. IV 1). Dagegen ist die Streitfrage, ob auch aufgrund von Inkompatibilität Ausgeschlossene sachkundige Einwohner sein können (s. dazu *Schink*, VR 1988 S. 269, 272 und *Mann*, NWVBl. 1990 S. 222, 225), durch das Änderungsgesetz entschieden worden. Die Verweisung auf § 58 Abs. 3 Satz 1 GO NRW klärt das eindeutig, es geht nicht.

Schließlich zählen zu den Vertretern des Rates auch die „benannten Ausschussmitglieder". Dies sind solche, die der Rat bestellt, weil die Fraktion, die sie benannt hat, aufgrund der Listenwahlentscheidung nicht im Betriebsausschuss vertreten ist, § 58 Abs. 1 Satz 7 bis 10 GO NRW. Sie haben nur eine beratende Stimme und werden bei der Größe und der

Beschlussfähigkeit des Ausschusses nicht mitgezählt. Sie können sowohl Ratsmitglieder als auch sachkundige Bürger sein.

4.2 Ausschlussgründe

In der Begründung zu § 5 Abs. 2 Satz 2 EigVO NRW heißt es: *„Außerdem wird die Regelung über den Mitwirkungsausschluss von Mitgliedern des Betriebsausschusses sprachlich genauer an die in Bezug genommene Vorschrift des § 31 GO angepasst."*

Recht verständlich ist die Neuregelung nicht. Zur früheren Fassung, die nicht auf den einzelnen Beratungspunkt, sondern auf die Mitgliedschaft abstellte, ließen sich Argumente finden. Eigentlich gilt § 31 GO auch für die Ausschüsse des Rates, also auch für den Betriebsausschuss. Warum also diese Regelung, die zudem noch schwächer formuliert ist als § 31 GO? Man wird wohl trotz der unglücklichen Formulierung des § 5 Abs. 2 Satz 2 EigVO NRW auf die Gemeindeordnung zurückgreifen müssen und das dortige Mitwirkungsverbot unmittelbar anwenden.

4.3 Vertreter der Belegschaft

Der Rat wählt auch die Belegschaftsmitglieder des Betriebsausschusses. Diese Arbeitnehmermitbestimmung im Eigenbetrieb ist durch das Mitbestimmungsartikelgesetz vom 26.6.1984 (GV. NRW. S. 362) eingeführt worden. Aus der Begründung des Gesetzes ergeben sich die beiden Motive des Gesetzgebers: in anderen wirtschaftlichen Unternehmen der öffentlichen Hand, nämlich bei den Sparkassen und den Provinzial-Versicherungsanstalten war die Arbeitnehmermitbestimmung schon lange vorhanden. Dazu kamen bei vielen Eigengesellschaften der Gemeinden Mitbestimmungsrechte nach dem Mitbestimmungsgesetz 1976 oder dem Betriebsverfassungsgesetz 1952 zum Tragen und in anderen Gesellschaften hatten die Kommunen vielfach freiwillige Aufsichtsräte mit Mitbestimmung durch Gesellschaftsvertrag eingeführt. Der Landesgesetzgeber wollte daher auch in den öffentlich-rechtlichen Eigenbetrieben die Arbeitnehmermitbestimmung einführen, weil er sich davon positive Auswirkungen auf die wirtschaftliche Effizienz und den Betriebsfrieden erhoffte (vgl. *Held* in *Held*, KVR NRW, § 114 GO NRW Erl. 7.1).

Die in diesem Gesetz für die Sparkassen gewählte Bestimmung der Belegschaftsvertreter durch Urwahl der Mitarbeiter ist vom nordrhein-westfälischen Verfassungsgerichtshof für verfassungswidrig erklärt worden, weil damit gegen das Demokratieprinzip und die Garantie der kommunalen Selbstverwaltung verstoßen werde (Urt. vom 15.9.1986, DVBl 1986 S. 1196 mit Anm. von *Püttner*). Indirekt hat der Verfassungsgerichtshof damit aber die Rechtmäßigkeit der für die Eigenbetriebe vorgesehenen Mitbestimmung mit der Wahl der Mitarbeitervertreter durch den Rat bestätigt, denn das war die früher für die Sparkassen geltende Regelung, die wieder in Kraft gesetzt wurde.

Die früheren Regelungen zur Wahl sind aus der Eigenbetriebsverordnung herausgenommen worden. Zu Recht heißt es dazu in der Begründung, dass sich hinreichende Bestimmungen in § 114 GO und in der Wahlordnung finden.

4.3.1 Die Wahl der Belegschaftsvertreter

Der Rat als demokratisch legitimiertes Vertretungsorgan vermittelt bei seiner Wahl der Belegschaftsvertreter die notwendige Legitimation, die diese brauchen, um an der Ausübung von Staatsgewalt teilnehmen zu können. Der Rat hat dabei ein eingeschränktes Wahlrecht. Nach § 114 Abs. 3 Satz 4 GO NRW wählt er nämlich aufgrund eines Vorschlags der Versammlung der Beschäftigten. Dieser Vorschlag muss mindestens die doppelte Anzahl an Vorschlägen, wie Belegschaftsmitglieder und Stellvertreter – also das Vierfache an Kandidaten – zu wählen sind, enthalten. Der Rat ist bei seiner Wahl aber nicht an die Wahlergebnisse der Versammlung (die nicht tatsächlich als solche stattfinden muss, auch eine schriftliche Wahl durch alle Belegschaftsmitarbeiter ist möglich) gebunden. Er kann durchaus auch Vertreter wählen, die von ihren Kollegen die wenigsten Stimmen erhalten haben.

Sollte der Vorschlag der Beschäftigten nicht die erforderliche Anzahl von Kandidaten enthalten, muss der Rat wegen des grundsätzlichen Mitbestimmungsgebotes und den Grundsätzen der Verhältnismäßigkeit dann der Belegschaft die Möglichkeit einer Ergänzung des Vorschlags geben (vgl. *Held* in Held, KVR NRW, § 114 GO NRW Erl. 12; *Cronauge* in *Rehn u. a.*, § 114 GO NRW Anm. IV 4). Man wird *Decker* auch darin zustimmen können, dass der Rat bei dann immer noch nicht ausreichendem Vorschlag die entsprechenden Sitze unbesetzt lassen kann (a. A: *Cronauge* in Rehn u. a., § 114 GO NRW Anm. IV 4). Dafür spricht, dass sich jetzt derartige Vorschriften in § 108a GO NRW für die Wahl von Arbeitnehmervertretern in fakultativen Aufsichtsräten finden. Hier kann ein Analogieschluss gezogen werden.

4.3.2 Wählbare Bedienstete

Für die Beschäftigtenvertreter gilt nicht die Inkompatibilitätsvorschrift des § 13 KWG. Insoweit geht die Vorschrift des § 114 Abs. 3 GO i. V. m. § 4 Abs. 1 Eig-WO als lex specialis vor. Deshalb sind auch im Eigenbetrieb beschäftigte Beamte und Angestellte wählbar (so auch *Rehn/Cronauge*, § 93 GO Anm. IV 4).

Nach § 4 Abs. 1 Nr. 2 Eig-WO ist von den seit sechs Monaten im Eigenbetrieb Beschäftigten wählbar, wer Deutscher im Sinne des Art. 116 Abs. 1 GG ist sowie diejenigen, die die Staatsangehörigkeit eines EU-Mitgliedsstaates und das 18. Lebensjahr vollendet haben. Mit dieser seit der Neufassung vom 24.10.2001 geltenden Regelung ist die alte, unverständliche Situation, dass EU-Bürger zwar das aktive und passive Wahlrecht zum Gemeinderat hatten, aber nicht das passive Wahlrecht für den Werksausschuss, beseitigt. Hinsichtlich des Ausschlusses der Wählbarkeit anderer Ausländer bestehen keine verfassungsrechtlichen oder europarechtlichen Bedenken.

Wegen der notwendigen Einzelheiten ist auf die Verordnung über das Wahlverfahren zur Benennung der Beschäftigten des Eigenbetriebs für die Wahl in den Betriebsausschuss (Wahlordnung für Eigenbetriebe – Eig-WO) vom 24.10.2001 (GV. NRW. S. 771) in der Fassung, die sie durch das NKFG erhalten hat – die Änderungen bestehen lediglich in der Ersetzung des Wortes Werksausschuss durch Betriebsausschuss –, zu verweisen, die im Anhang 3 abgedruckt ist. Wesentlicher Grund für die Änderung der Wahlordnung 2001 war die Richtlinie 94/80/EG des Rates der EU vom 19.12.1994, in der es um die Ausübung des aktiven und passiven Wahlrechts bei Kommunalwahlen geht. Diese Änderung wurde oben schon dargestellt. Außerdem erfolgte eine Anpassung an das LPVG und dessen Wahlordnung sowie die Umsetzung des Landesgleichstellungsgesetzes. Forderungen, die die ÖTV hinsichtlich der Beteiligung von Nicht-EU-Ausländern und der Listen- und Verhältniswahl erhoben hatte, wurden vom Verordnungsgeber nicht übernommen (vgl. LT NRW Vorlage 13/797).

4.3.3 Eigenbetriebsähnliche Einrichtungen

Nach Auffassung des Innenministers können für eigenbetriebsähnliche Einrichtungen i. S. d. § 107 Abs. 2 GO NRW keine Belegschaftsvertreter gewählt werden. Der Innenminister bezieht sich dabei auf die Begründung zum Mitbestimmungsartikelgesetz in der es heißt: *„Im Bereich der öffentlichen Einrichtungen im Sinne des § 88 Abs. 2 GO (heute § 107 Abs. 2 GO NRW) ist, weil sie nicht vergleichbar wirtschaftlich ausgerichtet sind, eine direktive Mitbestimmung nicht vorgesehen"* (LT-Drs. 9/3092, S. 10, s. auch *Decker*, GHH 1984 S. 231 und *Wenzel*, GHH 1984 S. 257 ff.). Der Innenminister hält deswegen eine Mitbestimmung ohne vorherige Entscheidung des Gesetzgebers nicht für möglich. Er hat aber im Rahmen des § 4 KommunalisierungsmodellG drei Modellversuche zur Anwendung des § 114 Abs. 3 GO NRW genehmigt, für mehr besteht nach seiner Ansicht keine Notwendigkeit, weswegen weitere Anträge Anfang 2000 – obwohl bereits seit einigen Jahren die drittelparitätische Mitbestimmung in den betroffenen Einrichtungen eingeführt war – abgelehnt wurden.

Diese Ansicht des Innenministers ist vom OVG NRW im Beschl. vom 9.4.2003 – 1 A 500/01. PVL –, juris, geteilt worden. Das OVG greift ebenfalls auf die Entstehungsgeschichte der Vorschrift zurück und legt dar, dass der Gesetzgeber ausdrücklich nur eine direktive Mitbestimmung in den wirtschaftlichen Unternehmen gewollt habe, dabei habe er eben im Wesentlichen an Verkehrs- und Versorgungsbetriebe gedacht.

Das vermag inhaltlich nicht zu überzeugen, auch wenn es historisch gesehen zutreffend ist. Die eigenbetriebsähnlichen Einrichtungen sollen wie Eigenbetriebe geführt werden, sollen insbesondere wirtschaftlich arbeiten. Sie sind wie echte Eigenbetriebe auch auf die Motivation der Mitarbeiter angewiesen, so dass kein Unterschied zu erkennen ist, der zu einer anderen Lösung nötigen würde. Es stellt sich vor allem die Frage, ob in den vergangenen zwanzig Jahren sich nicht auch die wirtschaftliche Ausrichtung der eigenbetriebsähnlichen Einrichtungen so weit geändert hat, dass sie in diesem Aspekt sich von Eigenbetrieben nicht mehr unterscheiden. So stehen Abwasser- und Abfallbetriebe ebenso wie Krankenhäuser und Altenheime sicherlich in einem Wettbewerb mit privaten Unternehmen, der dem auf dem Energiesektor ohne weiteres vergleichbar ist. Das historische Argument vermag daher nicht mehr zu überzeugen. Und ob der historische Gesetzgeber immer dem objektiven Wortlaut vorzuziehen ist, ist nach der Rechtsprechung des OVG NRW kaum anzunehmen (vgl. Urt. vom 15.9.2004, NWVBl. 2005 S. 135). Für gemischte Einrichtungen wie etwa die Zusammenfassung eines Eigenbetriebs Wasserwerk und einer eigenbetriebsähnlichen Einrichtung Abwasserbeseitigung findet die Mitbestimmungsregelung Anwendung, denn ein solcher Mehrspartenbetrieb kann nicht nur für einen Teil der Mitbestimmung unterfallen (vgl. VG Köln, Beschl. vom 24.11.1999 – 34 K 7295/99. PVL –, juris; zustimmend *Cronauge* in Rehn u. a., § 114 GO NRW Anm. IV 2).

Bereits im Jahre 2001 gab es Überlegungen im Innenministerium für eine Novellierung der Eigenbetriebsverordnung. Die kommunalen Spitzenverbände haben seinerzeit dazu u. a. vorgebracht, dass auch in eigenbetriebsähnlichen Einrichtungen die Mitbestimmungsregelung Geltung haben sollte. Aufgegriffen wurde dies nicht.

4.4 Nachwahl bei Ausscheiden eines Mitglieds

Wie auch bei allen anderen Ratsausschüssen ist die Nachfolge durch die GO NRW geregelt. Die Bestimmung des § 5 Abs. 2 Satz 4 EigVO NRW entspricht der Regelung des § 50 Abs. 3 Satz 5 GO NRW. Danach ist es so, dass im Falle des Ausscheidens eines Ausschussmitglieds keine eigentliche Wahl zwischen den Fraktionen und Gruppen nach Mehrheitswahlrecht stattfindet, sondern der Rat wählt auf Vorschlag der Fraktion oder Gruppe, der der Ausgeschiedene angehört hat, einen Nachfolger. Damit bleibt sichergestellt, dass sich auch weiterhin in der Ausschussbesetzung die Stärke der Fraktionen und Gruppen im Rat widerspiegelt.

Es gibt aber einen Unterschied zu der Nachfolgerwahl bei den anderen Ratsausschüssen. Scheidet ein Mitglied des Betriebsausschusses aus, so muss die Fraktion, die es ursprünglich vorgeschlagen hatte, binnen zwei Wochen einen Nachfolger vorschlagen; eine derartige Regelung fehlt in § 50 Abs. 3 GO NRW. Erfolgt kein fristgerechter Vorschlag, wählt der Rat nach § 50 Abs. 2 GO NRW, der Bestimmung, die dem früheren § 35 Abs. 2 GO entspricht. Dies bedeutet eine Mehrheitswahl zwischen mehreren Vorschlägen, wobei derjenige gewählt ist, der die Mehrheit der abgegebenen Stimmen im ersten Wahlgang erreicht, möglicherweise erfolgt dann eine Stichwahl. Natürlich kann der Rat auch bei diesem von der EigVO NRW vorgegebenen Verfahren über einen konkurrenzlosen Vorschlag der Fraktion abstimmen, die vorschlagsberechtigt gewesen wäre, und ihr so zu einem ansonsten verlorenen Sitz im Betriebsausschuss wieder verhelfen.

Auch bei Ausscheiden eines Vertreters der Beschäftigten ist die Wahl des Nachfolgers geregelt. In diesem Fall gibt es keinen neuen Vorschlag der Beschäftigten, sondern der

Nachfolger ist der ursprünglich aufgestellten Vorschlagsliste zu entnehmen. Für die Wahl gilt das gleiche wie für die Wahl der ordentlichen und der stellvertretenden Mitglieder, der Rat ist an die Reihenfolge auf der Vorschlagsliste nicht gebunden.

In seinem Runderlass vom 30.8.1984 (Anhang 4) hat der Innenminister die Auffassung vertreten, dass die Anzahl der dem Rat vorzuschlagenden Bewerber (doppelte Zahl der Mitglieder und Stellvertreter) auch im Falle des vorzeitigen Ausscheidens sicherstelle, dass der Betriebsausschuss immer richtig besetzt sei. Dennoch ist es denkbar, dass die Liste soweit erschöpft ist, dass der Rat keine Wahlalternativen mehr hat. In diesem Falle muss der Rat wegen des grundsätzlichen Mitbestimmungsgebotes und den Grundsätzen der Verhältnismäßigkeit dann den einzigen vorhandenen Kandidaten wählen. Bei Erschöpfung der Liste während der Wahlzeit des Rates dagegen erscheint ein neuer Vorschlag für die dann zu besetzenden Positionen erforderlich.

5. Teilnahme- und Redepflicht der Betriebsleitung

Die Betriebsleitung nimmt an den Sitzungen des Betriebsausschusses teil. Die Betriebsleiter sind dazu verpflichtet, aber auch berechtigt. Insoweit entspricht ihre Stellung der des Bürgermeisters und der Beigeordneten gegenüber dem Rat und seinen Ausschüssen (vgl. § 69 GO NRW). Wie diese (die Beigeordneten nur gegenüber dem für ihren Geschäftsbereich zuständigen Ausschuss in Vertretung des Bürgermeisters) sind sie auch berechtigt, ihre Auffassung zu einem Punkt der Tagesordnung vorzutragen. Anders als die Beigeordneten (*Plückhahn* in Held, KVR NRW, § 69 GO NRW, Erl. 2) müssen sie dabei nicht die Auffassung des Bürgermeisters vertreten, sondern sie handeln als selbstständige Leitung des Eigenbetriebs, der der Bürgermeister keine Weisungen erteilen kann, und vertreten ihren Standpunkt.

§ 5 Abs. 3 EigVO NRW verpflichtet die Betriebsleitung, auf Verlangen ihre Ansicht zu einem Punkt der Tagesordnung darzulegen. Diese Regelung ist insofern unklar, als nicht bestimmt ist, wer dieses Verlangen äußern kann. Man wird daher die Regelung des § 69 Abs. 1 Satz 2 GO NRW hier zu Hilfe nehmen müssen. Der Bürgermeister ist gegenüber dem Rat, die Beigeordneten sind gegenüber einem Ausschuss dann verpflichtet, Stellung zu nehmen, wenn dieses Verlangen von einer Fraktion oder einem Fünftel der Ratsmitglieder geäußert wird. Das Verlangen muss daher von einem Fünftel der Betriebsausschussmitglieder ausgesprochen werden.

6. Die Informationspflichten der Betriebsleitung und des Bürgermeisters

Da der Betriebsausschuss einerseits das für den Rat vorberatende und auch an seiner Stelle entscheidende Gremium ist, andererseits aber auch direkt mit der Betriebsleitung zusammenarbeitet, muss er auch über alle wichtigen Angelegenheiten informiert sein. Diese Unterrichtungspflicht soll gewährleisten, dass der Betriebsausschuss die zur wirtschaftlichen Führung des Eigenbetriebes notwendigen Beschlüsse rechtzeitig fassen oder dem Rat vorschlagen kann. § 5 Abs. 4 Satz 2 EigVO NRW verpflichtet daher den Bürgermeister und die Betriebsleiter zur Unterrichtung des Betriebsausschusses über alle wichtigen Angelegenheiten.

6.1 Die Informationspflicht der Betriebsleitung

Dabei wird der Betriebsleiter den Part zu übernehmen haben, der den Eigenbetrieb selbst betrifft. Der Bürgermeister wiederum muss über alles Wichtige informieren, was von der Trägergemeinde aus in den Eigenbetrieb hineinwirkt.

Die Begründung zur Neufassung führt hierzu aus: „*Absatz 4 enthält eine Regelung zur Verdeutlichung und Konkretisierung von Unterrichtungspflichten, mit der u. a. der eingangs angesprochenen Zielsetzung einer möglichst eindeutigen Abgrenzung der Kompetenzen der Leitung der Gemeindeverwaltung und der Betriebsleitung Rechnung getragen werden soll.*" Dem trägt Satz 3 Rechnung, er konkretisiert die Unterrichtungspflichten der

Betriebsleitung. Diese muss über alle wichtigen betrieblichen Angelegenheiten informieren. Dies ist sicherlich alles, was über die laufende Geschäftstätigkeit hinausgeht, sowie die hier ausdrücklich aufgenommenen grundsätzlichen Angelegenheiten. Zudem wird man etwa solche Themen angesprochen sehen, für die der Betriebsausschuss, ohne sich in die laufende Geschäftsführung einzumischen, explizites Interesse gezeigt hat durch Anfragen oder Diskussionen entsprechender Tagesordnungspunkte.

Außerdem sind an anderen Stellen der EigVO NRW noch besondere Informationspflichten normiert:

- Bei unabweisbaren erfolggefährdenden Mehraufwendungen, die die Betriebsleitung tätigen muss, ist der Betriebsausschuss unverzüglich zu unterrichten, § 15 Abs. 3 Satz 3 EigVO NRW.
- Nicht unabweisbare erfolggefährdende Mehraufwendungen darf die Betriebsleitung nur mit Zustimmung des Betriebsausschusses tätigen. Sind sie eilbedürftig, ersetzt die Zustimmung des Bürgermeisters und des Vorsitzenden oder eines anderen dem Betriebsausschuss angehörenden Ratsmitglieds – hier hat die Änderungsverordnung vom 13.8.2012 eine Angleichung an die Dringlichkeitsentscheidung gebracht – die des Betriebsausschusses. Dieser ist dann unverzüglich zu unterrichten, § 15 Abs. 3 Satz 4 letzter Halbsatz EigVO NRW.
- Muss die Betriebsleitung Mehrauszahlungen für Einzelvorhaben tätigen und diese überschreiten einen in der Betriebssatzung festzulegenden Betrag, so bedarf sie der Zustimmung des Betriebsausschusses. Bei Eilbedürftigkeit genügt die Zustimmung des Bürgermeisters und des Vorsitzenden oder eines anderen dem Betriebsausschuss angehörenden Ratsmitglieds – hier hat die Änderungsverordnung vom 13.8.2012 eine Angleichung an die Dringlichkeitsentscheidung gebracht. Der Betriebsausschuss ist dann unverzüglich zu unterrichten, auch das ist durch die Änderungsverordnung ausdrücklich geregelt worden.
- Nach § 20 EigVO NRW muss die Betriebsleitung dem Betriebsausschuss vierteljährlich einen Monat nach Quartalsende einen Zwischenbericht über die Entwicklung der Erträge und Aufwendungen und die Abwicklung des Vermögensplans vorlegen, § 20 EigVO NRW.

6.2 Die Informationspflicht des Bürgermeisters

Die Neuformulierung bringt sicherlich mehr Klarheit über die Verteilung der Unterrichtungspflichten zwischen Betriebsleitung und Bürgermeister. Unverständlich ist aber die Formulierung des Inhalts, über den der Bürgermeister berichten muss. § 5 Abs. 4 Satz 2 EigVO NRW erweckt den Anschein, als sei der Betriebsausschuss über sämtliche wichtigen Entwicklungsfragen der Gemeinde zu informieren. Das kann so nicht richtig sein. Hier ist ergänzend zu lesen: *„Über alle wichtigen Angelegenheiten die gemeindliche Entwicklung betreffend, soweit sie auf die Aufgaben des Eigenbetriebs wesentliche Auswirkungen haben können, …"* Alles andere, also die umfassende Unterrichtung über alle Angelegenheiten der Stadtentwicklung, würde den Betriebsausschuss zu einem Superausschuss machen, der mindestens auf einer Stufe mit dem Hauptausschuss anzusiedeln wäre.

7. Zuständigkeiten des Betriebsausschusses

Der Betriebsausschuss berät alle Angelegenheiten des Eigenbetriebes, die der Rat beschließt, vor und hat auch eigene Beschlusskompetenzen, die sich aus der EigVO NRW, der Hauptsatzung oder der Betriebssatzung oder auch aus anderen Regelungen des Rates ergeben können.

7.1 Vorbereitung der Beschlüsse des Rates

Der Betriebsausschuss berät alle Angelegenheiten des Eigenbetriebes vor, die der Rat entscheidet. Er ist für diese Angelegenheiten der einzige Ausschuss. Es gibt weder ein

Zwischenschalten des Hauptausschusses, der ja ansonsten die Arbeit der Ausschüsse aufeinander abstimmt (§ 59 Abs. 1 GO NRW) und in der Regel auch alle Tagesordnungspunkte des Rates vorberät, noch sind andere Fachausschüsse zu beteiligen, wie etwa in Personalangelegenheiten ein allgemeiner Personal- oder Verwaltungsausschuss oder ein Vergabeausschuss für Vergaben (vgl. *Wellmann* in *Rehn u. a.*, § 114 Anm. III 2).

Der Betriebsausschuss verdrängt auch den Finanzausschuss. Dieser ist zwar nach § 59 Abs. 2 GO NRW für die Vorbereitung der Haushaltssatzung zuständig, das erfasst aber nicht den Wirtschaftsplan eines Eigenbetriebs. Der Rechnungsprüfungsausschuss dagegen berät die den Eigenbetrieb betreffenden Prüfberichte des Rechnungsprüfungsamts.

Allenfalls in Angelegenheiten, die auch in die Zuständigkeit anderer Teile der Verwaltung fallen (z. B. die Abfallsatzung bei einer eigenbetriebsähnlichen Einrichtung, die u. a. das Sammeln und Transportieren des Abfalls als Aufgabe hat), kann auch in den dafür zuständigen Ausschüssen eine Beratung stattfinden.

In die Zuständigkeit des Rates und damit in die Vorberatung durch den Betriebsausschuss gehören nach

- § 41 Abs. 1 Satz 2 Buchst. f GO NRW der Erlass, die Änderung und die Aufhebung von Satzungen oder anderen ortsrechtlichen Bestimmungen,
- § 41 Abs. 1 Satz 2 Buchst. k GO NRW die teilweise oder vollständige Veräußerung oder Verpachtung von Eigenbetrieben,
- § 41 Abs. 1 Satz 2 Buchst. l GO NRW die Errichtung, Übernahme, Erweiterung, Einschränkung und Auflösung von Eigenbetrieben,
- § 41 Abs. 1 Satz 2 Buchst. m GO NRW die Umwandlung der Rechtsform von Eigenbetrieben,
- § 41 Abs. 1 Satz 2 Buchst. r GO NRW gegebenenfalls die Genehmigung von Verträgen zwischen Betriebsleitern und der Gemeinde,
- § 41 Abs. 2 GO NRW die Übertragung von Aufgaben des Rates auf den Betriebsausschuss
- § 4 Buchst. a EigVO NRW die Bestellung und Abberufung der Betriebsleiter,
- § 4 Buchst. b EigVO NRW die Feststellung und Änderung des Wirtschaftsplans,
- § 4 Buchst. c EigVO NRW die Feststellung des Jahresabschlusses und die Beschlussfassung über die Verwendung des Jahresgewinns oder die Deckung eines Verlustes,
- § 4 Buchst. d EigVO NRW die Rückzahlung von Eigenkapital an die Gemeinde.

7.2 Festsetzung der allgemeinen Lieferbedingungen

Die Lieferbedingungen sind jedenfalls die Allgemeinen Geschäftsbedingungen des Eigenbetriebs, soweit dieser nicht auf satzungsrechtlicher Grundlage handelt. Bei ihrem Erlass geht es um fachspezifische Fragen ebenso wie um Rechtsfragen der Beachtung preis- und kartellrechtlicher Vorschriften, des Rechts der Allgemeinen Geschäftsbedingungen und des Verbotes des Missbrauchs einer wirtschaftlichen Machtstellung.

7.3 Zustimmung zu erfolggefährdenden Mehraufwendungen und Mehrauszahlungen nach §§ 15 und 16 EigVO NRW

Soweit sich während des Wirtschaftsjahres wesentliche Abweichungen von den Plänen ergeben, sehen die §§ 15 und 16 EigVO NRW die Einschaltung des Betriebsausschusses vor.

Werden erfolggefährdende Mehraufwendungen notwendig, so bedürfen sie der Zustimmung des Betriebsausschusses. Nur wenn sie unabweisbar sind, reicht eine Unterrichtung des Betriebsausschusses und des Bürgermeisters. Sind sie zudem eilbedürftig, so ist jetzt die Zustimmung des Bürgermeisters und des Vorsitzenden oder eines weiteren dem

Betriebsausschuss angehörenden Ratsmitglieds erforderlich. Die Änderungsverordnung von 2012 hat hier eine Annäherung an die Dringlichkeitsentscheidung gebracht.

Soweit eine in der Betriebssatzung festgelegte Summe überschritten wird, darf die Betriebsleitung die Mehrauszahlung nicht ohne Zustimmung des Betriebsausschusses tätigen. Auch hier sind jetzt die Zustimmungen des Bürgermeisters und des Vorsitzenden oder eines weiteren dem Betriebsausschuss angehörenden Ratsmitgliedes erforderlich. Der Betriebsausschuss ist unverzüglich zu unterrichten.

In Absatz 5 Satz 1 ist die Bestimmung, dass der Betriebsausschuss der Gemeindeprüfungsanstalt einen Prüfer für die Jahresabschlussprüfung vorschlägt, gestrichen worden. Das macht wegen der generellen Neuregelung der Jahrtesabschlussprüfung – dazu unten bei § 21 – Sinn. Nach der Neufassung des § 21 EigVO beauftragt die Betriebsleitung nach vorheriger Beschlussfassung durch den Betriebsausschuss den Abschlussprüfer.

7.4 Die Entscheidung über die Entlastung der Betriebsleitung

Die nordrhein-westfälische Eigenbetriebsverordnung kannte bisher die Entlastung des Betriebsleiters nicht. Ich hatte in der früheren Auflage des Kommentars vorgeschlagen, im Zusammenhang mit der Feststellung des Jahresergebnisses durch den Rat auch über die Entlastung des Betriebsleiters zu entscheiden. Nunmehr weist § 5 Abs. 5 Satz 2 EigVO NRW diese Aufgabe ausdrücklich dem Betriebsausschuss zu. Grundsätzlich ist das zu begrüßen, denn eine Entlastung gibt dem Betriebsleiter die Sicherheit, dass sein Wirtschafts- und Finanzgebaren gebilligt wird. Allerdings erscheint die Zuweisung an den Betriebsausschuss fraglich, hier wäre eine Zuständigkeit des Rates besser gewesen, weil dieser als höchstes Organ der Gemeinde auch die Zuständigkeit der Feststellung des Jahresergebnisses hat.

Beckmann, DVBl 2018 S. 1521 hat sich ausführlich mit der Entlastung des Bürgermeisters befasst. Seine Ausführungen können auf die Entlastung der Betriebsleitung angewandt werden.

Mit der Entlastung gibt der Betriebsausschuss sein Einverständnis mit dem wirtschaftlichen und finanziellen Gebaren des Betriebsleiters für das vergangene Geschäftsjahr zum Ausdruck. Denn im gemeindlichen Haushaltsrecht wird unter Entlastung in der Regel verstanden, dass der Rat mit der Abwicklung der Haushaltswirtschaft des vergangenen Jahres einverstanden ist, etwaige Mängel als geheilt ansieht und auf Haftungs- und Ersatzansprüche verzichtet (vgl. *Klieve* in Held, KVR NRW, § 96 GO Erl. 3.1; *Hamacher* in Articus/ Schneider, § 94 Anm. 3; *Beckmann*, DVBl 2018 S. 1521, 1525, widerspricht der Auffassung, dass mit der vorbehaltlosen Entlastungsentscheidung auch ein Verzicht auf Schadensersatzansprüche verbunden sei, denn diese Frage werde nicht geprüft, auch liege das nicht in der Entscheidungskompetenz des Rates; ebenso VG Trier, Urt. vom 6.3.2018 – 7 K 11079/ 17. TR –, juris, Rdn. 64).

Eine Einschränkung der Entlastung wird in der Regel dann geboten sein, wenn festgestellte Mängel bis zum Zeitpunkt der Beschlussfassung über die Entlastung noch nicht ausgeräumt werden konnten, das Gewicht der Verstöße aber doch so groß ist, dass eine uneingeschränkte Entlastung nicht in Betracht kommt.

Eine Verweigerung der Entlastung müsste sich auf die Fälle beschränken, in denen schwerwiegende Verstöße vorliegen, die dienstrechtliche Maßnahmen und Schadensersatzansprüche notwendig machen. Dabei kommt es auch darauf an, welches Gewicht die Summe dieser Verstöße im Rahmen der gesamten Haushaltswirtschaft. hat und ob die Verweigerung der Entlastung nach dem Grundsatz der Verhältnismäßigkeit der Mittel vertretbar und geboten erscheint (siehe zur Entlastung des Bürgermeisters *Kalus*, VR 2004 S. 124, *Beckmann*, DVBl 2018 S. 1521). Auch wenn in der Entlastungsentscheidung ein Vertrauensbeweis für die Betriebsleitung zu sehen sein mag, so darf sie nur aus finanzwirtschaftlichen Gründen, nicht aus anderen Gründen verweigert werden (vgl. *Beckmann*,

DVBl 2018 S. 1521, 1524; auch OVG RhPf, Beschl. vom 25.7.2018 – 10 A 10433/18 –, juris, Rdn. 17).

So wie der Bürgermeister einen Anspruch darauf hat, dass der Rat die Einschränkung oder Verweigerung der Entlastung begründet, wird man auch dem Betriebsleiter diesen Anspruch gegenüber dem Betriebsausschuss zubilligen müssen. Der Betriebsausschuss muss dabei darlegen, welche Verstöße zu der Entscheidung geführt haben und aus welchem Grunde er in der beanstandeten Maßnahme einen Verstoß sieht. Mit dieser Begründung muss sowohl dem Entlastungsempfänger als auch der Aufsichtsbehörde Gelegenheit gegeben werden, sich mit dem Beschluss auseinanderzusetzen und ggf. Gegenvorstellungen zu erheben. Die Begründung wird vom Ausschuss (mehrheitlich) beschlossen, dem einzelnen Mitglied wird man zugestehen müssen, eine ergänzende oder andere Begründung für seine Entscheidung zu Protokoll geben zu können (*Beckmann*, DVBl 2018 S. 1521)

Ob hieraus rechtliche Folgerungen wie Schadensersatzforderungen gegen den Betriebsleiter gezogen werden sollen, dürfte nicht mehr in den Entscheidungsbereich des Betriebsausschusses gehören, sondern eine Angelegenheit des Rates sein.

Der Betriebsausschuss kann über die Entlastung erst entscheiden, wenn er zuvor das Ergebnis der Prüfung des Jahresabschlusses gemäß § 26 EigVO NRW beraten und der Rat das Jahresergebnis anschließend festgestellt hat. Allerdings bedeutet die Entscheidung über die Feststellung des Jahresabschlusses nicht, dass damit auch die Entlastung erteilt wird (*Beckmann*, DVBl 2018 S. 1521, 1523)

7.5 Die Übertragung weiterer Zuständigkeiten

Nach § 5 Abs. 5 Satz 2 EigVO NRW kann dem Betriebsausschuss durch die Betriebssatzung die Entscheidung in weiteren Angelegenheiten übertragen werden. Dies entspricht § 114 Abs. 2 Satz 2 GO NRW, wonach die Zuständigkeiten des Rates soweit wie möglich dem Betriebsausschuss übertragen werden sollen. Diese Vorgabe findet natürlich dort ihre Grenzen, wo der Rat aufgrund der GO NRW oder der EigVO NRW ausdrücklich zur Entscheidung berufen ist, § 41 GO NRW und § 4 EigVO NRW. § 114 Abs. 2 Satz 2 GO NRW geht allerdings über § 5 EigVO NRW hinaus, denn in der GO NRW ist nicht bestimmt, dass die Aufgabenübertragung nur durch Betriebssatzung erfolgen kann. Der Rat kann eine solche Zuständigkeitsverlagerung auch durch schlichten Ratsbeschluss vornehmen und dementsprechend dann auch wieder zurücknehmen, während ansonsten die Satzung geändert werden müsste. § 114 Abs. 2 Satz 2 GO geht auch insofern über die EigVO NRW hinaus, als die GO NRW ein Soll-Vorgabe enthält, deshalb darf der Rat von einer möglichen Übertragung nur bei Vorliegen zwingender Gründe absehen (vgl. *Held* in Held, KVR NRW, § 114 GO NRW Erl. 6).

Der Betriebsausschuss ist in seinen Entscheidungsmöglichkeiten nach oben durch die Ratskompetenz für die wichtigen und grundsätzlichen Angelegenheiten und nach unten durch das Recht zur laufenden Betriebsführung der Werksleitung begrenzt,. Damit es nicht zu Kompetenzstreitigkeiten kommt, sollte in der Betriebssatzung eine klare Abgrenzung zu beiden etwa durch Betragsgrenzen festgelegt werden. Auch dies ist aber wiederum abhängig von der Größe und Aufgabenstellung des einzelnen Eigenbetriebs und der Gemeinde.

7.6 Dringliche Angelegenheiten

Im Regelfall haben Rat und Ausschüsse ihre Arbeit so organisiert, dass sie jeweils in einem bestimmten Rhythmus tagen, die Ausschüsse zumeist in vierwöchigem, der Rat in sechs- oder achtwöchigem Abstand. Trotz sorgfältiger Planung kann es dennoch vorkommen, dass plötzlich Entscheidungen zu treffen sind, bis zur nächsten planmäßigen Sitzung aber zu viel Zeit vergeht. In diesen Fällen bietet die GO NRW ein abgestuftes System an Lösungsmöglichkeiten: Zunächst kommt eine Ladung des zur Entscheidung berufenen

Gremiums mit verkürzter Ladungsfrist in Betracht, sodann die Ersatzbeschlussfassung durch den Hauptausschuss an Stelle des Rates (allerdings nicht in Angelegenheiten eines Eigenbetriebes – dazu unten) und schließlich die Ersatzentscheidung durch den Bürgermeister und den Ausschussvorsitzenden oder ein dem Ausschuss angehöriges Ratsmitglied (beim Betriebsausschuss muss das der Vorsitzende sein – dazu unten).

Es muss sich dabei um eine Angelegenheit handeln, die einer Entscheidung bedarf, die Einberufung des Rates aber nicht rechtzeitig möglich ist. Mit dieser Formulierung und auch der Erweiterung auf Ausschussangelegenheiten haben sich manche Kontroversen und Probleme der Praxis erledigt (vgl. dazu *J. Müller*, VR 1990 S. 23 und NWVBl. 1993 S. 87).

Soweit dann an Stelle des Rates oder des Betriebsausschusses entschieden worden ist, ist die Entscheidung dem jeweiligen Gremium in der nächsten Sitzung zur Genehmigung vorzulegen (§ 60 Abs. 1 Satz 3 bzw. Abs. 2 Satz 2 GO NRW). Dieses kann die Dringlichkeitsentscheidung nur aufheben, soweit nicht bereits Rechte Dritter entstanden sind.

7.6.1 Die Eilkompetenz des Betriebsausschusses

Nach wie vor sieht die GO NRW vorrangig eine Ersatzbeschlussfassung durch den Hauptausschuss vor, soweit der Rat nicht rechtzeitig einberufen werden kann. Dies gilt nicht in Angelegenheiten des Eigenbetriebs. Hier schreibt die EigVO NRW ausdrücklich vor, dass in solchen Fällen der Betriebsausschuss entscheidet. Dies sind die oben bei § 4 EigVO aufgezeigten Fälle der Zuständigkeit des Rates.

Dabei erscheint es zweifelhaft, ob in allen Fällen einer Zuständigkeit des Rates auch ein Eilbeschluss notwendig werden kann. Für die in § 4 EigVO aufgezeigten Ratskompetenzen erscheint dies fast schon ausgeschlossen. Es ist kaum denkbar, dass die Bestellung eines Betriebsleiters – abgesehen von absoluten Ausnahmefällen, weil die bisherige Betriebsleitung insgesamt plötzlich weggefallen ist – nicht bis zu einer ordentlichen Ratssitzung warten kann. Anders kann das allerdings bei der jetzt ausdrücklich aufgenommenen Abberufung eines Betriebsleiters sein. Auch die Feststellung des Jahresabschlusses und eine Beschlussfassung über die Rückzahlung von Eigenkapital können so dringlich nicht sein. Fraglich erscheint, ob eine Änderung des Wirtschaftsplans von solcher Eile sein kann. Auch im Hinblick auf die in § 14 Abs. 2 EigVO NRW aufgezählten Fälle der Notwendigkeit einer unverzüglichen Änderung wird dies kaum der Fall sein.

Eher können sich bei den Ratszuständigkeiten, die schon in der GO NRW geregelt sind, derartige Notwendigkeiten ergeben. Dies dürfte vor allem für den Erlass von Satzungen und die Festsetzung von Abgaben und Entgelten gelten, vor allem dann, wenn der Eigenbetrieb sich in gerichtlichen Auseinandersetzungen befindet, für die diese von Bedeutung sind. Auch die Genehmigung von Verträgen mit Mitgliedern der Betriebsleitung kann dringlich sein. Eher ausgeschlossen sind dagegen die anderen Fälle der Ratszuständigkeit: Wahl des Betriebsausschusses, Veräußerung oder Änderung oder Rechtsformänderung des Eigenbetriebs, Übertragung von Zuständigkeiten auf den Betriebsausschuss.

7.6.2 Bürgermeister und Vorsitzender

In Fällen äußerster Dringlichkeit kann der Bürgermeister – im Falle seiner Verhinderung der allgemeine Vertreter – mit dem Vorsitzenden des Betriebsausschusses entscheiden. Die frühere Kontroverse, ob der Bürgermeister bei einer Dringlichkeitsentscheidung durch seinen allgemeinen Vertreter oder durch den ersten ehrenamtlichen Stellvertreter ersetzt wird (s. für den ehrenamtlichen Stellvertreter: *J. Müller*, NWVBl. 1999 S. 405, so auch OVG NRW, Beschl. vom 6.5.2011, NWVBl. 2011 S. 467; dagegen *von Lennep* in *Rehn u. a.*, § 60 Anm. II 2) hat sich durch das Gesetz vom 18.9.2012 zur Stärkung des kommunalen Ehrenamtes (GV. NRW. S. 421) erledigt.

Nach dem Text der EigVO NRW bezieht sich dies wohl nur auf Entscheidungen an Stelle des Rates. Wie aber bereits vor der Neufassung der GO NRW in der Praxis die Dringlichkeitsregelungen auch auf entscheidungsbefugte Ausschüsse angewandt wurden, so kann jetzt wegen des § 60 Abs. 2 GO NRW, der Dringlichkeitsentscheidungen in Ausschussangelegenheiten ausdrücklich vorsieht, auch an Stelle des Betriebsausschusses entschieden werden.

§ 60 Abs. 2 GO NRW sieht vor, dass der Bürgermeister mit dem Ausschussvorsitzenden oder einem anderem dem Ausschuss angehörenden Ratsmitglied an Stelle des Ausschusses entscheiden kann. § 5 Abs. 6 EigVO NRW beruft ausdrücklich den Vorsitzenden des Betriebsausschusses in das Ersatzorgan an Stelle des Rates. Etwas Vergleichbares für andere Ausschüsse ist in die GO NRW nicht aufgenommen worden. Wegen dieser Spezialregelung für den Betriebsausschuss wird man aber auch § 60 Abs. 2 GO NRW für Angelegenheiten des Betriebsausschusses so verstehen müssen, dass der Bürgermeister auch in diesen Fällen nur mit dem Ausschussvorsitzenden, nicht aber mit einem dem Rat angehörenden Mitglied des Betriebsausschusses entscheiden kann.

8. Vor Bildung des Betriebsausschusses

Solange noch kein Betriebsausschuss gebildet ist, werden seine Aufgaben vom Hauptausschuss wahrgenommen, § 5 Abs. 6 Satz 4 EigVO NRW. Dass der Betriebsausschuss noch nicht gebildet ist, kann einmal darauf zurückzuführen sein, dass der Rat ihn noch nicht gewählt hat, etwa weil es noch an den Vorschlägen der Belegschaft fehlt, oder es kann zum anderen daran liegen, dass sich der Betriebsausschuss noch nicht konstituiert hat. Dann berät oder entscheidet der Hauptausschuss an Stelle des Betriebsausschusses. Er ist dann auch in den Fällen zu informieren, in denen die EigVO NRW eine Information des Betriebsausschusses vorschreibt.

Für den Fall, dass noch kein Betriebsausschuss gebildet ist, tritt der Hauptausschuss an seine Stelle, in diesem Fall gelten die Regelungen des § 60 Abs. 1 GO NRW. Der Fall kann eintreten, wenn ein Eigenbetrieb sich noch in Gründung befindet. Dagegen ist der früher denkbare Fall, dass noch keine Konstituierung und keine Ausschussvorsitzendenwahl erfolgt war, heute nicht mehr möglich. Seit 1979 ist das so genannte Zugreifverfahren für die Verteilung der Ausschussvorsitze in der GO NRW geregelt, heute in § 58 Abs. 5 GO NRW. Das heißt, dass mit der Verteilung der Ausschussvorsitze ein Vorsitzender des Betriebsausschusses existiert, der dann gemeinsam mit dem Bürgermeister an Stelle des Betriebsausschusses und des Rates in dringlichen Fällen entscheiden kann, auch wenn sich der Ausschuss noch nicht konstituiert hat. In der Zeit zwischen Neuwahl des Rates und Bestimmung der Ausschüsse amtieren die früheren weiter.

9. Die Haftungsregelung

Seit 2005 verweist Absatz 7 zur Haftung der Mitglieder des Betriebsausschusses auf die Haftungsregelung für die Betriebsleitung, also auf §§ 48 BeamtStG und 80 LBG. Die Vorschrift selbst überrascht. Nach § 58 Abs. 2 Satz 1 GO NRW gelten für die Ausschussmitglieder und das Verfahren in den Ausschüssen die Vorschriften für Ratsmitglieder entsprechend. Für diese wiederum gibt es in § 43 Abs. 4 GO NRW eine Haftungsregelung. Es stellt sich daher die Frage, ob für Ratsmitglieder, sachkundige Bürger und Beschäftigtenvertreter im Betriebsausschuss eines Eigenbetriebes § 43 Abs. 4 GO NRW gilt oder ob sich ihre Haftung nach § 5 Abs. 7 i. V. m. § 2 Abs. 1 Satz 4 EigVO NRW richtet. § 43 Abs. 4 GO NRW ist gegenüber der EigVO NRW vorrangig. Die EigVO NRW kann die gesetzliche Haftung der Mitglieder des Betriebsausschusses nicht einschränken oder erweitern. Dazu würde aber die Anwendung der Regelung für Betriebsleiter, die nach beamtenrechtlichen Vorschriften haften, führen, denn anders als § 43 Abs. 4 GO NRW knüpft § 5 i. V. m. § 2 EigVO NRW die Haftung nicht nur an schadenverursachende Ausschussbeschlüsse (was für die Betriebsleitung ja auch richtig ist) und schließt damit andere Haftungsgründe nicht aus. Eine solche Erweiterung widerspricht aber der Gemeindeordnung, denn sie würde entweder zu unterschiedlicher Haftung der Ratsmitglieder führen, je nachdem in welchem Gremium sie arbeiten, oder Haftungsunterschiede zwischen den Ratsmitgliedern und den anderen Betriebsausschussmitgliedern zur Folge haben. (a. A. *Paal* in *Rehn u. a.*, § 43 Erl. IV 1)

Inhaltlich gibt es wohl kaum Unterschiede, denn auch nach der GO-Norm haften die Ausschussmitglieder für vorsätzliche und grob fahrlässige Pflichtverletzungen.

§ 43 GO NRW ist kaum relevant geworden, soweit ersichtlich hat sich nur das VG Minden in einem Eilbeschl. vom 26.5.2008 – 3 L 231/08 –, juris –mit der Frage der Haftung nach § 43 Abs. 4 GO NRW auseinandergesetzt. In dem Verfahren ging es um die aufsichtsbehördliche Aufhebung eines Ratsbeschlusses und die gleichzeitige Weisung an die Gemeinde, gegenüber Ausschussmitgliedern Schadensersatzansprüche (wegen der Verweigerung des Einvernehmens nach § 36 BauGB) geltend zu machen. In diesem Zusammenhang hat das VG darauf hingewiesen, dass die Gemeinde wegen § 77 Abs. 2 GO NRW verpflichtet ist, solche Schadensersatzforderungen geltend zu machen. Die Gemeinde muss dabei unter Beachtung der zur beamtenrechtlichen Fürsorgepflicht in der Rechtsprechung entwickelten Grundsätze entscheiden, welche Forderung sie welchem Rats- oder Ausschussmitglied gegenüber geltend machen muss. Haben mehrere einen Schaden schuldhaft verursacht, so muss Art und Maß des Verursachungsbeitrags und des Verschuldens geprüft und der Forderung gegen den Einzelnen zugrunde gelegt werden. Es widerspräche der Fürsorgepflicht, einen auf den ganzen Schaden in Anspruch zu nehmen und ihn auf den gesamtschuldnerischen Ausgleichsanspruch zu verweisen. (vgl. OVG NRW, Urt. vom 14.11.1991 – 12 A 1255/88 –, NWVBl. 1992 S. 174) Das VG Minden hat beamtenrechtliche Grundsätze angewandt, weil die betreffenden Ratsmitglieder als Beamte im haftungsrechtlichen Sinne tätig gewesen sind. Man werde den Anspruch der Gemeinde daher als öffentlich-rechtlichen qualifizieren müssen, so dass die Zuständigkeit der Verwaltungsgerichtsbarkeit in analoger Anwendung des § 54 Abs. 1 BeamtStG für die Entscheidung über den Schadensersatzanspruch gegeben sei (vgl. BGH, Beschl. vom 9.4.2009, NVwZ 2009 S. 928, dazu Anm. *Kummer*, juris, PR-BGHZivilR 13/2009 Anm. 3). Eine neuere Entscheidung des BGH (Beschl. vom 7.1.2021, III ZB 13/20, BGHZ 228 S. 105) bejaht den Zivilrechtsweg für den gesamtschuldnerischen Ausgleich zwischen Beamten nach § 48 Satz 2 BeamtStG. Daher wird zu folgern sein, dass dies auch für Ausgleichsansprüche zwischen Rats-/Ausschussmitgliedern gilt.

Eine Haftung nach § 43 GO NRW setzt voraus, dass das Rats-/Ausschussmitglied dem schadenverursachenden Beschluss zugestimmt hat; die in der Literatur diskutierten Haftungserweiterungen (auch bei Enthaltung oder bewusster Nichtteilnahme, Verschweigen von besonderen Kenntnissen) sind abzulehnen, weil § 43 GO NRW als Ausnahmevorschrift eng auszulegen ist. Auch eine Mitwirkung trotz Befangenheit kann nicht zu einer Haftung führen, wenn dem Beschluss nicht zugestimmt wurde.

Die Gemeinde kann den ihr selbst entstandenen Schaden sowie das, was sie einem Dritten wegen des Beschlusses als Schadensersatz leisten musste, gegenüber den haftenden Rats-/Ausschussmitgliedern geltend machen. Diese haften als Gesamtschuldner, für den Binnenausgleich in der Regel zu gleichen Teilen. Die Beschlussfasser können der Kausalität nicht entgegenhalten, dass der Bürgermeister bzw. der Betriebsleiter den Beschluss ausgeführt hat, auch nicht eine fehlende Beanstandung des Beschlusses. Die Ansprüche verjähren innerhalb von drei Jahren, hierbei gilt § 80 Abs. 1 Satz 2 LBG NRW analog. Geltend zu machen sind sie durch den Rat der Gemeinde (wenn der nicht tätig wird, muss die Aufsichtsbehörde eingreifen) vor dem Zivilgericht, da Art. 34 Satz 3 GG solche Rückgriffsansprüche gegenüber Amtsträgern im haftungsrechtlichen Sinne dem ordentlichen Rechtsweg zuweist. (vgl. zu § 43 GO NRW *J. Müller*, NVwZ 2017 S. 1829 ff.; s. a. *Rombach*, VR 1989 S. 389; *Wallerath*, DVBl 1971 S. 197; *Schröer/Kortmann/Andrae*, NVwZ 1986 S. 449).

10. Das Verfahren im Ausschuss

Auf das Verfahren im Betriebsausschuss finden die Vorschriften der GO NRW über das Verfahren im Rat und seinen Ausschüssen (vgl. § 58 Abs. 2 GO NRW) und die jeweilige

Geschäftsordnung Anwendung. Auf die GO-Kommentierungen zu den entsprechenden Vorschriften ist zu verweisen.

Auf einen Punkt sei gesondert hingewiesen: Es gibt einen Widerstreit zwischen dem grundsätzlichen Öffentlichkeitsprinzip, das für den Rat und seine Ausschüsse gilt, und dem vergaberechtlichen Geheimhaltungsgrundsatz. Allerdings kann für bestimmte Angelegenheiten die Nichtöffentlichkeit generell festgelegt werden. Zu diesen gehören in aller Regel Vergabeentscheidungen, weil hier Interessen Dritter berührt sein können. Dennoch kann ein hohes Interesse der Öffentlichkeit bestehen, so dass sich die Frage stellt, ob dieses nicht, weil seine rechtliche Verankerung im Demokratieprinzip des Art. 20 Abs. 2 GG zu finden ist, vorrangig ist (vgl. zu diesem Problem *v. Bechtolsheim/Betz*, KommJur 2006 S. 1). Man wird diesen wohl zustimmen müssen, dass eine Einzelfallabwägung stattfinden muss, die das hoch anzusiedelnde Öffentlichkeitsprinzip mit dem Schutz des Bieters in Einklang bringt, möglicherweise durch Anonymisierung. Zur Frage des Ausschlusses der Öffentlichkeit in Angelegenheiten, deren Geheimhaltung ihrer Natur nach erforderlich ist – speziell Liegenschaftsangelegenheiten – vgl. OVG NRW, Beschl. vom 2.3.2018 – 15 A 265/17 –, juris. Das VG Gelsenkirchen hat eine Kontingentierung von Eintrittskarten zu einer Ratssitzung als gegen das Prinzip der Sitzungsöffentlichkeit verstoßend angesehen und die in dieser Ratssitzung gefassten Beschlüsse für unwirksam erklärt. Zwar könne der Zugang aus Kapazitätsgründen beschränkt werden, dann müsse aber das Prinzip der Chancengleichheit die Vergabe beherrschen (Urt. vom 12.7.2018 – 15 K 5404/15 –, juris). Das OVG NRW sah ebenfalls einen Verstoß gegen den Grundsatz der Sitzungsöffentlichkeit, verneinte aber die Nichtigkeit der bei beschränkter Sitzungsöffentlichkeit gefassten Beschlüsse (Urt. vom 7.10.2020, StGR 2021 Nr. 5, 38). Im Revisionsurteil stellte das BVerwG fest, das Demokratieprinzip (Art. 28 Abs. 1 Satz 1 GG i. V. m. Art. 20 Abs. 1 GG) setze voraus, *„dass eine hinreichende Anzahl allgemein zugänglicher Plätze verbleibt und die Zusammensetzung der Zuhörerschaft zufallsabhängig ist. Werden diese Voraussetzungen nicht erfüllt, liegt ein schwerer Verstoß gegen den Grundsatz der Sitzungsöffentlichkeit vor, der zur Unwirksamkeit der in der Sitzung gefassten Beschlüsse führt. – Urt. v. 27.9.2021, NVwZ 2022 S. 1067."*

§ 6
Rechtliche Stellung der Bürgermeisterin oder des Bürgermeisters

(1) Bürgermeisterin oder Bürgermeister sind Dienstvorgesetzte der Bediensteten des Eigenbetriebs. Die Befugnis zur Einstellung, Ein- oder Höhergruppierung und Beendigung von Arbeitsverhältnissen von Arbeitnehmerinnen und Arbeitnehmern kann, mit Ausnahme der Betriebsleiterinnen und -leiter, durch die Hauptsatzung (§ 7 Absatz 3 GO NRW) auf die Betriebsleitung übertragen werden. Soweit dies nicht geschieht, regelt die Betriebssatzung die Mitwirkung der Betriebsleitung bei den in Satz 2 genannten Personalentscheidungen. Der Betriebsleitung ist zumindest ein Vorschlagsrecht für die in Satz 2 genannten Personalentscheidungen einzuräumen. Die Zuständigkeit des Rates nach § 4 Buchstabe a bleibt unberührt.

(2) Die Betriebsleitung hat die Bürgermeisterin oder den Bürgermeister über alle wichtigen Angelegenheiten rechtzeitig zu unterrichten. Bürgermeisterin oder Bürgermeister können von der Betriebsleitung Auskunft verlangen und ihr im Interesse der Einheitlichkeit der Verwaltungsführung Weisungen erteilen. Glaubt die Betriebsleitung nach pflichtgemäßem Ermessen die Verantwortung für die Durchführung einer Weisung der Bürgermeisterin oder des Bürgermeisters nicht übernehmen zu können, so hat sie sich an den Betriebsausschuss zu wenden. Wird keine Übereinstimmung zwischen dem Betriebsausschuss und der Bürgermeisterin oder dem Bürgermeister erzielt, so ist die Entscheidung des Hauptausschusses herbeizuführen.

(3) Die Regelungen des Absatzes 2, insbesondere über Weisungsmöglichkeiten, gelten nicht für die Angelegenheiten der laufenden Betriebsführung, die ausschließlich der Betriebsleitung unterliegen.

Erläuterungen

Übersicht

1. Bürgermeister
2. Organstellung des Bürgermeisters
3. Die Verantwortung des Bürgermeisters für den Eigenbetrieb
4. Der Bürgermeister ist Dienstvorgesetzter
5. Die Zuständigkeit in beamtenrechtlichen Angelegenheiten
6. Die Zuständigkeit in Angelegenheiten der Arbeitnehmerinnen und Arbeitnehmer
7. Informationspflichten der Betriebsleitung gegenüber dem Bürgermeister
8. Auskunftsrechte des Bürgermeisters
9. Weisungen des Bürgermeisters

1. Bürgermeister

Die Neufassung berücksichtig die neue Kommunalverfassung, die seit 1999 flächendeckend gilt und in der der hauptamtliche Bürgermeister die alte Doppelspitze aus Gemeindedirektor und ehrenamtlichem Bürgermeister ersetzt hat. Vertreten wird der Bürgermeister durch seinen allgemeinen Vertreter, das ist der Erste Beigeordnete – in kreisfreien Städten zumeist Stadtdirektor – oder, wenn die Gemeinde keine Beigeordneten hat, ein vom Rat bestellter Bediensteter, § 68 Abs. 1 Satz 4 GO NRW.

Die frühere Kontroverse, ob der Bürgermeister bei einer Dringlichkeitsentscheidung durch seinen allgemeinen Vertreter oder durch den ersten ehrenamtlichen Stellvertreter ersetzt wird (s. für den ehrenamtlichen Stellvertreter: *J. Müller*, NWVBl. 1999 S. 405, so auch OVG NRW, Beschl. vom 6.5.2011, NWVBl. 2011 S. 467; dagegen *von Lennep* in *Rehn u. a.*, § 60 Anm. II 2*)* hat sich durch das Gesetz vom 18.9.2012 zur Stärkung des kommunalen Ehrenamtes (GV. NRW. S. 421) erledigt.

2. Organstellung des Bürgermeisters

Dem Bürgermeister kommt im Eigenbetrieb eine Organstellung zu. Diese ergibt sich aus der engen Verbindung zwischen Eigenbetrieb und Eigentümergemeinde, die dem Bürgermeister trotz der organisatorischen Verselbständigung des Eigenbetriebs unentziehbare Rechte im Eigenbetrieb zuweist. Wie beim Kämmerer (s. dazu § 7 EigVO NRW) handelt es sich vor allem um Informationsrechte. Zwar sieht die EigVO NRW vor, dass der Bürgermeister die Angestellten und Arbeiter anstellt, eingruppiert und entlässt, dies kann aber durch Ortsrecht abweichend geregelt werden. Auch die Weisungen des Bürgermeisters können durch den Hauptausschuss angehalten werden.

Er ist gesetzlicher Vertreter des Eigenbetriebs, weil dieser Teil der Gemeindeverwaltung ist, und Dienstvorgesetzter der Bediensteten. Schließlich hat er die Rechte aus § 54 Abs. 1 und Abs. 2 GO NRW – Widerspruch gegen Beschlüsse, die das Wohl der Gemeinde gefährden, und Beanstandung rechtswidriger Beschlüsse – auch gegenüber dem Betriebsausschuss.

3. Die Verantwortung des Bürgermeisters für den Eigenbetrieb

Der Bürgermeister besitzt die volle und alleinige Verantwortung für die Einheitlichkeit der Verwaltung, ihre Organisation und ihr gesetzmäßiges Funktionieren, § 62 Abs. 1 Satz 2

GO NRW. Die Betriebsleitung hat die Zuständigkeit und die Verantwortlichkeit für den Eigenbetrieb, insbesondere für die laufende Betriebsführung. Das ändert aber nichts an der allgemeinen Aufsichtspflicht des Bürgermeisters für die Einhaltung des Prinzips der Gesetzmäßigkeit der Verwaltung, egal in welchen Organisationsformen sie arbeitet. Da die Selbstständigkeit des Eigenbetriebs und damit auch der Betriebsleitung im Wesentlichen wirtschaftlich begründet ist, ändert sie nichts an den Pflichten des Bürgermeisters, die sich auf die Überwachung des Rechtmäßigkeitsprinzips beziehen. Er bleibt daher für die Überwachung des Eigenbetriebs verantwortlich und ihn trifft insoweit ein Organisationsverschulden, wenn er diesen Ausschnitt seines Aufgabenbereichs vernachlässigt.

Der Bürgermeister kann diese Überwachungspflicht selbst wahrnehmen, er kann sie auch auf einen Beigeordneten delegieren. Soweit fachliche Zuständigkeitsbereiche aus dem Dezernat eines Beigeordneten ausgegliedert und als Eigenbetrieb oder eigenbetriebsähnliche Einrichtung organisiert werden, ohne dass der Beigeordnete Betriebsleiter wird, ändert dies nichts an seiner Aufsichtspflicht, die sich aus der ursprünglichen Geschäftsverteilung ergibt. Der Bürgermeister hatte ihn mit dieser Aufgabe betraut, die Aufsichtspflicht (in Vertretung des Bürgermeisters) verbleibt als Aufgabenrest, es sei denn, die Geschäftsverteilung wird insoweit ausdrücklich verändert.

Der Bürgermeister kann auch direkt Weisungen erteilen, wenn das Prinzip der Rechtmäßigkeit der Verwaltung gefährdet ist (etwa bei drohendem oder gar festgestelltem strafbaren Verhalten). Man muss wohl sogar davon ausgehen, dass ihn in diesen Fällen eine Weisungspflicht trifft (vgl. *Dau* in *Bolsenkötter* Rdn. R 347). Hat der Bürgermeister seine Aufsichtspflicht delegiert, so gehen Weisungsrecht und Weisungspflicht ebenfalls auf den Beigeordneten über. Hier wie in allen Bereichen der Verwaltung folgt aus dem Hierarchieprinzip und der verbleibenden (Rest-)Aufsichtspflicht des Bürgermeisters, dass der zuständige Beigeordnete ihn ebenfalls unverzüglich zu unterrichten hat, wenn derartige Vorfälle geschehen sind.

4. Der Bürgermeister ist Dienstvorgesetzter

Der Bürgermeister ist Dienstvorgesetzter der Beamten und Arbeiternehmer der Gemeinde, § 73 Abs. 2 GO NRW. Nach § 6 EigVO NRW ist er auch Dienstvorgesetzter aller Dienstkräfte des Eigenbetriebs, vor allem also auch der Betriebsleiter, egal in welchem Anstellungsverhältnis sie stehen. Dienstvorgesetzter ist derjenige, der über fachliche Weisungen gegenüber den ihm nachgeordneten Dienstkräften hinaus auch die beamten- und arbeitsrechtlichen Entscheidungen für diese treffen kann. Vor allem ist der Bürgermeister auch Disziplinarvorgesetzter der Beamten des Eigenbetriebes und somit für Disziplinarverfahren und -maßnahmen zuständig. Die Betriebssatzung kann keine davon abweichende Regelung treffen. Auch wenn die Hauptsatzung der Betriebsleitung die Entscheidungen über die Einstellung und Entlassung der Arbeitnehmerinnen und Arbeitnehmer überträgt, ändert das nichts an der Eigenschaft des Bürgermeisters als Dienstvorgesetztem der Bediensteten des Eigenbetriebs. Dies folgt aus dem Gesetz, nämlich aus § 73 Abs. 2 GO NRW, das für alle Bediensteten der Gemeinde gilt und zu diesen gehören die im Eigenbetrieb beschäftigten Beamten, Angestellten und Arbeiter. Diese Stellung kann ihm der Rat nicht entziehen (vgl. OVG NRW, Urt. vom 8.2.1962, OVGE 17 S. 225). Auch der Bürgermeister selbst kann diese Eigenschaft, weil sie direkt auf dem Gesetz beruht und eine Delegationsmöglichkeit nicht vorgesehen ist, nicht auf andere, also auch nicht auf die Betriebsleitung übertragen (*v. Lennep*, in *Rehn u. a.*, § 73 GO NRW Anm. II 2).

5. Die Zuständigkeit in beamtenrechtlichen Angelegenheiten

Die personalwirtschaftlichen Kompetenzen des Bürgermeisters gehen – jedenfalls was das Regelbild der alten und der neuen GO NRW angeht – über die des früheren Gemeindedirektors hinaus (vgl. *J. Müller*, PersV 1996 S. 205). § 74 Abs. 1 Satz 2 GO NRW geht davon aus, dass der Bürgermeister alle beamten-, arbeits- und tarifrechtlichen Entscheidungen für die Dienstkräfte der Gemeinde trifft. Der Bürgermeister hat unentziehbare Personalkompetenzen, denn ihm soll die Regelzuständigkeit für das Personal obliegen. Der Rat kann dieses gesetzliche Leitbild nicht in sein Gegenteil verkehren (vgl. VG Aachen, Urt. vom 28.6.2001, EilDStTNW 2001 S. 487).

Daran hat auch die Einfügung des § 73 Abs. 3 durch das Gesetz zur Stärkung der kommunalen Selbstverwaltung vom 9.10.2007 (GV. NRW. S. 373) nichts geändert. Diese neue Vorschrift sollte vielmehr die Stellung des Bürgermeisters stärken:

„Die Neuregelung in Absatz 3 stärkt – ebenso wie die Neuregelung in Absatz 1 – die Stellung des Bürgermeisters, indem sie die Einwirkungsmöglichkeit des Rates auf das Verwaltungspersonal in leitender Funktion begrenzt. Die Bezeichnung der betreffenden Führungsfunktionen ist an die Regelungen des Beamtenrechts zur Verleihung von Führungsfunktionen auf Probe und auf Zeit angeglichen. Stabsfunktionen (z. B. persönliche Referenten, Pressereferenten) sind keine Führungsfunktionen in diesem Sinne. Die Hauptsatzung kann lediglich Personalentscheidungen auf den Rat übertragen, die das beamtenrechtliche Grundverhältnis oder das Arbeitsverhältnis eines Bediensteten zur Gemeinde verändern. Dabei handelt es sich insbesondere um beamtenrechtliche Ernennungen, Entlassungen, Zurruhesetzungen und den Abschluss, die Änderung, die Kündigung oder Aufhebung von Arbeitsverträgen. Besteht eine entsprechende Hauptsatzungsregelung und kommt ein Einvernehmen zwischen Rat und Bürgermeister oder eine Zweidrittelmehrheit der Ratsmitglieder nicht zu Stande, bleibt es bei der Personalentscheidungskompetenz des Bürgermeisters gemäß Absatz 3 Satz 1.

Satz 2 stellt klar, dass spezialgesetzlich geregelte Zuständigkeiten (z. B. nach dem Landesdisziplinargesetz) der Regelungsmöglichkeit in der Hauptsatzung nicht unterliegen. Insoweit bleibt es bei den gesetzlich angeordneten Zuständigkeiten.

Bei den Abstimmungen im Rat über Entscheidungen nach Absatz 1 oder Absatz 3, d. h. bei der Festlegung der Geschäftskreise der Beigeordneten, Personalentscheidungen über Führungsfunktionen gemäß Hauptsatzungsregelung sowie die jeweiligen Abstimmungen zur Bildung einer 2/3-Mehrheit der Ratsmitglieder bei fehlendem Einvernehmen des Bürgermeisters, stimmt der Bürgermeister im Rat nicht mit. Dies ergibt sich daraus, dass in diesen Fällen dem Rat eine eigenständige Position gegenüber dem Bürgermeister zukommt (Begründung des Gesetzesentwurfs, LT-Drs. 14/3979 S. 147)".

Erfasst von dieser Vorschrift sind im Eigenbetrieb die der Betriebsleitung direkt unterstellten Abteilungsleiter.

Die EigVO NRW geht auf die personalrechtlichen Entscheidungen für Beamte nicht ein; dies liegt daran, dass zur Zeit ihres Erlasses bzw. ihrer Neubekanntmachung auch in der Kernverwaltung nach dem Regelbild die Zuständigkeit nicht bei dem Gemeindedirektor sondern beim Rat bzw. dessen Gremien lag. § 54 Abs. 1 GO NRW bestimmte, dass die Beamten aufgrund eines Ratsbeschlusses ernannt, befördert und entlassen wurden, die Hauptsatzung konnte das aber auch ganz oder teilweise auf den Gemeindedirektor übertragen. Diese Regelungen galten dann auch für die im Eigenbetrieb arbeitenden Beamten. Heute gilt grundsätzlich die Zuständigkeit des Bürgermeisters.

Aus Absatz 1 Satz 2 könnte abgeleitet werden, dass die Hauptsatzung auch der Betriebsleitung die Ernennung, Beförderung oder Entlassung der Beamten übertragen kann. Das ist aber abzulehnen. Satz 2 spricht ausdrücklich von Arbeitnehmerinnen und Arbeitnehmer – das sind die Beamten nicht. Die Beamten sind Bedienstete der Gemeinde, allein diese hat die Dienstherreneigenschaft. Sie werden auch nach § 17 EigVO NRW im Stellenplan der Gemeinde geführt. In der Regel wird es sich um solche Beamte handeln, die auch an anderer Stelle der Gemeindeverwaltung eingesetzt werden können. Daher und weil die Einheitlichkeit der Verwaltung gesichert werden muss, kommt in beamtenrechtlichen Angelegenheiten eine Delegation auf die Betriebsleitung nicht in Betracht.

6. Die Zuständigkeit in Angelegenheiten der Arbeitnehmerinnen und Arbeitnehmer

Im Regelfalle sieht § 6 Abs. 1 Satz 2 EigVO NRW die Zuständigkeit des Bürgermeisters. Er stellt die Arbeitnehmerinnen und Arbeitnehmer an, regelt ihre Eingruppierung und entlässt sie, so der Umkehrschluss aus Satz 2.

Die Neuformulierung des Absatzes 1 durch die Änderungsverordnung vom 5.8.2009 hat substantielle Änderungen gebracht.

Zunächst könnte man aus dem Wegfall der im bisherigen Satz 2 vorgesehenen Alternative, der Betrauung der Betriebsleitung mit der Einstellung, Ein- und Höhergruppierung und Entlassung der Tarifbeschäftigungen, den Schluss ziehen, dass der Bürgermeister diese Möglichkeit nicht mehr hat. Diese Beauftragung konnte sich auf alle Angelegenheiten der Angestellten und Arbeiter oder nur auf Teile (z. B. nur Arbeiter, nur Anstellung, abhängig von der Lohnstufe oder Gehaltsklasse, nur ordentliche Kündigungen) beziehen. Dieses Recht hat der Bürgermeister aber nach wie vor. Es ergibt sich aus § 62 Abs. 1 Satz 3 GO NRW. Danach verteilt er die Geschäfte der gesamten Verwaltung. Da der Eigenbetrieb Teil der Verwaltung ist, kann er auch der Betriebsleitung bestimmte personalwirtschaftliche Aufgaben zuweisen. Das ist allein seine Entscheidung.

Dagegen ist es Entscheidung des Rates der Stadt diese personalwirtschaftlichen Befugnisse entsprechend § 6 Abs. 1 Satz 2 EigVO NRW durch die Hauptsatzung auf die Betriebsleitung zu übertragen. Die Hauptsatzung der Gemeinde (§ 7 Abs. 3 GO NRW) kann die gesamte Zuständigkeit auf die Betriebsleitung übertragen. Sie kann aber auch die Zuständigkeiten verteilen, und zwar auf den Bürgermeister, etwa indem sie nach der Wertigkeit der Stellen oder der Maßnahme differenziert. Da das Leitbild der personalwirtschaftlichen Zuständigkeiten von Bürgermeister und Betriebsleitung und deren sonstige Stellung in der Gemeindeverwaltung aber so ist, dass der Bürgermeister der Übergeordnete ist, wird die Hauptsatzung diesem z. B. nicht nur die niedrigeren Gehaltsgruppen zuweisen können und der Betriebsleitung die herausgehobenen Stellen.

Nicht mehr möglich ist die frühere Zuweisung solcher Aufgaben an den Betriebsausschuss, die sich daraus ergab, dass der alte Verordnungstext neben den beiden Möglichkeiten (Regelfall Bürgermeister und Beauftragung der Betriebsleitung durch ihn) eine andere Regelung durch die Hauptsatzung zuließ und diese nicht auf die Betriebsleitung beschränkte („insbesondere"). Denn der neue Verordnungstext spricht ausdrücklich davon, dass diese Befugnis durch die Hauptsatzung auf die Betriebsleitung übertragen werden kann, eine Zuweisung an den Betriebsausschuss scheidet damit aus.

Soweit die Zuständigkeit in diesen personalwirtschaftlichen Angelegenheiten nicht auf die Betriebsleitung übertragen wird, ist nach § 6 Abs. 1 Satz 3 EigVO NRW zwingend in der Betriebssatzung die Mitwirkung der Betriebsleitung in diesen Angelegenheiten zu regeln, dabei sieht der Satz 4 ausdrücklich ein Vorschlagsrecht vor. Da dieses als Minimum ausgestaltet ist, kann nicht dahinter zurückgeblieben werden, also etwa nur ein Anhörungsrecht aufgenommen werden. Als Mehr könnte etwa ein Zustimmungserfordernis vorgesehen werden. Dieses könnte für alle Arbeitnehmer gelten oder nur für herausgehobene Positionen.

Neu ist die ausdrückliche Ausnahme der Betriebsleiterinnen und Betriebsleiter aus dem Kreis derer, deren Einstellung usw. auf die Betriebsleitung übertragen werden kann, in Satz 2 und durch den neuen Satz 5, der die Zuständigkeit des Rates nach § 4 Buchst. a EigVO noch einmal ausdrücklich nennt.

Keine Aussage trifft die EigVO NRW zur zweiten Führungsebene des Eigenbetriebs, so dass sich die Frage stellt, ob für diese die Regelung des § 73 Abs. 3 GO NRW gilt. Danach kann die Hauptsatzung bestimmen, dass dienstrechtliche Entscheidungen für Bedienstete in Führungsfunktionen, die das beamtenrechtliche Grundverhältnis oder das Arbeitsverhältnis eines Arbeitnehmers zur Gemeinde verändern, nur durch den Rat oder den Hauptausschuss im Einvernehmen mit dem Bürgermeister zu treffen sind, soweit gesetzlich nichts anderes bestimmt ist. Damit ist die Amtsleiterebene (heute häufig „Fachbereichsleiter" genannt) gemeint bzw. bei kleineren Gemeinden ohne Beigeordnete die den Amtsleitern direkt nachgeordnete Ebene. Die Neufassung des § 73 GO NRW durch das Gesetz zur Stärkung der kommunalen Selbstverwaltung vom 9.10.2007 (GV. NRW. S. 380) sollte dem Rat ausdrücklich einen Mitwirkungsvorbehalt bei Führungskräften geben, wenn er eine solche Regelung in der Hauptsatzung trifft. Man wird daher davon ausgehen müssen, dass dieser Vorbehalt auch im Rahmen des Eigenbetriebs Geltung haben soll, dass er nicht durch die EigVO NRW ausgeschlossen wird.

Ist der Betriebsleitung die Zuständigkeit in Angelegenheiten der Tarifbeschäftigten, insbesondere die für die Kündigung von Arbeitsverhältnissen übertragen, so ist auf § 174 BGB zu achten. Danach muss bei einseitigen Rechtsgeschäften (vor allem also bei Kündigungen) durch Bevollmächtigte eine Vollmachturkunde beigefügt sein.

Dass § 174 BGB auch im öffentlichen Dienst Anwendung findet, hat das BAG entschieden. (Urt. vom 20.9.2006, NZA 2007 S. 377) Für gesetzliche oder organschaftliche Vertreter gilt er dagegen nicht (BAG, Urt. vom 10.2.2005, AP Nr. 18 zu § 174 BGB). Die organschaftliche Vertretung ist gegeben, wenn die Vertreterstellung auf Grund der Satzung einer Körperschaft öffentlichen Rechts, die auf einer gesetzlichen Satzungsermächtigung beruht, besteht. Hierunter fallen Betriebsleitung und deren Stellvertretung, soweit sie in der Satzung vorgesehen ist und ihre Befugnisse dort geregelt sind. Diese Satzung muss öffentlich bekanntgemacht sein.

Insbesondere bei arbeitsrechtlichen Kündigungen vertritt zumindest ein Teil der Arbeitsgerichte die Auffassung, dass auch bei Vertretungsmacht, die aufgrund von organschaftlichen Rechten durch Weiterdelegation begründet wurde, eine Vollmachturkunde beigefügt werden muss (vgl. LAG Köln, Urt. vom 1.12.1999 – 3 Sa 980/99 –, n. v.; BAG, Urt. vom 29.6.1989, EZA § 174 BGB Nr. 6; anders LAG Hamm, Urt. vom 10.7.1991, LAGE § 174 BGB Nr. 4). Eine derartige Delegation sieht das LAG Hamm als rechtsgeschäftliche Vertretung, nicht als auf gesetzlicher Vertretung beruhend an (Urt. vom 26.4.2007 – 17 Sa 1914/06 –, juris, Rdn. 144).

Gemäß § 3 Abs. 2 Satz 1 EigVO NRW besteht die Pflicht, den Kreis der Vertretungsberechtigten und der Beauftragten und den Umfang ihrer Vertretungsbefugnis öffentlich bekannt zu machen. Öffentliche Bekanntmachung im Sinne des Gemeinderechts heißt immer eine Bekanntmachung nach den Vorschriften der Bekanntmachungsverordnung. § 52 Abs. 3 GO NRW schreibt nämlich vor, dass für die aufgrund der GO NRW oder anderen Rechtsvorschriften vorgeschriebenen sonstigen öffentlichen Bekanntmachungen die für die öffentliche Bekanntmachung von Satzungen geltenden Bestimmungen angewandt werden müssen. Für diese ist die BekanntmachungsVO erlassen worden (s. dazu *Wansleben* in Held, KVR NRW, § 7 GO NRW Erl. 5). Öffentliche Bekanntmachungen der Gemeinde erfolgen nach den Regeln der jeweiligen Hauptsatzung entsprechend der Bekanntmachungsverordnung. Üblicherweise waren die Anforderungen an die öffentliche Bekanntmachung von Ortsrecht weitergehend als an sonstige öffentliche Bekanntmachungen. Das OVG hat in einer überraschenden Entscheidung im Jahre 2013 auch für amtliche Bekanntmachungen im Sinne des § 52 Abs. 3 GO, also für andere als Satzungen, die grundsätzliche Beachtung der Regeln der Bekanntmachungsverordnung gefordert, nämlich einen Bestätigungsvermerk und eine Bekanntmachungsanordnung. (Beschl. vom 8.2.2013, NWVBl. 2013 S. 283; dazu *J. Müller*, VR 2013 S. 225). Diese Entscheidung erging in einem baurechtlichen Verfahren, in dem es um die Zurückstellung eines Bauantrages ging. Das OVG NRW verlangte, dass der Aufstellungsbeschluss für einen Bebauungsplan entsprechend § 52 Abs. 3 GO NRW erfolgen müsse. Es reiche nicht die Einhaltung der Abs. 4 und 6 des § 7 GO NRW, vielmehr müssten alle Vorschriften Anwendung finden. Der Gesetzgeber hat auf Drängen der kommunalen Spitzenverbände reagiert und im Gesetz zur Weiterentwicklung der politischen Partizipation in den Gemeinden und zur Änderung kommunalverfassungsrechtlicher Vorschriften vom 19.12.2013 (GV NW S. 878) § 7 EigVO NRW einen Absatz 7 angefügt:

„(7) Die Gemeinden bestimmen in ihrer Hauptsatzung die Form der öffentlichen Bekanntmachung für die nach diesem Gesetz oder anderen Rechtsvorschriften vorgeschriebenen sonstigen öffentlichen Bekanntmachungen, soweit nicht andere Gesetze hierüber besondere Regelungen enthalten. Für die Form und den Vollzug der Bekanntmachung gilt die Rechtsverordnung nach Absatz 5 entsprechend."

Damit ist für die Form und den Vollzug der Bekanntmachung der sonstigen öffentlichen Bekanntmachungen die entsprechende Anwendung der BekanntmVO (das sind deren §§ 4 und 6) vorgeschrieben. Das Problem des OVG dürfte damit erledigt sein. (Zu den Bekanntmachungsvorschriften siehe *Wansleben* in Held, KVR NRW, § 7 GO)

Damit ist auch dem Erfordernis des § 174 BGB Genüge getan. Die öffentliche Bekanntmachung erfüllt nämlich die Voraussetzungen der §§ 171 Abs. 1, 174 Satz 2 BGB (vgl. *Palandt-Ellenberger*, § 174 Rdn. 7; MüKo/*Schramm*, § 174 Rdn. 7; allgemein zur Auslegung des § 174 Satz 2 BGB BAG, Urt. vom 29.10.1992, NJW 1993 S. 1286).

7. Informationspflichten der Betriebsleitung gegenüber dem Bürgermeister

Nach § 6 Abs. 2 EigVO NRW muss die Betriebsleitung den Bürgermeister über alle wichtigen Angelegenheiten rechtzeitig unterrichten. Hier besteht die Möglichkeit, in einer Dienstanweisung nähere Regeln zu treffen (Beispiel im Anhang 2). Ansonsten liegt es im pflichtgemäßen Ermessen der Betriebsleitung zu entscheiden, was eine wichtige Angelegenheit ist. Einerseits sind dies die Informationspflichten, die sich aus § 15 Abs. 3 EigVO NRW – Gefährdung des Erfolgsplans – und § 16 Abs. 5 EigVO NRW – Mehrauszahlungen bei Einzelvorhaben – ergeben, andererseits alles das, was ungewöhnlich ist und wesentliche Auswirkungen auf die Gemeinde haben kann.

Der Bürgermeister kann einen Beigeordneten mit der Wahrnehmung seiner Funktion gegenüber dem Eigenbetrieb beauftragen. Der Beigeordnete hat dann alle Rechte des Bürgermeisters gegenüber der Betriebsleitung. Ihm gegenüber bestehen dann die Informationspflichten und ihm kommt das Auskunftsrecht gegenüber der Betriebsleitung zu, allerdings hat er dann auch seinerseits alle Informationspflichten gegenüber dem Betriebsausschuss. Man wird wohl auch davon ausgehen müssen, dass er im Rahmen der Möglichkeiten des Bürgermeisters der Betriebsleitung Weisungen erteilen kann.

Dagegen kann der Rat nicht nach § 73 Abs. 1 GO NRW diese Zuständigkeit dem Geschäftskreis eines Beigeordneten zuweisen. Insoweit legt nämlich die EigVO NRW die Zuständigkeit des Bürgermeisters fest, das kann ihm nicht durch Ratsbeschluss entzogen werden, nur er selbst kann die Zuständigkeit delegieren (anders wohl *Dau* in *Bolsenkötter* Rdn. R 379).

8. Auskunftsrechte des Bürgermeisters

Nach § 6 Abs. 2 HS 1 EigVO NRW hat der Bürgermeister das Recht, von der Betriebsleitung Auskunft zu verlangen. Dieses Informationsrecht ist vom Wortlaut her nicht beschränkt. Aufgrund der organisatorischen Selbstständigkeit des Eigenbetriebs und des unentziehbaren Rechts bzw. der unabwälzbaren Pflicht der Betriebsleitung zur laufenden Betriebsführung darf das Auskunftsverlangen sich nicht als Eingriff in die laufende Betriebsführung darstellen, insbesondere nicht routinemäßig auch Kleinigkeiten abfragen. Dies lässt sich jetzt auch dem neuen Absatz 3 entnehmen, der die Stellung der Betriebsleitung gegenüber dem Bürgermeister stärkt.

9. Weisungen des Bürgermeisters

Der Bürgermeister kann der Betriebsleitung Weisungen im Interesse der Einheitlichkeit der Verwaltungsführung erteilen, § 6 Abs. 2 Satz 2 HS 2 EigVO NRW.

Bei diesen Weisungen kann es sich nur um allgemeine Weisungen handeln, abgesehen von der unter Erl. 3 behandelten Aufsichtspflicht des Bürgermeisters und seiner Verantwortlichkeit für die Rechtmäßigkeit des Verwaltungshandelns. Es darf sich nicht um Weisungen handeln, die auf die laufende Betriebsführung durch die Betriebsleitung zielen, denn diese obliegt unentziehbar der Betriebsleitung (vgl. *Decker/Habermehl*, StGR 1985 S. 441, 442; *Cronauge*, Unternehmen, Rdn. 191) – jetzt ausdrücklich in Absatz 3 geregelt. Weisungen, die sich etwa auf das Recht des Betriebsleiters beziehen, bestimmte Dienstreisen nur mit Genehmigung des Bürgermeisters durchzuführen, oder Weisungen, die den Vertretungsfall regeln bzw. die Zuständigkeit für Kassenanweisungen, oder gar Weisungen, die die Behandlung eines Einzelfalls regeln oder die Einstellung bestimmter Positionen in den Entwurf des Wirtschaftsplans, sind daher rechtswidrig (VG Minden, Urt. vom 17.4.1985, StGR 1985 S. 443). Eine Regelung, wie sie in Eigenbetriebssatzungen zu finden ist: *„Tritt der Stadtkämmerer einem nach Abs. 1 Satz 1 vorgelegten Entwurf nicht bei, so ist der Entwurf den Einwendungen entsprechend zu ändern, soweit der Bürgermeister dies verlangt."* dürfte dem Verordnungstext widersprechen.

Erteilt der Bürgermeister allgemeine Weisungen – z. B. über die Bürozeiten, den Telefonverkehr, das Auftreten nach außen auf Broschüren und Briefköpfen, also alles Dinge, die die Einheitlichkeit der Verwaltung betreffen und die wohl rechtmäßig sein dürften – und die Betriebsleitung glaubt nach ihrem pflichtmäßigen Ermessen, sie könne die Verantwortung für die Durchführung dieser Weisung nicht übernehmen, so muss sie sich an den Betriebsausschuss wenden. Vermag dieser eine Einigung mit dem Bürgermeister nicht herbeizuführen, so entscheidet der Hauptausschuss.

Dieses gemeindeinterne Schlichtungsverfahren ist einer Organstreitigkeit vorgeschaltet. Die Nichtbeschreitung dieses Weges führt zur Unzulässigkeit einer entsprechenden Klage, ansonsten ist ein Interorganstreit zwischen Bürgermeister und Betriebsleitung zulässig (vgl. VG Minden, Urt. vom 17.4.1985, StGR 1985 S. 443).

Das VG Minden hat in dem angesprochenen Urteil dem innergemeindlichen Schlichtungsverfahren einen hohen Rang eingeräumt. Richtig ist sicherlich, dass die beiden Ratsausschüsse *„nicht nur die Rechtmäßigkeit erteilter Weisungen überprüfen können, sondern auch deren Zweckmäßigkeit"*. Ebenso richtig ist, dass die Ausschüsse der Stadt eine solche Meinungsverschiedenheit zum Anlass für die Prüfung nehmen können, ob die zwischen dem Bürgermeister und der Betriebsleitung streitige Frage einer Regelung in der Betriebssatzung zugänglich ist, die solche Streitigkeiten künftig ausschließt (VG Minden, Urt. vom 17.4.1985, StGR 1985 S. 443, 446). Aber andererseits weisen *Decker/Habermehl* (StGR 1985 S. 441) mit wohl größerer Berechtigung daraufhin, dass gerade bei solchen Streitigkeiten schwierige kommunalverfassungsrechtliche Kompetenzfragen aufgeworfen sind, die sich ohne nähere, möglicherweise aufwendige juristische Begutachtung nicht immer klären lassen, wozu aber die Ausschüsse nicht in der Lage sein werden.

§ 7
Unterrichtung der Kämmerin oder des Kämmerers

Die Betriebsleitung hat der Kämmerin oder dem Kämmerer den Entwurf des Wirtschaftsplans und des Jahresabschlusses, die Zwischenberichte, die Ergebnisse der Betriebsstatistik und die Kostenrechnungen zuzuleiten; sie hat ihr oder ihm ferner auf Anfordern alle sonstigen finanzwirtschaftlichen Auskünfte zu erteilen.

Erläuterungen

Übersicht

1. Organstellung des Kämmerers
2. Ehemals: Der sonst für das Finanzwesen zuständige Beamte
3. Informations- und Auskunftspflichten der Betriebsleitung
4. Keine weitergehenden Rechte

1. Organstellung des Kämmerers

Der Eigenbetrieb hat eigene Organe, darauf wurde schon bei § 1 hingewiesen. Die Frage, ob der Stadtkämmerer Organ der Gemeinde ist, wird nicht einheitlich beantwortet. *Rauball* (DVBl 1976 S. 366, 370) und ihm folgend *Plückhahn* (in Held, KVR NRW, § 71 GO NRW Erl. 5) lehnen eine Organstellung ab. Sie gestehen ihm zwar besondere Rechte und Befugnisse zu, die sich aus der GO NRW, der EigVO NRW bzw. der GemKHBVO sowie der GemHVO und – früher – der GemKVO ergeben, sehen diese aber nicht als ausreichend an, um eine Organstellung begründen zu können. Auch *Meier*, GHH 2003 S. 106, verneint eine Organstellung. *Wansleben* in *Held*, KVR NRW, § 1 GO NRW Erl. 5 und § 40 GO NRW Erl. 2 geht bei der Darstellung der gemeindlichen Organe nicht auf den Kämmerer ein. *Erlenkämper* (in Dieckmann/Heinrichs, § 40 GO NRW Erl. 1) nennt den Kämmerer bei seiner beispielhaften Aufzählung der Organe nicht, würde ihn aber nach seiner Definition wohl dazu rechnen. Da dem Kämmerer sowohl aus seinen haushaltswirtschaftlichen Befugnissen, als auch aus seiner Stellung im Aufstellungsverfahren für den Haushaltsplan als auch als Kassenaufsichtsbeamter und ebenso auch nach § 7 EigVO NRW unentziehbare, durch Ortsrecht oder interne Regelungen nicht veränderbare Rechte zustehen(vgl. etwa die Aufstellung bei *Knirsch* in *Rehn u. a.*, § 80 GO, Rdn. 9), ist er als Organ auch des Eigenbetriebs anzusehen (so auch *Scheel*, GHH 1974 S. 73; *Schmidt-Sicking*, GHH 1982 S. 153; *Klieve* in Held, KVR NRW, § 80 GO NRW Erl. 2: *„zumindest einer Organstellung nahe kommt"*, ähnlich *Knirsch* in *Rehn u. a.*, § 80 Rdn. 9; allgemein zu seiner Stellung nach der Reform des Gemeindeverfassungsrechts *Klieve/Veen*, KommunalPraxis N 2000 S. 9; zur Rechtsstellung des Kämmerers und zur Frage, ob ihm das Kämmereidezernat wegen Meinungsdifferenzen mit dem Bürgermeister oder dem Rat entzogen werden kann, *J. Müller* DÖD 2005 S. 55, in Auseinandersetzung mit dem Beschl. des OVG NRW vom 18.12.2003, DÖD 2004 S. 222).

2. Ehemals: Der sonst für das Finanzwesen zuständige Beamte

Vor Inkraftteten des NKFG musste nur in kreisfreien Städten ein Beigeordneter zum Stadtkämmerer bestellt werden, wie sich aus § 71 Abs. 4 GO NRW ergab. In kreisangehörigen Städten und Gemeinden konnte ein Beigeordneter zum Kämmerer bestellt werden, es konnte ein Lebenszeitbeamter zum Kämmerer bestellt werden oder es konnte vorkommen, dass es dort keinen Kämmerer gab (vgl. *Scheel*, GHH 1974 S. 73). Für diese Fälle war in der GO NRW ein sonstiger Bediensteter als für das Finanzwesen zuständig vorgesehen, er wurde in den §§ 79, 91 und 93 GO NRW ausdrücklich genannt (zu dessen Rechtsstellung *Schmidt-Sicking*, GHH 1982 S. 153). Der für das Finanzwesen zuständige Bedienstete war durch den Bürgermeister zu berufen, denn die Zuteilung dieser Aufgabe fiel unter das Geschäftsverteilungsrecht des Bürgermeisters (vgl. *v. Lennep* in *Rehn u. a.*, § 62 GO NRW, Anm. II 3; *Plückhahn* in *Held*, KVR NRW, § 71 GO NRW Erl. 5). Der für das Finanzwesen zuständige Bedienstete hatte viele, aber nicht alle Rechte eines Kämmerers. Er war daher auch nicht wie dieser als Organ der Gemeinde anzusehen (vgl. *Rehn/Cronauge*, § 66 GO, Anm. I; ebenso *Schmidt-Sicking*, GHH 1982 S. 153).

Diese Rechtsfigur ist mit dem NKFG entfallen, die Gemeindeordnung spricht nur noch vom Kämmerer. Allerdings ist es unverändert so, dass nur kreisfreie Städte verpflichtet sind, einen Beigeordneten zum Kämmerer zu bestellen. Der Innenminister geht in dem Erlass vom 28.1.2005 – 34 – 48.01.20.20. – 2092/04 – über die Bezeichnung und die Rechte des Kämmerers davon aus, dass es sich lediglich um eine formale Änderung handelt. Aus der Formulierung in den §§ 83 GO NRW und 24 GemHVO *„soweit er nicht bestellt ist"* schließt der Innenminister, dass es nach wie vor in kreisangehörigen Gemeinden einen bestellten Kämmerer (Beigeordneter oder Lebenszeitbeamter bzw. Angestellter) oder einen beauftragten Kämmerer (Lebenszeitbeamter oder Angestellter) geben kann, der dann gleichsam der Nachfolger des früheren für das Finanzwesen zuständigen Beschäftigten wäre (Mitt NWStGB 162/2005 vom 8.2.2005). *Klieve* hat dagegen in einem Aufsatz über die Rechtsstellung des Kämmerers deutlich zum Ausdruck gebracht, dass diese Unterscheidung im Gesetzeswortlaut keine Stütze findet, auch rechtspolitisch keinen Sinn macht (GHH 2005

S. 49 ff.). Auch *Knirsch* (in Rehn u. a., § 80 GO NRW Anm. II) vertritt diese Auffassung. Hier ist der Streit belanglos, da jedenfalls auch ein „Kämmerer minderen Rechtes" bereits früher die entsprechenden Informationsrechte gegenüber der Betriebsleitung hatte und sie auch weiterhin hat. Im Übrigen hat das jetzt zuständige Ministerium für Heimat, Kommunales, Bau und Gleichstellung die frühere Auffassung des Innenministeriums aufgegeben (*Knirsch* in *Rehn u. a.*, GO NRW, § 80 Rdn. 6)

3. Informations- und Auskunftspflichten der Betriebsleitung

Nach § 7 EigVO NRW ist die Betriebsleitung verpflichtet, dem Kämmerer bestimmte Informationen regelmäßig und unaufgefordert zu geben. Die Betriebsleitung muss ihm den Entwurf des Wirtschaftsplans und des Jahresabschlusses, die Zwischenberichte, die Ergebnisse der Betriebsstatistik und die Selbstkostenrechnungen zuleiten. Darüber hinaus hat der Kämmerer auch das Recht, jederzeit finanzwirtschaftliche Auskünfte von der Betriebsleitung zu verlangen. Der Grund für diese Unterrichtungsrechte liegt in den finanziellen Auswirkungen, die das Geschehen im Eigenbetrieb auf den gemeindlichen Haushalt haben kann.

4. Keine weitergehenden Rechte

Anders als in § 8 Abs. 2 GemKHBVO hat der Kämmerer keine Eingriffsrechte. Bei den gemeindlichen Krankenhäusern kann er die Änderung der Entwürfe des Wirtschaftsplans, des Finanzplans und des Jahresabschlusses verlangen, nicht anders ist die Formulierung *„tritt der Kämmerer ... einem ... Entwurf nicht bei"* zu verstehen. Denn in einem solchen Fall ist auf Weisung des Bürgermeisters, vorausgesetzt dieser schließt sich der Meinung seines Kämmerers an, der entsprechende Entwurf durch die Betriebsleitung zu ändern.

Bei einem Eigenbetrieb bzw. einer eigenbetriebsähnlichen Einrichtung ist deshalb eine Satzungsbestimmung wie diese

„Die Betriebsleitung hat dem Stadtkämmerer den Entwurf des Wirtschaftsplans, des mittelfristigen Ergebnis- und Finanzplanes und des Jahresabschlusses zuzuleiten. Tritt der Stadtkämmerer einem nach Abs. 1 vorgelegten Entwurf nicht bei, so ist der Entwurf den Einwendungen entsprechend zu ändern, soweit der Oberbürgermeister dies verlangt."

nicht verordnungskonform.

Insbesondere können auch für den allgemeinen Haushalt aufgestellte Bewirtschaftungsregelungen aufgrund des § 82 GO nicht auf Eigenbetriebe und eigenbetriebsähnliche Einrichtungen Anwendung finden (*Meier/Yassini*, GHH 2006 S. 107).

§ 8
Zusammenfassung von Betrieben

Die Versorgungsbetriebe einer Gemeinde sollen, wenn sie Eigenbetriebe sind, zu einem Eigenbetrieb zusammengefasst werden. Das Gleiche gilt für Verkehrsbetriebe. Die Versorgungsbetriebe sollen durch Betriebssatzung den Namen „Gemeindewerke" („Stadtwerke") erhalten. Die Betriebssatzung kann

a) die Einbeziehung der Verkehrsbetriebe sowie sonstiger Eigenbetriebe in die Gemeindewerke und

b) in Ausnahmefällen die gesonderte Führung von einzelnen Versorgungsbetrieben oder von einzelnen Verkehrsbetrieben vorsehen.

Im Übrigen können auch sonstige Betriebe einer Gemeinde zu einem einheitlichen Eigenbetrieb zusammengefasst werden.

Erläuterungen

Übersicht

1. Zuständigkeit des Rates
2. Vorgabe des Verordnungsgebers: ein Versorgungsbetrieb
3. Stadtwerke
4. Verkehrsbetriebe
5. „Umfassende" Stadtwerke
6. „Gespaltene" Stadtwerke
7. Sonstige Betriebe

1. Zuständigkeit des Rates

Der Rat der Gemeinde beschließt über die Errichtung von Eigenbetrieben, über ihre Aufgabenstellung, gegebenenfalls ihre Erweiterung oder auch den Zusammenschluss mehrerer Eigenbetriebe zu einem Eigenbetrieb, ebenso fasst er das jeweilige Gegenteil dieser Beschlüsse. Dabei handelt es sich um nicht übertragungsfähige Aufgaben, denn sie gehören zu den ausschließlichen Zuständigkeiten des Rates nach § 41 Abs. 1 Satz 2 Buchst. l GO NRW.

2. Vorgabe des Verordnungsgebers: ein Versorgungsbetrieb

Aus der Formulierung des § 8 Satz 1 EigVO ergibt sich eindeutig, dass der Verordnungsgeber will, dass die Versorgungsbetriebe, also die Gas-, Strom-, Wasser- und Fernwärmelieferanten, zu einem Eigenbetrieb zusammengefasst werden. Der neu aufgenommene Halbsatz „wenn sie Eigenbetriebe sind" dient lediglich der Klarstellung. Hinter dieser Vorgabe steht die Tatsache, dass es sich bei solchen getrennten Versorgungsbetrieben um eng miteinander verwandte Aufgaben handelt. Die gemeinsame Erledigung der Aufgaben kann in erheblichem Umfang Doppelarbeit vermeiden und zu Einsparungen führen. Nicht nur die Querschnittsaufgaben (z. B. Personal, Recht, Liegenschaften, Buchhaltung, Marketing) und die Führungsebenen müssen nicht mehrfach vorgehalten werden, auch direkt auf den Kunden bezogene Aufgaben wie das Ablesen der Zähler und das Erstellen und Versenden der Rechnungen müssen nicht mehrfach, sondern nur einmal erledigt werden. Reparaturen und Leitungsverlegungen lassen sich zusammenfassen. Schließlich lässt sich die Beratung der Kunden aus einer Hand und umfassend – besonders wichtig im Hinblick auf Umweltschutzbelange wie etwa den Klimaschutz – erledigen. Die auf diese Art möglichen Einsparungen kommen dann sowohl dem Kunden als auch dem Eigenbetrieb und damit der Gemeinde zugute. Diesen Effekt wollte der Verordnungsgeber erzielen und hat daher die Zusammenfassung den Gemeinden vorgegeben.

Zu den kommunalwirtschaftlichen Vorgaben für eine Betätigung im Bereich des Netzbetriebes im Strom- und Gasbereich s. *Dietl*, DÖV 2018 S. 407 ff.

3. Stadtwerke

Dieser zusammengefasste Eigenbetrieb soll, so sieht es § 8 Satz 3 EigVO NRW vor, den Namen „Stadtwerke" führen. „Gemeindewerke" ist zwar der Hauptausdruck, den die EigVO NRW wählt, aufgrund der notwendigen Größe eines Versorgungsbetriebs mit allen Sparten ist aber kaum davon auszugehen, dass Gemeindewerke häufig vorkommen werden. Der Stadtrat muss diesen Namen nicht wählen, er kann davon abweichen. Aber das Leitbild des Verordnungsgebers sind die Stadtwerke. Der jeweilige Stadtrat, der davon abweichen will, muss dafür schon gewichtige Argumente finden. Da der Name auch traditionell eingeführt ist – unabhängig von der Rechtsform, inzwischen dürften viele GmbHs und einige Aktiengesellschaften sein –, ist diese Absicht des Verordnungsgebers auch zu billigen. Er wollte erreichen, dass bei aller kommunalpolitischer Vielfalt und allem Respekt vor der kommunalen Selbstverwaltung doch ein möglichst einheitliches Auftreten der kommunalen Versorgungswerke gegeben ist.

Dabei ist nach der neueren Rechtsprechung die Bezeichnung „Stadtwerke" mit einem geografischen Bezug eine eintragungsfähige Marke, da in ihr die kommunale Trägerschaft zum Ausdruck kommt. Das Vorliegen eines absoluten Schutzhindernisses gemäß § 8 Abs. 2 Nr. 2 MarkenG wird deshalb verneint und die Bezeichnung als eintragungsfähig angesehen (vgl. BPatG, Beschl. vom 11.9.2012, MittdtschPatAnw 2012 S. 563 – Stadtwerke Augsburg –; BGH, Beschl. vom 9.11.2016, RdE 2017 S. 133 mit Anm. *Grabrucker*, juris, PR-WettbR 2/2017 Anm. 2; BPatG, Beschl. vom 15.9.2009, BlPMZ 2010 S. 286 – Stadtwerke Dachau –; anders noch BPatG, Beschl. vom 20.5.2008, GRUR-RR 2009 S. 128 – Stadtwerke Bochum –).

Ein weiterer Schutz des Begriffs „Stadtwerke" ergibt sich daraus, dass seine Verwendung als wettbewerbswidrig (§§ 3, 5, 8 UWG) angesehen wird, wenn die Stadtwerke nicht mehrheitlich in kommunaler Hand sind und diese damit den bestimmenden Einfluss hat (BGH, Urt. vom 13.6.2012, KommJur 2012 S. 459 mit Anm. *Brändle* VersorgW 2012 S. 317).

Zum ganzen Themenkreis *Hoffmann/Albrecht*, NVwZ 2013 S. 896.

4. Verkehrsbetriebe

Der Verordnungsgeber wollte aus den gleichen Gründen wie bei den Versorgungswerken Zusammengehöriges zusammengefasst sehen. Seine Überlegung war, dass im Grundsatz auch alle verkehrlichen Einrichtungen der Gemeinde in einem Eigenbetrieb zusammengefasst werden. Die Begründung ist die Gleiche wie bei dem einheitlichen Versorgungsbetrieb.

5. „Umfassende" Stadtwerke

§ 8 Satz 4 Nr. 1 EigVO NRW macht es möglich, dass die Stadtwerke ein größeres Leistungsangebot bieten, indem der Versorgungsbetrieb mit dem Verkehrsbetrieb zu einem einheitlichen Eigenbetrieb zusammengefasst wird. In die Stadtwerke können vor allem Einrichtungen der Abwasser- und Abfallbeseitigung eingebracht werden. Auch das kann wegen der gegebenen Aufgabenverwandtheit und den zu erzielenden Einsparungen nachvollzogen werden. Auch sonstige Eigenbetriebe können hier einbezogen werden. Sachliche Gründe können hier vor allem sein, dass ansonsten ein kleiner Eigenbetrieb entstehen würde, der ein Zuviel an Kosten für seine Organe und die betriebsinternen Verwaltungsaufgaben mit sich bringt, oder dass auf diese Weise eine bessere Steuerungsfähigkeit gegeben sein kann. Vielfach werden inzwischen auch sonstige „technische" Aufgaben (Straßenbau und –unterhaltung, Grünflächen, Friedhöfe, Stadtforst und dergleichen) in einen großen Eigenbetrieb integriert.

Als Querverbund (grundsätzlich dazu und zu – aus seiner Sicht – einer verfassungswidrigen Subventionierung *Bracksiek*) bezeichnet man die Zusammenfassung von Verkehrs- und Versorgungsbetrieben. Kommunalverfassungsrechtlich ist dies, wie sich aus § 8 EigVO NRW ergibt, nicht nur kein Problem, sondern sogar das Leitbild. (s. dazu die Beiträge von *Gottschalk*, *Ambrosius* und *Püttner* in *Püttner*, Querverbund S. 13, 19, 133) Steuerrechtlich dagegen sieht das anders aus (s. *Friedl*, VR 1999 S. 150 sowie *Bolsenkötter* in Püttner, Querverbund S. 111). Bewertungsrechtliche Fragen aus dem Halten von Anteilen an Personenhandelsgesellschaften behandelt *Vogel*, ZKF 2008 S. 57.

Nach § 1 Abs. 1 Nr. 6 KStG sind Betriebe gewerblicher Art von Kommunen unbeschränkt körperschaftsteuerpflichtig, um sie der privaten Wirtschaft, von der sie sich in ihrer wirtschaftlichen Tätigkeit nicht unterscheiden, gleichzustellen. Ein Betrieb gewerblicher Art liegt vor bei Einrichtungen, die einer nachhaltigen wirtschaftlichen Tätigkeit zur Erzielung von Einnahmen außerhalb der Land- und Forstwirtschaft dienen und die sich innerhalb der Tätigkeit der Kommune insgesamt wirtschaftlich herausheben, § 4 KStG. Hoheitliche

Tätigkeit demgegenüber ist eine der öffentlich-rechtlichen Körperschaft eigentümliche und ihr vorbehaltene Tätigkeit. Dabei kommt es nicht auf die Organisationsform an, so dass Eigenbetriebe, Regiebetriebe oder auch Abteilungen innerhalb der Verwaltungsstruktur ebenso Betriebe gewerblicher Art sein können oder auch nicht sein können. Entscheidend sind die Inhalte (s. Nr. 6 KStR 2004). Zur Unternehmensteuerreform und ihren Auswirkungen auf juristische Personen des öffentlichen Rechts siehe *Liedtke*, KommunalPraxis spezial 2/2002 S. 22.

Besondere Bedeutung genießt die Zusammenfassung von Betrieben gewerblicher Art, weil dabei eine Saldierung von Gewinnen und Verlusten möglich ist und der damit erzielte Ergebnisausgleich steuerliche Vorteile bringen kann (s. *Cronauge*, Unternehmen, Rdn. 210 ff.). Diese Zusammenfassung ist aber nicht unbeschränkt möglich. Eine Zusammenfassung von hoheitlichen und gewerblichen Tätigkeiten ist steuerrechtlich unzulässig (§ 4 Abs. 6 Satz 2 KStG). Gleichartige Betriebe gewerblicher Art (Gleichartigkeit ist dabei nicht durch die von der Gemeinde verfolgten Ziele herzustellen, vielmehr kommt es auf die gewerbliche Betätigung selbst und damit auf das äußere Erscheinungsbild des jeweiligen Betriebs gewerblicher Art an, BFH, Urt. vom 15.3.2023, DStZ 2023 S. 525) können zusammengefasst werden, wenn wechselseitig eine enge technisch-wirtschaftliche Verflechtung von einigem Gewicht besteht oder die unterschiedlichen Tätigkeiten sich ergänzen(§ 4 Abs. 6 KStG). Dabei müssen, wenn mehr als zwei Betriebe gewerblicher Art zusammengefasst werden sollen, die Voraussetzungen des § 4 Abs. 6 S. 1 Nr. 1–3 KStG jeweils zwischen allen Betrieben einzeln vorliegen, BFH, Urt. vom 29.8.2024, KStZ 2025 S. 55; dazu die Anm. von *Bürstinghaus*, FR 2025 S. 190). Bei der Zusammenfassung von Versorgungsbetrieben, Verkehrsbetrieben, Hafenbetrieben und Flughafenbetrieben ist dies gegeben; Tiefgaragen, bewachte Parkplätze und Parkhäuser sind, unabhängig von einer öffentlich-rechtlichen oder privatrechtlichen Benutzungsregelung, Betriebe gewerblicher Art, die den Verkehrsbetrieben zugerechnet werden können. Die Wasserbeschaffung ist hoheitliche, die Wasserversorgung wirtschaftliche Tätigkeit. Werden beide zusammen betrieben, so liegt eine einheitliche wirtschaftliche Tätigkeit vor. Die Zusammenfassung von Bädern mit dem Versorgungsbetrieb lässt sich in der Regel technisch und wirtschaftlich begründen; zu den Auswirkungen der Schließung eines Hallenbades und dessen Weiterbetrieb nur als Reservebad siehe BFH, Urt. vom 16.12.2020, BFHE 271 S. 521. Auch wenn es sich um eine Einzelfallentscheidung handelt, so ist doch eine Aussage des BFH von Bedeutung: die technisch-wirtschaftliche Verflechtung muss von einigem Gewicht sein, vgl. *Märtens*, jurisPR-Steuerrecht 28/2021 Anm. 5. Problematischer dagegen ist die Zusammenfassung von Versorgung und Entsorgung. Das FG Düsseldorf hat das verlustreiche Betreiben von Schwimmbädern und das Verwalten von ertragreichen Beteiligungen als jeweils eigenständige wirtschaftliche Betätigung angesehen und die Besteuerung als Organschaft abgelehnt (Urt. vom 18.3.2014, VersorgW 2014 S. 162 – Revision beim BFH unter – I R 26/14 – anhängig, Verfahren dann durch Klagerücknahme beendet). Gewerbesteuerrechtlich haben die Finanzgerichte Düsseldorf und Köln die Einlage von Aktien in einem dauerdefizitären Freibadbetrieb unterschiedlich beurteilt: Düsseldorf (Urt. vom 22.6.2006, ZKF 2007 S. 47) verneinte eine Gewinnerzielungsabsicht, Köln (Urt. vom 19.12.2013, VersorgW 2014 S. 192, dazu *Westermann/Prechtl*, GHH 2014 S. 89) dagegen bejahte sie und damit die Gewerbesteuerpflichtigkeit. Zu der Problematik siehe auch *Kronawitter*, VersorgW 2018 S. 10. In der Regel muss bei einem organisatorischen Zusammenschluss für den gewerblichen Bereich eine getrennte Steuerbilanz aufgestellt werden (vgl. *Cronauge*, Unternehmen, Rdn. 214).

Mit Urt. vom 22.8.2007 – I R 32/06 –, BStBl. II 2007 S. 961 dazu Besprechung von *Heger*, jurisPR-SteuerR 49/2007 Anm. 5 – hat der Bundesfinanzhof entschieden, dass ein dauerdefizitärer Bäderbetrieb einer kommunalen Gesellschaft verdeckte Gewinnausschüttungen an die betreffende Gemeinde auslöst. In dem betreffenden Fall hatte das Finanzamt eine Verrechnung wegen fehlender technisch-wirtschaftlicher Verknüpfung abgelehnt, das Finanzgericht sah dann die verdeckte Gewinnausschüttung. Zur Begründung führte der BFH im Wesentlichen aus, dass ein ordentlicher Geschäftsführer einer Kapitalgesellschaft nicht ohne Kostenersatz und Gewinnaufschlag eigene Aufgaben der Trägerkörperschaft übernehmen würde, die Vermögensminderung bei der Gesellschaft sei gesellschaftsrechtlich veranlasst. Vor diesem Urteil hatte *Kalwarowskyj* sich grundsätzlich mit der Problematik auseinandergesetzt und war zu dem Ergebnis gekommen, dass insbesondere bei Eigenbetrieben von einer verdeckten Gewinnausschüttung in solchen Fällen nicht die Rede sein könne, weil die Trägerkörperschaft auch bei Organisation nach der Eigenbetriebsverordnung im vollen Umfang die Tätigkeit aus ihrem Haushalt betreibe.

Der vom BFH entschiedene Fall ist atypisch für Querverbundverrechnungen, so dass er nicht ohne weiteres auch für solche Fälle herangezogen werden kann. Mit Erlass des Bundesministeriums der Finanzen vom 7.12.2007 ist die Nichtanwendung der Grundsätze dieses Urteils geregelt worden, der Erlass ist veröffentlicht in BStBl. I 2007 S. 905.

Im Jahressteuergesetz 2009 (BGBl. 2008 I S. 2794) hat der Bundesgesetzgeber das Körperschaftsteuergesetz geändert und die steuerlichen Folgen so geregelt, dass die seit langem bestehende Verwaltungspraxis bei der steuerlichen Behandlung von Daseinsvorsorgebereichen festgeschrieben wurde. In der Begründung zum Gesetzentwurf (BT-Drs. 16/10189 S. 69, 70) hieß es:

„Allgemein

Der Bundesfinanzhof hat im Urt. vom 22.8.2007 (BStBl. II S. 961) entschieden, dass die Übernahme einer dauerdefizitären Tätigkeit durch eine Eigengesellschaft (Kapitalgesellschaft) einer juristischen Person des öffentlichen Rechts ohne schuldrechtlichen Verlustausgleich zumindest in Höhe der laufenden Betriebsverluste zu einer verdeckten Gewinnausschüttung an die juristische Person des öffentlichen Rechts führt. Diese Entscheidung entspricht nicht der bisherigen steuerlichen Handhabung durch die betroffenen Steuerpflichtigen und die Finanzverwaltung. Danach führt ein solcher laufender Betriebsverlust nicht zu einer verdeckten Gewinnausschüttung. Der Verlust kann danach grundsätzlich zur Ergebnisverrechnung genutzt werden.

Eine solche Ergebnisverrechnung im Rahmen von Eigengesellschaften und auch in Betrieben gewerblicher Art ist für juristische Personen des öffentlichen Rechts vielfach ein wichtiger Gesichtspunkt bei der Finanzierung insbesondere der Leistungen der Daseinsvorsorge. Die Bereithaltung derartiger Leistungen fällt in den Aufgabenbereich der öffentlichen Hand und es besteht eine faktische Erwartungshaltung seitens des Bürgers, dass solche Leistungen angeboten werden.

Vor diesem Hintergrund ist es daher gerechtfertigt, an den bisherigen Verwaltungsgrundsätzen bei der steuerlichen Behandlung dauerdefizitärer Tätigkeiten der öffentlichen Hand mittels Betrieben gewerblicher Art oder Eigengesellschaften festzuhalten.

Satz 2 definiert die Dauerverlustgeschäfte. Erfasst werden die Tätigkeiten der öffentlichen Hand, die diese insbesondere nach den einschlägigen kommunalrechtlichen Vorschriften ausüben darf, wobei regelmäßig ein kostendeckendes Entgelt nicht erzielt werden kann bzw. soll. Ist eine Tätigkeit danach nicht als Dauerverlusttätigkeit einzustufen, weil z. B. nur Anlaufverluste anfallen, ist insoweit die Sonderregelung des § 8 Abs. 7 KStG nicht einschlägig."

Hinsichtlich der Konzessionsabgaben stellt der Bundesfinanzminister für die Frage des notwendigen Mindestgewinns auf das Gesamtergebnis des Querverbundes ab. Wird insgesamt nach Abzug der gezahlten Konzessionsabgabe noch ein Mindestgewinn erwirtschaftet, ist die Konzessionsabgabe für alle Sparten abziehbar (s. Schreiben des BMF vom 30.3.1994, BStBl. I S. 264).

Der BFH hat allerdings mit Beschluss vom 13.3.2019, BFHE 265 S. 23, die Streitfrage dem EuGH vorgelegt:

„Ist Art. 107 Abs. 1 des Vertrags über die Arbeitsweise der Europäischen Union dahingehend auszulegen, dass eine unter diese Vorschrift fallende staatliche Beihilfe vorliegt,

wenn nach den Regelungen eines Mitgliedstaats (Dauer-)Verluste einer Kapitalgesellschaft aus einer wirtschaftlichen Betätigung, die ohne kostendeckendes Entgelt unterhalten wird, zwar im Grundsatz als verdeckte Gewinnausschüttungen anzusehen sind und dementsprechend den Gewinn einer Kapitalgesellschaft nicht mindern dürfen, jedoch bei Kapitalgesellschaften, bei denen die Mehrheit der Stimmrechte unmittelbar oder mittelbar auf juristische Personen des öffentlichen Rechts entfällt, diese Rechtsfolgen für Dauerverlustgeschäfte nicht zu ziehen sind, wenn sie die betreffenden Geschäfte aus verkehrs-, umwelt-, sozial-, kultur-, bildungs- oder gesundheitspolitischen Gründen

unterhalten?". Nach seiner Auffassung handelt es sich bei der Regelung des § 8 Abs. 7 S. 1 Nr. 2 i. V. m. S. 2 KStG um eine Beihilfe i. S. d. EU-Rechts, weil sie anordnet, dass die Folgen einer verdeckten Gewinnausschüttung hier nicht zu ziehen sind.

Das Verfahren hat sich mittlerweile erledigt, weil die Revision des Klägers zurückgenommen wurde und der BFH daraufhin das Verfahren eingestellt hat.

Der Vorlagebeschluss ist weitgehend auf Zustimmung gestoßen (*Alpha*, NVwZ 2021 S. 598; *Martini*, jM 2020 S. 30). Dabei werden die (bei einer dem BFH folgenden Einschätzung durch den EuGH) für die Kommunen und den kommunalen Querverbund sich ergebenden Konsequenzen gesehen. Das Sächsische FG hat dagegen keine unzulässige Beihilferegelung angenommen, Urt. vom 7.7.2020, EFG 2021 S. 231, dazu *Hölzer*, DB 2022 S. 896.

Es darf allerdings nicht übersehen werden, dass die Steuerminderung sich auch bei der Gewerbesteuer auswirkt. Kommunalpolitisch ist zu bedenken, dass diese Subventionierung der Verkehrssparte nicht offen ist und damit eine Kostenklarheit für die Öffentlichkeit zumindest nicht zu erreichen ist. Es fällt dann nicht auf, wie viel etwa eine Busstrecke oder zusätzliche Haltestellen oder eine schnellere Taktfolge der Busse kosten. Die Bereitschaft, solches zu fordern, ist dann wahrscheinlich groß. Sind die Kosten des Verkehrsbetriebes dagegen offen ausgewiesen, werden Kostenausweitungen eher diskutiert und bedürfen einer besonderen Begründung.

6. „Gespaltene" Stadtwerke

Wenn besondere örtliche Verhältnisse vorliegen, kann es angezeigt sein, von dem Leitbild der Verordnung – dem ganzheitlichen Versorgungsbetrieb und dem ganzheitlichen Verkehrsbetrieb – abzuweichen.

Für Verkehrsbetriebe kann die Begründung zum Beispiel darin liegen, dass es sich um völlig unterschiedliche Verkehrsarten handelt, also etwa Stadtbusse und eine Seilbahn (Beispiel bei *Bennemann*, Erl. zu § 28). Bei Versorgungsbetrieben könnte ein Grund in völlig unterschiedlichen Versorgungsgebieten liegen, die entsprechend getrennte Einrichtungen notwendig machen.

7. Sonstige Betriebe

Auch der neu aufgenommene Satz 5 bringt nur eine Klarstellung. Die Gemeinde kann, wo das angebracht ist, einen einheitlichen (Mehrsparten-)Eigenbetrieb gründen. Die Gründe sind die gleichen wie bei den einheitlichen Stadtwerken: Kostenersparnis im Interesse des Bürgers und der Kunden. Allerdings muss dies wirklich das Ergebnis der Zusammenfassung sein. Führt sie dagegen wegen vieler unterschiedlicher Aufgaben, die kein Synergien bringen, zu Mehraufwand, sollte davon Abstand genommen werden.

II. TEIL

WIRTSCHAFTSFÜHRUNG UND RECHNUNGSWESEN

§ 9
Vermögen des Eigenbetriebs

(1) Der Eigenbetrieb ist finanzwirtschaftlich als Sondervermögen der Gemeinde zu verwalten und nachzuweisen. Auf die Erhaltung des Sondervermögens ist Bedacht zu nehmen. Bei der Errichtung eines Eigenbetriebs durch Ausgliederung von Vermögen und Schulden aus dem Haushalt der Gemeinde sind deren Gegenstand und Wert in der Betriebssatzung festzusetzen. Gleichzeitig sind in einem Ausgliederungsbericht die für die Angemessenheit der Einbringung wesentlichen Umstände darzulegen. Die Eröffnungsbilanz für den neu zu errichtenden Eigenbetrieb ist zu prüfen; § 21 findet entsprechende Anwendung.

(2) Das in der Betriebssatzung festzusetzende Stammkapital und die Rücklagen haben eine angemessene Eigenkapitalausstattung des Eigenbetriebs darzustellen.

Erläuterungen

Übersicht

1. Sondervermögen
2. Stammkapital
3. Eigenkapital
4. Errichtung durch Ausgliederung

1. Sondervermögen

Eigenbetriebe und eigenbetriebsähnliche Einrichtungen sind nach § 97 Abs. 1 Nr. 3 GO NRW Sondervermögen der Gemeinde. Sondervermögen ist zwar Bestandteil des allgemeinen Gemeindevermögens und daher Eigentum der Gemeinde, es ist aber in seiner Verwendung zweckgebunden. Um diese Zweckbindung zu sichern, ist es vom übrigen Gemeindevermögen haushalts- und kassenmäßig zu trennen. Es muss getrennt verwaltet und nachgewiesen werden. Auf ein kommunales Sondervermögen ist das kommunale Haushaltsrecht nicht direkt anzuwenden. § 97 Abs. 3 GO NRW legt aber fest, dass die §§ 75 Abs. 1, Abs. 2 Sätze 1 und 2, Abs. 6 und 7, 84 bis 90, 92 Abs. 3 und 7, 93, 94 und 96 GO NRW sinngemäß anzuwenden sind. Es handelt sich dabei um allgemeine Grundsätze, denen allerdings die spezielleren Bestimmungen der EigVO NRW vorgehen (vgl. *Rehn/ Cronauge*, § 82 GO Anm. III 2).

Es handelt sich bei den hier angesprochenen Vorschriften um allgemeine Haushaltsgrundsätze:

- § 75 Abs. 1 GO NRW: Sicherung der stetigen Aufgabenerfüllung sowie die Grundsätze der Wirtschaftlichkeit und Sparsamkeit
- § 75 Abs. 2 Sätze 1 und 2 GO NRW: ausgeglichener Haushalt
- § 75 Abs. 6 GO NRW: Sicherstellung der Liquidität
- § 75 Abs. 7 GO NRW: Verbot der Überschuldung
- § 84 GO NRW: mittelfristige Ergebnis- und Finanzplanung
- § 85 GO NRW: Verpflichtungsermächtigungen
- § 86 GO NRW: Kredite
- § 87 GO NRW: Sicherheiten und Gewährleistungen für Dritte

- § 88 GO NRW: Rückstellungen
- § 89 GO NRW: Liquidität
- § 90 GO NRW: Vermögensgegenstände
- § 92 Abs. 3 GO NRW: vorsichtige Wertermittlung bei der Eröffnungsbilanz
- § 92 Abs. 7 GO NRW: gegebenenfalls deren Berichtigung
- § 93 GO NRW: Finanzbuchhaltung
- § 94 GO NRW: Übertragung der Finanzbuchhaltung auf Dritte
- § 96 GO NRW: Feststellung des Jahresabschlusses und Entlastung

Durch das 2. NKF-Weiterentwicklungsgesetz sind einige dieser Vorschriften verändert worden. Diese GO-Vorschriften können und sollen hier nicht kommentiert werden. Dazu wird auf die Kommentierungen zur Gemeindeordnung und zum NKFG verwiesen.

Meier/Yassin (GHH 2006 S. 107) weisen mit Recht darauf hin, dass vom Kämmerer für den städtischen Haushalt ausgegebene Bewirtschaftungsregelungen aufgrund der vorläufigen Haushaltsführung nicht auf eigenbetriebsähnliche Einrichtungen anzuwenden sind, weil die entsprechenden GO-Vorschriften nicht für anwendbar erklärt worden sind. Nur im Vorfeld der Wirtschaftsplanung kann über entsprechende Maßnahmen in einem Haushaltssicherungskonzept eingewirkt werden.

Das Sondervermögen ist in besonderem Maße pfleglich zu behandeln. Auf seine Erhaltung ist Bedacht zu nehmen. Dies bedeutet, dass der Eigenbetrieb zumindest die laufenden Abschreibungen erwirtschaftet und sie wieder reinvestiert, um dem Werteverzehr entgegenzuwirken. Die Einzelheiten dazu sind in § 10 EigVO NRW geregelt.

2. Stammkapital

Die Höhe des Stammkapitals ist in der EigVO NRW nicht vorgeschrieben. Es muss angemessen sein. Die Angemessenheit bezieht sich auf die Aufgabe, die dem Eigenbetrieb übertragen wird. Für diese muss die Kapitalausstattung des Eigenbetriebs ausreichen. (vgl. *Dubber*, ZögU 1983 S. 228; *Meiner* in Bolsenkötter, Rdn. 860 ff.)

Die Höhe des Stammkapitals muss in der Betriebssatzung festgesetzt werden. Das Stammkapital entspricht handelsrechtlich dem gezeichneten Kapital, das bei der GmbH ebenfalls als Stammkapital und bei AG und KGaA als Grundkapital bezeichnet wird. Es ist das Kapital, das der Gesellschafter aufgrund der Satzung der Gesellschaft zur Verfügung stellen muss. Allerdings ist die Haftung des Eigenbetriebs nicht auf das Kapital beschränkt, für ihn haftet immer die Gemeinde in voller Höhe wie ebenso auch ein Gläubiger der Gemeinde auf das Sondervermögen zugreifen kann (vgl. *Meiner* in Bolsenkötter, Rdn. 855). Die Haftungsfunktion des Eigenkapitals ist daher „irrelevant" (*Dubber*, ZögU 1983 S. 236). Ein Eigenbetrieb kann ebenso wenig insolvent werden wie die Gemeinde selbst (*Meiner* in Bolsenkötter, Rdn. 855).

Das Kapital kann in Geld oder in – ordentlich zu bewertenden – Vermögenswerten von der Gemeinde zur Verfügung gestellt werden. Das Stammkapital gehört zum Eigenkapital.

3. Eigenkapital

Das Eigenkapital des Eigenbetriebs besteht nach der jetzt in Absatz 2 aufgenommenen Festlegung aus Stammkapital und Rücklagen. (vgl. *Dubber*, ZögU 1983 S. 229 f.) Nach allgemeinen betriebswirtschaftlichen Regeln gehören allerdings auch positiv die Gewinnvorträge, hälftig die Sonderposten mit Rücklagenanteil und die gemeindlichen Darlehen dazu, vermindert wird es durch die Verlustvorträge, die endgültig von der Gemeinde nicht ersetzten Verluste und die aktivierten Darlehensbeschaffungskosten.

Eigenkapital und Fremdkapital sollen nach § 10 Abs. 3 Satz 3 EigVO NRW in einem angemessenen Verhältnis zueinander stehen. Die Betriebswirtschaftslehre hat bislang keine verbindliche Aussage zur notwendigen Quote gefunden (vgl. *Meinen* in *Bolsenkötter*, Unternehmen Rdn. 863). Die Körperschaftsteuerrichtlinien 2015 (BStBl. I 2016 Sondernummer 1) verlangen in Ziff. 8.2 ein Eigenkapital von mindestens 30 % des Aktivvermögens. Eine Ausstattung darunter wird nicht als angemessene Eigenkapitalausstattung angesehen. Der Bundesfinanzhof hat dagegen schon 2003 zu der gleichen Forderung in den KStR 1985/199 ausgeführt: die *„als Maßstab zugrundezulegende angemessene Eigenkapitalquote bestimmt sich im jeweiligen Einzelfall nach der Kapitalstruktur gleichartiger Unternehmen der Privatwirtschaft im maßgeblichen Zeitraum"*. Auch die IDW Prüfungshinweise 9.720.1 stellen auf den Einzelfall, Aufgabe und Finanzierung des Eugenbetriebs ab und differenzieren auch danach, ob es sich um einen wirtschaftlichen Eigenbetrieb handelt oder um eine eigenbetriebsähnliche Einrichtungen, gegebenenfalls auch gebührenfinanziert, die grundsätzlich weniger Eigenkapital benötigen. In einigen Bundesländern besteht bei diesen keine Verpflichtung zur Festsetzung des Stammkapitals in der Betriebssatzung (vgl. *Meinen* in *Bolsenkötter*, Unternehmen Rdn. 872).

Verzinsliche Darlehen der Gemeinde werden dann als verdecktes Eigenkapital und die Zinsen darauf als verdeckte Gewinnausschüttung angesehen (vgl. KStR 2015 Nr. 8.2 Abs 2 Satz 8). Das FG Kiel hat allerdings eine verdeckte Gewinnausschüttung verneint, wenn das Darlehen zu Konditionen gewährt wird, die unter dem marktüblichen Zins liegen (Urt. vom 8.3.2017 – 1 K 61/15 –, juris).

4. Errichtung durch Ausgliederung

Neu geregelt durch das NKFG wurden die Sätze 3 bis 5 des Absatzes 1. Sie gehen zurück auf eine Anregung der kommunalen Spitzenverbände. Inhaltlich bringt die Regelung nicht viel Neues. Sie dient der Transparenz und entspricht üblichen unternehmerischen Gepflogenheiten. Die Gemeinde muss jetzt in der Betriebssatzung Gegenstand und Wert des auszugliedernden Vermögens und der damit verbundenen und zu übertragenden Schulden festsetzen und in einem Ausgliederungsbericht die Angemessenheit der Einbringung erläutern. Der letzte Halbsatz des Absatz 1 Satz 5 verweist jetzt infolge der Änderungen zur Abschlussprüfung durch das Dritte NKF-Weiterentwicklungsgesetz auf § 21 EigVO.

§ 10
Maßnahmen zur Erhaltung des Vermögens und der Leistungsfähigkeit

(1) Für die dauernde technische und wirtschaftliche Leistungsfähigkeit des Eigenbetriebs ist zu sorgen. Hierzu ist u. a. ein Überwachungssystem einzurichten, das es ermöglicht, etwaige die Entwicklung beeinträchtigende Risiken frühzeitig zu erkennen. Zur Risikofrüherkennung gehören insbesondere

- **die Risikoidentifikation,**
- **die Risikobewertung,**
- **Maßnahmen der Risikobewältigung einschließlich der Risikokommunikation,**
- **die Risikoüberwachung/Risikofortschreibung und**
- **die Dokumentation.**

(2) Sämtliche Lieferungen, Leistungen und Darlehen, auch im Verhältnis zwischen Eigenbetrieb und Gemeinde, einem anderen Eigenbetrieb der Gemeinde oder einer Gesellschaft, an der die Gemeinde beteiligt ist, sind angemessen zu vergüten. Der Eigenbetrieb kann jedoch abweichend von Satz 1

1. **Wasser für den Brandschutz, für die Reinigung von Straßen und Abwasseranlagen sowie für öffentliche Zier- und Straßenbrunnen unentgeltlich oder verbilligt liefern,**
2. **auf die Tarifpreise für Leistungen von Elektrizität, Gas, Wasser und Wärme einen Preisnachlass gewähren, soweit dieser steuerrechtlich anerkannt ist.**

(3) Für die technische und wirtschaftliche Fortentwicklung des Eigenbetriebs und, soweit die Abschreibungen nicht ausreichen, für Erneuerungen sollen Rücklagen gebildet werden. Bei umfangreichen Investitionen kann neben der Eigenfinanzierung die Finanzierung aus Krediten treten. Eigenkapital und Fremdkapital sollen in einem angemessenen Verhältnis zueinander stehen.

(4) Die Gemeinde darf das Eigenkapital zum Zwecke der Rückzahlung nur dann vermindern, wenn dadurch die Erfüllung der Aufgaben und die zukünftige Entwicklung des Eigenbetriebs nicht beeinträchtigt werden. Vor der Beschlussfassung des Rates nach § 4 Buchstabe d sind der Betriebsausschuss und die Betriebsleitung zu hören; die Betriebsleitung hat schriftlich Stellung zu nehmen.

(5) Der Jahresgewinn des Eigenbetriebs soll so hoch sein, dass neben angemessenen Rücklagen nach Absatz 3 mindestens eine marktübliche Verzinsung des Eigenkapitals erwirtschaftet wird.

(6) Ein etwaiger Jahresverlust ist, soweit er nicht aus Haushaltsmitteln der Gemeinde ausgeglichen wird, auf neue Rechnung vorzutragen, wenn hierdurch die erforderliche Eigenkapitalausstattung des Eigenbetriebs nicht gefährdet wird. Eine Verbesserung der Ertragslage ist anzustreben. Ein nach Ablauf von fünf Jahren nicht getilgter Verlustvortrag kann durch Abbuchung von den Rücklagen ausgeglichen werden, wenn dies die Eigenkapitalausstattung zulässt; ist dies nicht der Fall, so ist der Verlust aus Haushaltsmitteln der Gemeinde auszugleichen.

Erläuterungen

Übersicht

1. Die Sicherstellung der Leistungsfähigkeit
2. Die Erhaltung der technischen Leistungsfähigkeit
3. Wirtschaftliche Leistungsfähigkeit
4. Vergabegrundsätze
   - 4.1 Wirtschaftliche Vergabe
   - 4.2 Das deutsche Vergaberecht
   - 4.3 Das nordrhein-westfälische Tariftreue- und Vergabegesetz
     - 4.3.1 Das Gesetz vom 10.1.2012
     - 4.3.2 Das Gesetz über die Sicherung von Tariftreue und Mindestlohn bei der Vergabe öffentlicher Aufträge – Tariftreue- und Vergabegesetz NRW vom 22.3.2018 (GV. NRW. S. 172)
   - 4.4 Die europarechtlichen Vergaberichtlinien
   - 4.5 Zum Vergaberechtsschutz
     - 4.5.1 Vergabe oberhalb der Schwellenwerte
     - 4.5.2 Vergabe unterhalb der Schwellenwerte
     - 4.5.3 Vergabe von Dienstleistungskonzessionen
     - 4.5.4 Vorgehen gegen die Trägergemeinde
     - 4.5.5 Die europarechtlichen Grundregeln
     - 4.5.6 Schadensersatz
5. Risikofrüherkennungssystem
   - 5.1 Risikoidentifikation
   - 5.2 Risikobewertung
   - 5.3 Risikoreaktion
   - 5.4 Risikoüberwachung
   - 5.5 Dokumentation

6. Gegenseitige Leistungen
7. Konzessionsabgabe
8. Verbilligte oder unentgeltliche Leistungen
9. Verminderung des Eigenkapitals
10. Jahresgewinn und Finanzierung der Aufrechterhaltung der Leistungsfähigkeit
   10.1 Abschreibungen
   10.2 Rücklagen
   10.3 Marktübliche Verzinsung des Eigenkapitals
   10.4 Fremdfinanzierung
11. Verluste des Eigenbetriebs

1. Die Sicherstellung der Leistungsfähigkeit

Eigenbetriebe wurden zunächst im Bereich der Daseinsvorsorge tätig. Sie versorgten die Bevölkerung mit Wasser, Gas und Strom. Später kamen der öffentliche Personennahverkehr und noch später Abfall und Abwasser – teilweise auch nur in der Organisationsform einer eigenbetriebsähnlichen Einrichtung – hinzu. Diese Betriebe müssen dauerhaft leistungsfähig sein, um die tägliche Versorgung der Bevölkerung sicherstellen zu können. Die gesamte EigVO NRW hat die Sicherstellung dieser Leistungsfähigkeit zum Ziel, indem der Eigenbetrieb wirtschaftlich selbstständig geführt wird, indem der Wirtschaftlichkeit und der Annäherung an Kapitalgesellschaften ein hoher Stellenwert eingeräumt wird. § 10 EigVO NRW hat nun speziell umfangreiche Regelungen für die Sicherstellung der Leistungsfähigkeit getroffen.

2. Die Erhaltung der technischen Leistungsfähigkeit

Die Erhaltung der technischen Leistungsfähigkeit setzt voraus, dass die technischen Anlagen und Geräte einer regelmäßigen Wartung unterworfen werden, dass sie rechtzeitig auch erneuert werden. Gerade im Bereich der leitungsgebundenen Einrichtungen (Wasser, Gas, Strom, Fernwärme, Kanalisation) gibt es Netzverluste, denen durch eine sachgerechte Wartung begegnet werden kann. Hier ist also besonders darauf zu achten, dass die Fehlerquellen erkannt und beseitigt werden, zumal Schäden zu erheblichen Haftungen und auch zu strafrechtlichen Konsequenzen führen können. Dies gilt in gleicher Weise für Verkehrsmittel. Die Betriebsleitung muss also darauf achten, dass die Einrichtungen ausreichend überwacht werden, damit Schäden vermieden oder frühzeitig abgestellt werden. Eine turnusmäßige Überprüfung muss daher ebenso im Wirtschaftsplan vorgesehen sein wie eine rechtzeitige Erneuerung. In diesem Zusammenhang ist auf zwei Urteile des BGH hinzuweisen. Er hat entschieden, dass der Betreiber einer Wasserversorgungsanlage auch für die Leitungsstrecke zwischen Grundstücksgrenze und der Hauptabsperrvorrichtung verantwortlich ist. Nach § 10 Abs. 3 der Bundesverordnung über Bedingungen für die Versorgung mit Wasser (AVBWasserV vom 20.6.1980, BGBl. I S. 750) sei die gesamte Leitungsanlage bis zur Hauptabsperrvorrichtung Bestandteil der öffentlichen Versorgungsanlage. Hausanschlüsse gehörten daher zu den Betriebsanlagen des Wasserversorgungsunternehmens und stünden in dessen Eigentum, Herstellung, Unterhaltung, Erneuerung, Änderung, Abtrennung und Beseitigung sei seine Aufgabe. Daher sei das Unternehmen auch haftungsrechtlich als Inhaber des Hausanschlusses anzusehen (Urt. vom 1.2.2007, NJW-RR 2007 S. 823; Urt. vom 7.2.2008, NJW-RR 2008 S. 771).Erhaltung der technischen Leistungsfähigkeit bedeutet aber nicht nur die notwendige Instandhaltung des Vorhandenen, sondern auch die rechtzeitige technische Verbesserung und die Erweiterung, um so dauerhaft die Aufgaben erfüllen zu können. Der Eigenbetrieb muss seine Leistungen wirtschaftlich anbieten können, auch gegenüber einer denkbaren Konkurrenz wettbewerbsgerecht mithalten können. Erhaltung der technischen Leistungsfähigkeit ist also mehr als ständige Reparaturbereitschaft, sie ist auch in die Zukunft gerichtet, was die Anpassung an bessere Standards bedeutet. Dazu kommen die Notwendigkeiten, die sich aus den Rahmenbedingungen der Gemeinde ergeben, also insbesondere Netzvergrößerungen aufgrund einer Bautätigkeit oder der Ausweisung von Gewerbegebieten.

3. Wirtschaftliche Leistungsfähigkeit

Damit der Eigenbetrieb seinen Auftrag erfüllen und seine technische Leistungsfähigkeit erhalten kann, muss er ausreichend wirtschaftlich leistungsfähig sein. Deren Aufrechterhaltung ist daher ebenfalls Vorgabe der EigVO NRW. Die Betriebsleitung muss daher auch dafür Sorge tragen, dass die monetären und personellen Mittel des Eigenbetriebs immer ausreichend für die derzeitige und die absehbar zukünftige Aufgabenerfüllung sind. Der Eigenbetrieb muss daher die Abschreibungen und die aus den Jahresgewinnen zu bildenden Rücklagen erwirtschaften. Die Wirtschaftsführung des Eigenbetriebs muss auf dieses Ziel, also notwendigerweise auf Gewinne ausgerichtet sein. (s. dazu *Boos*, DB 2000 S. 1063) Soweit sich dies nicht realisieren lässt, muss der Eigenbetrieb darauf drängen, dass die notwendigen Mittel von der Gemeinde zur Verfügung gestellt werden.

Zu den Abschreibungen ist zu sagen: Der gleichzeitige Ansatz einer kalkulatorischen Abschreibung des Anlagevermögens auf der Basis seines Wiederbeschaffungszeitwertes sowie einer kalkulatorischen Nominalverzinsung auf der Basis seines Anschaffungsrestwertes entspricht betriebswirtschaftlichen Grundsätzen i. S. d. § 6 Abs. 2 Satz 1 KAG NRW. Allerdings hat das OVG NRW diesen Ansatz für mit haushaltsrechtlichen Vorgaben der Gemeindeordnung – zumindest für Abwassergebühren – unvereinbar erklärt, denn er führe zu einem doppelten Inflationsausgleich, der aber zur dauerhaften Sicherstellung der Erfüllung gemeindlicher Aufgaben nicht notwendig sei. Seine frühere Rechtsprechung, die die Kalkulation auf dieser Basis für rechtmäßig hielt, hat der Senat aufgegeben, Urt. vom 17.5.2022, KStZ 2022 S. 144.

4. Vergabegrundsätze

4.1 Wirtschaftliche Vergabe

Ein wirtschaftliches Haushalten setzt voraus, dass Aufträge nicht zu teuer vergeben und Einkäufe nicht zu teuer getätigt werden. Im öffentlichen Bereich ist daher die Vergabe an Dritte aus dem haushaltsrechtlichen Blickwinkel gesehen worden. Auch die europäischen Regelungen kamen Regeln für Wettbewerb und freien Waren- und Dienstleistungsverkehr zur Geltung.

Oberhalb der Schwellenwerte galt Europarecht, unterhalb dieser Werte deutsche Regelungen.

Nachdem zunächst striktere Anforderungen an die Vergabe gestellt worden sind, kamen in den letzten Jahren Lockerungen zum Tragen. Das war zunächst der Runderlass des Innenminsteriums vom 6.12.2012 (MBl. NRW S. 725), dann der des Heimatministeriums vom 28.8.2018 (MBl. NRW S. 497, geändert MBl. NRW S. 2019 S. 168).

Das ist ab dem 1.1.2026 hinfällig, weil dann § 75a GO NRW „Allgemeine Vergabegrundsätze", der durch das Gesetz zur Änderung kommunalrechtlicher und anderer Vorschriften im Land NRW vom 10.7.2025 (GV. NRW S. 618) eingeführt wurde, in Kraft tritt.

„(1) Die Gemeinde hat die Vergabe von öffentlichen Aufträgen vorbehaltlich anderweitiger Rechtsvorschriften wirtschaftlich, effizient und sparsam unter Beachtung der Grundsätze von Gleichbehandlung und Transparenz zu gestalten. Dies gilt auch bei der Vergabe von öffentlichen Aufträgen, deren geschätzter Auftrags- oder Vertragswert ohne Umsatzsteuer unterhalb der jeweils geltenden Schwellenwerte nach § 106 des Gesetzes gegen Wettbewerbsbeschränkungen in der Fassung der Bekanntmachung vom 26. Juni 2013 (BGBl. I S. 1750, 3245) in der jeweils geltenden Fassung liegt. Die Geltung höherrangiger Vorschriften sowie der Vorschriften für die Vergabe von öffentlichen Aufträgen, deren

geschätzter Auftrags- oder Vertragswert die in Satz 2 genannten Schwellenwerte erreicht, bleibt unberührt.

(2) Die Gemeinde darf Regelungen, die die Durchführung von Vergaben einschränken, nur durch den Beschluss einer Satzung erlassen."

In der Gesetzbegründung wird klar ausgeführt, dass diese Neuregelung erhebliche Erleichterungen bringen soll:

„Die „Kommunalen Vergabegrundsätze" des Ministeriums für Heimat, Kommunales, Bau und Digitalisierung des Landes Nordrhein-Westfalen regeln derzeit für Kommunen Vergaben im sogenannten „Unterschwellenbereich". Diese kommunalen Vergabegrundsätze sehen insbesondere vor, dass die Kommunen im Unterschwellenbereich bei der Vergabe von Aufträgen über Bauleistungen die VOB/A (Abschnitt 1) und bei Aufträgen über Liefer- und Dienstleistungen die bundesrechtliche Unterschwellenvergabeordnung (UVgO) anwenden sollen. Die „Kommunalen Vergabegrundsätze" in der geltenden Fassung sehen – auch im bundesweiten Vergleich – erhebliche Erleichterungen für kommunale Vergaben vor.

Mit diesem Gesetz soll die Unterschwellenvergabe für Kommunen weiter erleichtert und den Kommunen der größtmögliche Handlungsspielraum gegeben werden. Dieses Gesetz hebt landesrechtliche Vorgaben über Wertgrenzen für Vergabeverfahren auf: Damit erhalten nordrhein-westfälische Kommunen künftig vergaberechtlich ebenso viel Handlungsfreiheit wie Gesellschaften, die in ihrem Eigentum stehen oder an denen sie mehrheitlich beteiligt sind. Damit wird ein erheblicher Beitrag zum Bürokratieabbau geleistet.

Es ist daher vorgesehen, die Vergabegrundsätze für Gemeinden nach § 26 der Kommunalhaushaltsverordnung Nordrhein-Westfalen (Kommunale Vergabegrundsätze) zum 1. Januar 2026 aufzuheben und § 26 Kommunalhaushaltsverordnung zu streichen. Mit der Regelung eines neuen § 75a in der Gemeindeordnung für das Land Nordrhein-Westfalen wird sichergestellt, dass die Kommunen vergaberechtliche Grundprinzipien einhalten. Die damit intendierte vollständige Freigabe der Unterschwellenvergabe findet ihre Grenze in dem allgemeinen Recht: Die Kommunen haben bei den Vergaben europa-, bundes- und landesrechtliche Vorschriften zu beachten. Dies betrifft im Besonderen das Haushalts-, Beihilfe- und Preisrecht." (LT-Drs. 18/13836 S. 123).

Dies wird dann in der Einzelbegründung zu § 75a EigVO noch ausgeführt:

„Die Änderung steht im Zusammenhang mit den durch Artikel 10 (§ 26 Kommunalhaushaltsverordnung Nordrhein-Westfalen) und Artikel 11 (§ 8 Kommunalunternehmensverordnung) vorgesehenen Änderungen.

Mit diesem Gesetz werden alle landesrechtlichen Wertgrenzen für kommunale Vergabeverfahren aufgehoben: Damit erhalten nordrhein-westfälische Kommunen künftig vergaberechtlich ebenso viel Handlungsfreiheit wie ihre Tochtergesellschaften. Damit wird ein erheblicher Beitrag zum Bürokratieabbau geleistet.

Die Kommunen sind grundsätzlich erst ab Erreichen der europäischen Schwellenwerte verpflichtet, förmlich auszuschreiben. Unterhalb der Schwellenwerte sind sie nur an die Grundsätze von Transparenz und Gleichbehandlung gebunden.

Im Einzelnen:

§ 75a sieht die Freigabe der Unterschwellenvergabe vor. Mit der Gesetzesänderung ist § 26 Kommunalhaushaltsverordnung Nordrhein-Westfalen aufzuheben (Artikel 10). Durch den Wegfall der Vergabegrundsätze für Gemeinden nach § 26 der Kommunal-haushaltsverordnung Nordrhein-Westfalen werden im EU-Unterschwellenbereich für die Vergabe von Liefer- und Dienstleistungen sowie freiberuflichen Leistungen die Unterschwellenvergabeordnung und für Bauleistungen die Vergabe- und Vertragsordnung für Bauleistungen Teil A (VOB/A) nicht mehr verbindlich vorgegeben. Dies entspricht der geltenden Rechtslage für kommunal beherrschte Unternehmen.

§ 75 der Gemeindeordnung für das Land Nordrhein-Westfalen beinhaltet die Allgemeinen Haushaltsgrundsätze, die die Kommunen einzuhalten haben. Bereits daraus folgt, dass Kommunen Aufträge nur zu Marktpreisen erteilen dürfen. Eine Auftragsvergabe zu höheren Preisen verstößt gegen die Allgemeinen Haushaltsgrundsätze, da die Kommune nicht wirtschaftlich handeln würde. § 75 Absatz 1 Satz 3 GO NRW normiert die Grundsätze der wirtschaftlichen, effizienten und sparsamen Haushaltsführung.

Nach § 75 wird ein § 75a über „Allgemeine Vergabegrundsätze" neu in die Gemeindeordnung aufgenommen: § 75a Absatz 1 regelt die Pflicht einer Gemeinde, nämlich, dass die Vergabe öffentlicher Aufträge – vorbehaltlich anderer Rechtsvorschriften – wirtschaftlich, effizient und sparsam unter Beachtung der Grundsätze von Gleichbe-handlung und Transparenz zu gestalten ist. Die Rechtsprechung leitet das Recht auf ein diskriminierungsfreies und transparentes Verfahren insbesondere aus Artikel 3 des Grundgesetzes ab. Der staatlichen Stelle, hier die Kommune, die einen Auftrag vergibt, ist es auf Grund von Artikel 3 GG verwehrt, dass Verfahren oder die Kriterien der Vergabe willkürlich zu bestimmen. Damit wird klargestellt, dass die Gemeindeordnung neben den „Allgemeinen Vergabegrundsätzen" den Kommunen im EU-Unterschwellenbereich keine weiteren Pflichten auferlegt. Die Geltung der Vorschriften für den EU-Oberschwellenbereich sowie andere höherrangige Vorschriften bleiben unberührt.

In der Folge ist § 26 Kommunalhaushaltsverordnung Nordrhein-Westfalen aufzuheben: Die auf Grundlage von § 26 Kommunalhaushaltsverordnung Nordrhein-Westfalen geregelten Vergabegrundsätze sehen bisher vor, dass die Kommunen im Unterschwellenbereich bei der Vergabe von Aufträgen über Bauleistungen die VOB/A (Abschnitt 1) und bei Aufträgen über Liefer- und Dienstleistungen die bundesrechtliche Unterschwellenvergabeordnung (UVgO) grundsätzlich anwenden sollen. Diese Pflicht entfällt.

Eine Pflicht zur Regelung der Unterschwellenvergabe für Kommunen folgt nicht aus § 30 des Gesetzes über die Grundsätze des Haushaltsrechts des Bundes und der Länder. Die Kommunen sind nicht Normadressaten des genannten Gesetzes: Denn sie sind im Unterschied zum Bund und zu den Ländern keine selbstständigen Haushaltsträger im Sinne des Artikel 109 Absatz 1 GG. Ihr Haushaltsrecht regelt sich daher nach dem jeweiligen Landesrecht (Kommunalhaushaltsverordnung Nordrhein-Westfalen).

Die UVgO und die VOB/A haben für sich genommen, keine rechtliche Verbindlichkeit. Eine rechtliche Verbindlichkeit erhalten sie auf Landesebene im Bereich des Unterschwellenvergaberechts ausschließlich dadurch, dass sie von einer demokratisch legitimierten Autorität nach § 133 Absatz 1 Nummer 6 GO NRW für anwendbar erklärt werden. Fehlt es an einer verbindlichen haushaltsrechtlichen Vorgabe für die Anwendung, entfalten die UVgO und die VOB/A (Abschnitt 1) unterhalb der Schwellenwerte keine Rechtswirkung.

Insbesondere wird mit dem Wegfall der Bindung kommunaler Ausschreibungen an die VOB/A das sogenannte „Schweizer Modell" im Land Nordrhein-Westfalen umgesetzt: Auch in der Schweiz erhält die Bieterin oder der Bieter mit dem wirtschaftlichsten Angebot den Zuschlag. Damit ist nicht immer der niedrigste Angebotspreis verbunden. Kriterien und Mindestanforderungen wie Qualität, Nachhaltigkeit, Zweckmäßigkeit und Betriebskosten können durch die Kommune bei jeder Vergabe gesondert vorgegeben und damit berücksichtigt werden. Dadurch bekommt die Qualität einer Leistung im Rahmen einer kommunalen Ausschreibung wieder ein höheres Gewicht. Durch den neu eingefügten Paragraphen wird sichergestellt, dass Gemeinden öffentliche Aufträge, deren geschätzter Auftrags- oder Vertragswert ohne Umsatzsteuer unterhalb der jeweils geltenden Schwellenwerte nach § 106 GWB liegt, wirtschaftlich, effizient und sparsam vergeben.

Die vollständige Freigabe der Unterschwellenvergabe findet ihre Grenze im allgemein geltenden Recht. Kommunen müssen im vorliegenden Fall der vollständigen Freigabe der Unterschwellenvergabe anderweitige landes-, bundes- und europarechtliche Vorschriften auch fortan beachten.

Des Weiteren ist in der Folge § 8 der Kommunalunternehmensverordnung zu ändern (Artikel 11).

§ 133 Absatz 1 Nummer 6 der Gemeindeordnung sieht darüber hinaus unverändert vor, dass das für Kommunales zuständige Ministerium im Einvernehmen mit dem Ministerium der Finanzen durch Rechtsverordnung die Ausschreibung von Lieferungen und Leistungen sowie die Vergabe von Aufträgen einschließlich des Abschlusses von Verträgen regeln kann.

Seit der Neufassung der „Kommunalen Vergabegrundsätze" mit den erweiterten kommunalen Vergabespielräumen hat sich gezeigt, dass es in Kommunen mitunter (verwaltungsinterne) Regelungen gibt, die die erleichterten Vergabemöglichkeiten nicht umsetzen und in der Folge zu mehr Bürokratie – sowohl auf Seiten der Verwaltungen als auch auf Seiten der Wirtschaft – führen.

Mit der Schaffung des § 75a werden bisher bestehende kommunale Regelungen über die Durchführung von Vergaben auf „Null" gestellt. Denn: Nach § 75a Absatz 2 darf eine Kommune Regelungen, die die Durchführung von Vergaben – gegenüber diesem Gesetz – einschränken, nur durch Beschluss einer Satzung erlassen. Mit „Regelungen, die die Durchführung von Vergaben" betreffen, sind solche gemeint, wie sie heute in den „Vergabegrundsätzen für Gemeinden nach § 26 der Kommunalhaushaltsverordnung Nordrhein-Westfalen (Kommunale Vergabegrundsätze)" geregelt sind.

Gerade in der jüngsten Vergangenheit haben zahlreiche Kommunen beispielsweise Tochtergesellschaften für Planungsleistungen und deren Beschaffung gegründet, um von dem für kommunale Tochtergesellschaften bereits heute bestehenden Vergabefreiheiten Gebrauch machen zu können. Diese Kommunalpraxis wird mit § 75a obsolet, da die Kommunen dieselben Freiheiten in der Durchführung von Vergaben bekommen wie ihre Tochtergesellschaften sie bereits heute haben. Ein Outsourcing wird damit – jedenfalls vor dem Hintergrund der Nutzung von Vergabefreiheiten unterhalb der EU-Oberschwellen – nicht mehr erforderlich.

Wenn sich eine Kommune Selbstbeschränkungen bei der Durchführung von Vergaben auferlegen möchte, hat dies ausschließlich im Wege des Satzungsbeschlusses zu erfolgen. Dies versetzt den Rat in die Lage, sich mit dem möglichen Regelungswerk und den daraus resultierenden Konsequenzen wie dem kommunalen Bürokratieaufbau, dem Personalbedarf oder der verlangsamten Beschaffung auseinanderzusetzen und darüber zu entscheiden, ob und inwieweit in einem örtlichen Regelungswerk zwingend mehr Bürokratie als gesetzlich erforderlich vorgesehen werden soll." (LT-Drs. 18/836 S. 144 ff.)

4.2 Das deutsche Vergaberecht

Die Grundlagen des deutschen Vergaberechts oberhalb der Schwellenwerte sind weiterhin im 4. Teil des GWB enthalten, die Regelungen zum Verfahren werden durch die Vergabeverordnung konkretisiert. Die früher geltenden VOF und VOL/A 2. Abschnitt sind entfallen. Für diese Vergaben gilt jetzt ausschließlich die VgV. Im Baubereich gilt die VOB/A EU. Die SektVO regelt die Vergabe von Bau-, Liefer- und Dienstleistungsaufträgen im Bereich des Verkehrs, der Trinkwasserversorgung und der Energieversorgung durch die sogenannten Sektorenauftraggeber. Die Vergabe von Bau- und Dienstleistungskonzessionen ist in der neuen Konzessionsvergabeverordnung – KonzVgV – geregelt. Die VOB/A ist am 31.1.2019 neugefasst und am 19.2.2019 im Bundesanzeiger veröffentlicht worden; siehe dazu *v. Weitersheim*, Neue Entwicklungen im Vergaberecht, juris-PR-VergR 4/2019 Anm. 1.

Die Schwellenwerte, die darüber entscheiden, ob eine Vergabe den europarechtlichen Vorgaben der Richtlinien 2004/17/EG und 2004/18/EG (ABl. EU vom 20.12.2005, L 333/28) und damit dem deutschen „Kartellvergaberecht" der §§ 97 ff. GWB unterfällt, werden durch Verordnungen der EU-Kommission im Zwei-Jahres-Rhythmus festgelegt. Dies erfolgte zuletzt für die Jahre 2024 und 2025 duch delegierte Verordnungen der Kommission vom 15.11.2023 (EU) 2023/2495, 2023/2496, 2023/2497 und 2023/2510, Amtsblatt der Europäischen Union vom 16.11.2023.

Für Vergaben unterhalb der Schwellenwerte gilt auf Bundesebene die Unterschwellenvergabeverordnung (zu dieser: *Porz*, KommJur 2017 S. 321, auch *Otto/Schmidt*, Unterschwellenvergabeverordnung – gilt jetzt durch Runderlass auch für Kommunen in NRW, GHH 2018 S. 79). Hier handelt es sich nicht um Kartellvergaberecht, sondern um auf Haushaltsrecht beruhende Vergabegrundsätze. Durch den Runderlass des Ministeriums für Heimat, Kommunales, Bau und Gleichstellung vom 28.8.2018 war die Anwendung der Unterschwellenvergabeverordnung für Kommunen und ihre eigenbetriebsähnlichen Einrichtungen vorgegeben („soll") für die Vergabe von Liefer- und Dienstleistungen und der VOB A (Abschnitt 1), B und C für Bauleistungen (zu diesem Runderlass *v. Wietersheim*, Aktuelles zu den weiteren Entwicklungen im deutschen Vergaberecht, juris PR-VergR 11/2018 Anm. 1); das wird durch das Inkrafttreten des § 75a GO NRW am 1.1.2026 hinfällig.

4.3 Das nordrhein-westfälische Tariftreue- und Vergabegesetz

4.3.1 Das Gesetz vom 10.1.2012

Das Tariftreue- und Vergabegesetz NRW vom 10.1.2012 (GV. NRW. S. 17) war umstritten (Darstellungen des Gesetzesinhalts mit positiver Würdigung geben *Liebschwager*, NWVBl. 2012 S. 249 und *Faber*, NWVBl. 2012 S. 255; kritisch *Köster* DÖV 2012 S. 474 ff. sowie *Simon* RdA 2014 S. 165 ff). Es enthielt u. a. eine Mindestlohnbestimmung, § 4 Abs. 3. Die Vergabekammer Arnsberg hatte mit Beschl. vom 22.10.2013 (– VK 18/13 –, juris) dem EuGH die Frage vorgelegt, ob diese Bestimmung auch für Nachunternehmer in einem anderen Mitgliedstaat der EU gelte. Diesem Fall lag eine Ausschreibung der Stadt Dortmund für die Digitalisierung von Akten zugrunde. In den Vergabebedingungen forderte die Stadt Dortmund die Einhaltung der Vorschriften des TVgG und die Zahlung eines Mindestlohns von 8,62 € entsprechend § 4 Abs. 3 TVgG. Die Bundesdruckerei wollte sich an der Ausschreibung beteiligen und teilte der Stadt mit, dass sie mit der Durchführung der Arbeiten einen Nachunternehmer in Polen beauftragen werde, auf den diese Bestimmung keine Anwendung finden könnte. Da die Stadt Dortmund sich weigerte, das anzuerkennen, leitete die Bundesdruckerei ein entsprechendes Nachprüfungsverfahren ein, das zu der EuGH-Vorlage führte. Mit Urt. vom 18.9.2014, NVwZ 2014 S. 1505, hat der EuGH die Vorlagefrage beantwortet: *„Nach alledem ist auf die Vorlagefrage zu antworten, dass in einer Situation wie der im Ausgangsverfahren fraglichen, in der ein Bieter beabsichtigt, einen öffentlichen Auftrag ausschließlich durch Inanspruchnahme von Arbeitnehmern auszuführen, die bei einem Nachunternehmer mit Sitz in einem anderen Mitgliedstaat als dem, dem der öffentliche Auftraggeber angehört, beschäftigt sind, Art. 56 AEUV der Anwendung von Rechtsvorschriften des Mitgliedstaats, dem dieser öffentliche Auftraggeber angehört, entgegensteht, die diesen Nachunternehmer verpflichten, den genannten Arbeitnehmern ein mit diesen Rechtsvorschriften festgelegtes Mindestentgelt zu zahlen."* (Rdn. 36) Zu den Auswirkungen dieses Urt. vgl. die Anmerkung von *Schrotz/Raddatz*, NVwZ 2014 S. 1507.

Mindestlohnbestimmungen sind nicht grundsätzlich europarechtswidrig, sie dürfen aber nicht zu einer Beschränkung des freien Waren- und Dienstleistungsverkehrs führen, indem sie von Anbietern, die nicht aus dem den Mindestlohn vorschreibenden Mitgliedstaat stammen, dessen Anwendung fordern, ohne Rücksicht auf die Bedingungen in Mitgliedstaat des Anbieters, der ansonsten aus dem unterschiedlichen Lohnniveau einen Wettbewerbsvorteil ziehen könnte. Schon früher hatte der EuGH vergleichbare niedersächsische Regelungen im Zusammenhang mit Arbeitnehmerentsendung scheitern lassen (Urt. vom 3.4.2008, NZBau 2008 S. 332).

Auch das OLG Düsseldorf hat sich in mehreren Beschlüssen mit Bestimmungen des TVgG auseinandergesetzt. § 18 Abs. 1 und 2 TVgG fordern von den Bietern Verpflichtungserklärungen zu den ILO-Kernarbeitsnormen. Soweit diese als Nachweis der Leistungsfähigkeit oder fachlichen Eignung gefordert sind, widersprechen sie europarechtlichen wie deutschen Vergaberechtsbestimmungen. Die Richtlinien 2004/18/EG und 2014/24/EG ermächtigen ebenso wie die VOL/A – EG und VOB/A – EG den öffentlichen Auftraggeber, Anforderungen an die Leistungsfähigkeit festzulegen. Doch dürfen diese Anforderungen hinsichtlich der beruflichen (im deutschen Recht fachlichen) und technischen Leistungsfähigkeit nur durch Bezugnahme auf die in der Vergabeordnung und in den EU-Richtlinien aufgeführten Nachweise festgelegt werden, wobei die zulässigen Einzelnachweise abschließend dort geregelt sind. Forderungen, die dort nicht aufgeführt sind, sind unzulässig. Zulässig sind sie dagegen, wenn sie zusätzliche Anforderungen an die Auftragsausführung darstellen (OLG Düsseldorf, Beschl. vom 29.1.2014, NZ Bau 2014 S. 314 und vom 25.6.2014, juris).

Bereits früher – darauf ist in diesem Zusammenhang hinzuweisen – hatte das OLG die Forderung nach Beschäftigung ausschließlich sozialversicherungspflichtigen Personals als unzulässig angesehen, weil auch das keine zulässige Mindestanforderung an die Eignung darstelle. Art. 97 Abs. 4 Satz 2 GWB erlaube es nicht, dem Auftragnehmer zwar sozialrelevante, aber arbeitsrechtlich erlaubte Gestaltungsmöglichkeiten zu versagen (Beschl. vom 17.1.2013, NZBau 2013 S. 329). Im Übrigen könnten solche Mindestanforderung auch nur gestellt werden, wenn sie in einem sachlichen Zusammenhang mit dem Auftragsgegenstand stehen, was das OLG sowohl für die Forderung nach ausschließlich sozialversicherungspflichtigen Beschäftigten als auch nach der Vorlage von Führungszeugnissen für das Personal bei einem Auftrag zur Gebäudereinigung verneinte (Beschl. vom 5.12.2012, VergabeR 2013 S. 614).

Zulässig ist es dagegen, die in § 17 TVgG angesprochenen umweltfreundlichen und energieeffizienten Anforderungen an die Auftragsausführungen zum Gegenstand des Auftrages zu machen. Sie dürfen nicht als Anforderungen an die technische Leistungsfähigkeit aufgestellt werden, aber Bedingung für die Auftragsausführungen sein, also zum Beispiel Anforderungen an die Umweltverträglichkeit von Fahrzeugen (grüne Umweltplakette oder Befreiung von Fahrverboten in Umweltzonen nach Anhang 3 zur 35. Bundesimmissionsschutzverordnung [BImSchV] für Maschinen, Geräte und Kraftfahrzeuge) bei einer Ausschreibung für eine Beteiligung an Müllabfuhr, Straßenreinigung oder Winterdienst (vgl. OLG Düsseldorf, Beschl. vom 7.5.2014, VergabeR 2014 S. 797). Hierzu ist auch auf § 128 Abs. 2 GWB zu verweisen, siehe dazu die Begründung des Gesetzentwurfs für das Vergaberechtmodernisierungsgesetz, BT-Drs. 18/6281, S. 113.

Offen ist, ob sich diese Rechtsprechung im Hinblick auf die neuen Richtlinien des Jahres 2014 (zu diesen unten Erl. 4.4) ändern wird. Zur Berücksichtigung sozialer Aspekte bei der Auftragsvergabe nach der Reform des EU-Vergaberechts stellt *Latzel* (NZBau 2014 S. 673) fest, dass weitgehend die bisherige Rechtsprechung kodifiziert wurde. Nach wie vor schütze aber das Beschränkungsverbot der Dienstleistungsfreiheit den Niedriglohnvorteil von Bietern anderer Mitgliedstaaten. Beschränkungen seien nur zulässig, soweit sie öffentliche wie private Aufträge erfassten und nicht nur die ersteren reglementierten. Wie die Richtlinien in das deutsche Recht umgesetzt würden, sei offen. Das Vergaberecht sollte aber nicht mit gesellschaftspolitischen Anliegen überfrachtet werden. Hierzu ist ein Rechtsstreit vor dem EuGH anhängig, C-210/24. Die Schlussanträge des Generalanwalts sind veröffentlicht – sie weisen in Richtung Zulässigkeit – das Urteil bleibt abzuwarten.

Die damalige SPD/Grüne-Mehrheit änderte dann Anfang 2017 das Gesetz. Am 1.4.2017 trat das Gesetz über die Sicherung von Tariftreue und Sozialstandards sowie fairen Wettbewerb bei der Vergabe öffentlicher Aufträge (Tariftreue- und Vergabegesetz Nordrhein-Westfalen – TVgG NRW) in Kraft.

4.3.2 Das Gesetz über die Sicherung von Tariftreue und Mindestlohn bei der Vergabe öffentlicher Aufträge – Tariftreue- und Vergabegesetz NRW vom 22.3.2018 (GV. NRW. S. 172)

Im sogenannten Entfesselungspaket I änderte die CDU/FDP-Mehrheit das alte Gesetz und verschlankte es erheblich, indem es auf die Sicherung des Mindestlohns beschränkt wurde. Die weiteren Regelungen seien nicht mehr erforderlich, hieß in der Gesetzesbegründung:

„Der Landesgesetzgeber in Nordrhein-Westfalen nimmt die grundlegenden Änderungen der gesetzlichen Rahmenbedingungen im allgemeinen Vergaberecht zum Anlass, das vorliegende Tariftreue- und Vergabegesetz neuzufassen. Das im April 2016 in Kraft getretene Vergaberechtsmodernisierungsgesetz hat den vierten Teil des Gesetzes gegen Wettbewerbsbeschränkungen umfangreich neu strukturiert und geändert. Die Einführung der Vergabeverordnung hat die Änderungen des Gesetzes gegen Wettbewerbsbeschränkungen flankiert. Die Reform des nationalen Vergaberechts diente u. a. auch der Umsetzung von drei EU-Vergaberichtlinien. Dabei handelt es sich um die Richtlinie über die öffentliche Auftragsvergabe 2014/24/EU, die Richtlinie über die Vergabe von Aufträgen in den Bereichen Wasser-, Energie- und Verkehrsversorgung sowie der Postdienste 2014/25/EU sowie die Richtlinie über die Vergabe von Konzessionen 2014/23/EU. Zudem haben sich die Länder auf gemeinsame Regelungen im Bereich unterhalb der EUSchwellenwerte in Form der Unterschwellenvergabeordnung geeinigt, wonach die Regelungen aus dem GWB-Vergaberecht zur Berücksichtigung von Nachhaltigkeitsaspekten auf die Unterschwelle übertragen werden. Es ist damit auf Basis des novellierten allgemeinen Vergaberechts möglich, strategische und Nachhaltigkeitsziele zu sozialen, ökologischen und innovativen Aspekten zu berücksichtigen. Vorgaben zu solchen Aspekten in anderen Gesetzen bestehen unabhängig von Änderungen am TVgG, sodass damit gesetzliche Standards im Hinblick auf soziale, ökologische und innovative Aspekte unverändert Geltung haben. Die hierfür noch notwendige Anpassung der Landeshaushaltsordnung sowie der Gemeindehaushaltsverordnung analog zur Anfang Juni 2017 von Bundesrat und Bundestag beschlossenen Änderung des Haushaltgrundsätzegesetzes (Gleichstellung von öffentlicher Ausschreibung und beschränkter Ausschreibung mit Teilnahmewettbewerb) erfolgt in parallelen Rechtsetzungsvorhaben. Des Weiteren enthält das novellierte allgemeine Vergaberecht einen klaren Zeitplan für die Einführung der e-Vergabe. Damit der damit verbundene Entlastungs- und Entbürokratisierungseffekt eintreten kann, ist es wichtig, dass sich die öffentlichen Auftraggeber darauf vorbereiten können. Einzelheiten zum geänderten vergaberechtlichen Regelungsrahmen: Das seit April 2016 geltende, neugefasste Vergaberecht ermöglicht insbesondere die Berücksichtigung zusätzlicher Kriterien bei der Auswahl des wirtschaftlichsten Angebots. Im Folgenden sind wesentliche Regelungsbereiche aufgeführt, die eine gesonderte Regelung in der Neufassung des TVgG entbehrlich machen:

- *Bei der Zuschlagserteilung kann der öffentliche Auftraggeber gemäß § 127 Abs. 1 des Gesetzes gegen Wettbewerbsbeschränkungen (GWB) in Verbindung mit § 58 der Vergabeverordnung (VgV) zur Ermittlung des wirtschaftlichsten Angebots neben den Kosten auch qualitative, umweltbezogene oder soziale Aspekte berücksichtigen.*
- *Gemäß § 127 Abs. 3 GWB kann der öffentliche Auftraggeber Zuschlagskriterien festlegen, die sich nicht nur auf die Leistung selbst, sondern auch auf Prozesse im Zusammenhang mit der Herstellung, Bereitstellung oder Entsorgung der Leistung, auf den Handel mit der Leistung oder auf ein anderes Stadium im Lebenszyklus der Leistung beziehen.*
- *Bei der Beschaffung energieverbrauchsrelevanter Liefer- und Dienstleistungen sind im leistungsbeschreibenden Teil der Ausschreibung gemäß § 67 VgV*
    - o *das höchste Leistungsniveau an die Energieeffizienz bzw. die höchste Energieeffizienzklasse zu verlangen und*

- o *von den Bietern Informationen zum Energieverbrauch sowie in geeigneten Fällen eine Analyse der Lebenszykluskosten zu fordern.*

Die dadurch gewonnenen Erkenntnisse sind als Zuschlagskriterium zu berücksichtigen.

- *Gemäß § 68 VgV muss der öffentliche Auftraggeber bei der Beschaffung von Straßenfahrzeugen Energieverbrauch und Umweltauswirkungen berücksichtigen.*
- *Gemäß § 121 Abs. 2 GWB sind die Bedürfnisse von Menschen mit Behinderung bei der Beschaffung von Leistungen, die zur Nutzung durch natürliche Personen vorgesehen sind, im Vergabeverfahren zu berücksichtigen.*
- *Ein öffentlicher Auftraggeber kann gemäß § 124 Abs. 1 Nr. 1 GWB ein Unternehmen im Fall eines Verstoßes gegen umwelt-, sozial- oder arbeitsrechtliche Verpflichtungen zu jeder Zeit des Vergabeverfahrens ausschließen.*

Vor diesem Hintergrund lassen sich strategische Ziele des öffentlichen Auftraggebers effektiv durch einen flexiblen, einzelfallgerechten Einsatz im Rahmen des Leistungsbestimmungsrechtes des öffentlichen Auftraggebers verfolgen.

Diese Regelungen stellen den öffentlichen Auftraggebern in jedem Stadium eines Vergabeverfahrens ein geeignetes und ausreichendes Instrument zur Verfügung, um weitere, über die Kosten hinausgehende soziale, innovative und ökologische Kriterien bei der Auftragsvergabe zu berücksichtigen. Darüber hinausgehende landesrechtliche Regelungen sind nicht mehr erforderlich, da es über das allgemeine Vergaberecht zu einer an der Praxis orientierten, flexiblen und effektiven Handhabung der Kriterien durch die öffentlichen Auftraggeber kommen wird. So werden Bürokratiehemmnisse abgebaut, der freie Wettbewerb gestärkt und der Aufwand auf Seiten der öffentlichen Auftraggeber sowie Unternehmen gesenkt. Das gleiche gilt für öffentliche Aufträge unterhalb der Schwellenwerte. Die dort einschlägige Unterschwellenvergabeordnung lässt ebenfalls die Berücksichtigung qualitativer, umweltbezogener oder sozialer Zuschlagskriterien in deren §§ 2, 23, 43 zu. Die Ausschlussgründe des § 124 GWB sind für anwendbar erklärt." (LT-Drs. 17/1046 S. 112 f.).

4.4 Die europarechtlichen Vergaberichtlinien

Im Amtsblatt der Europäischen Union vom 28.3.2014 wurden die drei neuen Vergaberichtlinien veröffentlicht:

- Richtlinie 2014/24/EU des Europäischen Parlaments und des Rates vom 26.4.2014, die Basisvergaberichtlinie, die die alte Richtlinie 2004/18/EG ersetzt (ABl. EU L 94/65), zu dieser *Jaeger*, NZBau 2014 S. 259 ff., speziell zur Inhouse-Vergabe *Knauff*, EuZW 2014 S. 486 ff.,
- Richtlinie 2014/23/EU des Europäischen Parlaments und des Rates vom 26.4.2014, die Konzessionsvergaberichtlinie (ABl. EU L 94/1), zu dieser *Knauff/Badenhausen*, NZBau 2014 S. 395 ff., sowie *Opitz* NVwZ 2014 S. 753 ff.,
- Richtlinie 2014/24/EU des Europäischen Parlaments und des Rates vom 26.4.2014, die Sektorenrichtlinie, die die alte Richtlinie 2004/17/EG ersetzt (ABl. EU L 94/243), zu dieser *Prieß/Stein*, NZBau 2014 S. 323.

Die drei Richtlinien zur Modernisierung des EU-Vergaberechts sind am 17.4.2014 in Kraft getreten und müssen innerhalb von zwei Jahren in das deutsche Recht umgesetzt werden. Ziele der Novellierung des EU-Vergaberechts waren u. a. eine Vereinfachung und Flexibilisierung der Vergabeverfahren, eine Erweiterung der elektronischen Vergabe sowie die Verbesserung des Zugangs für kleine und mittlere Unternehmen zu den Vergabeverfahren. Zudem sollen künftig strategische Aspekte zur Erreichung der Europa 2020-Ziele (insbes. soziale und umweltpolitische Ziele) stärker in den Vergabeverfahren berücksichtigt werden.

Hier ist nicht der Ort, diese Richtlinien ausführlich darzustellen, es soll nur auf einige Aspekte hingewiesen werden. Sie wurden durch das Vergaberechtsmodernisierungsgesetz in deutsches Recht umgesetzt.

Wichtig ist auch die Verarbeitung der Rechtsprechung des EuGH zur Inhouse-Vergabe (siehe dazu *Knauff*, EuZW 2014 S. 486). Art. 12 der Basisvergaberichtlinie regelt die Teckal-Kriterien: das Kontrollkriterium („*wie über eine eigene Dienststelle*"). Das Wesentlichkeitskriterium wird erfüllt, wenn mehr als 80 % der Tätigkeiten der kontrollierten juristischen Person der Ausführung der Aufgaben dienen, mit denen sie von dem die Kontrolle ausübenden öffentlichen Auftraggeber oder von anderen von diesem kontrollierten juristischen Personen betraut wurden, während in der deutschen Rechtsprechung teilweise 90 % gefordert wurden. Private Kapitalbeteiligung ist nur dann zulässig, wenn sie nicht beherrschend ist, keine Sperrminorität vermittelt und keinen bestimmenden Einfluss ausüben kann – allerdings muss es dazu nationale gesetzliche Regelungen geben, die die Privatbeteiligung vorschreiben, was in Deutschland nicht gegeben ist.

Für Deutschlands Kommunen wichtig ist der neue § 12 Abs. 4 der RL 2014/24/EU, der das Urt. des EuGH zur Stadtreinigung Hamburg vom 9.6.2009, NVwZ 2009 S. 898 und damit die horizontale Zusammenarbeit von Kommunen aufgreift:

„Ein ausschließlich zwischen zwei oder mehr öffentlichen Auftraggebern geschlossener Vertrag fällt nicht in den Anwendungsbereich dieser Richtlinie, wenn alle nachfolgend genannten Bedingungen erfüllt sind:

a) Der Vertrag begründet oder erfüllt eine Zusammenarbeit zwischen den beteiligten öffentlichen Auftraggebern mit dem Ziel sicherzustellen, dass von ihnen zu erbringende öffentliche Dienstleistungen im Hinblick auf die Erreichung gemeinsamer Ziele ausgeführt werden;

b) die Durchführung dieser Zusammenarbeit wird ausschließlich durch Überlegungen im Zusammenhang mit dem öffentlichen Interesse bestimmt und

c) die beteiligten öffentlichen Auftraggeber erbringen auf dem offenen Markt weniger als 20 % der durch die Zusammenarbeit erfassten Tätigkeiten."

Klar ist damit auch, dass Vereinbarungen wie die zwischen dem Kreis und der Stadt Düren – vgl. Urt. des EuGH vom 13.6.2013 (NVwZ 2013 S. 931) – nicht vergaberechtsfrei sind, weil es eben nicht um die gemeinsame Wahrnehmung öffentlicher Aufgaben geht, sondern um die Übertragung bloßer Hilfsdienstleistungen.

4.5 Zum Vergaberechtsschutz

Bedauerlicherweise ergibt sich aus der unterschiedlichen materiellen Rechtslage auch eine Rechtswegzersplitterung.

4.5.1 Vergabe oberhalb der Schwellenwerte

Bei Vergaben von Bauaufträgen, Lieferaufträgen und Dienstleistungsaufträgen oberhalb der EU-Schwellenwerte gilt das sogenannte Vergabekartellrecht des Vierten Teils des GWB, §§ 97 ff. Bei diesen geht in Nordrhein-Westfalen der Rechtsweg über die Vergabekammern zum OLG Düsseldorf. Dies gilt auch für Dienstleistungskonzessionen.

Das OLG Düsseldorf hat im Beschluss vom 16.10.2019 – Verg 13/19 –, NZBau 2020 S. 670, ausgeführt, dass im Falle einer Ausschreibung durch den Eigenbetrieb das Nachprüfungsverfahren gegen die Gemeinde zu richten ist, da der Eigenbetrieb keine eigene Rechtspersönlichkeit hat.

4.5.2 Vergabe unterhalb der Schwellenwerte

Der Rechtsweg in Unterschwellenvergabeverfahren war in den vergangenen Jahren heftig umstritten. Einige OVGs – darunter auch das nordrhein-westfälische – hatten den Standpunkt eingenommen, die VG seien zuständig, andere lehnten das vehement ab. Nachdem das BVerfG im Jahre 2006 die unterschiedliche Rechtsschutzgewährung bei Vergabeentscheidungen unterhalb und oberhalb der Schwellenwerte für verfassungsgemäß angesehen hatte (Beschl. vom 13.7.2006, VergabeR 2006 S. 871, 879 – dazu *Spießhofer/Sellmann*, VergabeR 2007 S. 159), lag dem BVerwG die Entscheidung über den Rechtsweg bei Unterschwellenvergaben vor. Es hat eine verwaltungsgerichtliche Zuständigkeit abgelehnt. Bei der Vergabe öffentlicher Aufträge werde der Staat als Nachfrager am Markt tätig, um seinen Bedarf an bestimmten Gütern oder Dienstleistungen zu decken. Als Nachfrager unterscheide er sich nicht grundlegend von anderen Marktteilnehmern, die von der öffentlichen Hand abgeschlossenen Werk- und Dienstverträge gehörten ausschließlich dem Privatrecht an (Beschl. vom 2.5.2007, NZBau 2007 S. 389). Das OVG NRW hat dem (für die Unterschwellenvergaben) zugestimmt. (vgl. Beschl. vom 7.2.2011, NZBau 2011 S. 319).

Damit ergibt sich in den Fällen von Unterschwellenvergaben eine Zuständigkeit der Landgerichte. Dies ist sowohl zustimmend als auch ablehnend kommentiert worden. (hier sei nur verwiesen auf *Burgi*, NVwZ 2007 S. 737; *Ennuschat/Ulrich*, NJW 2007 S. 2224 sowie *Kallerhof*, 8. Vergaberechtstag S. 85 und *J. Müller*, GHH 2007 S. 260).

Die Frage, welcher Rechtsschutz in Unterschwellenvergabeverfahren zu gewähren ist, wurde von der Rechtsprechung zunächst dahingehend beantwortet, dass es in der Regel nur einen Sekundärrechtsschutz gebe, also einen Anspruch auf Schadensersatz (etwa LG Duisburg, Beschl. vom 12.8.2011 – 10 O 285/11 –, JURIS). Nur in solchen Fällen sei Primärrechtsschutz zu gewähren, in denen der öffentliche Auftraggeber willkürlich die Bieter ungleich behandele. Dafür reiche aber nicht ein objektiver Verstoß gegen Vergabevorschriften, sondern das Verhalten des Auftraggebers müsse in unredlicher Absicht oder vorsätzlich rechtswidrig sein (OLG Hamm, Urt. vom 12.2.2008, VergabeR 2008 S. 682; LG Düsseldorf, Urt. vom 29.10.2008, NZBau 2009 S. 142 jeweils m. w. N.).

Früher wurde ein möglicher Schadensersatzanspruch des Bieters auf die gewohnheitsrechtliche Rechtsfigur der culpa in contrahendo gestützt. Diese Rechtsfigur wurde durch das Schuldrechtsmodernisierungsgesetz in das Gesetz aufgenommen. Deshalb stützt der BGH seit der Rettungsdienstleistungen II – Entscheidung (Urt. vom 6.9.2011, NZBau 2011 S. 498, dazu Anm. von *Reinelt*, juris, PR-BGHZivilR 15/2011 Anm. 3) nicht mehr auf das Vertrauen des Bieters darein, dass der Auftraggeber die Vergabevorschriften einhält, sondern auf die Verletzung von Rücksichtnahmepflichten durch Missachtung von Vergabevorschriften. Das war dann Ausgangspunkt dafür, dass das OLG Düsseldorf Primärrechtsschutz in Unterschwellenvergabefällen nicht auf Fälle von willkürlichem Handeln beschränkt, sondern jedem Bieter einen Unterlassungsanspruch gegen den Vertragsabschluss mit einem Mitkonkurrenten gewährt, wenn der Auftraggeber die VOB/A oder die VOL/A anwendet (Urt. vom 19.10.2011, VergabeR 2012 S. 669; auch bereits Urt. vom 13.1.2010, NZBau 2010 S. 328).

Das OLG Düsseldorf hat es dabei dahinstehen lassen, ob der Auftraggeber verpflichtet ist, vor Auftragserteilung die unterlegenen Bieter zu informieren, analog § 101a GWB für das Kartellvergaberecht. In der Literatur gibt es einige Stimmen, die sich dafür aussprechen (*Knöbl*, Rechtsschutz bei der Vergabe von Aufträgen unterhalb der Schwellenwerte; *Krist*, VergabeR 2012 S. 672).

4.5.3 Vergabe von Dienstleistungskonzessionen

Bei der Vergabe von Dienstleistungskonzessionen galt weder die EU-Richtlinie 2004/18/EG noch das GWB (vgl. OLG Düsseldorf, Beschl. vom 10.5.2006 – VII-Verg 12/06 –, juris; BGH, Beschl. vom 8.2.2011, BGHZ 188 S. 200; Beschl. vom 23.1.2012, VergabeR 2012 S. 440). Da die Dienstleistungskonzession nunmehr in der RL 2014/23/EU geregelt ist, wird die Umsetzung in das deutsche Recht sie auch entsprechend erfassen, so dass in Bezug auf den Rechtsschutz dann keine Unterschiede mehr zu anderen Auftragsgegenständen bestehen.

Art. 1 Abs. 4 der EU-Richtlinie 2004/18/EG ABl. Nr. L 134 vom 30.3.2004, S. 114 ff., definiert Dienstleistungskonzessionen als *„Verträge, die von öffentlichen Dienstleistungsaufträgen nur insoweit abweichen, als die Gegenleistung für die Erbringung der Dienstleistungen ausschließlich in dem Recht zur Nutzung der Dienstleistung oder in diesem Recht zuzüglich der Zahlung eines Preises besteht"*. Künftig gilt die Definition des § 5 Abs. 1 Buchstabe b der RL 2014/23/EU: Dienstleistungskonzession meint *„einen entgeltlichen, schriftlich geschlossenen Vertrag, mit dem ein oder mehrere öffentliche Auftraggeber oder Auftraggeber einen oder mehrere Wirtschaftsteilnehmer mit der Erbringung und der Verwaltung von Dienstleistungen betrauen, die nicht in der Erbringung von Bauleistungen nach Buchstabe a bestehen, wobei die Gegenleistung entweder allein in dem Recht zur Verwertung der vertragsgegenständlichen Dienstleistungen oder in diesem Recht zuzüglich einer Zahlung besteht"*. Diese Definition lehnt sich an die bisherige in RL 2004/18/EG und die Rechtsprechung an.

Eine Dienstleistungskonzession liegt dann vor, wenn der Auftragnehmer das wirtschaftliche Risiko in vollem Umfang oder zumindest zu einem wesentlichen Teil trägt (EuGH, Urt. vom 10.11.2011, NVwZ 2012 S. 236; s. zur Abgrenzung von Dienstleistungskonzession und Dienstleistungsauftrag auch *Bultmann*, NVwZ 2011 S. 72 und *Braun*, NZBau 2011 S. 400).

Im Unterschwellenbereich gelten die Regeln des europäischen Rechts wie des GWB nicht direkt, aber auch diese Vergaben müssen europarechtlichen Grundregeln genügen. Der Grundsatz der Gleichbehandlung und das Verbot der Diskriminierung aus Gründen der Staatsangehörigkeit, die in den Art. 43 EG und 49 EG verankert sind, und die sich aus den gleichen Regeln ergebende Transparenzpflicht müssen beachtet werden. (vgl. EuGH, Urt. vom 12.4.2010, NZBau 2010 S. 382; so auch bereits OLG Düsseldorf, Beschl. vom 10.5.2006 – VII-Verg 12/06 –, juris).

Damit steht aber noch nicht fest, welcher Rechtsweg einzuschlagen ist. Ursprünglich wurde angenommen, dass es sich um den Abschluss eines öffentlich-rechtlichen Vertrages handele, so dass die verwaltungsgerichtliche Zuständigkeit bejaht wurde. vgl. OVG NRW, Beschl. vom 4.5.2006, NWVBl. 2006 S. 342 und VG Münster, Beschl. vom 9.3.2007, VergabeR 2007 S. 350 mit ablehnender Anmerkung *Losch*, VergabeR. 2007 S. 355; insgesamt gegen die Zuständigkeit der Verwaltungsgerichte: *Lampert*, DVBl 2007 S. 1343) Inzwischen hat der BGH in seiner Rettungsdienst III-Entscheidung richtig ausgeführt:

„Entsprechend allgemeinen Grundsätzen hängt die Bestimmung des zulässigen Rechtswegs hier wie dort davon ab, ob das jeweils streitige Rechtsverhältnis dem öffentlichen oder dem bürgerlichen Recht zuzuordnen ist. Für diese Zuordnung ist nach der Rechtsprechung des BVerwG, der der Senat beitritt, nicht das Ziel (so für Dienstleistungskonzessionen entgegen dem Bundesverwaltungsgericht weiterhin OVG Münster, VergabeR 2011 S. 892 f. im Anschluss an OVG Münster, NZBau 2006, 533), sondern die Rechtsform staatlichen Handelns maßgeblich. Ist diese privatrechtlich, so ist es grundsätzlich auch die betreffende Streitigkeit (BVerwG, Beschl. vom 2.5.2007 – 6 B 10/07 –, BVerwGE 129, 9 Rn. 8). Umgekehrt ist prinzipiell der Verwaltungsrechtsweg eröffnet, wenn sich das staatliche Handeln in den Bahnen des öffentlichen Rechts vollzieht. Das steht nicht in Widerspruch zu der Rechtsprechung des BGH, wonach die Wahl der Rechtsform des öffentlich-rechtlichen Vertrages die Anwendung von § 99 GWB nicht ausschließt (vgl. BGHZ 179, 84 Rn. 17 – Rettungsdienstleistungen I). Diese Rechtsprechung knüpft daran an, dass der Gesetzgeber bei Schaffung des Vierten Teils des Gesetzes gegen Wettbewerbsbeschränkungen von der konkurrierenden Gesetzgebungskompetenz in Art. 74 Abs. 1 Nr. 11 GG Gebrauch gemacht hat und bezieht sich folglich nur auf Rechtsverhältnisse, die in den Geltungsbereich dieses Teils fallen. Sie ist auf Rechtsverhältnisse außerhalb des Anwendungsbereichs des Vergabenachprüfungsverfahrens jedenfalls nicht ohne weiteres übertragbar." (Beschl. vom 23.1.2012, NZBau 2012 S. 248 zustimmend dazu *Otting*, VergabeR 2012 S. 443).

Je nach Vertragsgestaltung ist daher entweder der Rechtsweg zu den Verwaltungsgerichten eröffnet oder der zu den (allgemeinen) Zivilgerichten.

Daher sind Rechtsstreitigkeiten wegen eines Vergabeverfahrens zum Abschluss eines Konzessionsvertrages nach § 46 EnWG (dazu insgesamt *Dehenn*, Die Vergabe von Wegekonzessionen nach § 46 EnWG) zur Nutzung kommunalen Wegeeigentums nicht von den Verwaltungsgerichten, sondern von den Zivilgerichten zu entscheiden (vgl. OLG Frankfurt/Main, Beschl. vom 16.4.2018 – 11 Verg 1/18 –, juris). Denn die Einräumung von Rechten zur Benutzung des Eigentums an Straßen richtet sich, wenn wie bei der unterirdischen Verlegung von Erdgasleitungen der Gemeingebrauch nicht beeinträchtigt wird, nach bürgerlichem Recht (vgl. § 23 Abs. 1 StrWG NRW und § 8 Abs. 10 FStrG). Auch die auf der Grundlage von Wegenutzungsverträgen von Energieversorgungsunternehmen für die Inanspruchnahme des Straßeneigentums an die jeweilige Kommune zu zahlenden Konzessionsabgaben gehören dem Zivilrecht an, es sind keine „Abgaben" im Sinne des Abgabenrechts, sondern privatrechtliche Entgelte für die Benutzung öffentlicher Verkehrswege zur unmittelbaren Versorgung von Letztverbrauchern mit Strom oder Gas. Die Vergütung folgt daher nicht aus öffentlichem Recht, sondern steht der Gemeinde als Wegeeigentümerin zu (OVG NRW, Beschl. vom 10.2.2012, NVwZ-RR 201 S. 415 unter Hinweis auf BGH, Urt. vom 2.4.1998, BGHZ 138, 266, Urt. vom 21.3.1996, BGHZ 132, 198).

Der Vergaberechtsweg muss eingeschlagen werden, wenn die Vergabestelle fehlerhaft eine Dienstleistungskonzession ausschreibt, obwohl ein Dienstleistungsauftrag zu vergeben wäre. Denn Vergabekammer und Vergabesenat müssen auch prüfen, ob Verstöße gegen Rechtsvorschriften außerhalb des Vergaberechts gegeben sind, die dazu führen, dass fehlerhaft Vergaberecht nicht angewandt wurde, denn § 97 Abs. 7 GWB schließt das Recht ein, die Durchführung eines ordnungsgemäßen Vergabeverfahrens zu erzwingen. Der vom BGH entschiedene Fall Abfallentsorgung II – Vergabe einer Dienstleistungskonzession entgegen § 22 KrWG bzw. vorher § 16 Abs. 1 KrW-/AbfG – wurde einer de-facto-Vergabe gleichgestellt (Beschl. vom 18.6.2012, NZBau 2012 S. 586).

Hingewiesen sei hier auf den Beschluss des ThürOVG vom 26.2.2020, NVwZ-RR 2020 S. 1122: Die Vergabe der Veranstaltung eines Weihnachtsmarktes ist die Vergabe einer Dienstleistungskonzession, bei Streit darüber ist der Verwaltungsrechtsweg gegeben.

Nach wie vor ist es so, dass je nach Fallgestaltung oder Beschaffungsgegenstand der Rechtsweg zum Zivilgericht oder zum Verwaltungsgericht (in anderen Bundesländern auch über die Vergabekammer zum Vergabesenat), ja auch zum Sozialgericht führen kann. Was fehlt, ist eine konsequente Kodifikation (s. *Asgodom*, jurisPR-VergR 2/2025, Anm. 4).

4.5.4 Vorgehen gegen die Trägergemeinde

Anlässlich eines Rechtsstreites, in dem es um den Antrag eines auf dem Gebiet der Abfallentsorgung tätigen Unternehmens gegen den Regionalverband Ruhr auf einstweilige Anordnung dahingehend ging, dass dieser auf seine hundertprozentige Tochtergesellschaft einwirke zur Unterlassung der Aufnahme abfallwirtschaftlicher Tätigkeiten in einem bestimmten Kreis, hat das OVG NRW (Beschl. vom 1.4.2008, NWVBl. 2008 S. 1031) sich mit der Frage des Rechtswegs in solchen Streitigkeiten befasst. Es hat zu Recht ausgeführt, dass derartige Streitigkeiten öffentlich-rechtlicher Natur seien, denn es gehe um einen öffentlich-rechtlichen Unterlassungsanspruch gegen eine Gebietskörperschaft, der darauf gerichtet sei, dass diese auf eine privatrechtliche Tochtergesellschaft wegen eines möglichen Verstoßes gegen § 107 GO NRW Einfluss nehme. Dabei hat es bekräftigt, dass § 107 Abs. 1 Satz 1 Nr. 1 GO NRW auch in der seit dem 17.10.2007 geltenden Fassung hinsichtlich des Erfordernisses des dringenden öffentlichen Zwecks für konkurrierende Wirtschaftsunternehmen drittschützenden Charakter hat.

4.5.5 Die europarechtlichen Grundregeln

Auch bei Vergaben, die nicht an das GWB oder die EU-Rechtlinien gebunden sind, müssen nach der Rechtsprechung sowohl des EuGH als auch der deutschen Gerichte die europarechtlichen Grundregeln, nämlich der Grundsatz der Gleichbehandlung, das Verbot der

Diskriminierung aus Staatsangehörigkeit und die Transparenzpflicht eingehalten werden (dazu schon *Burgi*, 8. Vergaberechtstag, S. 51).

Aus diesen Geboten folgt vor allem, dass alle Bewerber die gleichen Informationen haben müssen, dass für alle die gleichen Fristen gelten, dass die zu Beginn des Verfahrens festgelegten Kriterien eingehalten werden müssen und dass für alle Angebote die gleichen Wertungskriterien gelten (vgl. etwa EuGH, Urt. vom 17.12.2000, NZBau 2001 S. 148 – Telaustria; OVG NRW, Beschl. vom 10.2.2012, NVwZ-RR 2012 S. 415).

Dabei muss der Auftraggeber wie bei den formalisierten Vergabeverfahren bereits in den Verdingungsunterlagen für alle Interessenten erkennbar die Zuschlagskriterien einschließlich ihrer Gewichtung und eventueller Unter- und Hilfskriterien angeben. Ist der Preis Zuschlagskriterium, muss angegeben werden, nach welchen Rechenschritten die Ermittlung des niedrigsten Preises erfolgt, wobei die Rechenschritte allgemein verständlich und nachvollziehbar anzugeben sind. Aus den Verdingungsunterlagen müssen sich alle für die Auftragserfüllung erforderlichen Informationen ergeben (vgl. OLG Brandenburg, Beschl. vom 29.1.2013, – Verg W 8/12 –, juris).

4.5.6 Schadensersatz

Vergabeverstöße können Schadensersatzverpflichtungen nach sich ziehen. Für das Verfahren oberhalb der Schwellenwerte ist das in § 126 GWB ausdrücklich geregelt, der einen Anspruch auf Ersatz des Vertrauensschadens gibt. Für andere Vergabeverfahren kann dies aus §§ 284, 280, 241, 311 BGB folgen. Das OLG Naumburg hat bei einer fehlerhaften Aufhebung einer Ausschreibung dem Bieter die Kosten zur Vorbereitung des Angebots zugesprochen: *„Als Kosten zur Vorbereitung des Angebots nach § 126 Satz 1 GWB kommen in zeitlicher Hinsicht lediglich die bis zum Ablauf der Angebotsfrist getätigten Aufwendungen in Frage. In sachlicher Hinsicht sind dies in erster Linie die zur Erstellung des konkreten Angebots erforderlichen Sach- und Materialkosten sowie Kosten für Vor-Ort-Besichtigungen oder für Verhandlungen mit Nachunternehmern im Hinblick auf das konkrete Vergabeverfahren."* (Urt. vom 1.8.2013, VergabeR 2014 S. 85).

5. Risikofrüherkennungssystem

Im Lagebericht war schon vor der Neufassung auf künftige Risiken der Entwicklung einzugehen. Insbesondere durch das Gesetz zur Kontrolle und Transparenz im Unternehmensbereich (KonTraG) wurde das Ziel verfolgt, bestandsgefährdende Risiken deutlicher beim Lagebericht und bei der Jahresabschlussprüfung in den Blick zu nehmen. Dies hatte der Innenminister durch die Änderung der Verordnung über die Durchführung der Jahresabschlussprüfung bei Eigenbetrieben und eigenbetriebsähnlichen Einrichtungen vom 19.3.2002 (GV. NRW. S. 118) für die Eigenbetriebe übernommen. Diese Verordnung wurde durch Verordnung vom 1.6.2021 (GV. NRW S. 758) aufgehoben.

Nunmehr ist in § 10 der Aufbau eines Risikofrüherkennungssystems ausdrücklich vorgeschrieben. Vergleichbar ist etwa § 91 Abs. 2 AktG, der eine Reaktion auf Unternehmenskrisen in den neunziger Jahren war. Ziel sollte die frühzeitige Erkennung von bestandsgefährdenden Entwicklungen sein. Daher kann zwar auf die Literatur zu dieser Norm verwiesen werden (vgl. etwa die Nachweise bei *Mertens/Cahn*, AktG § 91), es ist aber zu beachten, dass ein Eigenbetrieb nicht insolvent werden kann. Die Betriebsleitung muss das Risikopotential erfassen und bewerten und geeignete Maßnahmen aufzeigen, um diese Risiken zu minimieren und die ständige Überwachung dokumentieren. Anzuempfehlen ist eine auch unterjährige Berichterstattung gegenüber dem Betriebsausschuss. Der Wirtschaftsprüfer muss zur Risikoerkennung, wie sie hier beschrieben ist, im Prüfbericht Stellung nehmen. Auch wenn der Eigenbetrieb nicht insolvent werden kann, so ist doch aufzuzeigen, wie sich bestimmte Veränderungen und Entwicklungen auf die Vermögens-, Ertrags- und Finanzlage des Eigenbetriebs auswirken können. Damit sind nicht nur riskante Geschäftstätigkeiten gemeint, sondern auch potentiell nachteilige Entwicklungen für die Lage des Unternehmens. Während man bei Privatunternehmen die zu überwachenden

Risiken auf solche beschränken kann, die das Insolvenzrisiko steigern oder erst hervorrufen können (so *Mertens/Cahn*, AktG § 91, Rdn. 22 ff.), wird man das hier so nicht sagen können, denn dann liefe die Vorschrift bei Eigenbetrieben und eigenbetriebsähnlichen Einrichtungen leer. Hier müssen bereits solche Risiken erfasst werden, die den mittelfristigen Ergebnis- und Finanzplan des § 18 nachteilig verändern. „Dabei soll unter einem Risiko allgemein eine mögliche positive oder negative Abweichung eines Handlungsergebnisses von einem gesetzten Ziel verstanden werden." (*Erdenberger*, controller magazin 2001 S. 13) Der Text der Eigenbetriebsverordnung spricht deshalb auch von „die Entwicklung beeinträchtigenden Risiken", nicht von bestandsgefährdenden. Das Risikofrüherkennungssystem soll nicht sämtliche Risiken vermeiden, aber es soll der Betriebsleitung und den Aufsichtsgremien das Erkennen von Risiken, ihre systematische Steuerung und ihre Überwachung ermöglichen sowie auch der Vorbereitung von Alternativen dienen.

Die EigVO NRW gibt vor, dass Risikoidentifikation, Risikobewertung, Risikoreaktion. Risikoüberwachung und die Dokumentation Bestandteile dieses Systems sein müssen. Es gibt eine Fülle von Literatur zu diesem Thema, das hier nicht umfassend behandelt, nur kurz vorgestellt werden kann. Verwiesen sei beispielhaft auf *Gronwald*, Strategisches Ergebnis- und Risikomanagement innerhalb des neuen kommunalen Finanzmanagements, und *Ehrmann*, Risikomanagement in Unternehmen, sowie auf *Schwarting*, Risikomanagement in Kommunen.

5.1 Risikoidentifikation

Ermittelt werden die dem Eigenbetrieb innewohnenden Risiken wie die externen Risiken. Risiken sind mögliche künftige Ereignisse oder Handlungen, die die Erreichung der Unternehmensziele gefährden oder verhindern. Daraus folgt, dass beim Aufbau eines Risikofrüherkennungssystem zunächst die Unternehmensziele zu definieren und dann die Risiken dafür zu erfassen sind. Das sind solche, die sich aus dem Betrieb ergeben, die mit den Sachmitteln, den Mitarbeitern und den „Kunden" zu tun haben. Das bedeutet zum Beispiel für einen Stadtentwässerungsbetrieb, dass er sich Gedanken über den Zustand seiner Kanäle machen muss, ob sie also möglicherweise undicht sind oder altersbedingt zu einem späteren Zeitpunkt werden können. Bei einem Straßenreinigungsbetrieb kann es um die Mitarbeiterschaft gehen, ob etwa deren Alter oder Gesundheitszustand Risiken für die Einsatzfähigkeit im Winterdienst zum Beispiel hervorrufen können. Bei einem Eigenbetrieb, der für seine Leistungen Gebühren erhebt, können solche Risiken in der Entwicklung der Gesetzeslage oder der Rechtsprechung liegen. Im finanziellen Bereich kann es um die Entwicklung der aufgenommenen Darlehen gehen, wann sie zurückgezahlt oder verlängert werden müssen. Soweit gesetzliche Vorschriften oder Genehmigungen Vorgaben für den Betrieb geben – z. B. Arbeitsschutzvorschriften, umweltrechtliche Grenzwerte – muss deren Sicherstellung hinterfragt werden. Ziel ist die systematische (möglichst vollständige) Erfassung der Risiken.

Es gibt unterschiedliche Methoden der Risikoidentifikation. Verbreitet sind das Top-down-Verfahren und das Bottom-up-Verfahren. Bei ersterem gibt die Betriebsleitung ein Analyseraster vor, welches die Erfassung, Klassifikation und Selektion der einzelnen Risiken genau vorschreibt. Das Verfahren setzt voraus, dass umfassendes Informationsmaterial bereits vorliegt. Beim Bottom-up-Verfahren dagegen werden alle Betriebsbereiche gemeinsam mit den Mitarbeitern systematisch auf Risiken untersucht. Dieses Verfahren hat den Vorteil, dass durch die Mitarbeitereinbeziehung auch bei diesen eine Risikosensibilität hervorgerufen wird und damit größere Transparenz und Akzeptanz gewonnen wird. Nachteilig ist der mit dem Verfahren verbundene größere Zeit- und Kostenaufwand. Letzterer ist insbesondere bei der Risikoerfassung nicht aus den Augen zu verlieren, damit nicht der hier getriebene Aufwand außer Verhältnis zu dem Ergebnis gerät. (vgl. *Dingert*, S. 30 ff.)

Diese Erfassung muss zentral gesteuert werden durch einen „Risikomanager", der auch für die Dokumentation zuständig ist. Er vergibt für jedes identifizierte Risiko eine Risikonummer, so kann gesichert werden, dass alle erkannten Risiken auch eindeutig und unverwechselbar erfasst werden, dass jede Risikonummer auch nur einmal vergeben wird.

5.2 Risikobewertung

Die Risikobewertung dient der Bestimmung der maximalen Schadenshöhe eines Risikos und der Wahrscheinlichkeit seines Eintritts. Es kann sich dabei nur um Schätzwerte handeln, die zwar einigermaßen zutreffend sein sollten, aber dabei sollte nicht nach einer vollständigen Genauigkeit gesucht werden, weil der damit verbundene Aufwand in der Regel zu hoch sein dürfte. Es empfiehlt sich hier wie auch bei der Eintrittswahrscheinlichkeit eine Zuordnung zu Klassen. Bei der Wahrscheinlichkeitsklassifizierung werden die Klassen sehr unwahrscheinlich (mehr als 15 Jahre), unwahrscheinlich (fünf – 15 Jahre), möglich (zwei – fünf Jahre) und wahrscheinlich (in den nächsten zwei Jahren) empfohlen (vgl. *Naujocks*, Folie 79).

Die Klassifizierung bei der Schadenshöhe sollte sich nicht an festen Werten orientieren, sondern nach den Auswirkungen auf den Eigenbetrieb bzw. bei Mehrspartenbetrieben auf die Sparte abstellen. Hier werden die Klassen „unbedeutend" (keine spürbare Beeinflussung des Jahresergebnisses), „mittleres Risiko" (spürbar), „bedeutendes Risiko" (starke Beeinflussung des Ergebnisses), „schwerwiegend" (statt Jahresüberschuss ergibt sich ein Fehlbetrag) und „bestandsgefährdend" empfohlen (vgl. *Dingert*, S. 52 f.)

Gerade für Eigenbetriebe und eigenbetriebsähnliche Einrichtungen sollte – auch wenn es bei § 10 EigVO NRW um die technische und wirtschaftliche Leistungsfähigkeit des Betriebes geht – nicht vergessen werden, dass es sich um ein öffentliches Unternehmen oder eine öffentliche Einrichtung handelt, so dass auch die Auswirkungen auf die Wahrnehmung des Betriebs in der Öffentlichkeit, auf die politischen Implikationen Wert gelegt werden sollte.

Mit der Klassifizierung allein ist es jedoch nicht getan, vielmehr muss weiter analysiert werden, wobei unterschiedlich (Kosten-Nutzen-Verhältnis) ermittelt werden muss. Unbedeutende und fernliegende Risiken sollten festgehalten, aber nicht im Detail untersucht werden. Sinnvoll ist ein Vorgehen, das die beiden Klassifizierungen zusammenführt, am besten in einer Matrix, in der die Risiken zweidimensional nach Schadenshöhe und Wahrscheinlichkeit dargestellt werden (vgl. *Naujocks*, Folie 93).

5.3 Risikoreaktion

In dem darauf folgenden Schritt muss die Strategie festgelegt werden, wie der Betrieb auf die identifizierten und bewerteten Risiken reagieren will. Die erste Frage dabei ist, kann das Risiko abgestellt oder vermieden werden, jedenfalls muss es aber, wenn seine Auswirkungen nicht unbedeutend sind, verringert werden (natürlich darf die Addition einer Vielzahl unbedeutender Risiken nicht dazu führen, dass sie in der Summe schwerwiegend oder gar bestandsgefährdend werden).

Der Betrieb kann die Risiken selbst tragen oder sie auf Dritte verlagern. Insbesondere Risiken mit hoher Wahrscheinlichkeit und hohem Schaden sollten nicht selbst getragen werden. Hier sind Versicherungen in den Blick zu nehmen. Bei den anderen muss festgelegt werden, wie sie verringert werden können. (vgl. *Schwarting*, S. 123 ff.)

Hat sich die Betriebsleitung so eine Strategie gebildet, müssen die Risiken erneut analysiert und bewertet werden, um zu überprüfen, wo der Betrieb dann steht.

5.4 Risikoüberwachung

Die so gefundene Strategie sollte dann in den Betrieb kommuniziert werden, damit jeder, der mit einem Risiko arbeitet, darüber und über die dabei einzuhaltenden Regeln informiert ist. Gerade dieser Risikobericht, der umfassend informieren muss, ist wichtig, damit die Risikovermeidung auch funktionieren kann (vgl. *Naujocks*, Folie 87 ff.).

Risikoüberwachung ist dabei ein laufender Prozess, der von dem dafür Verantwortlichen so gesteuert werden sollte, dass vorgegebene Berichte in bestimmten Intervallen für jedes Risiko mitteilen, wie mit diesem Risiko umgegangen wurde, wie die vorgegebenen Maßnahmen eingesetzt wurden und ob und wie sich ein Risiko verwirklicht hat. Aus der Risikoüberwachung sollte auch die Aktualisierung der Risikoidentifikation und Risikobewertung erfolgen.

Hier geben auch die Prüfungsgrundsätze über die Ordnungsmäßigkeit der Geschäftsführung entsprechend § 53 HGrG Anhaltspunkte (vgl. IDW PS 720, WPg 2006 S. 1452 ff.). Dieser Fragenkreis formuliert:

„Hat die Geschäfts-/Konzernleitung nach Art und Umfang Frühwarnmerkmale definiert und Maßnahmen ergriffen, mit deren Hilfe bestandsgefährdende Risiken rechtzeitig erkannt werden können?

Reichen diese Maßnahmen aus und sind sie geeignet, ihren Zweck zu erfüllen? Haben sich Anhaltspunkte ergeben, daß die Maßnahmen nicht durchgeführt werden?

Sind diese Maßnahmen ausreichend dokumentiert? Werden die Frühwarnsignale und die Maßnahmen kontinuierlich und systematisch mit dem aktuellen Geschäftsumfeld sowie mit den Geschäftsprozessen und Funktionen abgestimmt und angepasst?" (Vgl. zur Risikoberichterstattung *Pauli/Albrecht*, BB 2014 S. 1195).

5.5 Dokumentation

Dokumentiert werden sollte in einem Risikohandbuch, in dem alle Risiken erfasst und bewertet sind, alle organisatorischen Regelungen und Maßnahmen aufgezeigt werden. Das ist auch eine Vorgabe der IDW Prüfungsstandards (vgl. *Dingert*, S. 75). Die Dokumentation dient sowohl dem Risikomanagement als auch als Beleg dafür, dass die Betriebsleitung ihren Verpflichtungen zum Aufbau und zur Einhaltung des von der Verordnung geforderten Risikofrüherkennungssystems nachgekommen ist. Der bereits angesprochene Risikomanager ist derjenige, beim dem die Ergebnisse der Risikomanagementsystems zusammenlaufen und der dann der Betriebsleitung berichtet, die wiederum ihrerseits ihren diesbezüglichen Informationspflichten gegenüber Betriebsausschuss, Bürgermeister und Stadtkämmerer nachkommt.

Ein gutes Beispiel für die Darstellung identifizierter Risiken und möglicher Strategien findet sich für den Eigenbetrieb Technische Betriebe Remscheid im Beteiligungsbericht der Stadt Remscheid für das Jahr 2023, https://remscheid.de/politik-verwaltung/finanzen/staedtische-beteiligungen/index.php (ab S. 79).

6. Gegenseitige Leistungen

§ 10 Abs. 2 Satz 1 EigVO NRW hat den Sinn, die tatsächlichen Kosten des Eigenbetriebs offenzulegen. Alle Leistungsbeziehungen zwischen einem Eigenbetrieb und seiner Trägergemeinde oder anderen Eigenbetrieben oder Gesellschaften dieser Gemeinde sollen nicht verdeckt abgewickelt, sondern zu angemessenen Vergütungen abgerechnet werden. Dies dient der Verhinderung einer Kostenverschiebung sowohl zulasten als auch zugunsten des Eigenbetriebes. Weder soll es zu einer verdeckten Gewinnausschüttung kommen noch zu einer verdeckten Subventionierung der Leistungen des Eigenbetriebes. Demgemäß muss die Gemeinde die Mitbenutzung von Einrichtungen des Eigenbetriebes zu den kalkulierten Preisen bezahlen (z. B. Miete von Räumen, Inanspruchnahme von technischen Geräten). Andererseits kann der Eigenbetrieb die Personalverwaltung und die Stadtkasse genauso wenig wie die Poststelle der Gemeinde ohne Kostenerstattung in Anspruch nehmen. Beide Seiten müssen allerdings ihre Aufwendungen hinreichend detailliert ermitteln und aufstellen, damit insbesondere eine steuerliche Anerkennungsfähigkeit gegeben ist und nicht bei der Erstattung der Verwaltungskosten durch den Eigenbetrieb eine verdeckte Gewinnausschüttung angenommen wird.

Auch Darlehen der Gemeinde an den Eigenbetrieb und die gemeinsame Kassenführung müssen ausreichend dokumentiert und marktüblich verzinst werden.

Das Steueränderungsgesetz 2015 hat die Regelungssystematik zur Bestimmung der Unternehmereigenschaft bei juristischen Personen des öffentlichen Rechts geändert. Zuvor bestimmte § 2 Abs. 3 UStG, dass juristische Personen des öffentlichen Rechts nur im Rahmen ihrer Betriebe gewerblicher Art (§ 1 Abs. 1 Nr. 6, § 4 KStG) und ihrer Land- und forstwirtschaftlichen Betriebe gewerblich oder beruflich tätig seien. Nunmehr regelt § 2b UStG diese Materie und stellt darauf ab, ob die juristische Person des öffentlichen Rechts im Rahmen ihrer hoheitlichen Tätigkeit handelt. Es geht also nicht mehr um den Betrieb gewerblicher Art als organisatorisch abgegrenzten Teil der Kommune, Steuerschuldner ist dann die Kommune selbst. Verwiesen sei hier auf *Gehm*, Kommunen als Unternehmer – der neue § 2b UStG, KStZ 2018 S. 201 ff. Wesentlich ist für den Eigenbetrieb, dass steuerbare Leistungen nur dann vorliegen, wenn ein Unternehmer gegenüber einem Dritten eine Leistung gegen Entgelt erbringt. Da der Eigenbetrieb nicht rechtlich verselbständigt ist, sind seine Leistungen an die Trägerkommune grundsätzlich nicht umsatzsteuerbar. Das ist ein wesentlicher Unterschied zur Anstalt des öffentlichen Rechts.

7. Konzessionsabgabe

Besonderes Augenmerk ist auch auf die Konzessionsabgabe zu richten (vgl. den PRAXIS-Beitrag *D 1c*).

Die Versorgungsträger zahlen an die Gemeinde für die Nutzung der Straßen und Wege eine Konzessionsabgabe. Ursprünglich waren dies vertragliche Vereinbarungen, die nicht alle Kommunen mit Versorgungsträgern abgeschlossen hatten. 1941 wurde dann durch die Verordnung vom 4.3.1941 (BGBl. III 721-3) eine Höchstregelung eingeführt und neue oder höhere Konzessionsabgabeverträge verboten. Diese Verordnung galt nach Art. 125 GG als Bundesrecht fort. Die dort getroffene Bestimmung, dass ab der Verkündigung der Norm keine neuen Konzessionsabgaben mehr eingeführt werden dürfen, wurde vom BVerwG wegen eines Verstoßes gegen das rechtsstaatliche Willkürverbot für ungültig erklärt (Urt. vom 20.11.1990, NVwZ 1991 S. 1192; vgl. BFH, Urt. vom 31.1.2012, BFHE 236 S. 368).

Seit 1992 gelten folgende Regelungen:

- für Elektrizität und Gas gilt die Verordnung über Konzessionsabgaben für Strom und Gas (Konzessionsabgabenverordnung – KAV) vom 9.1.1992 (BGBl. I S. 12), (dazu *Püttner*, NVwZ 1992 S. 350)

  für Wasser gilt die Anordnung über die Zulässigkeit von Konzessionsabgaben der Unternehmen und Betriebe zur Versorgung mit Elektrizität, Gas und Wasser an Gemeinde und Gemeindeverbände (KAE) vom 4.3.1941(BGBl. III. 721-3) in der Fassung der Verordnung PR 1/75 vom 7.3.1975 (BAnz. Nr. 49 vom 12.3.1975),
- für Wärme bestehen keine preisrechtlichen Vorschriften, die KAE kann angewandt werden.

Sie ist preisrechtlich zulässig und kann den Abnehmern in Rechnung gestellt werden, steuerrechtlich gibt es Unterschiede (Mindestgewinn, vgl. auch das Schreiben des BMF vom 30.3.1994, BStBl. I S. 264, zur Konzessionsabgabe bei Querverbundunternehmen; zum Mindestgewinn BFH, Urt. vom 6.4.2005, BFHE 210 S. 14 mit Anm. *Heger* juris, PR-Steuerrecht 37/2005 Anm. 3). Die Konzessionsabgabe wird in einem Konzessionsvertrag geregelt. Die Größe der Gemeinden, die für die Bestimmung der zulässigen Konzessionsabgabe „Wasser" maßgeblich ist, kann anhand der vom Statistischen Landesamt amtlich fortgeschriebenen Einwohnerzahl bestimmt werden (BFH, Urt. vom 31.1.2012, BFHE 236 S. 368; dazu BMF-Schreiben vom 24.8.2012 – IV C 2-S 2744/07/10001:002 –, BStBl. I 2012 S. 904).

Wegebenutzungsgebühren/Konzessionsabgaben sind im Verhältnis zwischen Eigenbetrieb und Gemeinde zulässig, weil die gegenseitigen Lieferungen und Leistungen angemessen zu vergüten sind; zur preisrechtlichen Zulässigkeit BVerwG, Urt. vom 23.3.2021, KStZ 2021 S. 210 mit Anm. *Sieveking*, jurisPR-BVerwG 23/2021 Anm. 3. Diesen Aufwand, den der Eigenbetrieb hat, kann er aber, wenn er in öffentlich-rechtlicher Form für die Gemeinde die Wasserversorgung betreibt und dafür Gebühren erhebt, nicht in die Gebührenkalkulation einstellen (vgl. VG Düsseldorf, Urt. vom 27.2.2018 – 5 K 15795/16 –, juris mit Anmerkung *Jan Peter Müller*, jurisPR-VergR 7/2018 Anm. 3; ebenso HessVGH, Urt. vom 11.12.2018, – 5 A 1305/17 – KStZ 2019 S. 78, OVG SH, Urt. vom 28.11.2001, – 2 K 6/99 – KStZ 2002 S. 150; OVG Saarl, Beschl. vom 7.5.2020 – 1 A 196/19 – ZKF 2020 S. 239), wobei in dem Düsseldorfer Fall der Eigenbetrieb sich einer AG bediente, der das Wasserverteilungsnetz gehörte (Fall der Rekommunalisierung), weswegen das VG Düsseldorf die Einstellung in die Gebührenkalkulation für diese Konstellation akzeptierte, denn die private Gesellschaft zahlte die Abgabe und stellte diese dem Eigenbetrieb in Rechnung, für den sie ein Fremdleistungsentgelt war.

Obwohl der Eigenbetrieb keine eigene Rechtspersönlichkeit hat, wird dieses Recht auch auf die Beziehungen zwischen Gemeinde und Eigenbetrieb angewandt. Nach Auffassung des OVG Schleswig (Urt. vom 28.1.2001, KStZ 2002 S. 150) handelt es sich nicht um einen Konzessionsvertrag, sondern um eine besonders gestaltete Verwaltungsanweisung des Bürgermeisters, wenn Eigenbetrieb und Gemeinde eine derartige „Vereinbarung" treffen. Richtig ist, dass es sich nicht um einen Vertrag im eigentlichen Sinne handeln kann, weil hier nicht zwei eigenständige juristische Personen Rechtsbeziehungen miteinander eingehen. Aber die vom OVG Schleswig gewählte Konstruktion vermag auch nicht zu überzeugen, schließlich ist der Bürgermeister nicht berechtigt, derartige Anweisungen zu erteilen.

§ 46 EnWG regelt die Wegenutzungsverträge, die die Grundlage für die Konzessionsabgaben bilden:

„(1) Gemeinden haben ihre öffentlichen Verkehrswege für die Verlegung und den Betrieb von Leitungen, einschließlich Fernwirkleitungen zur Netzsteuerung und Zubehör, zur unmittelbaren Versorgung von Letztverbrauchern im Gemeindegebiet diskriminierungsfrei durch Vertrag zur Verfügung zu stellen. Unbeschadet ihrer Verpflichtungen nach Satz 1 können die Gemeinden den Abschluss von Verträgen ablehnen, solange das Energieversorgungsunternehmen die Zahlung von Konzessionsabgaben in Höhe der Höchstsätze nach § 48 Abs. 2 verweigert und eine Einigung über die Höhe der Konzessionsabgaben noch nicht erzielt ist.

(2) Verträge von Energieversorgungsunternehmen mit Gemeinden über die Nutzung öffentlicher Verkehrswege für die Verlegung und den Betrieb von Leitungen, die zu einem Energieversorgungsnetz der allgemeinen Versorgung im Gemeindegebiet gehören, dürfen höchstens für eine Laufzeit von 20 Jahren abgeschlossen werden. Werden solche Verträge nach ihrem Ablauf nicht verlängert, so ist der bisher Nutzungsberechtigte verpflichtet, seine für den Betrieb der Netze der allgemeinen Versorgung im Gemeindegebiet notwendigen Verteilungsanlagen dem neuen Energieversorgungsunternehmen gegen Zahlung einer wirtschaftlich angemessenen Vergütung zu überlassen.

(3) Die Gemeinden machen spätestens zwei Jahre vor Ablauf von Verträgen nach Absatz 2 das Vertragsende durch Veröffentlichung im Bundesanzeiger oder im elektronischen Bundesanzeiger bekannt. Wenn im Gemeindegebiet mehr als 100 000 Kunden unmittelbar oder mittelbar an das Versorgungsnetz angeschlossen sind, hat die Bekanntmachung zusätzlich im Amtsblatt der Europäischen Union zu erfolgen. Beabsichtigen Gemeinden eine Verlängerung von Verträgen nach Absatz 2 vor Ablauf der Vertragslaufzeit, so sind die bestehenden Verträge zu beenden und die vorzeitige Beendigung sowie das Vertragsende öffentlich bekannt zu geben. Vertragsabschlüsse mit Unternehmen dürfen frühestens drei Monate nach der Bekanntgabe der vorzeitigen Beendigung erfolgen. Sofern sich mehrere Unternehmen bewerben, macht die Gemeinde bei Neuabschluss oder Verlängerung von Verträgen nach Absatz 2 ihre Entscheidung unter Angabe der maßgeblichen Gründe öffentlich bekannt.

(4) Die Absätze 2 und 3 finden für Eigenbetriebe der Gemeinden entsprechende Anwendung.

(5) Die Aufgaben und Zuständigkeiten der Kartellbehörden nach dem Gesetz gegen Wettbewerbsbeschränkungen bleiben unberührt."

Zu der Vorgängervorschrift, aber bereits mit dem Hinweis auf die jetzige Norm, hat das OLG Düsseldorf, Urt. vom 12.3.2008, RdE 2008 S. 287 entschieden, dass es sich bei Absatz 3 um eine Verbotsnorm handelt, ein Verstoß dagegen zur Nichtigkeit des Konzessionsvertrages führt. Sie gelte auch für die vorzeitige Beendigung eines früheren und seine Ablösung durch einen Neuabschluss, wie jetzt auch ausdrücklich geregelt sei. Absatz 4 verbietet eine In-House-Vergabe (OLG Düsseldorf, Beschl. vom 9.1.2013, NZBau 2013 S. 120).

Öffentliche Wege im Sinne des § 46 EnWG sind sämtliche Wege im Eigentum einer Gemeinde, auf denen tatsächlich der öffentliche Verkehr eröffnet ist, auf eine straßenrechtliche Widmung kommt es nicht an (BGH, Urt. vom 11.11.2008 – KZR 43/07 –, juris).

Bei Rechtsstreitigkeiten über das Vergabeverfahren zum Abschluss eines Konzessionsvertrages ist die Zuständigkeit der Zivilgerichte gegeben (OVG NRW, Beschl. vom 10.2.2012, NVwZ-RR 2012 S. 415).

Hier ist auf zwei Grundsatzentscheidungen des BGH hinzuweisen, der im Dezember 2013 umfangreich zum Recht der Konzessionsverträge Stellung genommen hat, NVwZ 2014 S. 807 und 817 (diesem folgend OLG Düsseldorf, Beschl. vom 17.4.2014, NZBau 2014 S. 577). In beiden Fällen machten kommunale Unternehmen Ansprüche auf die Übertragung des örtlichen Energieverteilungsnetzes nach § 46 Abs. 2 Satz 2 EnwG geltend, nachdem sie zuvor mit den Gemeinden qualifizierte Wegenutzungsverträge abgeschlossen hatten. In der Entscheidung um das Stromnetz Heiligenhafen (NVwZ 2014 S. 817) stellte das Gericht klar, dass die Gemeinden beim Abschluss von Konzessionsverträgen die Pflicht zur Durchführung eines diskriminierungsfreien und transparenten Auswahlverfahrens haben. In dem Verfahren um das Stromnetz Berkenthin (NVwZ 2014 S. 807) hatten die beteiligten Gemeinden zwar ein ordentliches Verfahren durchgeführt, ihre Auswahlentscheidung war von den fiskalischen Interessen der Gemeinden dominiert. Der BGH sah aber das Diskriminierungsverbot des § 46 Abs. 1 EnWG verletzt, weil die Auswahlentscheidung vorrangig an den Zielen des § 1 EnWG zu orientieren sei. Der BGH hat in den beiden Urteilen deutlich gemacht, dass die Gemeinden den Bindungen des EnWG unterliegen und als marktbeherrschende Anbieter auch den Vorschriften des Kartellrechtes. Sie müssen bei ihrer Vergabeentscheidung (für die nicht das Vergaberecht gilt) die Ziele des EnWG beachten, ihre Fiskalinteressen sind durch die KAV begrenzt (umfassend: *Dohenn*, Die Vergabe von Wegekonzessionen nach § 46 EnWG). Verstößt die Gemeinde gegen diese Pflichten, ist der abgeschlossene Konzessionsvertrag nichtig (siehe dazu insgesamt *Groneberg*, ER 2014 S. 91 und *Eufinger*, NVwZ 2014 S. 779).

Für den Fall, dass eine Kommune sich direkt oder mittelbar an einem Wettbewerb um Wegenutzungsrechte beteiligt, muss sie die strikte Einhaltung des Neutralitätsgebots gewährleisten. Sie muss dafür Sorge tragen, dass eine vollständige organisatorische und personelle Trennung zwischen der Kommune als Bieter und der Kommune als Verfahrensdurchführende gegeben ist. Eine Verletzung dieses Gebotes führt zur Unwirksamkeit eines abgeschlossenen Vertrages, BGH, Urt. vom 12.10.2021, NZBau 2021 S. 167, kritisch dazu *Jäger*, NZBau 2022 S. 515.

8. Verbilligte oder unentgeltliche Leistungen

§ 10 Abs. 2 Satz 2 EigVO NRW bietet die Rechtsgrundlage für eine Abweichung von dem Prinzip der angemessenen Vergütung. Für den Brandschutz, die Straßenreinigung und Zierbrunnen kann Wasser verbilligt oder kostenfrei geliefert werden. Dafür spricht einerseits, dass die entsprechenden Mengen nur sehr aufwendig, wenn überhaupt exakt erfasst werden können, andererseits dass diese Mengen eher vernachlässigbar sind, was die Kosten insgesamt angeht. Nach Nr. 2 kann der Gemeinde ein Rabatt auf Strom, Gas, Wasser und Wärme eingeräumt werden, soweit dieser steuerrechtlich anerkannt ist. Das begrenzt den Rabatt auf 10 % der Tarifbedingungen.

Unter Anlagen der Löschwasserversorgung, die die frühere Nr. 2 ansprach, waren Löschwasserteiche und Hochbehälter zu verstehen: natürlich nicht dazu gehörten Löschfahrzeuge oder andere Einrichtungsgegenstände der Feuerwehr. Diese Ziffer ist durch Art. 26 des Gesetzes zur Änderung wasser- und wasserverbandsrechtlicher Vorschriften vom 8.7.2016, GV. NRW. S. 539 gestrichen worden. In der Gesetzesbegründung heißt es dazu: *„Es handelt sich um notwendige Folgeänderungen zu den Änderungen in den §§ 38 und 39 des Artikels 1(Landeswassergesetz). In § 38 Absatz 1 Satz 1 2. Halbsatz und § 39 Satz 2 wird nunmehr geregelt, dass die Anlagen für eine angemessene Löschwasserversorgung Bestandteil der gemeindlichen Wasserversorgungseinrichtungen sind und die zugehörigen Kosten dementsprechend gebührenfähig sind. Hierdurch entfallen die Notwendigkeit und der Bedarf für die gestrichene Regelung."* (Lt.-Drs. 16/10799 S. 539) und zu § 38 ist auf S. 469 ausgeführt: *„Mit dem 2. Halbsatz in Satz 1 wird klargestellt, dass gemeindlichen Wasserversorgungseinrichtungen auch die Errichtung und Unterhaltung von Anlagen zuzurechnen sind, die eine nach den örtlichen Verhältnissen angemessene Löschwasserversorgung sicherstellen. Die Regelung knüpft dabei an die derzeitige Regelung des § 1 Absatz 2 Satz 2 des Gesetzes über den Feuerschutz und die Hilfeleistung (FSHG) bzw. künftig an § 3 Absatz 2 Satz 2 des Gesetzes über den Brandschutz, die Hilfeleistung und den Katastrophenschutz (BHKG) und der sich daraus ergebenden Verpflichtung der Kommunen zur Sicherstellung der Löschwasserversorgung im Gemeindegebiet. Dementsprechend stellen die zur Gewährleistung einer den örtlichen Verhältnissen angemessenen Löschwasserversorgung erforderlichen Anlagen (z. B. Anzahl und Lage von Entnahmestellen) einen integralen Bestandteil der gemeindlichen Wasserversorgungseinrichtungen dar."*

9. Verminderung des Eigenkapitals

Zur Aufgabenerfüllung des Eigenbetriebs ist ausreichendes Eigenkapital erforderlich. Deshalb verlangt bereits § 9 EigVO NRW eine angemessene Eigenkapitalausstattung bei der Gründung des Eigenbetriebs. In § 10 EigVO NRW findet sich dann die Regelung für die Erhaltung des Eigenkapitals. Es darf nur an die Gemeinde zurückgezahlt und damit vermindert werden, wenn dadurch nicht die Erfüllung der Aufgaben und die dafür erforderliche Eigenkapitalausstattung gefährdet werden. Hierüber entscheidet der Rat (vgl. Erl. 2.5 zu § 4 EigVO NRW). Bereits in der alten Fassung der EigVO NRW war geregelt, dass die Betriebsleitung eine schriftliche Stellungnahme dazu abgeben und angehört werden musste. Nur klarstellend ist die Aufnahme der Anhörung auch des Betriebsausschusses. Da dieser nach § 5 Abs. 4 EigVO NRW die Beschlüsse des Rates vorbereitet, gehört auch die Eigenkapitalverminderung in den Betriebsausschuss, bevor der Rat entscheiden kann.

10. Jahresgewinn und Finanzierung der Aufrechterhaltung der Leistungsfähigkeit

Die technische und wirtschaftliche Leistungsfähigkeit des Eigenbetriebs soll erhalten bleiben. Deshalb muss seine wirtschaftliche Tätigkeit so gestaltet werden, dass sein Jahresergebnis den Voraussetzungen des Absatzes 3 genügt.

10.1 Abschreibungen

Dazu müssen zunächst die Abschreibungen erwirtschaftet werden. Gegenstände des Anlagevermögens, deren Nutzung zeitlich begrenzt ist, müssen planmäßig abgeschrieben werden. Die Nutzungsdauer der abnutzbaren Sachanlagen ist also zu ermitteln und auf diese Zeit sind die Herstellungs- oder Anschaffungskosten zu verteilen. In der Bilanz vermindert sich das Anlagevermögen um die Abschreibungen und das Umlaufvermögen erhöht sich um die Abschreibungsgegenwerte, bis die gesamten Anschaffungskosten aus dem Anlagevermögen verschwunden sind und dafür in gleicher Höhe liquide Mittel erwirtschaftet wurden, vorausgesetzt alle produzierten Leistungen konnten ohne Verluste abgesetzt werden (vgl. *Wöhe* S. 75 ff.). Da so der Werteverzehr der getätigten Investitionen aufgezeigt wird, muss der Eigenbetrieb jährlich entsprechend den Abschreibungen neu investieren, um leistungsfähig bleiben zu können, sonst lebt er von der Substanz. Diese Mittel müssen eingesetzt werden, um die notwendigen Erneuerungen zu finanzieren.

Der gebührenfinanzierte Eigenbetrieb kann die Abschreibung des Anlagevermögens auf der Basis seines Wiederbeschaffungszeitwertes gebührenrechtlich vornehmen und muss sie nicht – wie es beispielsweise in der handelsrechtlichen Bilanz erfolgt – auf der Basis seines (Anschaffungs-)Restwertes vornehmen. Das ist kein Verstoß gegen das Kostenüberschreitungsverbot (VG Düsseldorf, Urt. vom 21.11.2012 – 5 K 1944/12 –, juris). Zu weiteren Abschreibungsmöglichkeiten vgl. § 10 Erl. 3.

10.2 Rücklagen

Häufig werden allerdings die Abschreibungen nicht ausreichen, um die notwendigen Erneuerungen finanzieren zu können. Deshalb muss das Jahresergebnis es auch zulassen, weitere Rücklagen für die Erhaltung der notwendigen technischen und wirtschaftlichen Leistungsfähigkeit zu bilden (zu deren steuerlichen Behandlung vgl. BFH, Urt. vom 16.11.2011, BFHE 236 S. 48). Dies ist über eine entsprechende Preisbildung möglich. Die Preisbildung muss auch so ausgestaltet sein, dass sie den künftigen Bestand des Eigenbetriebs sichert. Diese Rücklagen können auch bei öffentlich-rechtlichen Gebühren in die Kalkulation eingerechnet werden, denn § 6 Abs. 1 KAG verweist auf § 109 GO NRW, nach dessen Absatz 2 die Unternehmen u. a. die notwendigen Rücklagen erwirtschaften sollen (*Schulte/Wiesemann* in Driehaus, § 6 KAG Rdn. 88). Das verlangt natürlich eine exakte Ausweisung in der mehrjährigen Finanzplanung.

10.3 Marktübliche Verzinsung des Eigenkapitals

Absatz 5 schreibt vor, dass neben den Rücklagen, die gegebenenfalls gebildet werden müssen, um die Fortentwicklung des Eigenbetriebs zu sichern, der Jahresgewinn so bemessen sein soll, dass außerdem auch noch eine marktübliche Verzinsung des Eigenkapitals erwirtschaftet wird. Zum Begriff des Eigenkapitals s. oben § 9. Jedenfalls soll die Gemeinde eine Verzinsung des Stammkapitals, also der Werte, die sie dem Eigenbetrieb zur Verfügung gestellt hat, erhalten. Was marktübliche Verzinsung ist, ist im Eigenbetriebsrecht nicht geregelt. Die 1941 erlassene – und nur noch für den Bereich der Wasserversorgung geltende – KAE sieht eine Verzinsung von 4 % vor (vgl. *Bennemann*, § 11 Erl. 6; *Cronauge* in Rehn u. a., § 109 GO NRW Anm. III). Das ist für das Eigenbetriebsrecht keine zwingende Vorschrift, aber ein Anhaltspunkt. Die Planung einer solchen Verzinsung des Stammkapitals liegt im Ermessen des Rates, wenn er den Erfolgsplan aufstellt. Er wird dabei die Belastbarkeit der Kunden ebenso wie die Lage des Eigenbetriebs auf dem Markt und die Gemeindefinanzen berücksichtigen. Auf die Frage, ob das von der Gemeinde zur Verfügung gestellte Eigenkapital angemessen verzinst wird, ist im Lagebericht einzugehen, weil die Frage der Verzinsung nach § 103 Abs. 4 GO NRW Gegenstand der Prüfung des Jahresabschlusses und des Lageberichts ist.

Soweit der Eigenbetrieb gebührenfinanzierte öffentliche Einrichtungen betreibt, für seine Gebührensätze also § 6 KAG NRW gilt, enthält Absatz 5 die Vorgabe einer Mindestverzinsung, aber keine Zinsobergrenze, kein Verbot, höhere Zinsen zu erzielen (soweit dabei die Regeln des § 6 KAG NRW eingehalten werden), vgl. VG Düsseldorf, Urt. vom 21.11.2012 – 5 K 1944/12 –, juris).

Außer der Verzinsung des Stammkapitals wird der Jahresgewinn des Eigenbetriebs aber auch so zu steuern sein, dass die vom Eigenbetrieb erwirtschafteten Teile des Eigenkapitals, die im Betrieb verblieben sind, um künftige Aufgaben zu finanzieren, in angemessener Weise verzinst werden.

10.4 Fremdfinanzierung

Nach § 97 Abs. 3 GO NRW sind bestimmte Vorschriften über die Haushaltswirtschaft der Gemeinde sinngemäß anzuwenden. Nicht mehr zu den dort augeführten Vorschriften gehört der frühere § 76 GO NRW (= heute § 77 GO NRW), Grundsätze der Einnahmebeschaffung mit dem Vorrang der Finanzierung aus sonstigen Finanzmitteln, Entgelten aus von ihr erbrachten Leistungen und Steuern. Kredite durften nur aufgenommen werden, wenn eine andere Finanzierung nicht möglich oder wirtschaftlich unzweckmäßig war. Dieser Grundsatz bedeutete für den Eigenbetrieb, dass er sich vorrangig aus Gebühren und Beiträgen finanzieren muss (vgl. OVG NRW, Urt. vom 7.9.1989, KStZ 1990 S. 157; Urt. vom 18.5.1992, KStZ 1994 S. 17).

Weiterhin sind aber die allgemeinen Haushaltsgrundsätze des § 75 Abs. 1 GO NRW für den Eigenbetrieb sinngemäß anzuwenden. Hier ist vor allem Satz 3 zu beachten: „Die Haushaltswirtschaft ist wirtschaftlich, effizient und sparsam zu führen."

Nach wie vor gilt daher, dass der Eigenbetrieb Kredite zur Finanzierung von Investitionsmaßnahmen aufnehmen darf, wenn diese Finanzierungsart günstiger ist als eine andere und wenn sie nicht gewählt wird, um die derzeitigen Preise künstlich niedrig zu halten und spätere Benutzer zu belasten.

Auf Probleme bei der Kreditfinanzierung von kostenrechnenden Eigenbetrieben wie etwa Abwasserbetrieben, bei denen aufgrund der Nutzungsdauer die Abschreibungen hinter den Tilgungen zurückbleiben, macht *Giebler*, GHH 2003 S. 80, aufmerksam. *Pfitzer* (GHH 2003 S. 49) weist auf sich verändernde Bedingungen bei der wirtschaftlichen Betätigung durch die Folgen von Basel II hin.

11. Verluste des Eigenbetriebs

Verluste werden sich nicht immer vermeiden lassen. Sie sind dann auszugleichen. Zunächst ist an eine Verrechnung mit bestehenden Gewinnvorträgen zu denken oder an einen Ausgleich aus Haushaltsmitteln der Gemeinde. Lässt sich der Verlust so nicht ausgleichen, ist er auf neue Rechnung vorzutragen. Neu ist die Einschränkung, dies dürfe die erforderliche Eigenkapitalausstattung des Eigenbetriebs nicht gefährden. Sie ist auf eine Anregung der kommunalen Spitzenverbände zurückzuführen und soll den betrieblichen Bedürfnissen flexibler entgegenkommen können. *„So wird ein Verlustausgleich primär durch eigene Mittel des Eigenbetriebs (Erträge oder Rücklagen) im Rahmen der notwendigen Eigenkapitalausstattung vorgesehen und letztlich nur im Misserfolgsfall nach fünf Jahren zwingend ein Verlustausgleich durch die Gemeinde vorgeschrieben."* Positiv zu sehen ist auch der nächste Satz, wonach eine Verbesserung der Ertragssituation anzustreben ist, obwohl auch das im Grunde eine Selbstverständlichkeit ist. Bis zu fünf Jahren kann der Verlustvortrag in der Bilanz des Eigenbetriebs ausgewiesen werden. Werden in dieser Zeit Gewinne erwirtschaftet, so müssen sie mit den alten Verlusten verrechnet werden (vgl. zur steuerrechtlichen Sicht BFH, Urt. vom 11.9.2013, BFHE 242 S. 481). Ist der Verlust in den fünf Jahren nicht abgedeckt worden, so muss er entweder aus den Rücklagen oder von der Gemeinde gedeckt werden. Eine Verlustabdeckung durch Verminderung der Rücklagen ist nur zulässig, wenn die Eigenkapitalausstattung des Eigenbetriebs das zulässt, also trotz der Verminderung die Aufgabenerfüllung und Entwicklung des Eigenbetriebs gewährleistet sein. Wenn der Verlust nicht anders abgedeckt werden kann, muss er von der Gemeinde getragen werden. Ein entsprechender Zuschuss ist im Einzelplan 8 auszuweisen.

Derartige Verluste konnten bislang keine Begründung dafür sein, sie bei einer kostenrechnenden Einrichtung, die sich aus Benutzungsgebühren finanziert, in die Gebührenbedarfsberechnung einer Folgeperiode einzustellen. Denn insoweit war die Regelung des § 6 KAG vorrangig. Danach soll das veranschlagte Gebührenaufkommen die voraussichtlichen Kosten der Einrichtung oder Anlage in der Regel decken, aber nicht übersteigen. Kosten im Sinne des KAG sind solche, die durch den Werteverzehr an Gütern und Dienstleistungen für die Leistungserbringung in einer Leistungsperiode bedingt sind. Ungedeckte Kosten einer Vorperiode werden nicht zu Kosten der Folgeperiode. Auch § 10 Abs. 6 Satz 1 EigVO NRW ermöglicht das nicht, denn er sagt nichts über Gebührenkalkulationen, sondern verhält sich nur zur Wirtschaftsführung des Eigenbetriebs (so OVG NRW, Urt. vom 3.2.1997, ZKF 1997 S. 205, dazu Besprechung *Otto*, GHH 1997 S. 229). Durch das Gesetz zur Änderung des Landesabfallgesetzes vom 24.11.1998 (GV. NRW. S. 666) wurde aber mit Wirkung vom 1.1.1999 folgende Bestimmung in § 6 Abs. 2 KAG aufgenommen: *„Kostenüberdeckungen am Ende eines Kalkulationszeitraumes sind innerhalb der nächsten drei Jahre auszugleichen; Kostenunterdeckungen sollen innerhalb dieses Zeitraumes ausgeglichen werden."* Diese Regelung hat die Rechtslage entscheidend geändert. Sie ist nunmehr zu berücksichtigen (vgl. *Brüning* in Driehaus, KAG, § 6 Rdn. 103 ff.).

§ 11
Zahlungsabwicklung, Liquiditätsplanung

Vorübergehend nicht benötigte Geldmittel des Eigenbetriebs sollen in Abstimmung mit der Liquiditätslage der Gemeinde angelegt werden. Wenn die Gemeinde die Mittel vorübergehend bewirtschaftet, ist sicherzustellen, dass die Mittel dem Eigenbetrieb bei Bedarf wieder zur Verfügung stehen.

Erläuterungen

Übersicht

1. Neue Überschrift
2. Sonderkasse
3. Bewirtschaftung

1. Neue Überschrift

Die neue Überschrift (alt: „Kassenwirtschaft") wurde gewählt, um sich der Terminologie der kaufmännischen Buchführung anzupassen.

2. Sonderkasse

Früher war für den Eigenbetrieb nach § 97 GO eine Sonderkasse einzurichten (s. dazu *Schmitz-Mittweg*, GHH 1981 S. 77). Die Notwendigkeit ergab sich aus der Sonderrechnung mit eigenem Abschluss, der natürlich auch eine eigene Kassenführung erfordert. Dies bedeutete eine buchmäßige Sonderbehandlung der Kassengeschäfte. Es musste jederzeit klar sein, wie der Kassenbestand des Eigenbetriebs ist, und er musste immer vom übrigen Kassenbestand abgegrenzt werden können. Im Übrigen ging das Gesetz davon aus, dass derartige Sonderkassen mit der Gemeindekasse verbunden sind (§ 97 Satz 2 GO NRW). Diese Regelung ist (mit der gleichzeitigen Aufhebung der Gemeindekassenverordnung) entfallen.

3. Bewirtschaftung

§ 11 EigVO NRW legt fest, dass die Geldmittel in Abstimmung mit der Gemeindekasse angelegt werden sollen, wenn sie nicht benötigt werden. Dieser Kassenverbund führt zu besseren Konditionen auf dem Anlagemarkt. Gleichzeitig können Liquiditätsprobleme vermieden werden, indem die eine Kasse der anderen Kasse Geld zur Verfügung stellt. Diese Geldbewegungen zwischen den Kassen sind banküblich zu verzinsen. Bei der Bewirtschaftung ist darauf zu achten, dass die Kassenmittel dem Eigenbetrieb zur Verfügung stehen, wenn sie benötigt werden.

Mit Erlass vom 11.6.2008 – 34–48.02.02/01 –, hat das Innenministerium zur Zulässigkeit eines Liquiditätsverbunds (Cashpooling – grundsätzlich dazu *Wagner*, Kommunales Cash-

Pooling, speziell zum Eigenbetrieb S. 159 ff.) zwischen der Gemeinde und ihren privatrechtlichen Beteiligungen, ihren Eigenbetrieben und eigenbetriebsähnlichen Einrichtungen und ihren Anstalten öffentlichen Rechts Stellung genommen. Solche Liquiditätsverbunde sind zulässig, wenn dabei die Regeln der GemHVO/jetzt KomHVO und der GO beachtet werden, keine Risikoverlagerung auf die Kommune stattfindet und vor allem die haushaltsrechtlichen Beschränkungen des § 89 GO NRW nicht verletzt werden. Außerdem ist darauf zu achten, dass es nicht zu einer nach EU-Recht unzulässigen Beihilfe kommt.

§ 12
Wirtschaftsjahr

Wirtschaftsjahr des Eigenbetriebs ist das Kalenderjahr. Wenn die betrieblichen Bedürfnisse es erfordern, kann die Betriebssatzung ein hiervon abweichendes Wirtschaftsjahr bestimmen.

Erläuterungen

Während die Vorschrift früher auf das Haushaltsjahr der Gemeinde abstellte, ist jetzt ausdrücklich das Kalenderjahr aufgenommen worden. Eine inhaltliche Änderung ist dadurch nicht gegeben, da § 77 Abs. 4 GO NRW das Kalenderjahr als Haushaltsjahr bestimmt, wobei für einzelne Bereiche durch Gesetz und Rechtsverordnung etwas anderes bestimmt werden kann.

Für den Eigenbetrieb sind Ausnahmen möglich, wenn der Rat der Gemeinde dies in der Betriebssatzung festlegt.

Nimmt der Eigenbetrieb während eines Kalenderjahres den Betrieb auf, ist ein Rumpfwirtschaftsjahr erforderlich, da hier von der Regel des Kalenderjahres abgewichen wird, weil kein ganzes Jahr erreicht wird. Wird ein Rumpfwirtschaftsjahr erforderlich, weil ein vom Kalenderjahr abweichendes Wirtschaftsjahr eingeführt werden soll, bedarf das gemäß § 7 Abs. 4 KStG der Zustimmung des Finanzamtes, denn in einem solchen Falle müssen in einem Kalenderjahr zwei Jahresabschlüsse und zwei steuerliche Veranlagungen erfolgen, weil das Wirtschaftsjahr nach § 240 Abs. 2 Satz 2 HGB nicht länger als 12 Monate sein darf (dazu *Budde/Kunz* in Beck BilKomm § 240 Rdn. 60 ff.).

Die Einführung eines vom Kalenderjahr abweichenden Wirtschaftsjahr ist dann sinnvoll, wenn sich die zusammenhängenden geschäftlichen Aktivitäten über den Jahreswechsel hinziehen und ein Schnittpunkt zu einem anderen Zeitpunkt im Jahr liegt. Zu denken ist hier in allererster Linie an Kulturbetriebe wie Theater, Konzertsäle, bei denen üblicherweise eine Spielzeit von Sommer zu Sommer (1. August bis 31. Juli) läuft. Aber auch Forstbetriebe können hierunter fallen, bei denen die Holzernte im Herbst und Winter liegt, weswegen dann meist der 1.11. als Beginn eines Wirtschaftsjahres genommen wird (vgl. *Bennemann*, Erl. zu § 13; *Rehn/Cronauge*, GO, § 64 Anm. V). Die Umformulierung von *„Art des Betriebes"* in *„betriebliche Bedürfnisse"* ist ohne Bedeutung.

Da der Eigenbetrieb Sondervermögen der Gemeinde ist, ist er nach § 97 Abs. 2 Satz 2 GO NRW im Haushalt der Gemeinde gesondert nachzuweisen. Dem Haushaltsplan sind daher gemäß § 1 Abs. 2 Nr. 8 KomHVO die Wirtschaftspläne und die neuesten Jahresabschlüsse der gemeindlichen Eigenbetriebe und eigenbetriebsähnlichen Einrichtungen beizufügen.

§ 13
Leitung des Rechnungswesens

(1) Alle Zweige des Rechnungswesens sind einheitlich zu leiten. Gehört der Betriebsleitung eine Person eigens für die kaufmännischen Angelegenheiten an, so ist diese für das Rechnungswesen verantwortlich.

(2) Die Anordnung und die Ausführung finanzwirksamer Vorgänge sind personell und organisatorisch zu trennen. Die mit diesen Aufgaben Betrauten dürfen nicht durch ein Angehörigenverhältnis im Sinne des § 20 Absatz 5 des Verwaltungsverfahrensgesetzes für das Land Nordrhein-Westfalen verbunden sein. Im Übrigen gelten die §§ 93 und 94 Absatz 1 GO NRW sowie § 31 Absatz 3 und 6 der Kommunalhaushaltsverordnung Nordrhein-Westfalen vom 12. Dezember 2018 (GV. NRW. S. 708), die durch Verordnung vom 30. Oktober 2020 (GV. NRW. S. 1049) geändert worden ist, sinngemäß.

Erläuterungen

Übersicht

1. Leiter des Rechnungswesens
2. Trennung von Anordnung und Ausführung
   2.1 Der Angehörigenbegriff des VwVfG
   2.2 Sinngemäße Anwendung der §§ 93, 94 GO NRW
   2.3 § 30 Abs. 2 GemHVO
3. Liquiditätsplanung

1. Leiter des Rechnungswesens

Das Rechnungswesen ist von zentraler Bedeutung für den Eigenbetrieb. Die kaufmännische Buchführung, die hier angewandt wird, muss eine vollständige Abbildung der Vermögensentwicklung und der erforderlichen Aufwendungen liefern. Dies ist erforderlich, um eine brauchbare Kalkulation im Wettbewerb vornehmen zu können. Neben der Finanzbuchhaltung gehört also vor allem auch die Kostenrechnung dazu. Die Aufgaben im Zusammenhang mit der Erstellung des Wirtschaftsplans und mit der Erstellung des Jahresabschlusses sind Bestandteil des kaufmännischen Rechnungswesens, das in einer Hand liegen muss, damit notwendige Transparenz und klare Verantwortlichkeit gegeben sind. Insbesondere wenn der Eigenbetrieb verschiedene Sparten umfasst, darf es nicht zu einer Zersplitterung kommen, die die Herstellung eines exakten Bildes von der Lage des Eigenbetriebs verhindert. Soweit ein kaufmännischer Betriebsleiter vorhanden ist, ist ihm das Rechnungswesen zu unterstellen. Dieses Unterstellungsverhältnis und die Verantwortlichkeit des Kaufmanns ändert aber nichts an der Gesamtverantwortung, die mehrere Betriebsleiter gemeinsam tragen (§§ 14, 20, 26 EigVO NRW).

2. Trennung von Anordnung und Ausführung

Der neue Absatz 2 war notwendig, um die Trennung von Anordnung und Ausführung zu sichern. Denn durch das NKFG wurde die GemKVO aufgehoben. Dort (§§ 5 Abs. 2, 6 Abs. 3) gab es diese Regelungen. Nunmehr bestimmt die EigVO NRW selbst, dass eine personelle und organisatorische Trennung zwischen Anordnung und Ausführung finanzwirksamer Angelegenheiten gegeben sein muss.

2.1 Der Angehörigenbegriff des VwVfG

§ 20 Abs. 5 VwVfG NRW bestimmt den Angehörigenbegriff so:

„Angehörige im Sinne des Absatzes 1 Nr. 2 und 4 sind:

1. *der Verlobte,*
2. *der Ehegatte oder eingetragene Lebenspartner,*
3. *Verwandte und Verschwägerte gerader Linie,*
4. *Geschwister,*
5. *Kinder der Geschwister,*

6. *Ehegatten der Geschwister und Geschwister der Ehegatten,*

6a. *eingetragene Lebenspartner der Geschwister und Geschwister der eingetragenen Lebenspartner,*

7. *Geschwister der Eltern,*

8. *Personen, die durch ein auf längere Dauer angelegtes Pflegeverhältnis mit häuslicher Gemeinschaft wie Eltern und Kind miteinander verbunden sind (Pflegeeltern und Pflegekinder).*

Angehörige sind die in Satz 1 aufgeführten Personen auch dann, wenn

1. *in den Fällen der Nummern 2, 3, 6 und 6a die die Beziehung begründende Ehe oder eingetragene Lebenspartnerschaft nicht mehr besteht;*
2. *in den Fällen der Nummern 3 bis 7 die Verwandtschaft oder Schwägerschaft durch Annahme als Kind erloschen ist;*
3. *im Falle der Nummer 8 die häusliche Gemeinschaft nicht mehr besteht, sofern die Personen weiterhin wie Eltern und Kind miteinander verbunden sind."*

Zur näheren Abgrenzung sind die Bestimmungen des BGB heranzuziehen. Ein Verlöbnis besteht bei ernsthaften Bindungen im Hinblick auf eine beabsichtigte Eheschließung (*Kopp/Ramsauer*, § 20 Rdn. 54a). Die herrschende Meinung sieht seit dem Urt. des BVerwG vom 17.5.1995, NJW 1995 S. 2802, die eheähnliche Gemeinschaft der Ehe gleich (*Kopp/Ramsauer*, § 20 Rdn. 54). Auch zu einem nichtehelichen Vater besteht eine Verwandtschaft im Sinne der Nr. 3 bzw. eine Kindschaft i. S. d. Nr. 5 (*Kopp/Ramsauer*,§ 20 Rdn. 54d). Nach Nr. 7 sind Onkel und Tante erfasst, nicht aber deren Kinder. (*Kopp/Ramsauer*, § 20 Rdn. 54d).

2.2 Sinngemäße Anwendung der §§ 93, 94 GO NRW

§ 93 Abs. 5 GO NRW legt fest, dass der Verantwortliche für die Zahlungsabwicklung und sein Stellvertreter nicht Angehörige des Bürgermeisters, des Kämmerers, des Leiters und der Prüfer der örtlichen Rechnungsprüfung sowie mit der Prüfung beauftragter Dritter sein dürfen. Gibt es im Eigenbetrieb einen für die Zahlungsabwicklung Verantwortlichen dann gelten diese Einschränkungen auch für ihn. Das bezieht sich zunächst auf die Betriebsleitung, zu deren Mitgliedern solche Beziehungen nicht bestehen dürfen, dann aber auch auf die entsprechenden Positionen in der Kernverwaltung der Gemeinde. Eine Bestellung entgegen diesen Vorschriften wäre rechtswidrig. Soweit der Bürgermeister sie vornimmt, muss er sie zurücknehmen – bzw. sein Vertreter, wenn er wegen der Angehörigenverbindung befangen ist –, einen Ratsbeschluss wegen des Rechnungsprüfungsamtes müsste er beanstanden. Unterlässt er dies, kann die Aufsichtsbehörde sie aufheben (*Knirsch* in Rehn u. a., § 93 Anm. IV). Die Folge des Eintretens einer Angehörigenstellung sind nicht geregelt, es handelt sich um eine „lex imperfecta" (*Plückhahn* in Held, KVR NRW, § 72 GO Anm. 4 für die Angehörigenbeziehung zwischen Bürgermeister und Beigeordneten; das gilt aber auch in Bezug auf §§ 93 und 104 GO NRW). Wird ein Angehöriger des für die Zahlungsabwicklung im Eigenbetrieb zuständigen Mitarbeiters Bürgermeister, müsste jener wohl umgesetzt werden, gleiches dürfte gelten bei der Wahl eines Stadtkämmerers oder des Leiters des Rechnungsprüfungsamtes.

§ 94 GO NRW regelt die Möglichkeit der Übertragung der Finanzbuchhaltung auf Dritte.

2.3 § 30 Abs. 3 GemHVO

Durch § 31 Abs. 3 KomHVO wird die Trennung von Zahlungsabwicklung und Buchführung vorgeschrieben: „*Zahlungsabwicklung und Buchführung dürfen nicht von demselben Beschäftigten wahrgenommen werden. Beschäftigten, denen die Buchführung oder die Abwicklung von Zahlungen obliegt, darf die Befugnis zur sachlichen und rechnerischen Feststellung nur übertragen werden, wenn und soweit der Sachverhalt nur von ihnen beurteilt werden kann. Zahlungsaufträge sind von zwei Beschäftigten freizugeben.*" Diese neue Vorschrift nimmt damit die Regelungen der alten §§ 5, 6 GemKVO auf. Die sachliche und rechnerische Richtigkeit ist damit durch die Fachabteilung zu prüfen. Zahlungsaufträge sind zur Verwirklichung des Vier-Augen-Prinzips durch zwei Beschäftigte freizugeben (vgl. *Rettler*, GemHVO Anm. 2).

3. Liquiditätsplanung

Nach § 31 Abs. 6 KomHVO hat die Gemeinde ihre Zahlungsfähigkeit durch eine angemessene Liquiditätsplanung unter Einbeziehung der im Finanzplan ausgewiesenen Einzahlungen und Auszahlungen sicherzustellen. In der Begründung heißt es dazu, die Vorschrift sei eine Ausfüllung der in §§ 75 Abs. 6, 89 GO NRW aufgestellten Prinzipien. Die Liquiditätsplanung müsse auf den Finanzplan zurückgreifen, könne sich aber darauf nicht beschränken: *„Vielmehr ist die Gemeinde verpflichtet, sich selbst täglich Kenntnisse über Zahlungsmittelzuflüsse und Zahlungsmittelabflüsse sowie über Sicherheiten, Risiken und die Rentabilität von Anlagemöglichkeiten zu verschaffen (sog. Cash-Management). Die Liquiditätsplanung hat die Gemeinde so vorzunehmen, dass sie ausreichend Finanzmittel hat, um Liquiditätsschwankungen ausgleichen zu können.“*, (LT-Drs. 13/5567 S. 244).

Diese Norm gilt auch für Eigenbetriebe, wobei sich die inhaltlichen Anforderungen bereits aus der Verpflichtung der Betriebsleitung zur Beachtung der Sorgfalt eines ordentlichen und gewissenhaften Geschäftsleiters ergeben.

§ 14
Wirtschaftsplan

(1) Der Eigenbetrieb hat spätestens einen Monat vor Beginn eines jeden Wirtschaftsjahres einen Wirtschaftsplan aufzustellen. Dieser besteht aus dem Erfolgsplan, dem Vermögensplan und der Stellenübersicht.

(2) Der Wirtschaftsplan ist unverzüglich zu ändern, wenn

a) das Jahresergebnis sich gegenüber dem Erfolgsplan erheblich verschlechtern wird und diese Verschlechterung die Haushaltslage der Gemeinde beeinträchtigt oder eine Änderung des Vermögensplans bedingt oder

b) zum Ausgleich des Vermögensplans erheblich höhere Zuführungen der Gemeinde oder höhere Kredite erforderlich werden oder

c) im Vermögensplan weitere Verpflichtungsermächtigungen vorgesehen werden sollen oder

d) eine erhebliche Vermehrung oder Hebung der in der Stellenübersicht vorgesehenen Stellen erforderlich wird, es sei denn, dass es sich um eine vorübergehende Einstellung von Aushilfskräften handelt.

Erläuterungen

Übersicht

1. Wirtschaftsplan
2. Die Aufstellung des Wirtschaftsplans
3. Die Pflicht zur Anpassung des Wirtschaftsplans
   3.1 Erhebliche Verschlechterung des Jahresergebnisses
   3.2 Erhebliche höhere Kreditaufnahme
   3.3 Weitere Verpflichtungsermächtigungen
   3.4 Erhebliche Ausweitung des Stellenplans
4. In-Kraft-Treten und vorläufige Wirtschaftsführung
   4.1 Verabschiedung des Wirtschaftsplans nach dem 1. Januar

4.2 Die Gemeinde muss ein Haushaltssicherungskonzept aufstellen
4.3 Haushaltssicherungskonzept auch für den Eigenbetrieb?

1. Wirtschaftsplan

Genau wie jedes Wirtschaftsunternehmen muss der Eigenbetrieb seine unternehmerische Tätigkeit für das kommende Geschäftsjahr in Erträgen und Aufwendungen planen. Er ist als Sondervermögen der Gemeinde nicht im Haushaltsplan der Gemeinde enthalten, muss also ein eigenständiges Instrument haben. Dies ist der Wirtschaftsplan, der die kurzfristigen Pläne, den Erfolgsplan, den Vermögensplan und die Stellenübersicht, enthält. Für längerfristige Planungen ist der Finanzplan gedacht. Er sichert die wirtschaftliche Kontinuität des Eigenbetriebs und dessen ständige Aufgabenerfüllung und sorgt für die notwendige Stabilität. Nach § 1 Abs. 2 Nr. 8 KomHVO ist der Wirtschaftsplan des Eigenbetriebs als Anlage dem Haushaltsplan der Gemeinde beizufügen, eine Regelung, die die frühere Rechtslage (vor 2004) wiederaufnimmt, nachdem zwischenzeitlich nur eine Übersicht über die Wirtschaftslage und die voraussichtliche Entwicklung der Unternehmen und Einrichtungen beizufügen war.

Der Wirtschaftsplan teilt nicht das Schicksal der Haushaltssatzung, wenn diese wegen eines nicht genehmigten Haushaltssicherungskonzepts nicht in Kraft gesetzt werden kann. Denn das Haushaltssicherungskonzept erfasst schon nach dem Text der Gemeindeordnung nur den Haushalt, die Anlagen sind dort nicht erwähnt. Die in § 1 Abs. 2 KomHVO angesprochenen Anlagen können auch nicht im eigentlichen Sinne in Kraft treten, da sie zu einem großen Teil nur erläuternd sind oder von anderen Rechtssubjekten stammen. Lediglich hinsichtlich des Stellenplans und der Wirtschaftspläne der Eigenbetriebe ließe sich eine direkte Verbindung zum Haushaltsplan ziehen. Im Grunde dienen aber beide nur der Erläuterung bestimmter Haushaltspositionen (zu den Anlagen vgl. *J. Müller*, VR 2002 S. 181).

2. Die Aufstellung des Wirtschaftsplans

Der Wirtschaftsplan wird im Eigenbetrieb erarbeitet und von diesem vor Beginn des Wirtschaftsjahres aufgestellt. Das ist die Aufgabe der Betriebsleitung, hier vor allem des kaufmännischen Betriebsleiters. Aufgrund der Vorgaben der Betriebsleitung für die geplanten Maßnahmen im kommenden Wirtschaftsjahr muss ein finanzierbarer und den Grundsätzen ordnungsgemäßer Wirtschaftsführung entsprechender Plan aufgestellt werden. Die Verantwortung für den Wirtschaftsplan tragen alle Mitglieder der Betriebsleitung. Dem Kämmerer ist nach der ausdrücklichen Regelung in § 7 EigVO NRW der Entwurf des Wirtschaftsplans zuzuleiten, dem Bürgermeister aufgrund der allgemeinen Informationspflichten nach § 6 EigVO NRW. Wie bereits bei §§ 6 und 7 EigVO NRW dargestellt, können weder Bürgermeister noch Stadtkämmerer direkten Einfluss durch Anweisungen auf den Wirtschaftsplan des Eigenbetriebs nehmen. Eine Regelung, wie sie in Eigenbetriebssatzungen zu finden ist: *„Tritt der Stadtkämmerer einem nach Abs. 1 Satz 1 vorgelegten Entwurf nicht bei, so ist der Entwurf den Einwendungen entsprechend zu ändern, soweit der Bürgermeister dies verlangt."* dürfte dem Verordnungstext widersprechen. Der Entwurf wird im Betriebsausschuss beraten und vom Rat beschlossen. Er ist spätestens einen Monat vor Beginn des Wirtschaftsjahres aufzustellen, so regelt es die Neufassung jetzt ausdrücklich. Er sollte so rechtzeitig verabschiedet werden, dass seine Ansätze mit denen des Haushaltsplans abgestimmt sein können.

3. Die Pflicht zur Anpassung des Wirtschaftsplans

Pläne stimmen nicht immer mit dem überein, was tatsächlich passiert. Es kann deshalb notwendig werden, die Pläne anzupassen, damit das Ziel erreicht wird. § 83 GO NRW, der überplanmäßige und außerplanmäßige Aufwendungen und Auszahlungen regelt, gehört nicht zu den nach § 97 Abs. 3 GO NRW auf den Eigenbetrieb anwendbaren Vorschriften.

Aber auch im Eigenbetrieb kann sich die Notwendigkeit ergeben, mehr ausgeben zu müssen, als es der Wirtschaftsplan vorsieht. Denkbar sind erfolggefährdende Mehraufwendungen (s. § 15 Abs. 3 EigVO NRW), diese sind mit Zustimmung des Betriebsausschusses möglich, ebenso Mehrauszahlungen für Einzelvorhaben des Vermögensplans (§ 16 Abs. 5 EigVO NRW). Soweit die Mehrauszahlungen im Ergebnis nicht zu einer Veränderung führen, können sie auch geleistet werden. Verschlechterungen muss zunächst mit dem Versuch, durch Einsparungen das Ergebnis zu erreichen, begegnet werden. Die Wirtschaftsführung des Eigenbetriebs ist daher flexibler als die der Gemeinde. In bestimmten Fällen allerdings ordnet die EigVO NRW eine Änderung des Wirtschaftsplans an.

3.1 Erhebliche Verschlechterung des Jahresergebnisses

Eine erhebliche Verschlechterung des erwarteten Ergebnisses muss sich abzeichnen. Zugleich muss diese Verschlechterung die Haushaltslage der Gemeinde beeinträchtigen oder aber eine Änderung des Vermögensplans nach sich ziehen. Die Verschlechterung der Haushaltslage der Gemeinde muss sichtbar sein, kleinere Veränderungen werden hier nicht erfasst. Dies ist sicherlich auch von der Größe der Gemeinde und ihrem Haushaltsvolumen sowie dem Einfluss des Eigenbetriebs darauf abhängig. Man wird allerdings nicht von einer Verschlechterung der Haushaltslage der Gemeinde ausgehen können, wenn sich die Gewinnerwartung minimiert, denn dabei handelt es sich nicht um eine gesicherte Haushaltsposition, denn über die Gewinnverwendung muss immer erst noch durch den Gemeinderat beschlossen werden (so auch *Rehmann*, § 16 EigBG, Anm. 1.1; *Bennemann*, § 15 Erl. 4.1).

3.2 Erhebliche höhere Kreditaufnahme

Im Vermögensplan werden die Investitionen und ihre Finanzierung veranschlagt. Wenn bestimmte Maßnahmen erheblich teurer werden oder aufgrund besonderer Umstände unerwartete Investitionsvorhaben durchgeführt werden müssen, kann der Vermögensplan möglicherweise nicht mehr ausgeglichen werden, § 16 Abs. 5 EigVO NRW also nicht helfen. In diesen Fällen kann auf zwei Wegen ein Ausgleich herbeigeführt werden. Zum einen ist eine Zuführung der Gemeinde denkbar, zum anderen die Aufnahme weiterer Kredite. Kommt Letzteres zum Tragen, ist der Wirtschaftsplan zu ändern, im ersteren Falle nur, wenn die Zuführung erheblich höher ausfallen muss; auch hier werden wieder die gleichen Kriterien wie oben gelten.

Was erheblich ist, sollte in der Betriebssatzung geregelt werden. Soweit dies nicht der Fall ist, sollten die Regelungen für den Haushaltsplan entsprechend angewandt werden (vgl. *Meier/Jaeger*, GHH 2004 S. 272, 273).

3.3 Weitere Verpflichtungsermächtigungen

Verpflichtungsermächtigungen dienen auch bei Eigenbetrieben der Finanzierung von Investitionsmaßnahmen, die nicht in einem Wirtschaftsjahr abgewickelt werden können (vgl. § 85 Abs. 1 GO NRW). Auch hierbei können während des Wirtschaftsjahres Änderungen notwendig werden. Zum einen können veranschlagte Baumaßnahmen teurer werden, so dass die Verpflichtungsermächtigungen nicht mehr ausreichen, zum anderen können neue Maßnahmen erforderlich werden oder müssen vorgezogen werden, für die Verpflichtungsermächtigungen gebraucht werden. Die Neufassung der Gemeindeordnung (durch das NKFG) lässt überplanmäßige oder außerplanmäßige Verpflichtungsermächtigungen zu, wenn sie unabweisbar sind (§ 85 Abs. 1 Satz 2 GO NRW). Es stellt sich daher die Frage, ob diese Verbesserung im Gemeindehaushaltsrecht auch für die Eigenbetriebe gilt oder ob der ausdrückliche Text der älteren EigVO NRW *„weitere Verpflichtungsermächtigungen"* vorgeht. Das würde bedeuten, dass jede zusätzliche Verpflichtungsermächtigung nur mit einer Änderung des Wirtschaftsplans möglich wäre, während bei der Kommune nur solche über- oder außerplanmäßige Verpflichtungsermächtigungen unzulässig sind, die zu einer Ausdehnung des in der Haushaltssatzung festgesetzten Gesamtbetrages führen. Weil § 85

GO NRW zu den Vorschriften gehört, deren sinngemäße Anwendung § 97 Abs. 3 GO NRW vorschreibt, führen auch beim Eigenbetrieb nur solche zusätzlichen Verpflichtungsermächtigungen zu einer zwingenden Änderung des Wirtschaftsplans, die zu einer Überschreitung der Summe aller Verpflichtungsermächtigungen führen würden. Daran kann auch festgehalten werden, obgleich die Neufassung hierzu keine Regelung getroffen hat.

3.4 Erhebliche Ausweitung des Stellenplans

Jede Ausweitung der Stellen führt zu einem Mehrbedarf an Personalkosten, der sich auf den Erfolgsplan auswirkt. Man könnte also daran denken, dass der Wirtschaftsplan geändert werden müsste, um zu einer Änderung der Stellenübersicht kommen zu können. Nach dem Text der Verordnung macht aber nur eine erhebliche Vermehrung oder Anhebung der Stellen die Änderung des Wirtschaftsplans zur Pflicht, so dass nicht jede zusätzliche Stelle dazu führt. Hier wird man auf die Zahl und gegebenenfalls den Umfang der Mehrkosten abstellen und darauf, welche Auswirkung dies auf den Erfolgsplan hat (ähnlich auch *Schwarznecker/Anders*, S. 36, 37 für die vergleichbare niedersächsische Regelung). Die vorübergehende Einstellung von Aushilfskräften ist nach § 14 Abs. 2 Buchst. d EigVO NRW kein Grund für eine Änderung. Auch eine sich aus einem Arbeitsgerichtsprozess ergebende höhere Eingruppierung dürfte kein Grund für eine Änderung sein, selbst wenn es eine Vielzahl von Mitarbeitern betrifft, da es dabei um eine tarifrechtliche Zwangsnotwendigkeit handelt und eine Entscheidungsmöglichkeit nicht gegeben ist.

4. In-Kraft-Treten und vorläufige Wirtschaftsführung

Der Wirtschaftsplan bedarf keiner Genehmigung durch die Kommunalaufsicht. Die gesamten Vorschriften über das Verfahren für die Aufstellung des Haushaltsplans gelten nicht. § 80 GO NRW ist in § 97 Abs. 3 GO NRW nicht erwähnt.

Der Wirtschaftsplan tritt daher grundsätzlich mit dem Beginn des Wirtschaftsjahres, also in der Regel am 1.1. in Kraft.

4.1 Verabschiedung des Wirtschaftsplans nach dem 1. Januar

Natürlich ist es denkbar, dass der Ratsbeschluss über den Wirtschaftsplan erst nach dem 1. Januar gefasst wird. In diesem Fall muss der Eigenbetrieb aber handlungsfähig bleiben. Auch wenn § 82 GO NRW über die vorläufige Haushaltsführung nicht zu den gemäß § 97 Abs. 3 GO NRW anzuwendenden Vorschriften gehört, muss man ihn für derartige Fälle heranziehen (so auch *Sprenger*, S. 40 f.; *Schwarznecker/Anders*, S. 36). Einerseits kann es nicht sein, dass der Eigenbetrieb handlungsunfähig ist, andererseits kann er auch nicht losgelöst von allen Vorschriften handeln. Die Betriebsleitung ist also berechtigt, Ausgaben zu leisten, zu denen sie rechtlich verpflichtet und die zur Weiterführung des Betriebes notwendig sind (ebenso *Meier*, ZKF 2014 S. 83). Für die gemeindlichen Krankenhäuser ist dies im Übrigen in § 13 Abs. 1 Satz 2 GemKHBVO ausdrücklich geregelt.

4.2 Die Gemeinde muss ein Haushaltssicherungskonzept aufstellen

Wenn der Haushaltsausgleich nicht erreicht werden kann, muss die Gemeinde nach § 76 GO NRW ein Haushaltssicherungskonzept aufstellen. Bevor dieses von der Kommunalaufsicht nicht genehmigt worden ist, kann der Haushalt nicht in Kraft gesetzt werden. Es stellt sich die Frage, ob damit das In-Kraft-Treten auch des Wirtschaftsplans gehindert ist. Dem muss aus Gründen der Wirtschaftlichkeit und Selbstständigkeit des Eigenbetriebs widersprochen werden. Unabhängig von einem etwaigen Haushaltssicherungskonzept der Trägergemeinde tritt der Wirtschaftsplan des Eigenbetriebs am 1.1. in Kraft. Das gilt auch, wenn das Haushaltssicherungskonzept der Gemeinde nicht genehmigt werden kann, weil es den gesetzlichen Anforderungen nicht entspricht (ebenso *Meier*, ZKF 2014 S. 83).

4.3 Haushaltssicherungskonzept auch für den Eigenbetrieb?

Nach § 97 Abs. 3 GO NRW gehört § 76 GO NRW nicht zu den sinngemäß anzuwendenden Vorschriften. Auch die Bestimmungen des § 75 GO NRW, die sinngemäß angewandt werden müssen, betreffen nicht das Haushaltssicherungskonzept. Daher muss ein Eigenbetrieb auch kein Haushaltssicherungskonzept aufstellen, wenn er Verluste macht und auf Zuschüsse der Gemeinde angewiesen ist. Das ist auch richtig so, da die selbstständige Betriebsführung die wirtschaftliche Zielerfüllung der gestellten Aufgaben sichern soll. Je nach Aufgabenstellung des Eigenbetriebs oder gar einer eigenbetriebsähnlichen Einrichtung sind Verluste normal. Sie können nicht zu einem Haushaltssicherungskonzept und einer Genehmigungspflicht führen.

Das heißt natürlich nicht, dass der Eigenbetrieb nicht von Maßnahmen des Haushaltssicherungskonzeptes betroffen werden kann.

§ 15
Erfolgsplan

(1) Der Erfolgsplan muss alle voraussehbaren Erträge und Aufwendungen des Wirtschaftsjahres enthalten. Er ist mindestens wie die Gewinn- und Verlustrechnung (§ 23 Abs. 1) zu gliedern.

(2) Die veranschlagten Erträge, Aufwendungen und Zuweisungen zu den Rücklagen sind ausreichend zu begründen, insbesondere soweit sie von den Vorjahreszahlen erheblich abweichen. Zum Vergleich sind die Zahlen des Erfolgsplans des laufenden Jahres und die Zahlen der Gewinn- und Verlustrechnung des Vorjahres daneben zu stellen. Die vorhandenen oder zu beschaffenden Deckungsmittel sind nachzuweisen. Deckungsmittel, die – etwa als Verlustausgleichszahlungen oder Betriebskostenzuschüsse – aus dem Haushalt der Gemeinde stammen, müssen mit der Veranschlagung in der Haushaltsplanung der Gemeinde übereinstimmen.

(3) Sind bei der Ausführung des Erfolgsplans erfolggefährdende Mindererträge zu erwarten, so hat die Betriebsleitung die Bürgermeisterin oder den Bürgermeister unverzüglich zu unterrichten. Erfolggefährdende Mehraufwendungen bedürfen der Zustimmung des Betriebsausschusses, es sei denn, dass sie unabweisbar sind. Sind sie unabweisbar, so sind die Bürgermeisterin oder der Bürgermeister und der Betriebsausschuss unverzüglich zu unterrichten. Bei Eilbedürftigkeit treten an die Stelle der Zustimmung des Betriebsausschusses die der Bürgermeisterin oder des Bürgermeisters und der oder des Vorsitzenden des Betriebsausschusses oder eines anderen dem Betriebsausschuss angehörenden Ratsmitglieds; der Betriebsausschuss ist unverzüglich zu unterrichten.

Erläuterungen

Übersicht

1. Der Erfolgsplan
2. Der Inhalt des Erfolgsplans
3. Die Begründung der Ansätze
4. Die notwendige Übereinstimmung von Erfolgsplan und Haushaltsplan
5. Erfolggefährdende Mindererträge
6. Erfolggefährdende Mehraufwendungen

1. Der Erfolgsplan

Der Erfolgsplan bezieht sich auf das operative Geschäft, lässt also die Investitionen außen vor. Insoweit ist er dem (früheren) Verwaltungshaushalt der Gemeinde vergleichbar. Er unterscheidet sich von diesem aber deutlich, denn er stellt nicht auf die Einnahmen und Ausgaben ab, sondern enthält die Erträge und Aufwendungen. Er ist die Abschätzung des voraussichtlichen Laufs des Wirtschaftsjahres, eine vorweggenommene Gewinn- und Verlustrechnung, der er auch in der Gliederung entsprechen muss. An ihm hat sich die Betriebsleitung auszurichten in der Führung der Geschäfte. Dabei sind allerdings alle Einzelansätze gegenseitig deckungsfähig. Die Wirtschaftsführung ist damit flexibler. Die Betriebsleitung hat das voraussichtliche Jahresergebnis vorab geschätzt und kann so die eigene Wirtschaftsführung kontrollieren, kann eingreifen und umschichten, wo es nötig wird.

2. Der Inhalt des Erfolgsplans

Der Erfolgsplan ist mindestens wie die Gewinn- und Verlustrechnung zu gliedern, er kann aber weiter in die Tiefe gehen. Auszuweisen sind vor allem Umsatzerlöse und Materialaufwand, Personalaufwand und Abschreibungen.

Diese Vorschrift wie auch die Verpflichtung, die Zahlen des laufenden Wirtschaftsjahres und die der Gewinn- und Verlustrechnung des Vorjahres gegenüberzustellen, dienen der besseren Einschätzung der Zahlen und erleichtern den Beteiligten, also vor allem dem Betriebsausschuss und dem Rat, aber auch der Kämmerei die Überprüfung. Die Betriebsleitung muss die voraussichtlichen Erträge und Aufwendungen möglichst genau schätzen, damit nicht falsche Entscheidungen aufgrund einer falschen Prognose getroffen werden, die die künftige Leistungsfähigkeit des Eigenbetriebs beeinträchtigen können.

Umfasst der Eigenbetrieb mehrere Betriebszweige, so müssen einzelne Erfolgspläne aufgestellt und in einer Erfolgsübersicht zusammengefasst werden. Dies ergibt sich aus der Verweisung in § 15 auf die Gewinn- und Verlustrechnung. Da der Erfolgsplan wie diese zu gliedern ist, muss er bei mehreren Unternehmenssparten auch für jede gesondert aufgestellt und dann zusammengefasst werden.

3. Die Begründung der Ansätze

Nach Absatz 2 Satz 1 sind die Ansätze ausreichend zu begründen. Auch diese Bestimmung dient der besseren Überprüfbarkeit des Erfolgsplans. Die Mitglieder des Betriebsausschusses und des Gemeinderates können den Erfolgsplan und die in ihm gemachten Ansätze nur einschätzen, wenn die Betriebsleitung begründet, wie sie auf diese Zahlen kommt. Erklärt werden muss also beispielsweise, warum die Umsatzerlöse erheblich von denen des Vorjahres abweichen oder warum Personalkostensteigerungen angenommen werden. Das dient sowohl der besseren Verständlichkeit bei der Aufstellung als auch der Einschätzung der Verwirklichung des Plans während des Jahres, insbesondere wenn die Vierteljahresübersichten vorgelegt werden.

4. Die notwendige Übereinstimmung von Erfolgsplan und Haushaltsplan

Wie bisher schon beim Vermögensplan gefordert, gibt es jetzt auch beim Erfolgsplan die ausdrückliche Bestimmung, dass etwaige Ansätze des Erfolgsplans, die Verlustausgleichzahlungen oder Betriebskostenzuschüsse der Gemeinde sind, mit der Veranschlagung in der Haushaltsplanung der Gemeinde übereinstimmen müssen. Dies geht auf eine Anregung der kommunalen Spitzenverbände zurück und soll auch hier sicherstellen, dass nur abgestimmte Zahlen in den Plan aufgenommen werden, nicht unrealistische Ansätze zu Forderungen an die Gemeinde führen.

5. Erfolg gefährdende Mindererträge

Eine Gefährdung des Erfolgs ist immer dann zu befürchten, wenn die Abweichungen nicht durch Veränderungen an anderer Stelle aufgefangen werden können. Ist zu erwarten, dass Mindererträge erwirtschaftet werden, so muss die Betriebsleitung unverzüglich den Bürgermeister unterrichten. Zumindest in der nächsten Vierteljahresübersicht sind auch der Betriebsausschuss und der Kämmerer zu informieren. Im Übrigen muss die Betriebsleitung aber auch alles daran setzen, durch Einsparungen beim Aufwand die zu erwartenden Mindererträge zu kompensieren oder wenigstens zu verringern.

6. Erfolg gefährdende Mehraufwendungen

Werden Erfolg gefährdende Mehraufwendungen, also zusätzliche Aufwendungen, denen keine Mehreinnahmen oder anderweitige Einsparungen gegenüberstehen, notwendig, so bedürfen diese der Zustimmung des Betriebsausschusses. Nur wenn sie unabweisbar sind, bedarf es keiner Beschlussfassung, es reicht eine Unterrichtung des Betriebsausschusses und des Bürgermeisters.

Seit der Änderungsverordnung vom 13.8.2012 bedürfen eilbedürftige erfolggefährdende Mehraufwendungen der Zustimmung des Bürgermeisters und des Vorsitzenden des Betriebsausschusses oder eines anderen dem Betriebsausschuss angehörenden Ratsmitglieds. Der Betriebsausschuss ist unverzüglich zu unterrichten.

Da es sich um einen wesentlichen Finanzvorfall handelt, ist auch der Kämmerer zu unterrichten.

§ 16
Vermögensplan

(1) Der Vermögensplan muss mindestens enthalten:

a) alle voraussehbaren Einzahlungen und Auszahlungen des Wirtschaftsjahres, die sich aus Investitionen (Erneuerung, Erweiterung, Neubau, Veräußerung) und aus der Kreditwirtschaft des Eigenbetriebs ergeben,

b) die notwendigen Verpflichtungsermächtigungen.

(2) Die vorhandenen oder zu beschaffenden Deckungsmittel des Vermögensplans sind nachzuweisen. Deckungsmittel, die aus dem Haushalt der Gemeinde stammen, müssen mit der Veranschlagung in der Haushaltsplanung der Gemeinde übereinstimmen.

(3) Die Auszahlungen und die Verpflichtungsermächtigungen für Investitionen sind nach Vorhaben getrennt zu veranschlagen und zu erläutern. Die §§ 12 und 13 Kommunalhaushaltsverordnung Nordrhein-Westfalen sind sinngemäß anzuwenden.

(4) Für die Inanspruchnahme der Ermächtigungen des Vermögensplans gilt § 24 Absatz 1 bis 3 Kommunalhaushaltsverordnung Nordrhein-Westfalen sinngemäß. Die Auszahlungsansätze sind übertragbar.

(5) Mehrauszahlungen für Einzelvorhaben, die einen in der Betriebssatzung festzusetzenden Betrag überschreiten, bedürfen der Zustimmung des Betriebsausschusses. Bei Eilbedürftigkeit treten an die Stelle der Zustimmung des Betriebsausschusses die der Bürgermeisterin oder des Bürgermeisters und der oder des Vorsitzenden des Betriebsausschusses oder eines anderen dem Betriebsausschuss angehörenden Ratsmitglieds; der Betriebsausschuss ist unverzüglich zu unterrichten.

Erläuterungen

Übersicht

1. Allgemeines
2. Einzahlungen
3. Auszahlungen
4. Investitionen
5. Verpflichtungsermächtigungen
6. Mehrauszahlungen

§ 16 Kommentar

1. Allgemeines

In gewisser Weise entspricht der Vermögensplan des Eigenbetriebs dem (früheren) Vermögenshaushalt der Gemeinde. Er beschäftigt sich nämlich mit den Einzahlungen und Auszahlungen, die sich auf Investitionsmaßnahmen und auf deren Finanzierung durch Kredite beziehen. Darüber hinaus enthält er die notwendigen Verpflichtungsermächtigungen zur Durchführung von Maßnahmen, die sich über mehrere Wirtschaftsjahre erstrecken.

Es ist noch einmal darauf hinzuweisen, dass die Grundsätze der Haushaltswirtschaft bei Gemeinde und Eigenbetrieb die gleichen sind, weil § 97 GO NRW deren sinngemäße Anwendung vorschreibt: Sparsamkeit und Wirtschaftlichkeit der Haushaltsführung, § 75 GONRW, Nachrangigkeit von Krediten bei der Einnahmebeschaffung, § 77 GO NRW, Kreditaufnahme in Übereinstimmung mit der eigenen Leistungsfähigkeit, § 86 GO NRW, sorgsamer Umgang mit dem Vermögen, § 90 GO NRW. Gerade für vermögenswirksame Ausgaben bedeutet dies, dass sich auch der Eigenbetrieb aus speziellen Einnahmen finanzieren muss. Die Gründung eines Eigenbetriebs darf nicht zu einer leichteren Kreditaufnahme zur Finanzierung der Aufgaben führen.

Auch wenn nur in Absatz 3 bei den Auszahlungen und Verpflichtungsermächtigungen eine Erläuterung angesprochen ist, so sind doch alle Positionen des Vermögensplans zu erläutern und den Zahlen des laufenden und des vorherigen Wirtschaftsplans gegenüberzustellen.

2. Einzahlungen

Alle Einzahlungen, die zur Veränderung der Anlagen des Eigenbetriebs eingesetzt werden sollen, sind vollständig nachzuweisen. Es ist nicht zulässig, bestimmte Einzahlungen bestimmten Vorhaben zuzuordnen. Wie im Gemeindehaushaltsrecht gilt das Prinzip der Gesamtdeckung. Allerdings ist gegebenenfalls eine Aufgliederung nach Betriebszweigen vorzunehmen.

An erster Stelle stehen hier die eigenen Finanzierungsmittel des Eigenbetriebs. Das sind Zuweisungen, Zuschüsse, aus dem Erfolgsplan des Vorjahres erübrigte Mittel, geplante Gewinne, Abschreibungen, Auflösung von Ertragszuschüssen, Beiträge, Auflösung von Rücklagen. Des Weiteren kommen Deckungsmittel aus dem Haushalt der Gemeinde in Betracht. Dies kann eine Erhöhung des Stammkapitals sein (das macht eine Änderung der Betriebssatzung notwendig), aber auch eine Zuführung an die Rücklage. Die Veranschlagung von Deckungsmitteln der Gemeinde muss, das legt Absatz 2 Satz 2 ausdrücklich fest, mit den Ansätzen im Haushaltsplan der Gemeinde übereinstimmen. Damit wollte der Verordnungsgeber erreichen, dass nur abgestimmte Zahlen in den Vermögensplan aufgenommen werden, nicht unrealistische Ansätze zu Forderungen an die Gemeinde führen.

Erst wenn diese Mittel zur Deckung nicht zur Verfügung stehen, kann eine Finanzierung mit Krediten in Betracht kommen (zu den möglichen Folgen von Basel II vgl. *Pfitzer*, GHH 2003 S. 49). Zu diesen sind auch Darlehen der Gemeinde zu rechnen, dabei ist aber darauf zu achten, dass insgesamt die Ausstattung des Eigenbetriebs mit Eigenkapital ausreichend ist, weil solche Darlehen steuerrechtlich sonst wie Eigenkapital behandelt werden, das heißt auf sie gezahlte Zinsen werden als verdeckte Gewinnausschüttung angesehen.

Giebler (GHH 2003 S. 80) hat darauf hingewiesen, dass bei einem Abwasserbetrieb, der sein Kanalnetz auf 50 Jahre abschreiben muss, die notwendigen Tilgungen für die in der Regel lediglich fünfundzwanzigjährigen Kredite durch diese Abschreibungen nicht finanziert werden können. Er zeigt auf, dass diese Liquiditätslücke nicht über Kassenkredite gedeckt werden darf. Auch eine Bezuschussung durch die Gemeinde sei nicht vertretbar. Das baden-württembergische Innenministerium sehe in dieser Sonderproblematik eine nachlaufende Investitionsfinanzierung, so dass die Liquiditätslücke über Kredite finanziert werden könnte. Dazu ist allerdings darauf hinzuweisen, dass diese Berechnung sehr von der Struktur des Kanalnetzes, also dem Alter der Kanäle, abhängt und wohl nur dann durchgreift, wenn eine hundertprozentige Fremdfinanzierung erfolgt ist. Auch ergeben sich in Nordrhein-Westfalen andere Möglichkeiten dadurch, dass hier eine Abschreibung nach dem Wiederbeschaffungszeitwert erfolgen kann (ständige Rechtsprechung: VG Düsseldorf, Urt. vom 28.5.2014 – 5 K 828/14 –, juris mit Hinweis auf OVG NRW, Urt. vom 5.8.1994, NWVBl. 1994 S. 418; OVG NRW, Beschl. vom 5.8.2010 – 9 A 449/09 –, juris, Rdn. 4) und außerdem Unterschiede zwischen effektiven Zinsen und den in die Gebührenbedarfsberechnung einstellbaren (höheren) kalkulatorischen Zinsen (dazu VG Düsseldorf, Urt. vom 28.5.2014 – 5 K 828/14 –, juris mit Hinweis auf OVG NRW, Urt. vom 1.9.1999, KStZ 2000 S. 90 und Urt. vom 13.4.2005, KStZ 2005 S. 138) zum Tragen kommen können.

Zum gleichzeitigen Ansatz einer kalkulatorischen Abschreibung des Anlagevermögens sowie einer kalkulatorischen Nominalverzinsung vgl. § 10 Erl. 3.

3. Auszahlungen

Die Auszahlungen sind ebenfalls alle nachzuweisen. Dabei schreibt Absatz 3 ausdrücklich eine getrennte Veranschlagung jedes Vorhabens vor.

Die Änderung durch das NKFG hat den früheren Satz 1 des Absatzes 5 gestrichen („Ausgabe für verschiedene Vorhaben, die sachlich eng zusammenhängen, können für gegenseitig deckungsfähig erklärt werden."). Dies sollte aber nicht zu einer Verschlechterung der Handlungsmöglichkeiten der Betriebsleitung führen. Nach der Gesetzesbegründung sollte eine Anpassung an die Terminologie der kaufmännischen Buchführung und der neuen GemHVO erfolgen und deshalb der Satz 1 ersatzlos entfallen. Daraus kann nur geschlossen werden, dass auch im Eigenbetrieb eine flexible Haushaltsbewirtschaftung möglich sein soll, also auf § 21 KomHVO zurückgegriffen werden kann.

Maßnahmen des Vermögensplans können die Ausgaben für Sachanlagen sein, also Bau oder Kauf von Anlagegütern wie Leitungsnetze, Lastwagen, Gebäude, um nur wenige Beispiele zu nennen. Auch Ausgaben für Finanzanlagen sind denkbar, wenn der Eigenbetrieb aufgrund außergewöhnlicher Umstände Mittel zur Verfügung hat, die er nicht sofort verbrauchen muss. Diese können dann bei der Gemeinde oder auf dem Kapitalmarkt angelegt werden. Unter diesen Begriff fällt aber auch die Beteiligung an einem anderen Unternehmen. Immaterielle Wirtschaftsgüter wie Softwareprogramm oder Lizenzen können zu erwerben sein.

4. Investitionen

Nach Absatz 3 Satz 2 sind die §§ 12 und 13 KomHVO sinngemäß anzuwenden.

§ 12 KomHVO regelt die Verpflichtungsermächtigungen. § 13 KomHVO (Investitionen) ist im Wesentlichen wortgleich mit dem früher hier zitierten § 12 GemHVO. Es sind nur Formulierungsänderungen wie Vertretungsorgan statt Rat und Kommune statt Gemeinde im ersten Absatz, geschuldet der Intention, den Wortlaut für alle kommunalen Gebietskörperschaften anzupassen. Ebenfalls in Absatz 1 ist aus § 33 jetzt § 34 KomHVO geworden. Neu ist in § 13 Abs. 1 KomHVO der zweite Satz „Dabei ist die künftige Bevölkerungsentwicklung zu berücksichtigen." Die weiteren Absätze sind unverändert geblieben.

In § 34 Abs. 2 und 3 KomHVO sind Anschaffungs- und Herstellungskosten definiert, dabei ist Absatz 3 gegenüber der GemHVO verändert worden.

5. Verpflichtungsermächtigungen

Hierzu verweist die EigVO auf § 12 KomHVO.

1) Die Verpflichtungsermächtigungen sind in den Teilfinanzplänen maßnahmenbezogen zu veranschlagen. Dabei ist anzugeben, wie sich die Belastungen voraussichtlich auf die künftigen Jahre verteilen werden. Dies gilt nur für die Investitionen, die nach § 4 Absatz 4 Satz 3 darzustellen sind.

(2) Es kann erklärt werden, dass einzelne Verpflichtungsermächtigungen auch für andere Investitionsmaßnahmen in Anspruch genommen werden können. Der in der Haushaltssatzung festgesetzte Gesamtbetrag der Verpflichtungsermächtigungen darf nicht überschritten werden.

6. Mehrauszahlungen

Die Betriebsleitung kann Mehrauszahlungen für Einzelvorhaben tätigen. Dazu muss in der Betriebssatzung ein Betrag als Obergrenze festgesetzt werden. Anders als früher bedarf es dazu nicht mehr der Erklärung der gegenseitigen Deckungsfähigkeit im Vermögensplan.

Wird die in der Betriebssatzung festgelegte Summe überschritten, so darf die Betriebsleitung Mehrauszahlungen nicht ohne Zustimmung des Betriebsausschusses tätigen. Ist eine Mehrauszahlung eilbedürftig, sind die Zustimmungen des Bürgermeisters und des Vorsitzenden des Betriebsausschusses oder eines ihm angehörenden Ratsmitglieds erforderlich (Änderungsverordnung vom 13 8. 2012). Betriebsausschuss und Kämmerer sind unverzüglich zu unterrichten.

§ 17
Stellenübersicht

(1) Die Stellenübersicht hat die im Wirtschaftsjahr erforderlichen Stellen für Arbeitnehmerinnen und Arbeitnehmer einschließlich der Angaben zur Stellenbewertung und Eingruppierung der Stelleninhaber zu enthalten. Beamte, die bei dem Eigenbetrieb beschäftigt werden, sind im Stellenplan der Gemeinde zu führen und in der Stellenübersicht des Eigenbetriebs nachrichtlich anzugeben.

(2) In der Stellenübersicht sind die Zahlen der im laufenden Wirtschaftsjahr vorgesehenen und der am 30. Juni des Vorjahres tatsächlich besetzten Stellen anzugeben.

Erläuterungen

Die Stellenübersicht ist nach § 14 Abs. 1 Satz 2 EigVO NRW Bestandteil des Wirtschaftsplans. Das entspricht der Regelung bei der Gemeinde, denn deren Stellenplan ist nach § 1 Abs. 2 Nr. 2 KomHVO Anlage zum Haushaltsplan und wird nach § 80 Abs. 4 GO NRW vom Rat auch beschlossen. Die Stellenübersicht enthält alle im Wirtschaftsjahr erforderlichen Stellen. „Erforderliche Stellen" sind die zur Aufgabenerledigung notwendigen Stellen. Es sollte eine Darstellung nach vollzeitäquivalenten Stellen (Anteil an der regelmäßigen wöchentlichen Arbeitszeit einer Vollzeitkraft) gewählt werden, um ein realistisches Bild zu geben (vgl. *Kummer*, GemHVO § 8 Anm. 2). Dabei sind allerdings die Stellen für Beamte nur nachrichtlich aufzunehmen, sie werden im Stellenplan der Gemeinde geführt.

Neu ist die Bestimmung, dass im Stellenplan Angaben zur Stellenbewertung und Eingruppierung der Stelleninhaber gemacht werden müssen. Diese Norm entspricht nicht der Formulierung der entsprechenden Vorschrift in der neuen KomHVO, denn diese stellt eine solche Forderung nicht auf. Zu verstehen ist das wohl so, dass das Soll der Stellenbewertung und das Ist des Stelleninhabers angegeben werden müssen. Bei Angestellten kann das auseinanderfallen, wenn persönliche Voraussetzungen noch nicht gegeben sind, also z. B. ein Bewährungsaufstieg noch abzuleisten ist. Ob daraus ein wesentlicher Informationszuwachs zu gewinnen ist, erscheint fraglich. Datenschutzrechtlich ist die Vorschrift nicht unproblematisch. Die Angaben dürfen jedenfalls nicht dazu führen, dass individualisierbar das Einkommen eines Mitarbeiters ablesbar ist. Dass der Datenschutz der Mitarbeiter in solchen Fällen betroffen sein kann, haben VG Minden (Urt. vom 15.11.2012 – 2 K 1743/12 –, juris) und OVG NRW (Beschl. vom 22.5.2013, NVwZ-RR 2013 S. 730) ausgeführt in Bezug auf das Akteneinsichtsrecht eines Ratsmitglieds in eine Stellenbewertung, aber im Hinblick auf die Schweigepflicht der Ratsmitglieder keine Bedenken gesehen. Das ist anders bei einer individualisierten Stellenübersicht, die in öffentlicher Sitzung vom Gemeinderat und vom Betriebsausschuss beraten wird.

Die Stellenübersicht hat nach Absatz 2 zum Vergleich auch die Zahlen des laufenden Wirtschaftsjahres und eine Angabe über die tatsächlich besetzten Stellen zu enthalten. Auch insoweit entspricht dies der Regelung für den gemeindlichen Haushaltsplan. Der Einschub „am 30. Juni des Vorjahres" durch die Änderungsverordnung vom 5.8.2009 bringt keine inhaltliche Änderung, sondern nimmt nur auf, was in § 8 Abs. 2 KomHVO NRW steht.

Die Stellenübersicht ist die Grundlage für die in den Erfolgsplan einzustellenden Personalkosten. Daher muss sie alle Stellen mit ihrer jeweiligen Eingruppierung umfassen und diese gegebenenfalls auch bestimmten Betriebszweigen zuweisen.

Jede Ausweitung der Stellen führt zu einem Mehrbedarf an Personalkosten, der sich auf den Erfolgsplan auswirkt. Man könnte also daran denken, dass der Wirtschaftsplan geändert werden müsste, um zu einer Änderung der Stellenübersicht kommen zu können. Dies gilt auch in Hessen, allerdings ist dort die vergleichbare Regelung sehr viel enger gefasst als die nordrhein-westfälische (vgl. *Bennemann*, § 15 Erl. 4.4 und § 18 Erl. 3). Da in Nordrhein-Westfalen aber nur eine erhebliche Vermehrung oder Anhebung der Stellen eine Änderung des Wirtschaftsplans zur Pflicht macht, führt nicht jede zusätzliche Stelle zur Änderung. Hier wird man auf die Zahl und gegebenenfalls den Umfang der Mehrkosten abstellen und darauf, welche Auswirkung dies auf den Erfolgsplan hat. Die vorübergehende Einstellung von Aushilfskräften ist nach § 14 Abs. 2 Buchst. d EigVO NRW kein Grund für eine Änderung. Auch eine sich aus einem Arbeitsgerichtsprozess ergebende höhere Eingruppierung dürfte kein Grund für eine Änderung sein, selbst wenn es eine Vielzahl von Mitarbeitern betrifft, da es sich dabei um eine tarifrechtliche Zwangsnotwendigkeit handelt und eine Entscheidungsmöglichkeit nicht gegeben ist.

§ 18
Mittelfristige Ergebnis- und Finanzplanung

Die mittelfristige Ergebnis- und Finanzplanung (§ 84 GO NRW) besteht aus einer Übersicht über die Entwicklung der Erträge und Aufwendungen des Erfolgsplans sowie der Auszahlungen und Deckungsmittel des Vermögensplans nach Jahren gegliedert. Sie ist in den Wirtschaftsplan einzubeziehen. Ihr ist ein Investitionsprogramm zugrunde zu legen.

Erläuterungen

Übersicht

1. Finanzplanung
2. Investitionsprogramm des Eigenbetriebs

1. Finanzplanung

Die Vorschrift, die den Eigenbetrieb verpflichtet, sich über seine künftigen Investitionsvorhaben klarzuwerden, ist § 84 GO NRW bzw. seiner Vorgängervorschrift, § 83, vergleichbar, der die Gemeinden zu einer entsprechenden Finanzplanung anhält. Diese Pflicht für die Gemeinden ist im Zuge der Reform des gemeindlichen Haushaltsrechts 1972 eingeführt worden und glich die Gemeinden insoweit den höheren Staatsebenen an, die seit dem Stabilitätsgesetz 1967 entsprechend vorgehen müssen. Die Finanzplanung auf allen Staatsebenen hat den Sinn, die dauernde Ordnung der Finanzen und die Ausgeglichenheit der öffentlichen Haushalte zu gewährleisten und den öffentlichen Bereich insgesamt planbarer machen. Die Finanzplanung der Gemeinde umfasste früher Verwaltungs- und Vermögenshaushalt, heute wie bei den wirtschaftlichen Unternehmungen Ergebnis- und Finanzplanung. Ihre Grundlagen bilden die voraussichtliche Entwicklung der Erträge und Aufwendungen des Erfolgsplans sowie der Auszahlungen und Deckungsmittel des Vermögensplans. Sie ist nach Jahren zu gliedern. Grundlage ist ein entsprechendes Investitionsprogramm. Dabei sollen die Orientierungsdaten, die vom Innenministerium bekannt gegeben werden, berücksichtigt werden (§ 6 KomHVO). Diese sind auf den vom Finanzplanungsrat vorgegebenen Orientierungsrahmen zurückzuführen (vgl. § 51 HGrG). Durch den Finanzplanungsrat werden Empfehlungen für die Finanzplanungen des Bundes, der Länder und der Gemeinden entwickelt, damit auf einheitlichen volks- und finanzwirtschaftlichen Daten geplant wird. Diese Orientierungsdaten sind nicht verbindlich, sie sollen bei der Aufstellung des Finanzplanes aber berücksichtigt werden. Nur gewichtige Gründe können eine Gemeinde bzw. einen Eigenbetrieb dazu veranlassen, die eigene auf Fakten gestützte abweichende Einschätzung vorzuziehen.

Auch wenn die frühere Bestimmung, wonach insbesondere die Auswirkungen der voraussichtlichen Entwicklung der Einnahmen und Ausgaben des Eigenbetriebs auf die Finanzplanung der Gemeinde darzustellen war, weggefallen ist, so sind doch die Wechselbeziehungen zur Gemeinde mit dieser abzustimmen, damit hier nicht von unterschiedlichen Entwicklungen ausgegangen wird.

2. Investitionsprogramm des Eigenbetriebs

Der Eigenbetrieb stellt ein Investitionsprogramm für die kommenden fünf Jahre auf. Das Programm ist maßnahmebezogen jahrweise zu gliedern und enthält auch die jeweilige Finanzierung. Da das Investitionsprogramm wie der Vermögensplan zu gliedern ist, lässt es sich mit diesem vergleichen. Wie auch das gemeindliche umfasst dieses Investitionsprogramm jeweils das laufende, das kommende und die drei folgenden Wirtschaftsjahre. Hier muss die künftige Entwicklung des Eigenbetriebes und seiner Aufgaben deutlich werden. Die Betriebsleitung muss aufzeigen, welche Investitionen zur Sicherstellung der Aufgaben notwendig sind und wie diese finanziert werden sollen. Der Betriebsausschuss und der Rat können sich ein Bild über die finanziellen Notwendigkeiten der künftigen Jahre bilden, der Kämmerer kann eine Verbindung zum Gemeindehaushalt ziehen und weiß so, was gegebenenfalls auf die Gemeinde zukommt.

§ 19

Buchführung und Kostenrechnung

(1) Der Eigenbetrieb führt seine Rechnung nach den Regeln der kaufmännischen doppelten Buchführung. Die Buchführung muss den handelsrechtlichen Grundsätzen oder den für das Neue Kommunale Finanzmanagement geltenden Grundsätzen entsprechen.

(2) Über die Buchführung, das Inventar und die Aufbewahrung finden die Vorschriften des Dritten Buchs des Handelsgesetzbuches in der im Bundesgesetzblatt Teil III, Gliederungsnummer 4100-1, veröffentlichten bereinigten Fassung, das zuletzt durch Artikel 1 des Gesetzes vom 19. Juni 2023 (BGBl. 2023 I Nr. 154) geändert worden ist, Anwendung, soweit sie nicht bereits unmittelbar gelten.

(3) Der Eigenbetrieb hat die für Kostenrechnungen erforderlichen Unterlagen zu führen und nach Bedarf Kostenrechnungen zu erstellen. Hierbei soll eine Kosten- und Leistungsrechnung zur Unterstützung der Steuerung und zur Beurteilung der Wirtschaftlichkeit und Leistungsfähigkeit der Aufgabenerfüllung geführt werden.

Erläuterungen

Übersicht

1. Kameralistik, Doppik und NKF
2. Die doppelte Buchführung
3. Zwangsläufige Fortschreibung von Vermögens- und Schuldenteilen
4. Die Grundsätze ordnungsgemäßer Buchführung
5. Entsprechende Verwaltungsbuchführung
6. Anlagenbuchhaltung
7. Aufbewahrungsregeln
8. Kostenrechnung

Die neue Fassung des Absatzes 2 durch das Dritte NKF-Weiterentwicklungsgesetz ist redaktioneller Art.

1. Kameralistik, Doppik und NKF

Die Haushaltsrechnung der Gemeinden richtete sich bisher nach den Grundsätzen der Kameralistik, das heißt es wurden Einnahmen und Ausgaben ausgewiesen und so der Kassenbestand ermittelt. Die Vermögensentwicklung nachzuweisen, ist dieser Buchführung fremd. (Grundlegend zur Umgestaltung des bisher kameralen öffentlichen Rechnungs- und Haushaltswesens *Bolsenkötter/Poullie/Vogelpoth*, Der reformierte öffentliche Haushalt). Der Eigenbetrieb dagegen ist ein wirtschaftliches Unternehmen und soll wie diese die Entwicklung des Vermögens während des Wirtschaftsjahres zeigen und Gewinn oder Verlust ermitteln. Da sich dies mit den Mitteln der Kameralistik nicht darstellen lässt, muss der Eigenbetrieb die kaufmännische doppelte Buchführung anwenden oder seine Buchführung muss den Grundsätzen des Neues Kommunales Finanzmanagement entsprechen. Letzteres wird eher selten sein. Ein Eigenbetrieb, der die kaufmännische doppelte Buchführung bereits eingeführt hat, wird kaum auf die besonderen Regelungen des Neues Kommunales Finanzmanagement, die der öffentlichen Verwaltung angepasst sind, zurückgehen.

Durch Absatz 2 ist dem Eigenbetrieb die Anwendung der für große Kapitalgesellschaften vorgeschriebenen Vorschriften für den Jahresabschluss vorgegeben. Dabei handelt es sich um eine dynamische Verweisung (so auch *Bolsenkötter*, ZögU 2009 S. 267), weil der Landesgesetzgeber die allgemeinen HGB-Regeln angewandt wissen wollte, um eine weitgehende Übereinstimmung mit privatrechtlich organisierten Kapitalgesellschaften zu schaffen. Dies kann er aber nur erreichen, wenn auch spätere Änderungen gelten sollen. Soweit der Verordnungsgeber in der Eigenbetriebsverordnung vom HGB abweichend spezifischere Regelungen getroffen hat – die §§ 22–25 EigVO NRW enthalten ja zusätzliche Regelungen –, werden diese durch eine spätere HGB-Änderung nicht erfasst. Hierfür müsste dann die Eigenbetriebsverordnung selbst geändert bzw. angepasst werden (vgl. *Vogelpoth/Poullie/Voß*, Wpg 2009 S. 83, 85).

Das Bundesministerium der Finanzen hat im Schreiben vom 3.1.2013 – IV C 2 – S 2706/09/1005 – zu den Auswirkungen der Doppik und anderer außersteuerlicher Buchführungspflichten auf die Gewinnermittlungsart ausgeführt:

„Nach § 4 Absatz 1 des Einkommensteuergesetzes (EStG) ist der Gewinn grundsätzlich durch Betriebsvermögensvergleich zu ermitteln. Steuerpflichtige, die nicht aufgrund gesetzlicher Vorschriften verpflichtet sind, Bücher zu führen und regelmäßig Abschlüsse zu machen und die auch keine Bücher führen und keine Abschlüsse machen, können als Gewinn den Überschuss der Betriebseinnahmen über die Betriebsausgaben ansetzen (§ 4 Absatz 3 EStG).

Nach dem Ergebnis der Erörterungen mit den obersten Finanzbehörden der Länder gilt für die Frage, ob eine juristische Person des öffentlichen Rechts (jPöR) den Gewinn ihrer einzelnen Betriebe gewerblicher Art (BgA) auch nach Einführung der Doppik nach § 4 Absatz 3 EStG ermitteln kann oder zwingend durch Betriebsvermögensvergleich nach § 4 Absatz 1 EStG zu ermitteln hat, Folgendes:

1. Kein Ausschluss der Einnahmenüberschussrechnung nach § 4 Absatz 3 EStG aufgrund Doppik

Steuerpflichtig nach § 1 Absatz 1 Nummer 6 KStG ist die jPöR nur mit ihrem jeweiligen BgA. Der Anwendungsbereich der Doppik erstreckt sich dagegen regelmäßig auch auf das gesamte Hoheitsvermögen der jPöR, das aus steuerlicher Sicht nicht wirtschaftlichen Zwecken dient. Diese umfassenden Aufzeichnungspflichten stellen keine Pflichten zum Führen von Büchern oder zum Erstellen von Abschlüssen für den einzelnen BgA im Sinne des § 1 Absatz 1 Nummer 6 KStG dar, die eine Einnahmenüberschussrechnung nach § 4 Absatz 3 EStG ausschließen.

Dies gilt entsprechend für Sachverhalte, in denen eine jPöR für ihren Gesamthaushalt aufgrund einer anderen gesetzlichen Regelung (z. B. Hochschulgesetze der Länder) oder freiwillig Bücher führt und Abschlüsse macht.

Außersteuerliche Vorschriften, die eine Buchführungspflicht bei den einzelnen BgA vorsehen (z. B. Eigenbetriebsverordnungen der Länder, sofern Eigenbetrieb und BgA deckungsgleich sind), führen dagegen weiterhin zu einer steuerlichen Buchführungspflicht nach § 140 AO.

2. BgA als nicht deckungsgleicher Teil eines aufgrund außersteuerlicher Regelungen zur Buchführung verpflichteten Eigenbetriebs

Für einen BgA, der nicht deckungsgleicher Teil eines aufgrund außersteuerlicher Regelungen zur Buchführung verpflichteten Eigenbetriebs ist, ist die Möglichkeit, den Gewinn durch Einnahmenüberschussrechnung nach § 4 Abs. 3 EStG zu ermitteln, nicht deshalb ausgeschlossen, weil für den Eigenbetrieb insgesamt Bücher zu führen und Abschlüsse zu machen sind. Dies gilt insbesondere in den Fällen, in denen ein Eigenbetrieb neben dem BgA auch einen hoheitlichen Bereich umfasst oder aus mehreren nicht nach § 4 Abs. 6 KStG zusammenfassbaren BgA besteht.

Entsprechendes gilt, wenn für einen anderen Teil einer jPöR aufgrund einer gesetzlichen Verpflichtung oder freiwillig Bücher geführt und Abschlüsse gemacht werden, sofern dieser Teil nicht mit dem BgA deckungsgleich ist.

Allein der Umstand, dass nicht das gesamte notwendige Betriebsvermögen des BgA in einer für den BgA aufgestellten Bilanz enthalten ist, begründet dagegen keine Möglichkeit der Gewinnermittlung nach § 4 Absatz 3 EStG.

3. Dauerverlustbetriebe

Bei einem Dauerverlustbetrieb einer jPöR führt allein das Überschreiten der Umsatzgrenze nach § 141 Absatz 1 Satz 1 Nummer 1 AO nicht zu einer Buchführungspflicht, wenn dieser mangels Gewinnerzielungsabsicht kein gewerbliches Unternehmen im Sinne dieser Norm darstellt.

Dieses Schreiben ersetzt das Schreiben vom 9.2.2012 (BStBl I S. 184). Es wird im Bundessteuerblatt Teil I veröffentlicht."

2. Die doppelte Buchführung

Das Ergebnis eines Wirtschaftsjahres darzustellen, ist die Aufgabe der Buchführung. Dies geschieht in der kaufmännischen Buchführung doppelt: Einmal wird in der Bilanz die Entwicklung des Kapitals und des Vermögens gegenübergestellt, zum Zweiten werden in der Gewinn- und Verlustrechnung Aufwand und Ertrag abgebildet. Beide Rechnungen müssen zum gleichen Ergebnis führen. Damit ergibt sich ein hohes Maß an Sicherheit, denn so wird die rechnerische Richtigkeit der Buchungen automatisch kontrolliert. Neben den Verbuchungen auf Sachkonten erfolgt gleichzeitig eine Buchung in chronologischer Reihenfolge im Grundbuch. Am Ende des Wirtschaftsjahres muss sich eine Übereinstimmung der Salden von Sachkonten und Grundbuch ergeben.

3. Zwangsläufige Fortschreibung von Vermögens- und Schuldenteilen

Auch ergibt sich aus diesem System, das die Entwicklung von Kapital und Vermögen darstellt, die früher von Absatz 1 Satz 2 ausdrücklich geforderte Fortschreibung von Vermögens- und Schuldenteilen zwangsläufig. Das folgt nämlich daraus, dass der Schlussbestand des abgelaufenen Wirtschaftsjahres automatisch als Anfangsbestand des neuen Wirtschaftsjahres in die Konten übernommen wird. Am Ende des Wirtschaftsjahres wird dann der Endbestand, der sich aus den gebuchten Veränderungen als Saldo ergibt, mit dem Anfangsbestand verglichen. Zur Kontrolle muss dann noch der tatsächliche Bestand im Rahmen einer Inventur ermittelt werden, bevor die Ergebnisse in die Bilanz übernommen werden. Weicht das Ergebnis der Inventur von der Buchhaltung ab, so ist diese den tatsächlich ermittelten Beständen anzupassen.

4. Die Grundsätze ordnungsgemäßer Buchführung

Grundsätze ordnungsgemäßer Buchführung ist ein Begriff, der aus dem Handelsrecht stammt. Er wird im HGB mehrfach angesprochen, zunächst in der Eingangsvorschrift des Dritten Buches des HGB, das sich mit den „Handelsbüchern" befasst. In § 238 HGB ist die Buchführungspflicht bestimmt:

„Jeder Kaufmann ist verpflichtet, Bücher zu führen und in diesen seine Handelsgeschäfte und die Lage seines Vermögens nach den Grundsätzen ordnungsgemäßer Buchführung ersichtlich zu machen. Die Buchführung muss so beschaffen sein, dass sie einem sachverständigen Dritten innerhalb angemessener Zeit einen Überblick über die Geschäftsvorfälle und über die Lage des Unternehmens vermitteln kann. Die Geschäftsvorfälle müssen sich in ihrer Entstehung und Abwicklung verfolgen lassen."

Diese Regeln gelten auch für den Eigenbetrieb. Buchführung ist die systematische, laufend vorgenommene Dokumentation der Geschäftsvorfälle in Geldgrößen (vgl. *Morck* in Koller/Roth/Morck, HGB, § 238 Rdn. 4). Der Buchführungspflichtige muss nach den Grundsätzen ordnungsgemäßer Buchführung alle Geschäftsvorfälle aufzeichnen, ein Inventar errichten und einen Jahresabschluss mit Anhang und Lagebericht aufstellen (*Heymann/Walz*, § 238 Rdn. 21). Die Grundsätze ordnungsgemäßer Buchführung werden im HGB nicht definiert. Es gibt kodifizierte und nicht kodifizierte Grundsätze ordnungsgemäßer Buchführung. (vgl. *Ballwieser* in MüKo HGB, § 243 Rdn. 9) Es handelt sich um einen unbestimmten Rechtsbegriff, um eine ausfüllungsbedürftige Generalklausel, die sich auch im Geschäftsleben entwickelt. Durch das Bilanzrichtliniengesetz (vom 19.12.1985, BGBl. I S. 2355) sind einige vorher schon anerkannte Regeln in das HGB aufgenommen worden. Das Bilanzrechtsmodernisierungsgesetz hat einige Änderungen im Bereich der Rechnungslegung gebracht (vgl. *Bolsenkötter*, ZögU 2009 S. 260 f.), auf die im Folgenden kurz und schlagwortartig hingewiesen wird, für weitergehende Fragen ist auf einschlägige HGB-Kommentare zu verweisen, zumal die Grundsätze vielfach zulässige Ausnahmen erfahren:

- Grundsatz der Klarheit und Übersichtlichkeit, § 243 Abs. 2 HGB: Die Bezeichnung der einzelnen Posten muss eindeutig sein. Ein einmal gewähltes Gliederungsschema für die Bilanz und die Gewinn- und Verlustrechnung sollte, wenn nicht zwingende sachliche Gründe dagegen sprechen, beibehalten werden.
- Grundsatz der Vollständigkeit, § 246 Abs. 1 Satz 1 HGB: Hier wird die Bilanzierung für sämtliche Vermögensgegenstände und Schulden verlangt. Eine Ausnahme ist nur zulässig, wenn das Gesetz ein Ansatzwahlrecht normiert.

- Grundsatz der Bilanzkontinuität, § 252 Abs. 1 Nr. 1 HGB: Aufeinanderfolgende Bilanzen müssen lückenlos miteinander verknüpft sein; s. jetzt auch § 246 Abs. 3 HGB – Änderung durch das Gesetz zur Modernisierung des Bilanzrechts – BilMoG – vom 28.5.2009, BGBl. I S. 1102.
- Stichtagsprinzip, § 242 Abs. 1 und 2, § 252 Abs. 1 Nr. 3 HGB: Zum Schluss eines jeden Geschäftsjahrs ist eine Bilanz aufzustellen. Bewertungen sind zu diesem Stichtag vorzunehmen, wertändernde Tatsachen, die erst nach dem Stichtag eintreten, bleiben unberücksichtigt (*Heymann/Walz*, § 242 Rdn. 31).
- Grundsatz der Periodenabgrenzung, § 252 Abs. 1 Nr. 5 HGB: Aufwendungen und Erträge werden jeweils dem Geschäftsjahr zugerechnet, in dem sie wirtschaftlich entstanden sind, unabhängig vom Zeitpunkt der Zahlung.
- Bewertungsstetigkeit, § 252 Abs. 1 Nr. 6 HGB: Die auf den vorherigen Jahresabschluss angewandte Bewertungsmethode muss beibehalten werden – Fassung durch das BilMoG.
- Verrechnungsverbot, § 246 Abs. 2 HGB: Posten der Aktivseite dürfen nicht mit Posten der Passivseite, Aufwendungen nicht mit Erträgen und Grundstücksrechte nicht mit Grundstückslasten verrechnet werden (s. dazu *Forschle/Kroner* in Beck BilKomm § 246 Rdn. 250).
- Grundsatz der Unternehmensfortführung, § 252 Abs. 1 Nr. 2 HGB: Bei der Bewertung ist von der Fortführung des Unternehmens auszugehen, Vermögensgegenstände sind mit ihren Anschaffungs- oder Herstellungskosten vermindert um die planmäßigen Abschreibungen anzusetzen und nicht mit Veräußerungs- oder Liquidationswerten.
- Grundsatz der Einzelbewertung, § 252 Abs. 1 Nr. 3 HGB: jeder Vermögensgegenstand und jeder Schuldposten ist für sich zu bewerten.
- Grundsatz der Vorsicht, § 252 Abs. 1 Nr. 4 und § 253 HGB: Er dient dem Gläubigerschutz und soll verhindern, dass sich ein Kaufmann reich rechnet. Bei der Bewertung sollen bei Aktivposten die untere Grenze, bei Passivposten die obere Grenze eines Schätzungsspielraums genommen werden.
- Verrechnungsverbot, § 246 Abs. 2 Satz 1 HGB: Posten der Aktivseite dürfen nicht mit solchen der Passivseite verrechnet werden, gleicherweise nicht Aufwendungen mit Erträgen.

5. Entsprechende Verwaltungsbuchführung

Diese Möglichkeit ist weggefallen.

6. Anlagenbuchhaltung

Obwohl der alte § 19 Abs. 1 Satz 3 EigVO NRW gestrichen wurde, muss auch weiterhin eine Anlagenbuchhaltung vorhanden sein, die die Entwicklung der einzelnen Positionen des Anlagevermögens darstellt. Dies ergibt sich jedenfalls aus § 24 Abs. 2 EigVO NRW, der den Anlagenspiegel behandelt. Ohne eine Buchhaltung, die die Entwicklung des Anlagevermögens festhält, lässt sich der geforderte Nachweis nicht erbringen.

7. Aufbewahrungsregeln

Neben den Vorschriften über Buchführung und Inventar verweist § 19 EigVO NRW auch auf die kaufmännischen Regeln über die Aufbewahrung. Diese finden sich in § 257 HGB. Danach müssen Bücher, Inventare, Bilanzen, Schriftverkehr und Buchungsunterlagen aufbewahrt werden. Dabei müssen nur Abschlüsse und Bilanzen im Original aufbewahrt werden, bei anderen Unterlagen ist auch eine Aufbewahrung auf Datenträgern oder Verfilmung zulässig, allerdings muss die Wiedergabe möglich sein und auch bildlich mit den Originalen übereinstimmen (s. dazu auch die Regeln des Bundesministeriums für Finanzen, BStBl. I 1984 S. 155 ff.).

§ 257 Abs. 4 HGB regelt die Aufbewahrungsfristen. Danach sind Buchungsbelege acht Jahre, Schriftverkehr sechs Jahre, alle anderen Unterlagen zehn Jahre aufzubewahren. Die Frist beginnt am Ende des Jahres zu laufen, in dem die Unterlage entstanden ist. Ergänzend ist darauf hinzuweisen, dass, obwohl sie grundsätzlich gleich sind, steuerrechtlich andere Fristen laufen können, weil entweder die Festsetzungsfrist noch nicht abgelaufen ist (vgl. § 147 Abs. 3 AO) oder eine Ablaufhemmung eingetreten ist (vgl. § 171 AO).

8. Kostenrechnung

Die vorgeschriebene Kostenrechnung dient der innerbetrieblichen Information. Sie bietet der Betriebsleitung die Grundlage für ihre Entscheidungen über die Geschäftspolitik des Eigenbetriebs und ist Kalkulationsgrundlage für die Leistungen des Eigenbetriebs. Die Kostenrechnung ist sehr aufwendig, aber – insbesondere soweit das Kommunalabgabengesetz gilt – unverzichtbar, sie ist dann nämlich Bestandteil der Gebührenfestsetzung durch den Rat. Sie gibt anhand von Kennzahlen die notwendigen Aussagen über die Wirtschaftlichkeit des Eigenbetriebs und ist damit für die Geschäftspolitik wichtig. Die Form der Kostenrechnung ist auch nicht vorgeschrieben, sie kann in Form einer Betriebsbuchhaltung, aber auch als Betriebsabrechnungsbogen durchgeführt werden. Die EigVO NRW verlangt jetzt eine Kosten- und Leistungsrechnung, die Betriebsleitung, Betriebsausschuss, Bürgermeister und Rat Steuerungsmöglichkeiten eröffnen soll und bessere Beurteilungsmöglichkeiten für die Wirtschaftlichkeit und Leistungsfähigkeit des Betriebs gibt.

§ 20
Zwischenberichte

Die Betriebsleitung hat die Bürgermeisterin oder den Bürgermeister und den Betriebsausschuss vierteljährlich einen Monat nach Quartalsende über die Entwicklung der Erträge und Aufwendungen sowie über die Ausführung des Vermögensplans schriftlich zu unterrichten.

Erläuterungen

Die Betriebsleitung ist verpflichtet, während des laufenden Wirtschaftsjahres dem Betriebsausschuss und dem Bürgermeister nach § 20 EigVO NRW Zwischenberichte über die Ausführung des Wirtschaftsplans vorzulegen; nach § 7 EigVO NRW gehört auch der Kämmerer zu den Empfängern dieser Berichte. Die Berichte sind routinemäßig nach Quartalsende zu erstatten, unabhängig davon, ob ein konkreter Anlass vorliegt. Liegt ein konkreter Anlass zur Berichterstattung vor, ist die Betriebsleitung ebenfalls informationspflichtig, für den Betriebsausschuss ergibt sich dies aus seiner Stellung gegenüber der Betriebsleitung, für den Bürgermeister ist das in § 6 Abs. 2 Satz 1 EigVO NRW ausdrücklich geregelt.

Der Quartalsbericht muss einen Monat nach Quartalsende vorgelegt werden. In diesen Vierteljahresberichten muss die Betriebsleitung die aktuelle Entwicklung der Erträge und Aufwendungen in Vergleich zum Vorjahr und zum laufenden Wirtschaftsplan vornehmen, Abweichungen erläutern und gegebenenfalls Gegenmaßnahmen vorschlagen. Liquidität, Umsatzmengen, Erlöse, Materialaufwendungen, Personalkosten, Zinsen sollten dargestellt werden. Hinsichtlich des Vermögensplans muss über dessen Ausführung berichtet werden.

Die Änderungsverordnung vom 5.8.2009 hat hier – wie auch in § 26 Abs. 4 EigVO NRW – die Möglichkeit einer Fristverlängerung auf bis zu sechs Monate gestrichen.

§ 21
Aufstellung des Jahresabschlusses und Prüfung

(1) Für den Schluss eines jeden Wirtschaftsjahres ist ein Jahresabschluss in entsprechender Anwendung der Vorschriften des Dritten Buches des Handelsgesetzbuches für Kapitalgesellschaften aufzustellen und zu prüfen, soweit sich aus dieser Verordnung oder der Betriebssatzung nichts anderes ergibt.

(2) Der Jahresabschluss ist zu prüfen. Die Betriebsleitung kann mit der Durchführung der Jahresabschlussprüfung eine Wirtschaftsprüferin, einen Wirtschaftsprüfer, eine Wirtschaftsprüfungsgesellschaft oder die Gemeindeprüfungsanstalt nach vorheriger Beschlussfassung durch den Betriebsausschuss beauftragen. In den Fällen des Satzes 1 gilt § 102 Absatz 2 Satz 2 der Gemeindeordnung für das Land Nordrhein-Westfalen sinngemäß. Wird die Buchführung des Eigenbetriebs nach den für Gemeinden geltenden Vorschriften geführt, so kann abweichend dazu auch die örtliche Rechnungsprüfung mit der Prüfung beauftragt werden. Im Falle der Prüfung durch die örtliche Rechnungsprüfung gilt § 102 der Gemeindeordnung für das Land Nordrhein-Westfalen entsprechend.

(3) Im Rahmen der Jahresabschlussprüfung ist die Anwendung des § 53 Absatz 1 des Haushaltsgrundsätzegesetzes vom 19. August 1969 (BGBl. I S. 1273), das zuletzt durch Artikel 10 des Gesetzes vom 14. August 2017 (BGBl. I S. 3122) geändert worden ist, zu beauftragen. In dem Bericht über die Prüfung des Jahresabschlusses ist ferner darauf einzugehen, ob das von der Gemeinde zur Verfügung gestellte Eigenkapital angemessen verzinst wird. Sofern ein Lagebericht aufzustellen ist, erstreckt sich die Jahresabschlussprüfung auch auf diesen.

(4) Die Aufwendungen für die Jahresabschlussprüfung trägt der Eigenbetrieb.

Erläuterungen

Übersicht

1. Die Änderungen durch das 3. NKF-Weiterentwicklungsgesetz
2. Allgemeines
3. Die bei der Aufstellung des Jahresabschlusses zu berücksichtigenden Vorschriften
4. Aufbau des Jahresabschlusses
5. Der Prüfungsumfang

1. Die Änderungen durch das 3. NKF-Weiterentwicklungsgesetz

Die Vorgängerfassung sah für alle Eigenbetriebe beim Jahresabschluss und seiner Prüfung die Anwendung der Vorschriften für große Kapitalgesellschaften – § 267 Abs. 3 HGB – nach dem Dritten Buch des Handelsgesetzbuches vor.

Das bedeutete insbesondere für kleinere Betriebe einen erheblichen Aufwand, der durch Gegenstand und wirtschaftliche Bedeutung nicht gerechtfertigt war.

Der Gesetzentwurf verfolgte u. a. das Ziel des Bürokratieabbaus. Deshalb wurden die Vorschriften für privatrechtliche Unternehmen und für Eigenbetriebe, eigenbtriebsähnliche Einrichtungen und Kommunalunternehmen hinsichtlich des Jahresabschlusses und seiner Prüfung wesentlich verändert.

In der Gesetzesbegründung zu § 108 GO NRW wird dazu ausgeführt:

„§ 108 Absatz 1 Satz 1 Nummer 8 sieht derzeit grundsätzlich vor, dass Unternehmen und Einrichtungen des privaten Rechts (im Rahmen des Gemeindewirtschaftsrechts) unabhängig von ihrer Größe ihren Jahresabschluss nach den Vorschriften des Handelsgesetzbuches für große Kapitalgesellschaften aufzustellen haben. Das Dritte Buch des Handelsge-

setzbuches sieht heute – je nach Rechtsform und Größe eines Unternehmens – abgestufte Aufstellungs- und Prüfungspflichten für die Jahresabschlüsse vor. Durch die heute in der Gemeindeordnung bestehende Vorschrift entsteht für die Kommunen und die Unternehmen damit in Teilen eine nicht unerhebliche Bürokratie im Hinblick auf den jeweiligen Umfang des aufzustellenden Jahresabschlusses und der damit verbundenen Prüfungspflichten. Zur Bürokratieentlastung wird daher in § 108 Absatz 1 Nummer 8 die Kopplung des Jahresabschlusses an die Vorschriften für große Kapitalgesellschaften aufgegeben. Künftig gelten damit auch für öffentliche Unternehmen, die Vorschriften, die für nichtöffentliche Unternehmen nach dem Dritten Buch des Handelsgesetzbuches für Kapitalgesellschaften gelten, soweit nicht weitergehende oder andere gesetzliche Vorschriften, der Gesellschaftsvertrag oder die Satzung gelten. Der Jahresabschluss wird damit in entsprechender Anwendung der Vorschriften des Dritten Buches des Handelsgesetzbuches für Kapitalgesellschaften aufgestellt und in entsprechender Anwendung der Vorschriften des Dritten Buches des Handelsgesetzbuches geprüft.

Dies bedeutet: Nach dem Handelsgesetzbuch besteht ein Jahresabschluss mindestens aus der Bilanz und der Gewinn- und Verlustrechnung (§ 242 des Handelsgesetzbuches). Bei Kapitalgesellschaften (insbesondere AG, GmbH) ist der Jahresabschluss um einen Anhang zu erweitern, der mit der Bilanz und der Gewinn- und Verlustrechnung eine Einheit bildet. Des Weiteren ist ein Lagebericht aufzustellen. (§ 264 Absatz 1 Satz 1 des Handelsgesetzbuches).

Die gesetzlichen Vertreter einer kapitalmarktorientierten Kapitalgesellschaft, die nicht zur Aufstellung eines Konzernabschlusses verpflichtet sind, haben den Jahresabschluss um eine Kapitalflussrechnung und einen Eigenkapitalspiegel zu erweitern, die dann mit Bilanz, Gewinn- und Verlustrechnung und Anhang eine Einheit bilden. Bei diesen kapitalmarktorientierten Unternehmen kann der Jahresabschluss um eine Segmentberichterstattung erweitert werden (§ 264 Absatz 1 Satz 2 des Handelsgesetzbuches). Kleine Kapitalgesellschaften, deren Definition sich nach § 267 Absatz 1 des Handelsgesetzbuches richtet, brauchen den Lagebericht nicht aufzustellen. Kleinstkapitalgesellschaften im Sinne des § 267a des Handelsgesetzbuches sind unter bestimmten in § 264 Absatz 1 Satz 5 des Handelsgesetzbuches genannten Voraussetzungen von der Aufstellung eines Anhangs befreit. Der Umfang der gesetzlichen Offenlegungspflichten eines Jahres- oder Konzernabschlusses richtet sich ebenfalls nach der Größe der Gesellschaft. Es wird zwischen Kleinstkapitalgesellschaften nach § 267a des Handelsgesetzbuches, kleinen Kapitalgesellschaften (§ 267 Absatz 1 des Handelsgesetzbuches), mittelgroßen Kapitalgesellschaften (§ 267 Absatz 2 des Handelsgesetzbuches), großen Kapitalgesellschaften (§ 267 Absatz 3 des Handelsgesetzbuches) und dem Konzernabschluss (§§ 290, 297 Absatz 1 des Handelsgesetzbuches) unterschieden. Es wird auf die derzeitige Veröffentlichung des Bundesamtes für Justiz („Bestandteile des Jahresabschlusses") der Internetseite des Bundesministeriums verwiesen.

Im Hinblick auf die Prüfungspflichten ergeben sich je nach Größe ebenfalls Abstufungen.

In der Folge kann der bisherige § 108 Absatz 1 Satz 1 Nummer 9 gestrichen werden: Das Dritte Buch des Handelsgesetzbuches enthält Vorgaben über die zu tätigenden Angaben (§ 284 und 285 des Handelsgesetzbuches) sowie über das Unterlassen von Angaben nach § 286 des Handelsgesetzbuches und größenabhängige Erleichterungen nach § 288 des Handelsgesetzbuches. Über den Halbsatz 2 in § 108 Absatz 1 Satz 1 Nummer 8 ist klargestellt, dass § 286 Absatz 4 des Handelsgesetzbuches nicht zur Anwendung gelangt. § 286 Absatz 4 des Handelsgesetzbuches sieht vor, dass bei Gesellschaften, die keine börsennotierten Aktiengesellschaften sind, die in § 285 Nummer 9 Buchstabe a und b verlangten Angaben über die Gesamtbezüge der dort bezeichneten Personen unterbleiben können, wenn sich anhand dieser Angaben die Bezüge eines Mitglieds dieser Organe feststellen lassen. Aus Gründen der Transparenz wird für Unternehmen nach § 108 die Anwendung dieser im Handelsgesetzbuch enthaltenen Schutzklausel ausgeschlossen.

...

Durch die Gleichstellung der Unternehmen im öffentlichen Eigentum und den nichtöffentlichen Unternehmen im Hinblick auf die Aufstellung, Prüfung und Offenlegung von Jahresabschlüssen wird eine erhebliche Bürokratieentlastung bewirkt, da ein Großteil der öffentlichen Unternehmen aufgrund der jeweiligen Verfasstheit nicht als große Kapitalgesellschaft nach § 267 Absatz 3 des Handelsgesetzbuches einzustufen sein wird.

Die öffentlichen Eigentümer können – über den Gesellschaftsvertrag oder die Satzung – gleichsam anderes im Hinblick auf die Aufstellung des Jahresabschlusses bestimmen. Die Gesellschaftsverträge und Satzungen enthalten in der Regel heute im Hinblick auf die Erstellung eines Jahresabschlusses den Bezug zu den Vorschriften über große Kapitalgesellschaften, welches eine Folge der bisherigen Gesetzgebung ist. Sofern die Eigentümerinnen und Eigentümer von den in § 108 Absatz 1 geschaffenen Erleichterungen Gebrauch machen möchten, ist der jeweilige Gesellschaftsvertrag oder die Satzung entsprechend zu ändern. Sofern die Eigentümer die bisherigen Vorschriften über die Aufstellung des Jahresabschlusses in dem Gesellschaftsvertrag oder der Satzung beibehalten, haben diese Vorrang vor der Regelung in § 108 Absatz 1." (LT-Drs. 18/7188, S. 77 ff.)

Zu § 114 (Eigenbetriebe) und § 114a (rechtsfähige Anstalten des öffentlichen Rechts) zeigt die Begründung auf, dass die Änderungen des § 108 GO NRW hier übernommen wurden.

Städtetag NRW (LT-Drs. Stellungnahme 18/1147) und VKU NRW (LT-Drs. Stellungnahme 18/1164) haben diese Änderung ausdrücklich begrüßt.

2. Allgemeines

Der Jahresabschluss ist von der Betriebsleitung aufzustellen und zu unterschreiben. Sie hat dabei die für eine Gesellschaft vergleichbarer Größe (Kleinst-, Kleine, Mittlere und Große Kapitalgesellschaft, Definitionen in § 267und 267a HGB) geltenden Vorschriften des Dritten Teils HGB zu beachten, aber auch abweichende Regelungen der EigVO NRW. Der Jahresabschluss besteht aus Bilanz (§ 22 EigVO NRW), Gewinn- und Verlustrechnung gegebenenfalls mit Spartenrechnungen (§ 23 EigVO NRW) und Anhang mit Anlagenspiegel (§ 24 EigVO NRW); dazu gehört nicht mehr der Lagebericht (ehemals § 25 EigVO NRW), wenn er nicht nach HGB vorgeschrieben ist. Der Jahresabschluss ist dann über den Bürgermeister dem Betriebsausschuss vorzulegen, schließlich beschließt ihn der Rat. Dies soll in der Regel innerhalb eines Jahres nach Ende des Wirtschaftsjahres geschehen. Anschließend ist er ortsüblich bekannt zu machen und bis zum nächsten Jahresabschluss zur Einsichtnahme verfügbar zu halten (§ 26 EigVO NRW).

3. Die bei der Aufstellung des Jahresabschlusses zu berücksichtigenden Vorschriften

Durch das am 29.5.2009 in Kraft getretene Gesetz zur Modernisierung des Bilanzrechts – BilMoG (BGBl. I S. 1102) soll das bewährte HGB-Bilanzrecht weiterentwickelt werden, ohne dass das bisherige System aufgegeben wird. Es soll zu einer Entlastung von vermeidbarem Bilanzierungsaufwand führen. Diese Bestimmungen treffen aber im Wesentlichen Einzelkaufleute und kleine und mittelgroße Kapitalgesellschaften. Dazu tritt die Absicht, nicht die auf den Kapitalmarkt zugeschnittenen International Financial Reporting Standards (IFRS) zur Grundlage des Rechnungswesens zu machen, weil die weit überwiegende Anzahl der Unternehmen den Kapitalmarkt nicht in Anspruch nimmt. Es soll deshalb durch das BilMoG ein gleichwertiger, in der Praxis aber einfacher zu handhabender Rechnungslegungsstandard geschaffen werden. Das neue Recht gilt für die Geschäftsjahre mit Beginn nach dem 31.12.2009. Über die ersten Erfahrungen mit den neuen Regeln vgl. *Spingler*, Wpg 2012 S. 637 und *Lange/Müller*, Stbg 2013 S. 272 sowie bezogen auf kommunale Betriebe *Kronawitter*, VersorgW 2010 S. 265 und *Bolsenkötter*, ZögU 2009 S. 258. Mit dem Bilanzrichtlinie-Umsetzungsgesetz (BilRUG) wurden 2015 die Vorgaben der EU-Richtlinie 2013/34/EU in deutsches Recht umgesetzt. Mit Änderungen an zahlreichen Gesetzen und einer Vielzahl an Detailänderungen im HGB stellt das BilRUG nach dem 2009 in Kraft getretenen Bilanzrechtsmodernisierungsgesetz (BilMoG) eine weitere umfangreiche Novellierung des HGB dar. Durch die europarechtlichen Vorgaben der neuen EU-Bilanzrichtlinie erfolgt auf Basis des BilRUG eine stärkere Systematisierung der Rechnungslegung, insbesondere der Anhangberichterstattung.

Zu verweisen sei hier auf die Darstellungen von *Hirte*, NZG 2016 S. 819 und *Oser/Orth/Wirtz*, DB 2015 S. 1729. Wesentlich sind die Änderung der Definition der Umsatzerlöse in § 277 Abs. 1 HGB und die den Anhang betreffenden Änderungen.

4. Aufbau des Jahresabschlusses

Im Jahresabschluss ebenso wie in der Bilanz und auch in der Gewinn- und Verlustrechnung sind die Zahlen des Abschlusses den entsprechenden Zahlen des vorherigen Wirtschaftsjahres gegenüberzustellen. Dies ergibt sich aus § 265 Abs. 2 HGB. Diese Angaben dienen der Vergleichbarkeit. Deshalb müssen auch Leerpositionen ausgewiesen werden, wenn im Vorjahr an dieser Stelle Beträge ausgewiesen waren. Soweit Beträge nicht vergleichbar sind, ist dies im Anhang zu erläutern (s. dazu insgesamt *Heymann/Herrmann*, § 265; *Budde/Geissler* in Beck BilKomm § 265 und *Morck* in Koller/Roth/Morck, HGB, § 265 Rdn. 3).

5. Der Prüfungsumfang

Der Prüfungsumfang ergibt sich aus den Vorschriften des HGB. Vor allem § 317 Abs. 1 und 2 HGB sind hier von Bedeutung:

„(1) In die Prüfung des Jahresabschlusses ist die Buchführung einzubeziehen. Die Prüfung des Jahresabschlusses und des Konzernabschlusses hat sich darauf zu erstrecken, ob die gesetzlichen Vorschriften und sie ergänzende Bestimmungen des Gesellschaftsvertrags oder der Satzung beachtet worden sind. Die Prüfung ist so anzulegen, dass Unrichtigkeiten und Verstöße gegen die in Satz 2 aufgeführten Bestimmungen, die sich auf die Darstellung des sich nach § 264 Abs. 2 ergebenden Bildes der Vermögens-, Finanz- und Ertragslage des Unternehmens wesentlich auswirken, bei gewissenhafter Berufsausübung erkannt werden.

(2) Der Lagebericht und der Konzernlagebericht sind darauf zu prüfen, ob der Lagebericht mit dem Jahresabschluss, gegebenenfalls auch mit dem Einzelabschluss nach § 325 Abs. 2a, und der Konzernlagebericht mit dem Konzernabschluss sowie mit den bei der Prüfung gewonnenen Erkenntnissen des Abschlussprüfers in Einklang stehen und ob der Lagebericht insgesamt ein zutreffendes Bild von der Lage der Kapitalgesellschaft und der Konzernlagebericht insgesamt ein zutreffendes Bild von der Lage des Konzerns vermittelt. Dabei ist auch zu prüfen, ob die Chancen und Risiken der künftigen Entwicklung zutreffend dargestellt sind. Die Prüfung des Lageberichts und des Konzernlageberichts hat sich auch darauf zu erstrecken, ob die gesetzlichen Vorschriften zur Aufstellung des Lage- oder Konzernlageberichts beachtet worden sind. Im Hinblick auf die Vorgaben nach den §§ 289b bis 289e und den §§ 315b und 315c ist nur zu prüfen, ob die nichtfinanzielle Erklärung oder der gesonderte nichtfinanzielle Bericht, die nichtfinanzielle Konzernerklärung oder der gesonderte nichtfinanzielle Konzernbericht vorgelegt wurde. Im Fall des § 289b Absatz 3 Satz 1 Nummer 2 Buchstabe b ist vier Monate nach dem Abschlussstichtag eine ergänzende Prüfung durch denselben Abschlussprüfer durchzuführen, ob der gesonderte nichtfinanzielle Bericht oder der gesonderte nichtfinanzielle Konzernbericht vorgelegt wurde; § 316 Absatz 3 Satz 2 gilt entsprechend mit der Maßgabe, dass der Bestätigungsvermerk nur dann zu ergänzen ist, wenn der gesonderte nichtfinanzielle Bericht oder der gesonderte nichtfinanzielle Konzernbericht nicht innerhalb von vier Monaten nach dem Abschlussstichtag vorgelegt worden ist. Die Prüfung der Angaben nach § 289f Absatz 2 und 5 sowie § 315d ist darauf zu beschränken, ob die Angaben gemacht wurden.

(3) …

(3a) …

(4) …

(4a) …

(5) Bei der Durchführung einer Prüfung hat der Abschlussprüfer die internationalen Prüfungsstandards anzuwenden, die von der Europäischen Kommission in dem Verfahren nach Artikel 26 Absatz 3 der Richtlinie 2006/43/EG des Europäischen Parlaments und des Rates vom 17. Mai 2006 über Abschlussprüfungen von Jahresabschlüssen und konsolidierten Abschlüssen, zur Änderung der Richtlinien 78/660/EWG und 83/349/EWG des Rates und zur Aufhebung der Richtlinie 84/253/EWG des Rates (ABl. EU Nr. L 157 S. 87), die zuletzt durch die Richtlinie 2014/56/EU (ABl. L 158 vom 27.5.2014, S. 196) geändert worden ist, angenommen worden sind.

(6) … „

Der aktuelle Text des HGB beruht auf der Änderung durch das CSR-Richtlinie-Umsetzungsgesetz vom 11.4.2017 (BGBl. I 802), das wiederum auf der Richtlinie 2014/95/EU vom 22.10.2014 beruht. Wie sich aus dem Gesetzentwurf der Bundesregierung – BR-Drs. 547/16 – ergibt, soll die Berichtspflicht der Unternehmen auf nichtfinanzielle Aspekte erweitert werden, aus unternehmerischer Gesellschaftsverantwortung soll über ökologisch relevante Auswirkungen ebenso wie über die Beziehungen zu Mitarbeitern berichtet werden, um so das Vertrauen von Investoren wie Verbrauchern zu stärken und den Unternehmen einen Anreiz dazu zu geben, nichtfinanziellen Belangen und Risiken, Prozessen und Konzepten stärkeres Gewicht in der Unternehmensführung zu geben. Hingewiesen sei u. a. auf die Veröffentlichungen von *Kajüter*, DB 2017 S. 617 und *Rubner/Leuering*, NJW-Spezial 2017 S. 719.

Dazu kommen aufgrund des Haushaltsgrundsätzegesetzes die Ordnungsmäßigkeit der Geschäftsführung und die wirtschaftlich bedeutsamen Sachverhalte. Danach ist hier bereits auf solche Sachverhalte einzugehen, die Gegenstand des Prüfungsberichts und der Prüfung nach § 53 HGrG sein können.

Nach § 317 HGB ist Gegenstand der Prüfung die Rechnungslegung der Gesellschaft, d. h. ihr Jahresabschluss bestehend aus Bilanz, Gewinn- und Verlustrechnung und Anhang sowie der Lagebericht, soweit er gefordert wird. § 317 HGB ist 1998 durch das KonTRG neugefasst; dessen Intentionen und Auswirkungen haben *Schindler/Rabenhorst*, BB 1998 S. 1886 und 1939, dargestellt.

In die Prüfung einzubeziehen ist die Buchführung, also Finanzbuchhaltung, Anlagenbuchhaltung, Lohnbuchhaltung, Lagerbuchhaltung und das Inventar (vgl. *Zimmer* in Großkommentar zum HGB, § 317 Rdn. 7). Von Bedeutung ist § 317 Abs. 2 Satz 2 HGB, nach dem zu prüfen ist, ob im Lagebericht die Risiken (Risikofrüherkennungssystem) und auch die Chancen zutreffend dargestellt sind (vgl. *Ebke* in MüKo zum HGB, § 317 Rdn. 4).

Für die Prüfung nach Haushaltsgrundsätzegesetz hat das Institut der Wirtschaftsprüfer 2006 den Prüfungsstandard 720 „Berichterstattung über die Erweiterung der Abschlussprüfung nach § 53 HGrG" verabschiedet (veröffentlicht WPg 2006 S. 1452). Dort ist ein Fragenkatalog aufgestellt worden, der Hinweise für die Prüfung nach § 53 HGrG gibt.

Im Übrigen richtet sich der Prüfungsumfang nach dem Bestätigungsvermerk, den der Abschlussprüfer zusammenfassend über die Prüfung abgibt. § 322 HGB bestimmt dazu:

(1) Der Abschlussprüfer hat das Ergebnis der Prüfung schriftlich in einem Bestätigungsvermerk zum Jahresabschluss oder zum Konzernabschluss zusammenzufassen. Der Bestätigungsvermerk hat Gegenstand, Art und Umfang der Prüfung zu beschreiben und dabei die angewandten Rechnungslegungs- und Prüfungsgrundsätze anzugeben; er hat ferner eine Beurteilung des Prüfungsergebnisses zu enthalten. In einem einleitenden Abschnitt haben zumindest die Beschreibung des Gegenstands der Prüfung und die Angabe zu den angewandten Rechnungslegungsgrundsätzen zu erfolgen. Über das Ergebnis der Prüfung nach § 317 Absatz 3a ist in einem besonderen Abschnitt zu berichten.

(1a) Bei der Erstellung des Bestätigungsvermerks hat der Abschlussprüfer die internationalen Prüfungsstandards anzuwenden, die von der Europäischen Kommission in dem Verfahren nach Artikel 26 Absatz 3 der Richtlinie 2006/43/EG angenommen worden sind.

(2) Die Beurteilung des Prüfungsergebnisses muss zweifelsfrei ergeben, ob

1. *ein uneingeschränkter Bestätigungsvermerk erteilt,*
2. *ein eingeschränkter Bestätigungsvermerk erteilt,*
3. *der Bestätigungsvermerk aufgrund von Einwendungen versagt oder*
4. *der Bestätigungsvermerk deshalb versagt wird, weil der Abschlussprüfer nicht in der Lage ist, ein Prüfungsurteil abzugeben.*

Die Beurteilung des Prüfungsergebnisses soll allgemein verständlich und problemorientiert unter Berücksichtigung des Umstandes erfolgen, dass die gesetzlichen Vertreter den Abschluss zu verantworten haben. Auf Risiken, die den Fortbestand des Unternehmens oder eines Konzernunternehmens gefährden, ist gesondert einzugehen. Auf Risiken, die den Fortbestand eines Tochterunternehmens gefährden, braucht im Bestätigungsvermerk zum Konzernabschluss des Mutterunternehmens nicht eingegangen zu werden, wenn das Tochterunternehmen für die Vermittlung eines den tatsächlichen Verhältnissen entsprechenden Bildes der Vermögens-, Finanz- und Ertragslage des Konzerns nur von untergeordneter Bedeutung ist.

(3) In einem uneingeschränkten Bestätigungsvermerk (Absatz 2 Satz 1 Nr. 1) hat der Abschlussprüfer zu erklären, dass die von ihm nach § 317 durchgeführte Prüfung zu keinen Einwendungen geführt hat und dass der von den gesetzlichen Vertretern der Gesellschaft aufgestellte Jahres- oder Konzernabschluss aufgrund der bei der Prüfung gewonnenen Erkenntnisse des Abschlussprüfers nach seiner Beurteilung den gesetzlichen Vorschriften entspricht und unter Beachtung der Grundsätze ordnungsmäßiger Buchführung oder sonstiger maßgeblicher Rechnungslegungsgrundsätze ein den tatsächlichen Verhältnissen entsprechendes Bild der Vermögens-, Finanz- und Ertragslage der Kapitalgesellschaft oder des Konzerns vermittelt. Der Abschlussprüfer kann zusätzlich einen Hinweis auf Umstände aufnehmen, auf die er in besonderer Weise aufmerksam macht, ohne den Bestätigungsvermerk einzuschränken.

(4) Sind Einwendungen zu erheben, so hat der Abschlussprüfer seine Erklärung nach Absatz 3 Satz 1 einzuschränken (Absatz 2 Satz 1 Nr. 2) oder zu versagen (Absatz 2 Satz 1 Nr. 3). Die Versagung ist in den Vermerk, der nicht mehr als Bestätigungsvermerk zu bezeichnen ist, aufzunehmen. Die Einschränkung oder Versagung ist zu begründen; Absatz 3 Satz 2 findet Anwendung. Ein eingeschränkter Bestätigungsvermerk darf nur erteilt werden, wenn der geprüfte Abschluss unter Beachtung der vom Abschlussprüfer vorgenommenen, in ihrer Tragweite erkennbaren Einschränkung ein den tatsächlichen Verhältnissen im Wesentlichen entsprechendes Bild der Vermögens-, Finanz- und Ertragslage vermittelt.

(5) Der Bestätigungsvermerk ist auch dann zu versagen, wenn der Abschlussprüfer nach Ausschöpfung aller angemessenen Möglichkeiten zur Klärung des Sachverhalts nicht in der Lage ist, ein Prüfungsurteil abzugeben (Absatz 2 Satz 1 Nr. 4). Absatz 4 Satz 2 und 3 gilt entsprechend.

(6) Die Beurteilung des Prüfungsergebnisses hat sich auch darauf zu erstrecken, ob der Lagebericht oder der Konzernlagebericht nach dem Urteil des Abschlussprüfers mit dem Jahresabschluss und gegebenenfalls mit dem Einzelabschluss nach § 325 Abs. 2a oder mit dem Konzernabschluss in Einklang steht und insgesamt ein zutreffendes Bild von der Lage der Kapitalgesellschaft oder des Konzerns vermittelt. Dabei ist auch darauf einzugehen, ob die Chancen und Risiken der zukünftigen Entwicklung zutreffend dargestellt sind.

(6a) Wurden mehrere Prüfer oder Prüfungsgesellschaften gemeinsam zum Abschlussprüfer bestellt, soll die Beurteilung des Prüfungsergebnisses einheitlich erfolgen. Ist eine ein-

heitliche Beurteilung ausnahmsweise nicht möglich, sind die Gründe hierfür darzulegen; die Beurteilung ist jeweils in einem gesonderten Absatz vorzunehmen. Die Sätze 1 und 2 gelten im Fall der gemeinsamen Bestellung von

1. *Wirtschaftsprüfern oder Wirtschaftsprüfungsgesellschaften,*
2. *vereidigten Buchprüfern oder Buchprüfungsgesellschaften sowie*
3. *Prüfern oder Prüfungsgesellschaften nach den Nummern 1 und 2.*

(7) Der Abschlussprüfer hat den Bestätigungsvermerk oder den Vermerk über seine Versagung unter Angabe des Ortes der Niederlassung des Abschlussprüfers und des Tages der Unterzeichnung zu unterzeichnen; im Fall des Absatzes 6a hat die Unterzeichnung durch alle bestellten Personen zu erfolgen. Der Bestätigungsvermerk oder der Vermerk über seine Versagung ist auch in den Prüfungsbericht aufzunehmen. Ist der Abschlussprüfer eine Wirtschaftsprüfungsgesellschaft, so hat der Unterzeichner zumindest durch den Wirtschaftsprüfer zu erfolgen, welcher die Abschlussprüfung für die Prüfungsgesellschaft durchgeführt hat. Satz 3 ist auf Buchprüfungsgesellschaften entsprechend anzuwenden."

Der Wirtschaftsprüfer ist verpflichtet, das Prüfungsergebnis „allgemeinverständlich und problemorientiert" darzustellen, damit *„er auch von nicht sachverständigen Aufsichtsratsmitgliedern verstanden wird"* (LT-Drs. NRW Vorlage 13/1036).

§ 22
Bilanz

(1) Die Bilanz ist, wenn der Gegenstand des Betriebs keine abweichende Gliederung bedingt, die gleichwertig sein muss, entsprechend der Vorschrift des § 266 des Handelsgesetzbuches aufzustellen. § 272 des Handelsgesetzbuchs findet keine Anwendung.

(2) Das Stammkapital ist mit seinem in der Betriebssatzung festgelegten Betrag anzusetzen.

(3) Pensionsverpflichtungen nach den beamtenrechtlichen Vorschriften sind für die Dauer der Beschäftigung von Beamtinnen und Beamten im Eigenbetrieb als Rückstellung zu bilanzieren, soweit die Gemeinde den Eigenbetrieb nicht gegen entsprechende Zahlungen von künftigen Versorgungsleistungen freistellt. § 37 Absatz 1 Kommunalhaushaltsverordnung Nordrhein-Westfalen gilt entsprechend. Die Sätze 1 und 2 finden spätestens ab dem Wirtschaftsjahr 2012 Anwendung.

Erläuterungen

Übersicht

1. Bilanz
2. Die Gliederung der Bilanz
   2.1 Die Gliederung der Aktivseite
   2.2 Die Gliederung der Passivseite
3. Baukostenzuschüsse – der alte Absatz 3
4. Rückstellungen für Pensionsverpflichtungen

1. Bilanz

Die Bilanz enthält auf den Bilanzstichtag bezogen – also in der Regel den 31. Dezember – eine umfassende Gegenüberstellung von Vermögen und Kapital eines Unternehmens. Das Vermögen wird dabei gebildet durch die Gesamtheit aller im Betrieb eingesetzten Wirtschaftsgüter und Geldmittel, sie sind die Aktiva des Betriebs. Das Kapital ist die Summe aller Schulden gegenüber Beteiligten und Gläubigern, die Passiva. Die Bilanz ist in Kontoform aufzustellen, enthält also links die Aktiva und rechts die Passiva. Die Aktivseite zeigt die Mittelverwendung (Anlagevermögen, Umlaufvermögen), die Passivseite die Herkunft der Mittel (Eigenkapital und Fremdkapital) (vgl. *Wöhe*, S. 10).

2. Die Gliederung der Bilanz

Die Gliederung der Handelsbilanz ist in § 266 HGB vorgeschrieben. Die früher abweichenden Vorschriften sind weggefallen. Nur wenn der Gegenstand des Eigenbetriebs eine andere Gliederung als in § 266 HGB vorgesehen bedingt, ist diese zulässig. Sie muss aber den handelsrechtlichen Bedingungen gleichwertig sein.

§ 266 Abs. 1 HGB lautet:

„Die Bilanz ist in Kontoform aufzustellen. Dabei haben mittelgroße und große Kapitalgesellschaften (§ 267 Absatz 2 und 3) auf der Aktivseite die in Absatz 2 und auf der Passivseite die in Absatz 3 bezeichneten Posten gesondert und in der vorgeschriebenen Reihenfolge auszuweisen. Kleine Kapitalgesellschaften (§ 267 Abs. 1) brauchen nur eine verkürzte Bilanz aufzustellen, in die nur die in den Absätzen 2 und 3 mit Buchstaben und römischen Zahlen bezeichneten Posten gesondert und in der vorgeschriebenen Reihenfolge aufgenommen werden. Kleinstkapitalgesellschaften (§ 267a) brauchen nur eine verkürzte Bilanz aufzustellen, in die nur die in den Absätzen 2 und 3 mit Buchstaben bezeichneten Posten gesondert und in der vorgeschriebenen Reihenfolge aufgenommen werden."

2.1 Die Gliederung der Aktivseite

Die Aktivseite wird unterteilt in Anlagevermögen, Umlaufvermögen und Rechnungsabgrenzungsposten (vgl. dazu § 250 Abs. 1 HGB).

§ 266 Abs. 2 HGB in der Fassung des BilMoG schreibt folgende Gliederung vor:

„(2) Aktivseite

A. Anlagevermögen:

- *I. Immaterielle Vermögensgegenstände:*
  - *1. Selbst geschaffene gewerbliche Schutzrechte und ähnliche Rechte und Werte*
  - *2. entgeltlich erworbene Konzessionen, gewerbliche Schutzrechte und ähnliche Rechte und Werte sowie Lizenzen an solchen Rechten und Werten*
  - *3. Geschäfts- oder Firmenwert;*
  - *4. geleistete Anzahlungen;*
- *II. Sachanlagen:*
  - *1. Grundstücke, grundstücksgleiche Rechte und Bauten einschließlich der Bauten auf fremden Grundstücken;*
  - *2. technische Anlagen und Maschinen;*
  - *3. andere Anlagen, Betriebs- und Geschäftsausstattung;*
  - *4. geleistete Anzahlungen und Anlagen im Bau;*
- *III. Finanzanlagen:*
  - *1. Anteile an verbundenen Unternehmen;*
  - *2. Ausleihungen an verbundene Unternehmen;*
  - *3. Beteiligungen;*
  - *4. Ausleihungen an Unternehmen, mit denen ein Beteiligungsverhältnis besteht;*
  - *5. Wertpapiere des Anlagevermögens;*
  - *6. sonstige Ausleihungen.*

B. Umlaufvermögen:

I. Vorräte:

1. Roh-, Hilfs- und Betriebsstoffe;

2. unfertige Erzeugnisse, unfertige Leistungen;

3. fertige Erzeugnisse und Waren;

4. geleistete Anzahlungen;

II. Forderungen und sonstige Vermögensgegenstände:

1. Forderungen aus Lieferungen und Leistungen;

2. Forderungen gegen verbundene Unternehmen;

3. Forderungen gegen Unternehmen, mit denen ein Beteiligungsverhältnis besteht;

4. sonstige Vermögensgegenstände;

III. Wertpapiere:

1. Anteile an verbundenen Unternehmen;

2. sonstige Wertpapiere;

IV. Kassenbestand, Bundesbankguthaben, Guthaben bei Kreditinstituten und Schecks.

C. Rechnungsabgrenzungsposten.

D. Aktive latente Steuern.

E. Aktiver Vermögensbetrag aus der Vermögensverrechnung."

Bewertungsrechtliche Fragen aus dem Halten von Anteilen an Personenhandelsgesellschaften behandelt *Vogel*, ZKF 2008 S. 57.

2.2 Die Gliederung der Passivseite

Die Passivseite ist in Eigenkapital, Rückstellungen, Verbindlichkeiten und Rechnungsabgrenzungsposten zu unterteilen. Im Einzelnen ergibt sich aus § 266 Abs. 3 HGB in der Fassung des BilMoG folgende Gliederung:

„A. Eigenkapital:

I. Gezeichnetes Kapital;

II. Kapitalrücklage;

III. Gewinnrücklagen:

1. gesetzliche Rücklage;

2. Rücklage für Anteile an einem herrschenden oder mehrheitlich beteiligten Unternehmen;

3. satzungsmäßige Rücklagen;

4. andere Gewinnrücklagen;

IV. Gewinnvortrag/Verlustvortrag;

V. Jahresüberschuß/Jahresfehlbetrag.

B. Rückstellungen:

1. Rückstellungen für Pensionen und ähnliche Verpflichtungen;

2. Steuerrückstellungen;

3. sonstige Rückstellungen.

C. Verbindlichkeiten:

1. Anleihen, davon konvertibel;

2. Verbindlichkeiten gegenüber Kreditinstituten;

3. *erhaltene Anzahlungen auf Bestellungen;*
4. *Verbindlichkeiten aus Lieferungen und Leistungen;*
5. *Verbindlichkeiten aus der Annahme gezogener Wechsel und der Ausstellung eigener Wechsel;*
6. *Verbindlichkeiten gegenüber verbundenen Unternehmen;*
7. *Verbindlichkeiten gegenüber Unternehmen, mit denen ein Beteiligungsverhältnis besteht;*
8. *sonstige Verbindlichkeiten,*
   davon aus Steuern,
   davon im Rahmen der sozialen Sicherheit.

D. Rechnungsabgrenzungsposten.

E. Passive latente Steuern."

Entsprechend Absatz 2 ist dabei – die Geltung von § 272 HGB ist ausgeschlossen – das Stammkapital mit seinem in der Betriebssatzung festgelegten Betrag anzusetzen.

3. Baukostenzuschüsse – der alte Absatz 3

Vor der Änderung durch das NKF-Gesetz enthielt § 22 einen Absatz 3, der sich mit der Bilanzierung von Zuschüssen befasste:

„(3) Ertragszuschüsse können als Passivposten nach Formblatt 1 Posten C ausgewiesen oder von den Anschaffungs- oder Herstellungskosten der bezuschußten Anlagen abgesetzt werden. Werden Ertragszuschüsse passiviert, so sind jährlich diejenigen Teilbeträge als Umsatzerlöse in die Gewinn- und Verlustrechnung zu übernehmen, die an der Wirtschaftlichkeit der bezuschußten Betriebsleistungen jeweils fehlen. Soweit der Eigenbetrieb Bauzuschüsse aufgrund allgemeiner Lieferbedingungen erhebt, gelten sie als Ertragszuschüsse. Werden derartige Ertragszuschüsse passiviert, so sind sie jährlich mit einem Zwanzigstel aufzulösen. Kapitalzuschüsse der öffentlichen Hand, die die Gemeinde für den Eigenbetrieb erhalten hat, sind dem Eigenkapital zuzuführen, soweit die den Zuschuß bewilligende Stelle nichts Gegenteiliges bestimmt. Im übrigen finden auf die Bilanzierung der Zuschüsse die allgemeinen Grundsätze ordnungsgemäßer Buchführung Anwendung."

Der wurde seinerzeit gestrichen, weil er geänderten steuerrechtlichen Vorschriften nicht mehr entsprach. *Scheer*, ZKF 2006 S. 121, zeigt die Entwicklung von 2001 bis 2006 auf, in der das Bundesministerium der Finanzen seine Auffassung über die ertragsteuerliche Behandlung von Baukostenzuschüssen mehrfach geändert hat. Mit BMF-Schreiben vom 27.5.2003 – IV A 6 – S 2137-25/03 –, BStBl. I S. 361 wurde den Unternehmen ein Wahlrecht – entweder die empfangenen Zuschusse als Betriebseinnahmen zu erfassen oder sie erfolgsneutral von den selbst getragenen Anschaffungs- oder Herstellungskosten für den Versorgungsanschluss abzuziehen – zugestanden (s. zur Bilanzierung *Kronawitter*, VersorgW 2010 S. 285 und *Brüggen/Hünger*, VersorgW 2010 S. 34).

4. Rückstellung der Pensionsverpflichtungen

Spätestens ab dem Wirtschaftsjahr 2012 müssen in der Bilanz Rückstellungen für Pensionsverpflichtungen nach den beamtenrechtlichen Vorschriften enthalten sein, wenn der Eigenbetrieb Beamte beschäftigt und er die Pensionen nach ihrem Ausscheiden bezahlt. Diese sind zwar Bedienstete der Gemeinde, ihre Pensionslasten sollen aber den Eigenbetrieb und nicht den allgemeinen Haushalt belasten, natürlich nur in dem Maße, wie sie im Eigenbetrieb beschäftigt waren. Sind sie also vorher oder später wieder in der Kernverwaltung beschäftigt, sind die Pensionslasten anteilig zu verteilen.

Muss der Eigenbetrieb diese Pensionsverpflichtungen später aufbringen, muss er sie nach den Vorschriften des § 37 Abs. 1 und 2 KomHVO bilanzieren.

„(1) Pensionsverpflichtungen nach den beamtenrechtlichen Vorschriften sind als Rückstellung anzusetzen. Zu den Rückstellungen nach Satz 1 gehören bestehende Versorgungsansprüche sowie sämtliche Anwartschaften und andere fortgeltende Ansprüche nach dem Ausscheiden aus dem Dienst. Für die Rückstellungen ist im Teilwertverfahren der Barwert zu ermitteln. Der Berechnung ist ein Rechnungszinsfuß von 5 Prozent zu Grunde zu legen. Der Barwert für Ansprüche auf Beihilfen nach § 75 des Gesetz über die Beamtinnen und Beamten des Landes Nordrhein-Westfalen sowie andere Ansprüche außerhalb des Beamtenversorgungsgesetz für das Land Nordrhein-Westfalen kann als prozentualer Anteil der Rückstellungen für Versorgungsbezüge nach Satz 1 ermittelt werden. Der Prozentsatz nach Satz 5 ist aus dem Verhältnis des Volumens der gezahlten Leistungen nach Satz 5 zu dem Volumen der gezahlten Versorgungsbezüge zu ermitteln. Er bemisst sich nach dem Durchschnitt dieser Leistungen in den drei dem Jahresabschluss vorangehenden Haushaltsjahren. Die Ermittlung des Prozentsatzes ist mindestens alle fünf Jahre vorzunehmen. Abweichend kann der Barwert für die gesamten zukünftigen Ansprüche nach Satz 5 auf Grundlage des Durchschnitts dieser Leistungen im vorgenannten Zeitraum ermittelt werden.

(2) Soweit auf Grund einer allgemeinen Besoldungsanpassung Zuführungen zu den Rückstellungen nach Absatz 1 erforderlich sind, können diese Beträge ratierlich über die drei auf das Jahr der Anpassung folgenden Haushaltsjahre in der Ergebnisplanung beziehungsweise der Ergebnisrechnung verteilt werden."

Das Institut der Wirtschaftsprüfer hat dazu die Stellungnahme RS HFA 23 „Bilanzierung und Bewertung von Pensionsverpflichtungen gegenüber Beamten und deren Hinterbliebenen" veröffentlicht.

Der Eigenbetrieb kann auch mit der Gemeinde eine Vereinbarung treffen, wonach diese die Pensionsverpflichtungen übernimmt und er entsprechende Zahlungen für diese Freistellung an die Gemeinde erbringt.

Eine Rückstellung kann allerdings nur gebildet werden, wenn der Eigenbetrieb später Aufwendungen zur Altersversorgung wird erbringen müssen, also nicht die Gemeinde diese zahlt oder die Gemeinde einer Versorgungskasse angehört, die die Verpflichtungen gegen Zahlung einer Umlage übernimmt. Obliegt die Erfüllung der Versorgungsverpflichtung allein der Gemeinde oder der Versorgungskasse ohne Mitwirkung des Eigenbetriebs und ist daher seine Inanspruchnahme aus der Versorgungszusage nicht wahrscheinlich, besteht auch keine Vermögensbelastung. Eine Pensionsrückstellung kann dann nicht passiviert werden. (BFH, Urt. vom 5.4.2006, BStBl. II 2006 S. 688, mit Anmerkung *Heger*, jurisPR-SteuerR 35/2006 Anm. 5, und vom 8.10.2008, BStBl. II 2010 S. 186; vgl. auch VG Neustadt/Weinstraße, Urt. vom 29.7.2013 – 3 K 1080/12 –, juris zur entsprechenden Vorschrift in der GemHVO RhPf) Das Bundesfinanzministerium hat dies in einer Verwaltungsvorschrift vom 26.1.2010 – IV C 6-S-2176/07/10005 –, BStBl. I 2010 S. 138 noch einmal erläutert (dazu *Kronawitter*, VersorgW 2010 S. 68).

§ 23

Gewinn- und Verlustrechnung

(1) Die Gewinn- und Verlustrechnung ist, wenn der Gegenstand des Betriebes keine abweichende Gliederung bedingt, die gleichwertig sein muss, entsprechend der Vorschrift des § 275 des Handelsgesetzbuches aufzustellen.

(2) Eigenbetriebe mit mehr als einem Betriebszweig haben für den Schluss eines Wirtschaftsjahres eine Gewinn- und Verlustrechnung für jeden Betriebszweig aufzustellen, die in den Anhang aufzunehmen ist. Dabei sind gemeinsame Aufwendungen und Erträge sachgerecht auf die Betriebszweige aufzuteilen, soweit Lieferungen und Leistungen nicht gesondert verrechnet werden.

Erläuterungen

Übersicht

1. Neufassung
2. Versorgungsbetriebe
3. Spartenrechnung

1. Neufassung

Die Neufassung nimmt die bisherigen Besonderheiten aus der Verordnung und stellt allein auf § 275 HGB ab. Die handelsüblichen Regeln sollen auch im Eigenbetrieb gelten.

§ 275 HGB hat folgenden Wortlaut seit dem BilRUG, die außerordentlichen Erträge und Aufwendungen sind weggefallen (bisherige Nr. 14–17):

(1) Die Gewinn- und Verlustrechnung ist in Staffelform nach dem Gesamtkostenverfahren oder dem Umsatzkostenverfahren aufzustellen. Dabei sind die in Absatz 2 oder 3 bezeichneten Posten in der angegebenen Reihenfolge gesondert auszuweisen.

(2) Bei Anwendung des Gesamtkostenverfahrens sind auszuweisen:

1. *Umsatzerlöse*
2. *Erhöhung oder Verminderung des Bestands an fertigen und unfertigen Erzeugnissen*
3. *andere aktivierte Eigenleistungen*
4. *sonstige betriebliche Erträge*
5. *Materialaufwand:*
   a) *Aufwendungen für Roh-, Hilfs- und Betriebsstoffe und für bezogene Waren*
   b) *Aufwendungen für bezogene Leistungen*
6. *Personalaufwand:*
   a) *Löhne und Gehälter*
   b) *soziale Abgaben und Aufwendungen für Altersversorgung und für Unterstützung, davon für Altersversorgung*
7. *Abschreibungen:*
   a) *auf immaterielle Vermögensgegenstände des Anlagevermögens und Sachanlagen sowie auf aktivierte Aufwendungen für die Ingangsetzung und Erweiterung des Geschäftsbetriebs*
   b) *auf Vermögensgegenstände des Umlaufvermögens, soweit diese die in der Kapitalgesellschaft üblichen Abschreibungen überschreiten*
8. *sonstige betriebliche Aufwendungen*
9. *Erträge aus Beteiligungen, davon aus verbundenen Unternehmen*
10. *Erträge aus anderen Wertpapieren und Ausleihungen des Finanzanlagevermögens, davon aus verbundenen Unternehmen*
11. *sonstige Zinsen und ähnliche Erträge, davon aus verbundenen Unternehmen*
12. *Abschreibungen auf Finanzanlagen und auf Wertpapiere des Umlaufvermögens*
13. *Zinsen und ähnliche Aufwendungen, davon an verbundene Unternehmen*
14. *Steuern vom Einkommen und vom Ertrag*
15. *Ergebnis nach Steuern*
16. *sonstige Steuern*
17. *Jahresüberschuß/Jahresfehlbetrag.*

(3) Bei Anwendung des Umsatzkostenverfahrens sind auszuweisen:

1. *Umsatzerlöse*
2. *Herstellungskosten der zur Erzielung der Umsatzerlöse erbrachten Leistungen*
3. *Bruttoergebnis vom Umsatz*
4. *Vertriebskosten*
5. *allgemeine Verwaltungskosten*
6. *sonstige betriebliche Erträge*
7. *sonstige betriebliche Aufwendungen*
8. *Erträge aus Beteiligungen, davon aus verbundenen Unternehmen*
9. *Erträge aus anderen Wertpapieren und Ausleihungen des Finanzanlagevermögens, davon aus verbundenen Unternehmen*
10. *sonstige Zinsen und ähnliche Erträge, davon aus verbundenen Unternehmen*
11. *Abschreibungen auf Finanzanlagen und auf Wertpapiere des Umlaufvermögens*
12. *Zinsen und ähnliche Aufwendungen, davon an verbundene Unternehmen*
13. *Steuern vom Einkommen und vom Ertrag*
14. *Ergebnis nach Steuern*
15. *sonstige Steuern*
16. *Jahresüberschuß/Jahresfehlbetrag.*

(4) Veränderungen der Kapital- und Gewinnrücklagen dürfen in der Gewinn- und Verlustrechnung erst nach dem Posten „Jahresüberschuß/Jahresfehlbetrag" ausgewiesen werden.

(5) Kleinstkapitalgesellschaften (§ 267a) können anstelle der Staffelungen nach den Absätzen 2 und 3 die Gewinn- und Verlustrechnung wie folgt darstellen:

1. *Umsatzerlöse,*
2. *sonstige Erträge,*
3. *Materialaufwand,*
4. *Personalaufwand,*
5. *Abschreibungen,*
6. *sonstige Aufwendungen,*
7. *Steuern,*
8. *Jahresüberschuss/Jahresfehlbetrag.*

Die Gewinn- und Verlustrechnung informiert über die Ertragslage des Unternehmens. Sie soll die Analyse der Umsatz- und Aufwandsstruktur ermöglichen und eine – wenn auch begrenzte – Erfolgsanalyse. (vgl. *Reiner/Haußer* in MüKo HGB § 275 Rdn. 2) § 275 HGB schreibt zwingend den Aufbau und die Gliederung der Gewinn- und Verlustrechnung vor.

2. Versorgungsbetriebe

Die Verordnung verzichtet nunmehr auf diese Spezialregelung für Versorgungsbetriebe, weil durch § 12 EigVO NRW das Kalenderjahr als Wirtschaftsjahr bestimmt ist und die frühere Regelung in Absatz 2 nicht mehr erforderlich ist.

3. Spartenrechnung

Soweit ein Eigenbetrieb mehr als einen Betriebszweig umfasst, ist er nach Absatz 3 verpflichtet, außer der Gewinn- und Verlustrechnung für den Gesamtbetrieb auch eine Gewinn- und Verlustrechnung für die einzelnen Betriebszweige aufzustellen. Diese Pflicht wird hier in der Verordnung ausdrücklich statuiert. Sie hat den Zweck, die Ergebnisse der einzelnen Betriebszweige deutlich zu machen und zu mehr Kostentransparenz beizutragen.

In der Erfolgsübersicht werden die Aufwendungen und Erträge auf die einzelnen Betriebszweige und die internen Kostenstellen wie Verwaltung, Neben- oder Hilfsbetriebe, Vertrieb u. ä. verteilt. Dies gilt für die direkt zurechenbaren Erträge und Aufwendungen. Die bei den internen Kostenstellen verbleibenden Aufwendungen müssen auf die Betriebszweige verteilt werden. Die Verteilung muss sachgerecht erfolgen, dies geschieht in der Regel über Verteilungsschlüssel nach Menge oder Wert. Dies kann durchaus unterschiedlich sein, je nachdem welche Kosten wie zu verteilen sind. Ein Mengenschlüssel (Anzahl der Mitarbeiter, umbauter Raum, Netzlänge, Anzahl der Fahrzeuge) ist dabei meistens neutraler, d. h. weniger von äußeren Einflüssen abhängig als ein Wertschlüssel (Personalaufwand, gebundenes Kapital, Umsatzerlöse). Daher sollte ersterer gewählt werden, wenn diese Möglichkeit besteht.

Hinweise zur Aufstellung der Betriebszweig-Gewinn-und-Verlust-Rechnungen gibt *Poullie*, pwc:public services 9/2005 S. 5, dabei greift er wesentlich auf die Entflechtung von Tätigkeiten nach dem Energiewirtschaftsgesetz und die allgemeinen Grundsätze ordentlicher Buchführung zurück und geht auch auf die Behandlung innerbetrieblicher Leistungsverrechnungen ein.

Zur Frage, wie sich der Verlust eines rechtlich unselbstständigen Betriebs gewerblicher Art (Regiebetriebs) als Teil eines Eigenbetriebs auswirkt, vgl. FG Düsseldorf, Urt. vom 16.11.2010 – 6 K 3643/09 –, juris.

§ 24
Anhang, Anlagenspiegel

In einem Anlagenspiegel als Bestandteil des Anhangs ist die Entwicklung der einzelnen Posten des Anlagevermögens einschließlich der Finanzanlagen entsprechend der Gliederung der Bilanz darzustellen. Hierzu gehört auch eine Darstellung

1. **der Änderungen im Bestand der zum Eigenbetrieb gehörenden Grundstücke und grundstücksgleichen Rechte,**
2. **der Änderungen im Bestand, Leistungsfähigkeit und Ausnutzungsgrad der wichtigsten Anlagen,**
3. **des Stands der Anlagen im Bau und die geplanten Bauvorhaben,**
4. **der Entwicklung des Eigenkapitals und der Rückstellungen jeweils unter Angabe von Anfangsbestand, Zugängen und Entnahmen,**
5. **der Umsatzerlöse mittels einer Mengen- und Tarifstatistik des Berichtsjahres im Vergleich mit dem Vorjahr,**
6. **des Personalaufwands mittels einer Statistik über die zahlenmäßige Entwicklung der Belegschaft unter Angabe der Gesamtsummen der Löhne, Gehälter, Vergütungen, sozialen Abgaben, Aufwendungen für Altersversorgung und Unterstützung einschließlich der Beihilfen und sozialen Aufwendungen für das Wirtschaftsjahr.**

Erläuterungen

Übersicht

1. Zur Neufassung 2004 und der Änderung 2024
2. §§ 284 ff. HGB
3. Angaben über die Vergütung von Mitgliedern der Betriebsleitung und des Betriebsausschusses
4. Anlagenspiegel

4.1 Änderung im Bestand der zum Eigenbetrieb gehörenden Grundstücke und grundstücksgleichen Rechte
4.2 Änderung im Bestand, Leistungsfähigkeit und Ausnutzungsgrad der wichtigsten Anlagen
4.3 Der Stand der Anlagen im Bau und der geplanten Bauvorhaben
4.4 Die Entwicklung des Eigenkapitals und der Rückstellungen unter Angabe von Anfangsbestand, Zugängen und Entnahmen
4.5 Die Umsatzerlöse mittels einer Mengen- und Tarifstatistik des Berichtsjahrs im Vergleich mit dem Vorjahr
4.6 Der Personalaufwand

1. Zur Neufassung 2004 und der Änderung 2024

Die Neufassung durch das NKF-Gesetz passte die Vorschrift an die handelsrechtlichen Bestimmungen an und verzichtete auf Spezialregelungen. Der bisherige Absatz 2 konnte daher aufgehoben werden. Der neue Absatz 2 nimmt bisherige Regelungen für den Lagebericht auf.

Das Dritte Gesetz zur Weiterentwicklung des NKF bestimmt die Geltung der Vorschriften des Dritten Buches des HGB auch für den Anhang und die dort aufzunehmenden Angaben. Eine gesonderte Vorschrift dafür ist nicht mehr notwendig. Deshalb wurde Absatz 1 gestrichen und allein der bisherige Absatz 2 verblieb.

2. §§ 284 ff. HGB

Neben Bilanz und Gewinn- und Verlustrechnung ist nach den handelsrechtlichen Vorschriften ein Anhang aufzustellen, der mit diesen eine Einheit bildet, § 264 Abs. 1 Satz 1 HGB. Die §§ 284 bis 287 HGB schreiben den Pflichtinhalt des Anhangs vor. Auf diese Vorschriften nimmt § 21 EigVO NRW Bezug, wie oben schon aufgezeigt wurde. Der Anhang hat den Zweck, verschiedene Positionen der Gewinn- und Verlustrechnung und der Bilanz zu erläutern. Vor allem geht es darum, Wahlrechte offenzulegen und Bilanzierungs- und Bewertungsmethoden, damit der Leser des Jahresabschlusses die Positionen einschätzen kann, aber auch Bilanzposten, die für die weitere Entwicklung bedeutsam sein können. Da nicht alle handelsrechtlichen Positionen, die in § 285 HGB aufgezählt werden, für einen kommunalen Eigenbetrieb von Bedeutung sind, seien hier nur einige aufgezeigt:

- nicht bilanzierte Verpflichtungen
- Laufzeiten und Sicherungen von Verbindlichkeiten
- steuerliche Sonderabschreibungen und die daraus entstehenden künftigen Belastungen
- sonstige erhebliche Rückstellungen.

3. Angaben über die Vergütung von Mitgliedern der Betriebsleitung und des Betriebsausschusses

Die in § 24 Abs. 1 EigVO NRW durch das Gesetz zur Schaffung von mehr Transparenz in öffentlichen Unternehmen im Lande Nordrhein-Westfalen (Transparenzgesetz) aufgenommenen Regelungen zu Angaben über die den Mitgliedern der Betriebsleitung und des Betriebsausschuses gewährten Leistungen sind durch das 3. NKF-Weiterentwicklungsgesetz gestrichen worden.

Die Gesetzesbegründung führt dazu aus, die Pflichtangaben folgten aus § 285 Nr. 9 HGB, so dass auf eigene Regelungen verzichtet werden könne.

§ 285 HGB hat folgenden Wortlaut:

„ferner sind im Anhang anzugeben

9. für die Mitglieder des Geschäftsführungsorgans, eines Aufsichtsrats, eines Beirats oder einer ähnlichen Einrichtung jeweils für jede Personengruppe

a) die für die Tätigkeit im Geschäftsjahr gewährten Gesamtbezüge (Gehälter, Gewinnbeteiligungen, Bezugsrechte und sonstige aktienbasierte Vergütungen, Aufwandsentschädigungen, Versicherungsentgelte, Provisionen und Nebenleistungen jeder Art). In die Gesamtbezüge sind auch Bezüge einzurechnen, die nicht ausgezahlt, sondern in Ansprüche anderer Art umgewandelt oder zur Erhöhung anderer Ansprüche verwendet werden. Außer den Bezügen für das Geschäftsjahr sind die weiteren Bezüge anzugeben, die im Geschäftsjahr gewährt, bisher aber in keinem Jahresabschluss angegeben worden sind. Bezugsrechte und sonstige aktienbasierte Vergütungen sind mit ihrer Anzahl und dem beizulegenden Zeitwert zum Zeitpunkt ihrer Gewährung anzugeben; spätere Wertveränderungen, die auf einer Änderung der Ausübungsbedingungen beruhen, sind zu berücksichtigen. Bei einer börsennotierten Aktiengesellschaft sind zusätzlich unter Namensnennung die Bezüge jedes einzelnen Vorstandsmitglieds, aufgeteilt nach erfolgsunabhängigen und erfolgsbezogenen Komponenten sowie Komponenten mit langfristiger Anreizwirkung, gesondert anzugeben. Dies gilt auch für:

aa) Leistungen, die dem Vorstandsmitglied für den Fall einer vorzeitigen Beendigung seiner Tätigkeit zugesagt worden sind;

bb) Leistungen, die dem Vorstandsmitglied für den Fall der regulären Beendigung seiner Tätigkeit zugesagt worden sind, mit ihrem Barwert, sowie den von der Gesellschaft während des Geschäftsjahrs hierfür aufgewandten oder zurückgestellten Betrag;

cc) während des Geschäftsjahrs vereinbarte Änderungen dieser Zusagen;

dd) Leistungen, die einem früheren Vorstandsmitglied, das seine Tätigkeit im Laufe des Geschäftsjahrs beendet hat, in diesem Zusammenhang zugesagt und im Laufe des Geschäftsjahrs gewährt worden sind. Leistungen, die dem einzelnen Vorstandsmitglied von einem Dritten im Hinblick auf seine Tätigkeit als Vorstandsmitglied zugesagt oder im Geschäftsjahr gewährt worden sind, sind ebenfalls anzugeben. Enthält der Jahresabschluss weitergehende Angaben zu bestimmten Bezügen, sind auch diese zusätzlich einzeln anzugeben;

b) die Gesamtbezüge (Abfindungen, Ruhegehälter, Hinterbliebenenbezüge und Leistungen verwandter Art) der früheren Mitglieder der bezeichneten Organe und ihrer Hinterbliebenen. Buchstabe a Satz 2 und 3 ist entsprechend anzuwenden. Ferner ist der Betrag der für diese Personengruppe gebildeten Rückstellungen für laufende Pensionen und Anwartschaften auf Pensionen und der Betrag der für diese Verpflichtungen nicht gebildeten Rückstellungen anzugeben;

c) die gewährten Vorschüsse und Kredite unter Angabe der Zinssätze, der wesentlichen Bedingungen und der gegebenenfalls im Geschäftsjahr zurückgezahlten Beträge sowie die zugunsten dieser Personen eingegangenen Haftungsverhältnisse;„

Diese weitgehenden Festlegungen über die im Anhang zu veröffentlichenden Daten sind zurückzuführen auf das Gesetz zur individualisierten Offenlegung der Gehälter von Vorstandsmitgliedern vom 3.8.2005 (BGBl. I S. 2267) und das Gesetz zur Angemessenheit der Vorstandsvergütung (VorstAG) vom 31.7.2009 (BGBl. I S. 2509).

Durch das Transparenzgesetz wollte der nordrhein-westfälische Gesetzgeber für öffentliche Unternehmen eine über die HGB-Regelungen hinausgehende Veröffentlichungspflicht einführen. Nur dies entspreche dem Informationsanspruch der Allgemeinheit bei öffentlich finanzierten Unternehmen. Diese Regelungen sollten auch für Sondervermögen im Sinne des § 97 Abs. 1 Nr. 3 GO NRW gelten, weshalb parallel zur Gemeindeordnung die EigVO NRW, die KUV und die GemKHBVO angepasst wurden. Während der Bundesgesetzgeber die Veröffentlichungspflichten auf die Organmitglieder insgesamt regelte, ging der Landesgesetzgeber darüber hinaus und fordert die Angabe für jedes einzelne, mit Namen zu nennende Mitglied. Dies wurde jetzt zurückgenommen.

Auch wenn keine individuellen Angaben gemacht werden müssen, so sind doch die Leistungen je Personengruppe zusammenzustellen und anzugeben.

Vieles von dem, was in § 285 Nr. 9 HGB angesprochen ist, kann im Falle eines Eigenbetriebes vernachlässigt werden, er ist kein börsennotiertes Unternehmen, so dass Aktienbezugsrechte nicht Bezügebestandteile sein können.

Zu den Gesamtbezügen gehören nach § 285 Nr. 9 HGB das Gehalt, Provisionen, Aufwandsentschädigungen, Versicherungsleistungen, Nebenleistungen jeder Art, aber nicht die Arbeitgeberbeiträge zur Sozialversicherung (*Morck* in *Koller/Roth/Morck*, HGB § 285 Rdn. 10) und auch nicht der Ersatz von Auslagen wie etwa Reisekostenerstattungen für Dienstreisen (*Poelzig* in MüKo HGB § 285 Rdn. 161).

Bei Betriebsleitern kann es vor allem um das Gehalt gehen, bei den Mitgliedern des Betriebsausschusses um die aufgrund der Entschädigungsverordnung geleisteten Pauschalen oder Sitzungsgelder.

Anders als in § 114a Abs. 10 GO NRW ist in der Eigenbetriebsverordnung die Anwendung des § 286 Abs. 4 HGB nicht ausgeschlossen. Bei Eigenbetrieben kann daher auf Angaben zu den Gesamtbezügen der Betriebsleitung verzichtet werden, wenn sich durch sie die Bezüge eines Mitglieds feststellen lassen.

Werden diese individuellen Angaben dennoch gemacht, bleiben die datenschutzrechtlichen Bedenken bestehen.

In Bezug auf Betriebsleiter lässt sich aus dem Stellenplan und dem Tarifvertrag oder den Besoldungstabellen ableiten, welches Einkommen ein Betriebsleiter ungefähr erzielt, die individuellen Parameter – Familienstand und Dienstaltersstufe – sind aber nicht öffentlich, so dass insoweit ein Eingriff in das Recht auf informationelle Selbstbestimmung (dazu *di Fabio* in Dürig/Herzog/Scholz, Art. 2 Rdn. 173 ff.) naheliegt. Bei beamteten Betriebsleitern ist fraglich, ob die für Krankheitskosten gewährte Beihilfe zu den anzugebenden Leistungen gehört. Dagegen könnte sprechen, dass sie nicht zur Vergütung „für" die Tätigkeit gehören (vgl. dazu *Poelzig* in MüKo HGB § 285 Rdn. 161). Andererseits hat der HGB-Gesetzgeber mit dem Wort „Nebenleistungen" den Umfang der Angabepflicht sehr weit gezogen (*Poelzig* in MüKo HGB § 285 Rdn. 156) und der Beihilfeanspruch erwächst aus der Fürsorgepflicht des Dienstherrn und hängt mit der Alimentationspflicht zusammen, auch wenn das Beihilfesystem verfassungsrechtlich nicht zu den hergebrachten Grundsätzen des Berufsbeamtentums gehört (dazu *Badura* in Dürig/Herzog/Scholz, GG Art. 33 Rdn. 71 ff.). Auch wenn man grundsätzlich einen Eingriff in das Recht auf informationelle Selbstbestimmung wegen des Transparenzgedankens für gerechtfertigt ansehen wollte, dürfte an dieser Stelle jedenfalls das Grundrecht des Beamten höher wiegen und einer Angabepflicht entgegenstehen.

Ähnlich dürfte es bei den Ausschussmitgliedern liegen. Die Höhe der Pauschale und der Sitzungsgelder werden durch die Entschädigungsverordnung festgelegt, so dass diese aufgrund Landesrechts feststehen und öffentlich sind. Soweit allerdings Verdienstausfall gezahlt wird, fällt dessen Höhe wiederum unter das Recht auf informationelle Selbstbestimmung.

Die Regelung war und ist daher umstritten. Siehe dazu die ablehnenden Stellungnahmen der kommunalen Spitzenverbände (LT-Drs. Stellungnahme 14/2961) und des Verbandes kommunaler Unternehmen, Landesgruppe NRW, (LT-Drs. Stellungnahme 14/2965). In der Literatur wird das Gesetz von *Pommer*, NWVBl. 2010 S. 459, verteidigt, der an seinem Entwurf im Landesfinanzministerium beteiligt war, während *Kreutz*, DÖV 2012 S. 89 und *Otto/Quick*, NWVBl. 2013 S. 271 es für verfassungswidrig ansehen. Diese argumentieren mit einem Fehlen der Gesetzgebungskompetenz des Landesgesetzgebers und mit einem Verstoß gegen das Recht auf informationelle Selbstbestimmung (siehe dazu auch *Dietlmeier*, S. 599 ff.). Eine Verfassungswidrigkeit sehen auch *Dietlein/Riedel*, NWVBl. 2010 S. 453, die außerdem auch Art. 33 Abs. 2 GG – wegen einer von Einstellungsbewerbern erzwungenen Zustimmung zur Veröffentlichung – und Art. 8 Abs. 1 EMRK anführen. Für den entsprechenden § 19 Abs. 5 SparkG NRW hat das LG Bielefeld festgestellt, dass die Veröffentlichung der individualisierten Bezüge einen Eingriff in das Grundrecht auf informationelle Selbstbestimmung darstellt, der durch das Gesetz nicht gerechtfertigt ist, weil es gegen Art. 71 Abs. 1 GG verstößt, denn der Bundesgesetzgeber hat von seiner Gesetzgebungskompetenz aus Art. 74 Abs. 1 Nr. 11 GG Gebrauch gemacht (Beschl. vom 22.5.2009 – 1 O 136/09 –, juris; ebenso OLG Köln, Urt. vom 9.6.2009, WM 2009 S. 1885, zustimmend *Schantz/Schaffczyk*, BKR 2010 S. 184, und *Hesse*, ZBB 2009 S. 387).

4. Anlagenspiegel

Der Anlagenspiegel ist entsprechend den Vorgaben des Absatzes 2 aufzustellen. Er gehört zum Anhang und ist ebenfalls öffentlich auszulegen. Er ist das zum Bilanzstichtag ermittelte Ergebnis der Anlagenbuchhaltung. Hier ist die Entwicklung der einzelnen Positionen des Anlagevermögens einschließlich der Finanzanlagen darzustellen. Diese Darstellung muss entsprechend der Gliederung der Bilanz vorgenommen werden.

Bei mehreren Betriebszweigen ist auch der Anlagennachweis entsprechend zu gliedern, damit das Vermögen den einzelnen Teilen auch zugeordnet werden kann.

4.1 Änderungen im Bestand der zum Eigenbetrieb gehörenden Grundstücke und grundstücksgleichen Rechte

Eigenen Grundbesitz bei einem Eigenbetrieb gibt es nicht, denn er ist Sondervermögen der Gemeinde, die daher auch Eigentümerin der Grundstücke ist, die zum Vermögen des Eigenbetriebs gehören. § 15 Abs. 2 GBV lässt es aber zu, dass bei Eintragungen für eine Gemeinde auf Antrag des Berechtigten der Teil seines Vermögens, zu dem das eingetragene Grundstück oder Recht gehört, oder die Zweckbestimmung des Grundstücks oder des Rechts durch einen dem Namen des Berechtigten in Klammern beizufügenden Zusatz bezeichnet werden. Daher kann zur Verdeutlichung, dass ein Grundstück zum wirtschaftlichen Vermögen des Eigenbetriebs gehört, im Grundbuch diese Zweckbestimmung aufgenommen werden. (vgl. OLG Düsseldorf, Beschl. vom 15.6.2012, Rpfleger 2012 S. 684 zum Erfordernis, dass der im Klammerzusatz Genannte keine eigene Rechtspersönlichkeit ist.)

Wegen § 90 GO NRW, der für den Eigenbetrieb gilt, sind Veränderungen bei den Grundstücken nur möglich, soweit der Erwerb erforderlich für den Betrieb ist oder zu veräußernde Grundstücke nicht mehr benötigt werden. Grundstücksgleiche Rechte werden regelmäßig Erbbaurechte oder vergleichbare Rechte sein. Bei Stadtwerken, die leitungsgebundene Einrichtungen betreiben, oder bei einem Abwassereigenbetrieb sollte nicht eine Auflistung aller Leitungsrechte gegeben werden, da eine solche Auflistung für den Lagebericht nichts hergibt.

Wie bei der Gemeinde selbst stellt sich auch beim Eigenbetrieb die Frage, ob er „Sale-and-lease-back"-Verträge abschließen darf.

Sale-and-lease-back-Geschäfte sind Vermögensveräußerungen, bei denen die Gemeinde ein Objekt verkauft, um es anschließend im Rahmen eines Leasingvertrages zurückzumieten. Anders als beim Neubau-Leasing, von dem der Innenminister zwar nicht überzeugt ist, das er aber, vorausgesetzt es ist wirtschaftlich mindestens ebenso günstig wie eine herkömmliche Kommunalkreditfinanzierung, als zulässig ansieht, war nach dem inzwischen aufgehobenen RdErl. des Innenministeriums vom 23.6.1989, MBl. NRW. S. 1007, zuletzt geändert durch Erlass vom 9.2.1998, MBl. NRW. S. 229, ein Sale-and-lease-back unzulässig. Diese Haltung war nicht ganz verständlich. Begründet wurde sie damit, dass die Gemeinde gemäß § 90 Abs. 1 GO nur Vermögensgegenstände veräußern darf, die sie zur Erfüllung ihrer Aufgaben in absehbarer Zeit nicht benötigt. Lässt die oberste Kommunalaufsicht es aber zu, dass die Gemeinde für ihre Aufgabenerfüllung Drittinvestitionen in Anspruch nimmt und diese anmietet, dann macht sie sich auch insoweit von Dritten in ihrer

Aufgabenerfüllung wirtschaftlich abhängig. Soweit also ein Sale-and-lease-back wirtschaftlich insgesamt, also unter Berücksichtigung des Vermögenserlöses und dessen Verwendung, der ersparten Unterhaltungsaufwendungen und der zu zahlenden Leasingrate und der sonstigen Auswirkungen, die zum Beispiel auch in Personaleinsparungen liegen können, besser ist als ein Behalten, sollte der Innenminister seine Vorbehalte aufgeben (s. zu der Problematik auch *Emschermann*, KommunalPraxis N 1998 S. 299). Dies erschien umso dringender, je mehr die Forderung nach Public-Private-Partnership-Projekten laut wurde. *Nieland/Semelka/Meier*, GHH 2005 S. 227, vertraten die Auffassung, dass die Auffassung des Innenministeriums sich als unzulässiger Eingriff in die kommunale Selbstverwaltung darstellte, dass Sale-and-lease-back-Verträge zulässig waren. In der Zwischenzeit hat der Innenminister durch Erlass vom 9.10.2006 (MBl. NRW. S. 505; die Änderungserlasse vom 4.9.2009, MBl. NRW. S. 428, vom 13.12.2010, MBl. NRW. S. 906, und vom 6.5.2011, MBl. NRW. S. 228, betreffen diesen Teil nicht) die Zulässigkeit unter bestimmten Voraussetzungen anerkannt:

„Im Rahmen von „Sale and Lease Back" Geschäften überträgt die Gemeinde das Eigentum an einem Objekt dem privaten Investor zur Sanierung, um es zur erforderlichen kommunalen Aufgabenerfüllung von ihm wieder anzumieten. Das ist nach Sinn und Zweck des § 90 Abs. 3 GO nur dann zulässig, wenn die Nutzung des Vermögensgegenstandes zur Aufgabenerledigung der Gemeinde langfristig gesichert ist und die Aufgabenerledigung dadurch wirtschaftlicher wird. Die stetige Aufgabenerledigung ist in der Regel dann gesichert, wenn das Sale and Lease Back Geschäft zur Werterhaltung bzw. Wertsteigerung des Objekts bestimmt ist und der Gemeinde daran zur Aufgabenerfüllung ein langfristiges Nutzungsrecht sowie eine Rückkaufoption eingeräumt wird."

4.2 Änderungen im Bestand, Leistungsfähigkeit und Ausnutzungsgrad der wichtigsten Anlagen

Vermögen und Leistungsfähigkeit des Eigenbetriebs sollen gesichert sein. Das ist eines der klaren Ziele der EigVO NRW. Deshalb ist es für Betriebsausschuss und Rat von besonderer Bedeutung rechtzeitig erkennen zu können, wenn dieses Ziel gefährdet wird. Da gerade Ver- und Entsorgungsunternehmen als (oder wie) Eigenbetriebe geführt werden, müssen die Ratsgremien über Bestand und Leistungsfähigkeit der Anlagen im Bilde sein. Denn sie beschließen gleichzeitig auch über die Entwicklung der Gemeinde, sie planen neue Wohn- und Gewerbegebiete, das alles kann Auswirkungen auf solche Eigenbetriebe haben. Die Kapazitätsgrenzen und die künftige Entwicklung sollen so beide im Blick sein.

Aber auch bei anderen Betrieben müssen die Aufsichtsgremien über deren Entwicklungsstand und -möglichkeiten jährlich informiert werden, damit sie rechtzeitig die notwendigen Entscheidungen zur weiteren Entwicklung treffen können.

4.3 Der Stand der Anlagen im Bau und der geplanten Bauvorhaben

Aus dem Lagebericht muss sich ergeben, welche zurzeit laufenden Bauvorhaben im abgelaufenen Wirtschaftsjahr in welchem Umfang realisiert worden sind, worauf eventuelle Abweichungen von der vorjährigen Planung zurückzuführen sind und wie sich die weitere Abwicklung darstellen wird. Außerdem ist anzugeben, welche Bauvorhaben für das laufende Wirtschaftsjahr geplant sind. Bei Vorhaben von besonderer Bedeutung, insbesondere wenn sich im laufenden Jahr schon Planabweichungen ergeben haben, ist auch darauf einzugehen.

Die gleichen Fragen sind zwar auch im Vermögensplan jeweils anzusprechen, dennoch ist es unerlässlich, dass darauf auch im Lagebericht ausdrücklich eingegangen wird, denn hier soll jährlich ein umfassender Bericht über die derzeitige Lage und die kommende Entwicklung gegeben werden, der Betriebsausschuss und Rat die notwendigen Informationen zusammengefasst präsentiert.

4.4 Die Entwicklung des Eigenkapitals und der Rückstellungen unter Angabe von Anfangsbestand, Zugängen und Entnahmen

Das Eigenkapital des Eigenbetriebs besteht – wie bereits bei § 9 dargestellt wurde – aus

- dem Stammkapital
- den Rücklagen
- den Gewinnvorträgen
- den Sonderposten mit Rücklagenanteil zur Hälfte
- den Darlehen der Gemeinde

vermindert um

- die Verlustvorträge
- die von der Gemeinde nicht ersetzten Verluste
- die aktivierten Darlehensbeschaffungskosten.

Diese Posten sind jeweils in ihrer Entwicklung (Zu- und Abnahme) darzustellen, Veränderungen sind zu erläutern und zu begründen. Dabei ist insbesondere wiederum auf die Auswirkungen für die Zukunft einzugehen, weil nur so ein Bild über die derzeitige Lage und die künftige Entwicklung des Eigenbetriebs entstehen kann.

4.5 Die Umsatzerlöse mittels einer Mengen- und Tarifstatistik des Berichtsjahrs im Vergleich mit dem Vorjahr

Die hier angesprochenen Daten sind wesentlich für den in § 289 Abs. 1 HGB angesprochenen Geschäftsverlauf, auf den im Lagebericht einzugehen ist. Im Anlagenspiegel sind präzise Statistiken und Vergleiche zum Vorjahr vorzulegen. Hier kann es sich auch empfehlen, über das Vorjahr hinaus zurückzugehen, wenn sich aus einem Vergleich mit dem Vorjahr ein verzerrtes Bild z. B. wegen einer Sonderentwicklung im Vorjahr ergeben würde und die Lage des Eigenbetriebs korrekter im Mehrjahresvergleich dargestellt wäre.

4.6 Der Personalaufwand

Die Darstellungen über den Personalaufwand müssen sehr umfangreich sein. Neben der zahlenmäßigen Entwicklung des Personals (Soll-Stellen, tatsächlich besetzte Stellen, tatsächliches Personal) sind die Gesamtsummen der Aufwendungen für die Belegschaft anzugeben. Dazu gehören neben den Löhnen und Gehältern auch sonstige Vergütungen, Sozialabgaben und soziale Aufwendungen. Aufwendungen für die Altersversorgung sowie Beihilfen sind hier darzustellen.

§ 25
(aufgehoben)

Erläuterungen

Übersicht

1. Allgemeines
2. § 289 HGB
3. Ziel des Lageberichts
4. Absatz 2
5. Der Inhalt des Lageberichtes im Einzelnen
   5.1 Geschäftsverlauf
   5.2 Die Lage des Eigenbetriebs
   5.3 Vorgänge von besonderer Bedeutung nach Schluss des Wirtschaftsjahres

5.4 Die voraussichtliche Entwicklung des Eigenbetriebs
5.5 Der Bereich Forschung und Entwicklung
5.6 Angemessene Verzinsung des zur Verfügung gestellten Eigenkapitals
5.7 Nachhaltigkeit

1. Allgemeines

Der Paragraph wurde durch das Dritte Gesetz zur Weiterentwicklung des Neuen Kommunalen Finanzmanagements im Land Nordrhein-Westfalen vom 15. März 2024 (GV. NRW. S. 113) aufgehoben.

In der Gesetzesbegründung (LT-Drs. 18/7188 S. 86) heißt es dazu, wegen der Geltung der Vorschriften des Dritten Buches des HGB sei eine gesonderte Vorschrift nicht mehr erforderlich.

Nicht mehr alle Eigenbetriebe müssen damit einen Lagebericht im Zusammenhang mit der Aufstellung des Jahresabschlusses erstellen, sondern nur diejenigen, die dazu aufgrund der Vorschriften des HGB verpflichtet sind, § 264 Abs. 1 HGB. Das sind mittelgroße und große Kapitalgesellschaften. Kleine Kapitalgesellschaften sind davon befreit, § 264 Abs. 1 Satz 4 HGB. Die Definition der kleinen Kapitalgesellschaft findet sich in § 267 Abs. 1 HGB: sie dürfen zwei der drei Merkmale – 7 500 000 Euro Bilanzsumme, 15 Mio. Umsatzerlöse in den zwölf Monaten vor dem Abschlussstichtag, im Jahresdurchschnitt fünfzig Arbeitnehmer – nicht überschreiten. Für Kleinstkapitalgesellschaften, die mindestens zwei der nachstehenden Merkmale – 450 000 Euro Bilanzsumme, 900 000 Euro Umsatzerlöse in den zwölf Monaten vor dem Abschlussstichtag und im Jahresdurchschnitt zehn Arbeitnehmer – nicht überschreiten dürfen, (§ 267a HGB) gelten weitere Erleichterungen.

Die Kommentierung bleibt aber Bestandteil als Orientierungshilfe für diejenigen Eigenbetriebe, die zur Aufstellung verpflichtet sind, wenn die HGB-Vorschriften für sie verbindlich sind oder eine Anwendung in der Eigenbetriebssatzungsatzung angeordnet ist.

Der Lagebericht ist kein Bestandteil des Jahresabschlusses, er ist gleichzeitig mit diesem aufzustellen. Er wird von der Betriebsleitung aufgestellt. Da er zum Jahresabschluss hinzutritt, ist er gemeinsam mit diesem und dem Prüfergebnis zum Jahresabschluss vom Betriebsausschuss und vom Rat zu beraten und festzustellen und anschließend öffentlich auszulegen. Dieses gesamte Verfahren wird von § 26 EigVO NRW näher geregelt.

2. § 289 HGB

Die nordrhein-westfälische Eigenbetriebsverordnung verweist auf § 289 HGB, der folgenden Wortlaut – soweit hier relevant – hat:

„(1) Im Lagebericht sind der Geschäftsverlauf einschließlich des Geschäftsergebnisses und die Lage der Kapitalgesellschaft so darzustellen, dass ein den tatsächlichen Verhältnissen entsprechendes Bild vermittelt wird. Er hat eine ausgewogene und umfassende, dem Umfang und der Komplexität der Geschäftstätigkeit entsprechende Analyse des Geschäftsverlaufs und der Lage der Gesellschaft zu enthalten. In die Analyse sind die für die Geschäftstätigkeit bedeutsamsten finanziellen Leistungsindikatoren einzubeziehen und unter Bezugnahme auf die im Jahresabschluss ausgewiesenen Beträge und Angaben zu erläutern. Ferner ist im Lagebericht die voraussichtliche Entwicklung mit ihren wesentlichen Chancen und Risiken zu beurteilen und zu erläutern; zugrunde liegende Annahmen sind anzugeben. .....

(2) Im Lagebericht ist auch einzugehen auf:

1. a) die Risikomanagementziele und -methoden der Gesellschaft einschließlich ihrer Methoden zur Absicherung aller wichtigen Arten von Transaktionen, die im Rahmen der Bilanzierung von Sicherungsgeschäften erfasst werden, sowie

b) die Preisänderungs-, Ausfall- und Liquiditätsrisiken sowie die Risiken aus Zahlungsstromschwankungen, denen die Gesellschaft ausgesetzt ist,

jeweils in Bezug auf die Verwendung von Finanzinstrumenten durch die Gesellschaft und sofern dies für die Beurteilung der Lage oder der voraussichtlichen Entwicklung von Belang ist;

2. den Bereich Forschung und Entwicklung sowie

3. bestehende Zweigniederlassungen der Gesellschaft.

...

(3) Bei einer großen Kapitalgesellschaft (§ 267 Abs. 3) gilt Absatz 1 Satz 3 entsprechend für nichtfinanzielle Leistungsindikatoren, wie Informationen über Umwelt- und Arbeitnehmerbelange, soweit sie für das Verständnis des Geschäftsverlaufs oder der Lage von Bedeutung sind."

3. Ziel des Lageberichts

§ 289 Abs. 1 HGB fordert eine Darstellung von Geschäftsverlauf und Lage der Kapitalgesellschaft, respektive hier des Eigenbetriebs, die ein den tatsächlichen Verhältnissen entsprechendes Bild vermittelt. Wesentlich ist die Forderung nach einem Eingehen auf Risiken der künftigen Entwicklung. Nach Absatz 2 soll auf besonders bedeutende Vorgänge nach Schluss des Geschäftsjahres, die voraussichtliche Entwicklung des Eigenbetriebs sowie die Bereiche Forschung und Entwicklung und bestehende Zweigniederlassungen eingegangen werden. Das KonTraG hatte das Ziel, die Vorschriften zur Rechnungslegung stärker auf bestandsgefährdende Risiken zu fokussieren und Jahresabschlüsse und Prüfungsberichte aussagekräftiger zu machen.

Mit der Verordnung zur Änderung der Verordnung über die Durchführung der Jahresabschlussprüfung bei Eigenbetrieben und eigenbetriebsähnlichen Einrichtungen vom 19.3.2002 (GV. NRW. S. 118) wollte das Innenministerium diese Regelungen für Eigenbetriebe übernehmen. Die Neufassung des Absatzes 1 bringt daher nichts Neues.

Zwar schreibt das HGB weder äußere Gestaltung noch Aufbau oder gar Umfang des Lageberichts vor, dennoch sind der Gestaltungsfreiheit Grenzen gesetzt. Vor allem steht der Lagebericht unter dem Gebot der Wahrheit, Klarheit und Vollständigkeit (*Clemm/Ellrott* in Beck BilKom § 289 Rdn. 7 ff.). Außerdem gilt auch für den Lagebericht das Gebot der Darstellungsstetigkeit, d. h. Form und Darstellungsweise sollten möglichst beibehalten und nicht jedes Jahr geändert werden (*Heymann/Herrmann*, § 265 Rdn. 6, 7).

4. Absatz 2

Absatz 2 wurde durch die Änderungsverordnung vom 5.8.2009 neugefasst. Vorher machte die Regelung keinen rechten Sinn. Jetzt ist klar, worum es geht.

§ 106 GO Abs. 1 Satz 6 NRW hat folgenden Wortlaut: *„Im Rahmen der Jahresabschlussprüfung ist in entsprechender Anwendung des § 53 Abs. 1 Nr. 1 und 2 des Haushaltsgrundsätzegesetzes ferner die Ordnungsgemäßheit der Geschäftsführung zu prüfen und über die wirtschaftliche bedeutsamen Sachverhalte zu berichten."* Die Betriebsleitung ist jetzt verpflichtet, schon im Lagebericht Aussagen zu treffen, die dem Prüfer die Arbeit erleichtern und den eigenen Kontrollorganen gegenüber wirtschaftlich bedeutsame Sachverhalte darstellen. Die Regelung bedarf der Änderung, da § 106 GO NRW durch das 2. NKF-Weiterentwicklungsgesetz aufgehoben wurde. Die Jahresabschlussprüfung ist jetzt in § 103 GO NRW geregelt. Dessen Absatz trifft Bestimmungen zur Prüfung und verweist außerdem auf § 102 GO NRW.

Siehe zu diesem Komplex die Erl. 2 zu § 26 EigVO NRW.

5. Der Inhalt des Lageberichts im Einzelnen

Dies ergibt sich aus § 289 HGB.

5.1 Geschäftsverlauf

Der Geschäftsverlauf wird wesentlich geprägt durch die Umsatzentwicklung und die Entwicklung der Liquidität im abgelaufenen Wirtschaftsjahr. Diese wesentlichen Kennzahlen sind darzustellen und zu erläutern. Dabei ist zum Beispiel auch auf die Ursachen einer Umsatzveränderung einzugehen, bei einem Stadtwerk, das Gas- und Stromversorgung zum Unternehmensgegenstand hat, etwa ein besonders strenger oder besonders milder Winter, bei einer eigenbetriebsähnlichen Einrichtung, die Abfallbeseitigung betreibt, Umsatzrückgänge aufgrund der Einführung der Kompostierung. Die Entwicklung der Liquidität spiegelt sich an der Einnahmerealisierung von Gebühren und Entgelten, bei Einnahmeausfällen ist nach den Gründen zu fragen.

5.2 Die Lage des Eigenbetriebs

Neben dem Rückblick auf das vergangene Jahr, das durch den Geschäftsverlauf dargestellt wird, sind die Einschätzung der augenblicklichen Lage und die voraussichtliche Entwicklung von großer Bedeutung. Deshalb muss die Betriebsleitung die Entwicklung des Vermögens ebenso darstellen wie längerfristige Verträge, vor allem mit Großkunden und Vorlieferanten, die Abwicklung der Investitionsmaßnahmen, die Entwicklung der Ertragslage. Hieraus sollen sich Erkenntnisse für die künftige Erlös- und Kostenentwicklung ergeben. Hier bekommt die neue Forderung nach einem Eingehen auf Risiken besondere Bedeutung. Der Verordnungsgeber fordert ausdrücklich den Aufbau eines Risikofrüherkennungssystems – abgestuft auf Größe, Aufgaben und Risiken des jeweiligen Betriebs. Ausführlichere Aussagen dazu finden sich in der Erl. 5 bei § 10 EigVO NRW. Wesentliche Erkenntnisse aus dem Risikofrüherkennungssystem können hier aufgegriffen werden. Von besonderer Bedeutung ist der Lagebericht auch für Kämmerei und Rechnungsprüfungsamt der Gemeinde. Der Lagebericht ist nicht Teil des Jahresabschlusses, so dass er nicht zu den Anlagen zum Haushaltsplan der Gemeinde gehört. Er gehört aber zu den Prüfungsgegenständen der Jahresabschlussprüfung. So werden die finanzwirtschaftlich bedeutsamen Ereignisse auch dem Rat und den Ämtern der Gemeindeverwaltung und auch der Öffentlichkeit zur Kenntnis gebracht. Betriebsausschuss, Rat und Bürgermeister werden durch diese Angaben in die Lage versetzt, ihre Überwachungsaufgaben wahrnehmen zu können. Bei anstehenden Entscheidungen können sie so die unterschiedlichen Konsequenzen einschätzen.

5.3 Vorgänge von besonderer Bedeutung nach Schluss des Wirtschaftsjahres

Da der Lagebericht eine umfassende und korrekte Bestandsaufnahme sein soll, die Betriebsausschuss und Rat in die Lage versetzen soll, die notwendigen Entscheidungen über die weitere Entwicklung – auch im Rahmen der kommunalen Haushaltsberatungen – zu treffen, wäre es wenig sinnvoll, wenn allein auf das abgelaufene Wirtschaftsjahr abgestellt würde. Der Lagebericht kann nämlich bis zum Ablauf von drei Monaten nach Ende des Wirtschaftsjahres aufgestellt werden. In dieser Zeit kann sehr viel an Veränderung gegenüber der Lage am 31. Dezember schon passiert sein. Deshalb muss auf Vorgänge von besonderer Bedeutung bis zur Abfassung des Lageberichts eingegangen werden (vgl. *Morck* in Koller/Roth/Morck, HGB, § 289 Rdn. 4). Insbesondere eine Verschlechterung der Lage des Eigenbetriebs, die nach dem Stichtag eingetreten ist, ist hier offenzulegen, damit die Entscheidungsgrundlagen für die Kontrollgremien verbessert werden. (vgl. *Lange* in MüKo HGB, § 289 Rdn. 96).

5.4 Die voraussichtliche Entwicklung des Eigenbetriebs

Der Lagebericht hat den Zweck, den Aufsichtsgremien die notwendigen Informationen zu geben, damit diese ihrer Aufgabe, das Sondervermögen zu erhalten und zu pflegen, die positive Entwicklung des Eigenbetriebs sicherzustellen, seine Übereinstimmung mit den Entwicklungen der Eigentümerkommune zu garantieren, nachkomme können. Deshalb muss der Lagebericht Aussagen über die voraussichtliche Entwicklung enthalten, damit gegebenenfalls korrigierend eingegriffen werden kann. Auch an dieser Stelle ist auf Erkenntnisse aus dem Risikofrüherkenntnissystem zurückzugreifen.

5.5 Der Bereich Forschung und Entwicklung

Diese aus § 289 HGB stammende Forderung wird kaum praxisrelevant sein. Denn durch kommunale Eigenbetriebe wird in der Regel keine Forschung und Entwicklung betrieben werden. Da das aber branchenüblich ist, kann dann auf eine Berichterstattung verzichtet werden (vgl. *Ellrott* in Beck BilKomm § 289 Rdn. 40). Soweit das doch relevant ist, ist über die durchgeführten und geplanten Aktivitäten zu berichten und Angaben über geplante Investitionen sind zu machen. Staatliche Zuschüsse, die dafür gewährt worden sind, sind zu nennen (vgl. *Morck* in Koller/Roth/Morck, HGB, § 289 Rdn. 6).

5.6 Angemessene Verzinsung des zur Verfügung gestellten Eigenkapitals

Für die Prüfung des Eigenbetriebs bestimt § 21 Abs. 3 Satz 2 EigVO, dass bei der Jahresabschlussprüfung aufd ie Frage einzugehen ist, ob das von der Gemeinde zur Verfügung gestellte Eigenkapital angemessen verzinst wird. Das macht es erforderlich, dass die Betriebsleitung zu dieser Frage im Lagebericht Stellung nimmt.

5.7 Nachhaltigkeit

Mit der Richtlinie (EU) 2022/2464 des Europäischen Parlaments und des Rates vom 14. Dezember 2022 zur Änderung der Verordnung (EU) Nr. 537/2014 und der Richtlinien 2004/109/EG, 2006/43/EG und 2013/34/EU hinsichtlich der Nachhaltigkeitsberichterstattung von Unternehmen, verpflichtet die Europäische Kommission Unternehmen zur Veröffentlichung und externen Prüfung (sogen. Verifizierung) von Informationen zur Nachhaltigkeit ihrer Geschäftstätigkeit. Eingebürgert hat sich hierfür auch in Deutschland der englische Begriff Corporate Sustainability Reporting Directive. Bis zum 6.7.2024 war diese Richtlinie in nationales Recht umzusetzen, was aber in Deutschland nicht verwirklicht wurde. Es gibt bislang einen Gesetzentwurf der Bundesregierung vom 24.7.2024, abrufbar unter https://www.bmj.de/SharedDocs/Downloads/DE/Gesetzgebung/RegE/RegE_CSRD.pdf?__blob=publicationFile&v=2.

Das Gesetzgebungsverfahren ist abzuwarten.

Einzelheiten sollen hier nicht dargestellt werden. Vorab sei nur verwiesen auf *L. Müller*, DÖV 2023 S. 525, *Waitschat/Stuber*. GW 2024 S. 155, *Zeis*, GW 2024 S. 161 und *Theusinger/Ilg*, DB 2025 S. 176. Die weitere Entwicklung sollte durch den Eigenbetrieb beobachtet werden.

Das gilt nicht nur für das deutsche Recht. Am 26.2.2025 hat die EU-Kommission eine Presseerklärung herausgegeben, wonach sie dem Europäischen Parlament ein Paket von Vorschlägen zur Vereinfachung von EU-Vorschriften vorlegen wird. Dazu gehört auch die Berichterstattung zur Nachhaltigkeit, https://ec.europa.eu/commission/presscorner/detail/de/ip_25_614.

Von Bedeutung ist das allerdings nur für solche Eigenbetriebe, die die Kriterien einer großen Kapitalgesellschaft erfüllen.

§ 26
Rechenschaft

(1) Die Betriebsleitung hat den Jahresabschluss und den Lagebericht bis zum Ablauf von drei Monaten nach Ende des Wirtschaftsjahres aufzustellen und unter Angabe des Datums zu unterschreiben. Besteht die Betriebsleitung aus mehreren Personen, haben

sämtliche Betriebsleiterinnen und Betriebsleiter zu unterschreiben. Die Betriebsleitung legt den Jahresabschluss nach § 21 über die Bürgermeisterin oder den Bürgermeister dem Betriebsausschuss vor, der diese Unterlagen mit dem Ergebnis seiner Beratungen nach Absatz 2 an den Rat der Gemeinde weiterleitet.

(2) Der Betriebsausschuss soll die Ergebnisse der der Jahresabchlussprüfung nach § 21 sowie gegebenenfalls die Ergebnisse der Prüfung der örtlichen Rechnungsprüfung nach § 104 Absatz 1 Nummer 2 GO NRW in seine Beratung einbeziehen.

(3) Der Rat der Gemeinde stellt den geprüften Jahresabschluss innerhalb eines Jahres nach Ende des Wirtschaftsjahres fest. Sofern ein Lagebericht Gegenstand des Jahresabschlusses und seiner Prüfung ist, nimmt er diesen zur Kenntnis. Zugleich beschließt er über die Verwendung des Jahresüberschusses oder die Behandlung eines Jahresfehlbetrages.

(4) Der Jahresabschluss, die Verwendung des Jahresüberschusses oder die Behandlung des Jahresfehlbetrages sowie das Ergebnis der Prüfung des Jahresabschlusses nach § 21 sind öffentlich bekannt zu machen. Der Jahresabschluss ist danach bis zur Feststellung des folgenden Jahresabschlusses zur Einsichtnahme verfügbar zu halten. Satz 2 gilt entsprechend für einen Lagebericht nach Absatz 3 Satz 2.

Erläuterungen

Übersicht

1. Die Neufassung durch die Änderungsverordnung vom 13.8.2012
2. § 103 GO NRW i. d. F. des 2. NKF-Weiterentwicklungsgesetzes
3. Änderungen durch das 3. NKF-Weiterentwicklungsgesetz
4. Die Abwicklung des Jahresabschlusses
   4.1 Die Aufstellung
   4.2 Die Beteiligung des Kämmerers und des Bürgermeisters
   4.3 Die Vorlage an den Betriebsausschuss
   4.4 Die Durchführung der Prüfung
   4.5 Die Beratung im Betriebsausschuss
   4.6 Die Beschlussfassung im Rat
   4.7 Die öffentliche Bekanntmachung

1. Die Neufassung durch die Änderungsverordnung vom 13.8.2012

Die Änderungsverordnung vom 13.8.2012 hat eine Neufassung gebracht. Diese betrifft vor allem den alten Absatz 1, dessen Inhalt sprachlich klarer gefasst und in zwei Absätze aufgeteilt wurde. Absatz 1 betrifft jetzt im Wesentlichen die Aufgaben der Betriebsleitung, Absatz 2 betrifft den Betriebsausschuss. Der bisherige Absatz 2 ist Absatz 3 geworden und auch klarer gefasst worden, denn er spricht jetzt nicht mehr von der Feststellung des Lageberichts. Absatz 4 ist der unveränderte Absatz 3.

2. § 103 GO NRW i. d. F. des 2. NKF-Weiterentwicklungsgesetzes

Die Prüfung des Jahresabschlusses der Eigenbetriebe war zunächst in § 106 GO NRW geregelt. Das 2. NKF-Weiterentwicklungsgesetz hat den 10. Teil der Gemeindeordnung, die Vorschriften über die Rechnungsprüfung neugefasst. Dabei ist § 106 weggefallen. Die örtliche Prüfung der Eigenbetriebe regelte § 103 GO NRW:

Die wesentliche Änderung lag darin, dass die Prüfung durch die Gemeindeprüfungsanstalt nicht mehr von Gesetzes wegen vorgeschrieben war (auch wenn diese sich eines vom Eigenbetrieb vorgeschlagenen Wirtschaftsprüfers bediente), sondern dass der Betriebsausschuss festlegte, wer mit der Prüfung beauftragt wird.

3. Die Änderungen durch das 3. NKF-Weiterentwicklungsgesetz

In § 103 GO NRW heißt es jetzt lapidar: „Die örtliche Prüfung der Eigenbetriebe richtet sich nach § 114." Absatz 2 trifft die entsprechende Regelung für eigenbetriebsähnliche Einrichtungen, Absatz 3 fordert die Beachtung des § 101 Abs. 6 GO NRW, der für die örtlichen Rechnungsprüfer die Unvereinbarkeiten von Tätigkeiten im Finanzwesen und in der Rechnungsprüfung regelt. Diese gelten jetzt auch für Tätigkeiten in den Eigenbetrieben.

Die Gesetzesbegründung/LT-Drs. 18/7188 führt dazu aus, der bisher geltende § 103 habe Inkonsistenzen zur EigVO aufgewiesen. Deshalb werde jetzt eine Verweisung auf § 114 GO NRW aufgenommen, so dass die Regelung in der EigVO selbst erfolgen könne. Diese Regelung befindet sich in § 21 EigVO.

4. Die Abwicklung des Jahresabschlusses

4.1 Die Aufstellung

Die Betriebsleitung, besteht sie aus mehreren Betriebsleitern alle gemeinsam, stellt den Jahresabschluss und gegebenenfalls den Lagebericht auf. Auch wenn das im Ressort des kaufmännischen Betriebsleiters erledigt wird, so tragen doch alle gemeinsam die Verantwortung dafür. Das dokumentieren sie, indem sie den Jahresabschluss unter Angabe des Datums unterschreiben.

Die Aufstellung muss innerhalb von drei Monaten nach Abschluss des Wirtschaftsjahres erfolgen, in der Regel also bis zum 31. März. Die früher bestehende Möglichkeit, diese Frist durch die Betriebssatzung auf bis zu sechs Monate zu verlängern, ist schon durch die Änderungsverordnung vom 5.8.2009 gestrichen worden.

4.2 Die Beteiligung des Kämmerers und des Bürgermeisters

Nach § 7 EigVO NRW hat die Betriebsleitung dem Kämmerer den Entwurf der Jahresrechnung zuzuleiten. Dies bedeutet nicht, dass der Kämmerer auf den Jahresabschluss direkten Einfluss nehmen kann. Er soll zunächst einmal frühzeitig über die Ergebnisse informiert sein. Da er die Auswirkungen auf den kommunalen Haushalt abschätzen können muss, ist dies von besonderer Bedeutung. Sicherlich kann er auch versuchen, der Betriebsleitung eine etwas abweichende Meinung des Verwaltungsvorstandes näher zu bringen, wenn aber die Betriebsleitung bei ihrer Meinung bleibt, so können weder Kämmerer noch Bürgermeister eine Abänderung verlangen. Hier gilt ebenfalls das oben bei § 6 Anm. 9 Ausgeführte: Satzungsbestimmungen, die dem Kämmerer ein entsprechendes Recht geben, widersprechen der Eigenbetriebsverordnung. Dies ist bei kommunalen Krankenhäusern anders, vgl. § 8 Abs. 2 GemKHBVO.

Der Bürgermeister muss den Jahresabschluss erst später erhalten, nämlich nach Aufstellung durch die Betriebsleiter. Nach § 26 Abs. 1 EigVO NRW ist der unterschriebene Jahresabschluss über ihn an den Betriebsausschuss zu leiten.

Mit diesen beiden Bestimmungen ist gewährleistet, dass die Gemeindeverwaltung über das abgelaufene Wirtschaftsjahr des Eigenbetriebs frühzeitig informiert ist. Im Übrigen ist davon auszugehen, dass die Zusammenarbeit zwischen den Betriebsleitern der Eigenbetriebe und dem Kämmerer, aber auch dem Bürgermeister so gut funktioniert, dass beide Seiten sich wechselseitig frühzeitig informieren, weil das jeweilige Geschehen und Wollen auf die andere Seite einwirkt.

4.3 Die Vorlage an den Betriebsausschuss

In Absatz 1 Satz 3 heißt es, dass der unterschriebene Jahresabschluss dem Betriebsausschuss zuzuleiten ist. Da die Aufstellung binnen drei Monaten zu erfolgen hat, bedeutet dies, dass der Ausschuss tunlichst im April den Jahresabschluss vorliegen haben sollte. Aus Absatz 2, wonach das Prüfergebnis in die Beratungen einbezogen werden soll, kann m. E. nicht geschlossen werden, dass der Betriebsausschuss erst im September über den Jahresabschluss informiert werden sollte. So lange kann es dauern, bis die Prüfung abgeschlossen ist. Vielmehr macht es Sinn, den Betriebsausschuss unmittelbar nach Aufstellung durch Vorlage des ungeprüften Jahresabschlusses zu informieren, denn er begleitet die wirtschaftliche Tätigkeit des Eigenbetriebs und muss in Kenntnis der Lage des Eigenbetriebs sein, wenn er das Jahr über Beschlüsse fassen soll (so auch *Bennemann*, § 27 Erl. 2.2).

4.4 Die Durchführung der Prüfung

Die Betriebsleitung kann nach vorheriger Beschlussfassung durch den Betriebsausschuss einen Wirtschaftsprüfer (-gesellschaft) oder die Gemeindeprüfungsanstalt mit der Durchführung der Jahresabschlussprüfung beauftragen. Soweit der Eigenbetrieb seine Buchführung nach den für Gemeinden geltenden Vorschriften führt (vgl. insoweit § 19 Absatz 1 EigVO NRW), kann auch die örtliche Rechnungsprüfung mit der Jahresabschlussprüfung beauftragt werden.

In der Gesetzesbegründung zum 2. NKF-Weiterbildungsgesetz wurde ausgeführt, dass der Jahresabschluss und der Lagebericht eines Eigenbetriebes zu prüfen sind, dass eine Prüfungspflicht besteht. Die Prüfung des Jahresabschlusses und des Lageberichtes eines Eigenbetriebes dienen der Vorbereitung der Beschlussfassung des Rates dient. „Durch die Formulierung wird klargestellt, dass die Jahresabschlussprüfung „Hilfsmittel" des Rates für die Kontrolle der Verwaltung ist."

Die Prüfung sollte innerhalb von neun Monaten nach Abschluss des Wirtschaftsjahres abgeschlossen sein, auch wenn die Vorschrift aus der aufgehobenen JAPrEigVO NRW weggefallen ist, damit die Vorgabe an den Rat, innerhalb eines Jahres nach Abschluss des Wirtschaftsjahres den Jahresabschluss durch Beschluss festzustellen, befolgt werden kann.

4.5 Die Beratung im Betriebsausschuss

Der Betriebsausschuss berät inhaltlich den Jahresabschluss samt Lagebericht und Erfolgsübersicht sowie den Prüfbericht. Auch Erkenntnisse der örtlichen Rechnungsprüfung sind in die Beratungen einzubeziehen, wenn sie diese aus Anlass von Prüfungen erhalten hat.

Die Beratung über die Prüfung des Jahresabschlusses der Gemeinde kann bei entsprechender Regelung in der Geschäftsordnung des Rates nach § 48 Abs. 2 Satz 2 GO NRW im Rechnungsprüfungsausschuss in nichtöffentlicher Sitzung erfolgen (wenn Angelegenheiten der Rechnungsprüfung dort aufgenommen sind – vgl. OVG NRW, Urt. vom 17.5.2006, NWVBl. 2006 S. 292). Erst wenn dieser den Prüfungsbericht beschlossen und der Ausschussvorsitzende den Bestätigungsvermerk (zu diesem VG Düsseldorf, Urt. vom 6.12.2011 – 1 K 574/11 –, juris) unterschrieben hat, wird der Bericht Entscheidungsgrundlage des Rates und damit öffentlich, soweit nicht Teile aus Gründen des Schutzes Dritter nichtöffentlich deklariert werden (vgl. dazu *Knirsch*, KStZ 2009 S. 61, 62). Eine solche Regelung erfasst dann auch die Beratung über den Prüfbericht zum Jahresabschluss im Betriebsausschuss. Soweit *Knirsch* (KstZ 2009 S. 63) meint, Betriebs- oder Geschäftsgeheimnisse der eigenbetriebsähnlichen Einrichtung, die mit Straßenreinigung, Abfall oder Abwasser befasst ist, könnten betroffen und in Bezug auf das IFG NRW geschützt sein, erscheint das fraglich, so dürfte auch der Beschl. des BVerwG, der die Nichtzulassung der Revision bestätigte (vom 22.5.2007 – 7 B 1.07 – juris), nicht zu verstehen sein. Hier ist vielmehr auf die zutreffenden Ausführungen des OVG NRW zu dieser Frage zu verweisen:

„Der vom Kläger geltend gemachte Anspruch ist auch nicht durch § 8 IFG NRW ausgeschlossen. Nach Satz 1 dieser Regelung ist der Informationszugang abzulehnen, soweit durch die Übermittlung der Information ein Betriebs- oder Geschäftsgeheimnis offenbart wird und dadurch ein wirtschaftlicher Schaden entstehen würde. Geschäftsgeheimnisse in diesem Sinne betreffen den kaufmännischen Teil eines Gewerbebetriebes, der nur einem begrenzten Personenkreis bekannt ist und mit Blick auf die berechtigten wirtschaftlichen Interessen nach dem Willen des Unternehmers geheim gehalten werden soll. Hierzu zählen Preiskalkulationen, Bezugsquellen, Ertragslage, Kreditwürdigkeit, Geschäftsverbindungen, Marktstrategien sowie Kundenlisten (vgl. OVG NRW, Beschl. vom 20.6.2005 – 8 B 940/05 –, m. w. N.; *Haurand/Stollmann*, a. a. O., § 8 Anm. 1; *Stollmann*, Das Informationsfreiheitsgesetz NRW, NWVBl. 2002, 216, 219).

Zwar kann nach § 8 Satz 5 IFG NRW auch eine öffentliche Stelle Betroffener sein, indes handelt es sich nach den vorgenannten Grundsätzen bei den Prüfberichten des Rechnungsprüfungsamtes selbst nicht um solche Geschäftsgeheimnisse. Es ist auch seitens des Beklagten über einen allgemeinen Hinweis auf die abstrakte Möglichkeit hinaus nicht substantiiert vorgetragen worden, dass in den hier in Rede stehenden Prüfberichten schützenswerte Geschäftsgeheimnisse von Drittfirmen oder der Abfallwirtschaftsbetriebe konkret enthalten sind, die dem vom Kläger geltend gemachten Informationsanspruch dem Grunde nach entgegenstehen und denen nicht ggf. durch eine Schwärzung der entsprechenden Passagen in den Unterlagen Rechnung getragen werden könnte. Abgesehen davon sind durch die öffentlichen Sitzungen des Werksausschusses der Abfallwirtschaftsbetriebe, die entsprechenden Veröffentlichungen im Amtsblatt der Stadt und auch durch das Ratsinformationssystem der Stadt im Internet die Jahresabschlussergebnisse und u. a. auch der Wirtschaftsplan der Abfallwirtschaftsbetriebe mit sämtlichen Angaben zu den Umsatzerlösen, der Ertragssituation, den einzelnen Material- und Personalaufwendungen, Zinsen, Darlehenstilgungen, Vermögensbestand etc. allgemein zugänglich. Auch ist ein etwaiger (wettbewerbsrelevanter) wirtschaftlicher Schaden durch die Einsichtnahme in die Prüfberichte nicht ersichtlich, da die Abfallwirtschaftsbetriebe als eigenbetriebsähnlich geführte Einrichtung gemäß § 107 Abs. 2 Satz 1 Nrn. 3 und 4 GO NRW keiner wirtschaftlichen – mithin auf Gewinnerzielung gerichteten – Betätigung nachgehen und sich nach Maßgabe der einschlägigen Satzungen und Entgeltordnungen nur kostendeckend über das Gebührenaufkommen finanzieren (vgl. § 5 Abs. 4 KAG NRW)." (a. a. O. Rdn. 64 – 66)

Nach Beratung wird der Betriebsausschuss dem Rat empfehlen, den Jahresabschluss festzustellen und über die Verwendung des Gewinns oder die Behandlung eines Verlustes zu beschließen.

4.6 Die Beschlussfassung im Rat

Die Beschlussfassung im Rat soll innerhalb eines Jahres nach Abschluss des Wirtschaftsjahres erfolgen, also in der Regel bis zum 31. Dezember des Folgejahres. Diese Frist ist keine Ausschlussfrist, an deren Versäumnis Konsequenzen geheftet wären. Der wesentliche Punkt ist, dass mit der Entscheidung über den Jahresabschluss der finanzielle Schlussstrich gezogen wird, die Wirtschaftsführung des Jahres abgeschlossen werden kann. Damit ist der Inhalt und nicht der Zeitpunkt das Ziel der Regelung (vgl. *Feldmann*, GHH 2003 S. 211).

Es spräche vieles dafür, mit der Feststellung des Jahresabschlusses im Rat auch über die Entlastung der Betriebsleiter zu entscheiden. Aber § 5 Abs. 5 Satz 2 EigVO NRW weist dem Betriebsausschuss die Entscheidung über die Entlastung der Betriebsleitung zu. Diese – neue – Bestimmung ist ein Bruch mit der traditionellen Gemeindeordnung, denn diese kennt nur die Entlastung des Bürgermeisters, § 96 GO NRW. Sie bezieht sich auf die Jahresrechnung, die die Jahresabschlüsse der Eigenbetriebe nicht enthält. Da die Entlastung des Bürgermeisters einen Schlussstrich unter die Haushaltswirtschaft zieht, verzichtet der Rat auf die Geltendmachung wegen etwa festgestellter Mängel (vgl. *Knirsch* in *Rehn/Cronauge*, § 96 GO Anm. II 5; *Klieve* in Held, KVR NRW, § 96 GO NRW Erl. 3.1; *Beckmann*, DVBl 2018 S. 1521, 1525, widerspricht der Auffassung, dass mit der vorbehaltlosen Entlastungsentscheidung auch ein Verzicht auf Schadensersatzansprüche verbunden sei, denn diese Frage werde nicht geprüft, auch liege das nicht in der Entscheidungskompetenz des Rates; ebenso VG Trier, Urt. vom 6.3.2018 – 7 K 11079/17. TR –, juris, Rdn. 64). Dies gilt wohl auch für den Kämmerer als für die Haushaltswirtschaft der Gemeinde mit eigenverantwortlichen Befugnissen ausgestattetes, unmittelbares Gemeindeorgan, für andere Bedienstete der Gemeinde dagegen nicht (*Rehn/Cronauge*, § 81 GO Anm. II 3). Die

Betriebsleiter des Eigenbetriebs mit eigenständiger Haushaltswirtschaft werden weder unmittelbar noch mittelbar von der Jahresrechnung erfasst. Deshalb erscheint es sachgerecht, den Betriebsleitern für ihren Teil der gemeindlichen Haushaltswirtschaft Entlastung zu erteilen, obwohl es haftungsrechtlich wegen Art. 34 GG, § 31 BGB i. V. m. § 89 BGB nicht notwendig ist (vgl. *Meier*, VR 1999 S. 161, 169).

4.7 Die öffentliche Bekanntmachung

Nach Absatz 4 in der Fassung der Änderungsverordnung vom 13.8.2012 ist nicht nur der Jahresabschluss öffentlich bekannt zu machen, sondern auch die Verwendung des Jahresüberschusses oder die Behandlung des Jahresfehlbetrags. Letzteres bezieht sich auf die Möglichkeiten des § 10 Abs. 6 EigVO NRW, wonach ein Jahresverlust entweder aus Haushaltsmitteln der Gemeinde ausgeglichen oder auf neue Rechnung vorgetragen werden kann. Dazu ist das Ergebnis der Jahresabschlussprüfung öffentlich bekannt zu machen. Unter dem Ergebnis der Jahresabschlussprüfung ist der Bestätigungsvermerk des Abschlussprüfers entsprechend § 322 HGB zu verstehen. Ein eventueller Lagebericht ist nicht öffentlich bekannt zu machen, nur zu Einsichtnahme verfügbar zu halten, denn Satz 1 gilt nicht für einen Lagebericht.

Die öffentliche Bekanntmachung erfolgt nach den Regeln der jeweiligen Hauptsatzung entsprechend der Bekanntmachungsverordnung. Hier ist darauf hinzuweisen, dass das OVG NRW 2013 auch für amtliche Bekanntmachungen im Sinne des § 52 Abs. 3 GO NRW, also für andere als Satzungen, die grundsätzliche Beachtung der Regeln der Bekanntmachungsverordnung forderte, nämlich einen Bestätigungsvermerk und eine Bekanntmachungsanordnung. (OVG NRW, Beschl. vom 8.2.2013, NWVBl. 2013 S. 283; dazu *J. Müller*, VR 2013 S. 225). Diese Entscheidung erging in einem baurechtlichen Verfahren, in dem es um die Zurückstellung eines Bauantrages ging. Das OVG verlangte, dass der Aufstellungsbeschluss für einen Bebauungsplan entsprechend § 52 Abs. 3 GO erfolgen müsse. Es reiche nicht die Einhaltung der Abs. 4 und 6 des § 7 GO NRW, vielmehr müssten alle Vorschriften Anwendung finden.

Die Entscheidung hat für Aufregung gesorgt. Der Gesetzgeber hat auf Drängen der kommunalen Spitzenverbände reagiert und im Gesetz zur Weiterentwicklung der politischen Partizipation in den Gemeinden und zur Änderung kommunalverfassungsrechtlicher Vorschriften vom 19.12.2013 (GV NW S. 878) § 7 einen Absatz 7 angefügt:

„(7) Die Gemeinden bestimmen in ihrer Hauptsatzung die Form der öffentlichen Bekanntmachung für die nach diesem Gesetz oder anderen Rechtsvorschriften vorgeschriebenen sonstigen öffentlichen Bekanntmachungen, soweit nicht andere Gesetze hierüber besondere Regelungen enthalten. Für die Form und den Vollzug der Bekanntmachung gilt die Rechtsverordnung nach Absatz 5 entsprechend."

Damit ist nur für die Form und den Vollzug der Bekanntmachung der sonstigen öffentlichen Bekanntmachungen die entsprechende Anwendung der BekanntmVO (das sind deren §§ 4 und 6) vorgeschrieben, nicht dagegen Bestätigungsvermerk (siehe dazu VG Gelsenkirchen, Beschl. vom 3.12.2018 – 9 L 1749/18 –, juris) und Bekanntmachungsanordnung. Das Problem des OVG dürfte damit erledigt sein.

Hinsichtlich der Bekanntmachung im Internet ist auf § 27a VwVfG NRW zu verweisen

„(1) Ist durch Rechtsvorschrift eine öffentliche oder ortsübliche Bekanntmachung angeordnet, so ist diese dadurch zu bewirken, dass der Inhalt der Bekanntmachung auch auf einer Internetseite der Behörde oder ihres Verwaltungsträgers zugänglich gemacht wird. Soweit durch Rechtsvorschrift nichts anderes bestimmt ist, ist für die Einhaltung einer vorgeschriebenen Frist die Zugänglichmachung im Internet nach Satz 1 maßgeblich.

(2) Absatz 1 gilt nicht, wenn eine Zugänglichmachung im Internet, insbesondere aus technischen Gründen, nicht möglich ist."

Mit der Vorschrift soll erreicht werden – so die Begründung des Gesetzentwurfes (LT-Drs. 16/1659 S. 28 f.) –, dass öffentliche oder ortsübliche Bekanntmachungen parallel auch immer im Internet erfolgen. Weist die Bekanntmachung auf Unterlagen hin, die zur Einsicht auszulegen sind, sollen diese Unterlagen möglichst auch im Internet zugänglich gemacht werden. Damit wird die Kenntnisnahme – etwa auch für Zwecke einer Öffentlichkeitsbeteiligung – durch einen bequemeren Zugang deutlich erleichtert. In der Begründung wird aber auch deutlich gemacht, dass § 27a VwVfG NRW nichts an der Geltung der Bekanntmachungsvorschriften der Gemeindeordnung ändert. § 27a VwVfG gilt nur für Verwaltungsverfahren im Sinne des § 9 VwVfG NRW, nicht für die Gemeindeordnung. Er bringt einen allgemeinen Rechtsgedanken zum Ausdruck, der auch von den Gemeinden und ihren Einrichtungen aufgegriffen werden sollte, ersetzt aber nicht die vorgeschriebene Form der öffentlichen Bekanntmachung.

Bis zur Feststellung des nächsten Jahresabschlusses sind der Jahresabschluss und der Lagebericht zur Einsichtnahme bei der Betriebsleitung bereitzuhalten. Dies kann in Form eines Druckwerks geschehen oder in elektronischer Form auf einem Datenträger gespeichert, zusätzlich könnten sie auch im Internet veröffentlicht werden..

III. TEIL
SONDER- UND SCHLUSSVORSCHRIFTEN

§ 27
Anwendung des Neuen Kommunalen Finanzmanagements

Für die Wirtschaftsführung und das Rechnungswesen der Eigenbetriebe ist auch die Anwendung der Vorschriften der Kommunalhaushaltsverordnung Nordrhein-Westfalen zulässig. Wird hiervon Gebrauch gemacht, gelten die § 19 Absatz 2 und §§ 22 und 23 insoweit nicht. Des Weiteren ist dann der Erfolgsplan (§ 15) als Ergebnisplan nach § 2 der Kommunalhaushaltsverordnung Nordrhein-Westfalen und der Vermögensplan (§ 16) als Finanzplan nach § 3 der Kommunalhaushaltsverordnung Nordrhein-Westfalen auszugestalten. In diesen Fällen ist die mittelfristige Ergebnis- und Finanzplanung nach § 18 in die in Satz 3 genannten Pläne einzubeziehen.

Erläuterungen

Da § 19 EigVO NRW auch eine Buchführung nach den für das Neue Kommunale Finanzmanagement geltenden Grundsätzen zulässt, wurde hier die notwendige Voraussetzung dafür geregelt. In der Begründung heißt es dazu: *„Die Vorschrift lässt Anpassungen zu, damit bei örtlichem Bedarf die Wirtschaftsführung und das Rechnungswesen der Eigenbetriebe auch nach den Grundsätzen des Neues Kommunales Finanzmanagements geführt werden kann."* Dann gelten die §§ 19 Abs. 2, 21, 22, 23 und 25 der EigVO NRW und die dort in Bezug genommenen Regeln des Handelsrechts nicht.

Die Änderungsverordnung vom 5.8.2009 hat das ausdrücklich gesagt, was aus dem Sinn der Vorschrift schon zuvor folgte: Wenn nicht die Rechnungsvorschriften der Eigenbetriebsverordnung zur Anwendung kommen, dann sind die entsprechenden Vorschriften der Gemeindehaushaltsverordnung anzuwenden, insbesondere für Erfolgsplan und Vermögensplan.

Durch die Änderungsverordnung vom 13.8.2012 ist § 24 EigVO NRW aus der Ausnahme wieder herausgenommen worden, so dass auch bei Anwendung des NKF Anhang und Anlagenspiegel gemäß § 24 EigVO NRW aufzustellen sind.

§ 28

(aufgehoben)

Die Vorschrift betraf das Inkrafttreten der ursprünglichen Fassung der EigVO NRW vom 22.12.1953 (GV. NRW. S. 435), ausgegeben am 30.12.1953, so dass die EigVO NRW am 31.12.1953 in Kraft getreten ist.

Es gab dann folgende Änderungsverordnungen:

- vom 3.9.1984 (GV. NRW. S. 568); diese betraf die Mitbestimmung im Werksausschuss, sie trat am 1.10.1984 in Kraft;
- vom 17.7.1987 (GV. NRW. S. 290); diese wurde am 17.8.1987 verkündet und trat am 18.8.1987 in Kraft, wobei Übergangsvorschriften die §§ 14 bis 19, 21 bis 26 betrafen, die erstmals auf das nach dem 31.12.1987 beginnenden Wirtschaftsjahr Anwendung finden sollten. Sie führte zur Neubekanntmachung am 1.6.1988;
- Gesetz zur Errichtung der Gemeindeprüfungsanstalt vom 30.4.2002 (GV. NRW. S. 160) – siehe dazu oben § 26 –; diese Änderung ist am 1.1.2003 in Kraft getreten.

Sie ist in Art. 16 NKFG nicht mehr enthalten.

Art. 21 NKFG trifft in Absatz 2 eine Übergangsregelung. Danach können vor In-Kraft-Treten des NKFG errichtete Eigenbetriebe im Wirtschaftsjahr 2005 noch die bis zum 31.12.2004 geltende Fassung anwenden. Im Übrigen ist das Gesetz und damit die Eigenbetriebsverordnung am 1.1.2005 in Kraft getreten.

Durch die Änderungsverordnung vom 5.8.2009 (GV. NRW. S. 438) wurde die in Nordrhein-Westfalen allgemein übliche Befristung von Gesetzen und Verordnungen auch für die Eigenbetriebsverordnung geregelt. Sie sollte am 30.9.2012 außer Kraft treten.

Durch die Verordnung zur Änderung von Rechtsverordnungen auf dem Gebiet des Gemeindewirtschaftsrechts vom 13.8.2012 (GV. NRW. S. 298) wurde die Befristung aufgehoben.

Durch das Gesetz zur Änderung wasser- und wasserverbandsrechtlicher Vorschriften (GV. NRW. S. 539) wurde § 10 Abs. 2 Satz 2 Nr. 2 EigVO NRW aufgehoben, der die Möglichkeit der unentgeltlichen Zurverfügungstellung von Löschwasserversorgungsanlagen regelte; solche Anlage sind nunmehr Teil der gemeindlichen Wasserversorgungseinrichtungen und gebührenfähig, §§ 38, 39 Landeswassergesetz. In Kraft getreten ist diese Änderung am 16.7.2016.

Anhang

Anhang 1

Musterbetriebssatzung für Eigenbetriebe in Nordrhein-Westfalen –

Stand Mai 2024

Herausgegeben vom Städte- und Gemeindebund Nordrhein-Westfalen, Städtetag Nordrhein-Westfalen, Verband kommunaler Unternehmen e. V. – Landesgruppe Nordrhein-Westfalen –, Kommunal Agentur NRW GmbH
Quelle: https://kommunalagentur.nrw/wp-content/uploads/2024/05/Mustersatzung_Eigenbetrieb_05-2024.pdf (Zuletzt eingesehen am 7.9.2025)
Betriebssatzung der Stadt/Gemeinde ...... für den Eigenbetrieb .... vom ....
Aufgrund der §§ 7 und 114 der Gemeindeordnung für das Land Nordrhein-Westfalen (GO) in der Fassung der Bekanntmachung vom 14.7.1994 (GV. NRW. S. 666/SGV. NRW. 2023), zuletzt geändert durch Gesetz .... (GV. NRW. S.......) in Verbindung mit der Eigenbetriebsverordnung für das Land Nordrhein-Westfalen – EigVO – vom 16.11.2004 – GV. NRW. S. 644, ber. 2005 S. 15, zuletzt geändert durch .... (GV. NRW. S.....) hat der Rat der Stadt/Gemeinde .... am ...... folgende Betriebssatzung beschlossen:

§ 1
Name des Eigenbetriebs

Der Eigenbetrieb/Die eigenbetriebsähnliche Einrichtung führt den Namen ...

Erläuterung der Verfasser:

Name gemäß § 1 einsetzen, siehe auch § 8 Satz 3; im Folgenden Eigenbetrieb genannt. Sofern es sich um eine eigenbetriebsähnliche Einrichtung handelt, ist der Begriff „Eigenbetrieb" durch den Begriff „eigenbetriebsähnliche Einrichtung" zu ersetzen.

§ 2
Gegenstand des Eigenbetriebs

Entweder:

(1) Der Eigenbetrieb wird auf der Grundlage der gesetzlichen Vorschriften und der Bestimmungen dieser Betriebssatzung geführt/Die eigenbetriebsähnliche Einrichtung der Stadt/Gemeinde ... wird entsprechend den Vorschriften über Eigenbetriebe und den Bestimmungen dieser Betriebssatzung geführt.

Oder:

(1) Die ... (z. B. Versorgungsbetriebe) und die ...betriebe (z. B. Verkehrsbetriebe) der Stadt/Gemeinde ... bilden einen Eigenbetrieb und werden auf der Grundlage der gesetzlichen Vorschriften und den Bestimmungen dieser Betriebssatzung geführt.

(2) Zwecke des Eigenbetriebes einschließlich etwaiger Hilfs- und Nebenbetriebe sind ... (z. B. bei Versorgungsbetrieben: die Versorgung mit Elektrizität, Fernwärme, Gas, Wasser) und alle dem Betriebszweck dienenden Geschäfte.

Erläuterung der Verfasser:

Zu der Alternative 2 für Absatz 1: Vergleiche die in § 8 EigVO vorgesehenen Zusammenfassungs- und Trennungsmöglichkeiten.

§ 3
Betriebsleitung

Entweder:

(1) Zur Leitung des Eigenbetriebs ...... wird eine Betriebsleiterin oder ein Betriebsleiter bestellt.

Oder:

(1) Die Betriebsleitung besteht aus ... Mitgliedern. Ein Mitglied der Betriebsleitung wird vom Rat zur Ersten Betriebsleiterin oder zum Ersten Betriebsleiter bestellt. Seine oder ihre Stimme gibt den Ausschlag bei Stimmengleichheit.

(2) Der Eigenbetrieb ... wird von der Betriebsleitung selbstständig geleitet, soweit nicht durch Gemeindeordnung, Eigenbetriebsverordnung oder diese Satzung etwas anderes bestimmt ist. Der Betriebsleitung obliegt insbesondere die laufende Betriebsführung. Dazu gehören alle Maßnahmen, die zur Aufrechterhaltung eines einwandfreien Betriebes laufend notwendig sind, insbesondere der innerbetriebliche Personaleinsatz, die Anordnung der notwendigen Instandhaltungsarbeiten und der laufenden Systemerweiterungen, Beschaffungen von Roh-, Hilfs- und Betriebsstoffen sowie Investitionsgütern des laufenden Bedarfs, die Ersatzbeschaffung von Betriebsmitteln sowie der Abschluss von Werk- und Dienstleistungsverträgen sowie von Verträgen mit Kunden.

(3) Die Betriebsleitung ist für die wirtschaftliche Führung des Eigenbetriebs .... verantwortlich und hat die Sorgfalt eines ordentlichen und gewissenhaften Geschäftsleiters anzuwenden. Für Schäden haftet die Betriebsleitung entsprechend den Vorschriften des § 48 des Beamtenstatusgesetzes und § 81 des Landesbeamtengesetzes.

(4) Die Betriebsleitung nimmt an den Beratungen des Betriebsausschusses teil.

Erläuterung der Verfasser:

Zu der Alternative 2 des Absatzes 1: Gehört zur Betriebsleitung eine Beigeordnete oder ein Beigeordneter der Gemeinde, so ist sie gemäß § 2 Abs. 3 EigVO Erste Betriebsleiterin oder Erster Betriebsleiter. Da auf die Bestellung eines 1. Betriebsleiters oder einer 1. Betriebsleiterin verzichtet werden kann, müsste nach § 2 Abs. 2 EigVO für den Fall der Stimmengleichheit eine Regelung in der Betriebssatzung getroffen werden.

Zu Absatz 2: Um die Zuständigkeit der Betriebsleitung einerseits und der Bürgermeisterin oder des Bürgermeisters andererseits eindeutig abzugrenzen, können detailierte Regelungen aufgenommen werden, sofern dies erwünscht ist (z. B. Durchsetzung des Anschluss- und Benutzungszwangs, Erlass von Gebühren- und Beitragsbescheiden durch die Betriebsleitung).

Zu Absatz 3 Satz 1: In diesem Zusammenhang ist auf § 10 Abs. 1 EigVO zu verweisen. Danach ist für die dauernde technische und wirtschaftliche Leistungsfähigkeit des Eigenbetriebs zu sorgen. Hierzu ist u. a. ein Überwachungsystem einzurichten, dass es ermöglicht, etwaige bestandsgefährddende Entwicklungen frühzeitig zu erkennen. Zur Risikofrüherkennung gehören insbesondere

- *die Risikofrüherkennung,*
- *die Risikobewertung,*
- *Maßnahmen der Risikobewältigung einschlielich der Risikokommunikation.*
- *die Risikoüberwachung/Risikofortschreibung und*
- *die Dokumention.*

Zu Absatz 4: § 5 Abs. 3 EigVO

§ 4
Betriebsausschuss

(1) Der Betriebsausschuss besteht aus insgesamt ... Mitgliedern, davon werden .... Mitglieder gemäß § 114 Abs. 3 GO i. V. m. der Wahlordnung für Eigenbetriebe (Eig-WO) gewählt.

(2) Der Betriebsausschuss überwacht die Tätigkeit der Betriebsleitung entsprechend den gesetzlichen Bestimmungen.

(3) Der Betriebsausschuss entscheidet in den Angelegenheiten, die ihm durch die Gemeindeordnung und die Eigenbetriebsverordnung übertragen sind. Darüber hinaus entscheidet der Betriebsausschuss

in den ihm vom Rat der Stadt/Gemeinde ausdrücklich übertragenen Aufgaben sowie in den folgenden Fällen:

a) Zustimmung zu Verträgen, wenn der Wert im Einzelfalle den Betrag von ... Euro übersteigt,

b) Stundung von Zahlungsverbindlichkeiten, wenn sie im Einzelfall ... Euro übersteigen und

c) Erlass und Niederschlagung von Forderungen, wenn sie im Einzelfall ... Euro übersteigen.

(4) Unterhalb der in Abs. 3 genannten Grenzen entscheidet die Betriebsleitung.

(5) Der Betriebsausschuss berät die Angelegenheiten vor, die vom Rat zu entscheiden sind. Er entscheidet in den Angelegenheiten, die der Beschlussfassung des Rates unterliegen, falls die Angelegenheit keinen Aufschub duldet. In Fällen äußerster Dringlichkeit kann die Bürgermeisterin oder der Bürgermeister mit der oder dem Ausschussvorsitzenden entscheiden. § 60 Abs. 1 Sätze 3 und 4 GO gelten entsprechend.

(6) In Angelegenheiten, die der Beschlussfassung des Betriebsausschusses unterliegen, kann, falls die Angelegenheit keinen Aufschub duldet, die Bürgermeisterin oder der Bürgermeister mit der oder dem Ausschussvorsitzenden oder einem anderen dem Rat angehörenden Ausschussmitglied des Betriebsausschusses entscheiden. § 6 Abs. 3 GO gilt entsprechend.

Anmerkungen der Verfasser

Zu Absatz 1: Nicht anzuwenden sind die Mitbestimmunsgregelungen des § 114 Abs. 3 bei eigenbetriebsähnlichen Einrichtungen (OVG NRW, Beschluss vom 9. April 203 - 1 A 500/01 PVL – www.nrwe.de,

Hinter Absatz 3 Satz 2 lit. a: Ausgenommen sind Angelegenheiten, die nach der Gemeindeordnung, der Eigenbetriebssatzung oder durch die Hauptsazung der Zuständigkeit des Rates vorbehalten sind. Bei der Festlegung der Beträge in § 4 Abs. 2a–c dieser Mustersatzung ist darauf zu achten, dass Geschäfte der laufenden Betriebsführung der Betriebsleitung vorbehalten sind. Die Beträge sind daher so zu dimensionieren, dass es gerechtfertigt ist, die dem Betriebsausschuss zugewiesenen Entscheidungskompetenzen nicht als Geschäft der laufenden Betriebsführung anzusehen.

Hinter Absatz 3 Satz 2 lit c: Bei der Festlegung dieser Beträge kann z. B. auf einen prozentualen Anteil bestimmter betrieblicher Kennzahlen (z. B. durchschnittliches jährliches Investitionsvolumen, durchschnittliche jährliche betriebliche Erträge bestimmter Positionen der Gewinn- und Verlustrechnung abgestellt werden.

§ 5
Rat

Der Rat der Stadt/Gemeinde .... entscheidet in allen Angelegenheiten, die ihm durch die Gemeindeordnung, die Eigenbetriebsverordnung oder die Hauptsatzung vorbehalten sind. § 4 Abs. 3 dieser Satzung bleibt davon unberührt.

§ 6
Bürgermeisterin oder Bürgermeister

(1) Im Interesse der Einheitlichkeit der Verwaltungsführung kann die Bürgermeisterin oder der Bürgermeister der Betriebsleitung Weisungen erteilen. Dies gilt nicht für Angelegenheiten der laufenden Betriebsführung, die ausschließlich der Betriebsleitung unterliegen.

(2) Die Betriebsleitung hat die Bürgermeisterin oder den Bürgermeister über alle wichtigen Angelegenheiten des Eigenbetriebs ... rechtzeitig zu unterrichten und ihr oder ihm auf Verlangen Auskunft zu erteilen. Die Bürgermeisterin oder der Bürgermeister bereitet die Vorlagen für den Betriebsausschuss und den Rat im Benehmen mit der Betriebsleitung.

(3) Glaubt die Betriebsleitung nach pflichtmäßigem Ermessen die Verantwortung für die Durchführung einer Weisung der Bürgermeisterin oder des Bürgermeisters nicht übernehmen zu können und führt ein Hinweis auf entgegenstehende Bedenken der Betriebsleitung nicht zu einer Änderung der Weisung, so hat sie sich an den Betriebsausschuss zu wenden. Wird keine Übereinstimmung zwischen dem Betriebsausschuss und der Bürgermeisterin oder dem Bürgermeister erzielt, so ist die Entscheidung des Hauptausschusses herbeizuführen.

Anmerkungen der Verfasser:

Zu Absatz 1 Satz 1: Die Bürgermeisterin oder der Bürgermeister kann sich bei der Wahrnehmung seiner oder ihrer Aufgaben durch die oder den zuständigen Beigeordneten vertreten lassen, sofern die oder der zuständige Beigeordnete nicht der Betriebsleitung angehört.

Zu Absatz 1 Satz 2: vgl. § 6 Abs. 3 EigVO.

§ 7

Kämmerin oder Kämmerer

Die Betriebsleitung hat der Kämmerin oder dem Kämmerer den Entwurf des Wirtschaftsplanes und des Jahresabschlusses, die Zwischenberichte, die Ergebnisse der Betriebsstatistik und die Kostenrechnungen zuzuleiten; sie hat ihr oder ihm ferner auf Anforderung alle sonstigen finanzwirtschaftlichen Auskünfte zu erteilen.

Anmerkungen der Verfasser:

Ist die Kämmerin oder der Kämmerer Beigeordente oder Beigeordneter, so ist für die Teilnahme der Kämmerin oder des Kämmerers an Sitzungen des Betriebsausschusses § 69 Abs. 2 GO zu beachten.

§ 8

Personalangelegenheiten

(1) Bei dem Eigenbetrieb ... sind in der Regel Arbeitnehmerinnen und Arbeitnehmer (Personen ohne Beamtenstatus) zu beschäftigen.

Entweder:

(2) Die Befugnis zur Einstellung, Ein- und Höhergruppierung und Beendigung von Arbeitsverhältnissen von Arbeitnehmerinnen und Arbeitnehmern liegt bei der Betriebsleitung.

Oder:

(2) Die Befugnis zur Einstellung, Ein- und Höhergruppierung und Beendigung von Arbeitsverhältnissen von Arbeitnehmerinnen und Arbeitnehmern liegt bis zur Entgeltgruppe ... bei der Betriebsleitung, bei allen übrigen Arbeitnehmerinnen oder Arbeitnehmern liegt diese Befugnis bei der Bürgermeisterin oder dem Bürgermeister, wobei der Betriebsleitung ein Vorschlagsrecht zukommt.

Oder:

(2) Die Befugnis zur Einstellung, Ein- und Höhergruppierung und Beendigung von Arbeitsverhältnissen von Arbeitnehmerinnen und Arbeitnehmern liegt bei der Bürgermeisterin oder dem Bürgermeister, wobei der Betriebsleitung ein Vorschlagsrecht zukommt.

(3) Die bei dem Eigenbetrieb ... beschäftigten Beamtinnen und Beamten werden im Stellenplan der Gemeinde geführt und in der Stellenübersicht des Eigenbetriebs .... nachrichtlich angegeben.

Anmerkungen der Verfasser:

Vor Absatz 2: Diese Varianten kommen nach der Regelung des § 6 Abs. 1 EigVO in Betracht. Die ersten beiden der drei aufgeführten Varianten machen hinsichtlich der Übertragung der Befugnisse auf die Betriebsleitung eine entsprechende Regelung in der Hauptsatzung erforderlich, die dritte Variante wie auch die Einräumung des Vorschlagsrechts in der zweiten Variante können durch entsprechende Regelungen in der Betriebssatzung erfolgen (vgl. § 6 Abs. 1, S. 2 und 3 EigVO.

Zu Absatz 2 Variante 2: Nach § 6 Abs. 1 S. 4 EigVO ist der Betriebsleitung zumindest ein Vorschlagsrecht einzuräumen.

Zu Absatz 2 Variante 3: sieh die Anmerkung Variante zuvor.

§ 9

Vertretung des Eigenbetriebs ....

(1) In den Angelegenheiten des Eigenbetriebs ... wird die Stadt/Gemeinde durch die Betriebsleitung vertreten, sofern die Gemeindeordnung oder die Eigenbetriebsordnung keine anderen Regelungen treffen.

(2) Die Betriebsleitung unterzeichnet unter dem Namen des Eigenbetriebs ... ohne Angabe eines Vertretungsverhältnisses, die übrigen Dienstkräfte „Im Auftrag". In den Angelegenheiten, die der Entscheidung anderer Organe unterliegen und in denen die Betriebsleitung mit der Vertretung beauftragt wird, ist unter der Bezeichnung „Der Bürgermeister oder die Bürgermeisterin – Der Eigenbetrieb ..." unter Angabe des Vertretungsverhältnisses zu unterzeichnen.

(3) Der Kreis der Vertretungsberechtigten und der Beauftragten sowie der Umfang ihrer Vertretungsbefugnis werden von der Betriebsleitung in .... öffentlich bekannt gemacht.

Anmerkungen der Verfasser:

Zu § 9: Bei verpflichtenden Erklärungen ist § 3 Abs. 3 EigVO zu beachten.

Zu Abs. 3: Die Form der öffentlichen Bekanntmachung richtet sich nach dem geltenden Ortsrecht.

§ 10

Wirtschaftsjahr

Wirtschaftsjahr ist das Kalenderjahr.

Anmerkung der Verfasser:

Wenn die betrieblichen Bedürfnisse es erfordern, kann die Betriebssatzung ein hiervon abweichendes Wirtschaftjahr bestimmen (vgl. § 12 EigVO).

§ 11

Stammkapital und Bilanzierung von Pensionsverpflichtungen

(1) Das Stammkapital des Eigenbetriebs ..... beträgt ... Euro.

(2) Pensionsverpflichtungen nach den beamtenrechtlichen Vorschriften sind für die Dauer der Beschäftigung von Beamtinnen und Beamten im Eigenbetrieb als Rückstellung zu bilanzieren, soweit die Gemeinde den Eigenbetrieb nicht gegen entsprechende Zahlungen von künftigen Versorgungsleistungen freistellt. § 37 Abs. 1 KomHVO gilt entsprechend

Anmerkung der Verfasser:

Zu Absatz 1: Bei der Errichtung eines Eigenbtriebs durch Ausgliederung von Vermögen und Schulden aus dem Haushalt der Gemeidne sind auch deren Gegenstand und Wert in der Betriebssatzung festzusetzen (vgl. § 9 Abs. 1 EigVO).

§ 12

Wirtschaftsplan

(1) Der Eigenbetrieb hat spätestens ein Monat vor Beginn eines jeden Wirtschaftsjahres einen Wirtschaftsplan aufzustellen. Dieser besteht aus dem Erfolgsplan, dem Vermögensplan und der Stellenübersicht.

(2) Mehrauszahlungen für Einzelvorhaben des Vermögensplanes, die den Ansatz im Vermögensplan um mehr als ... Euro überschreiten, bedürfen der Zustimmung des Betriebsausschusses. Bei Eilbedürftigkeit tritt an die Stelle der Zustimmung des Betriebsausschusses die Zustimmung der Bürgermeisterin oder des Bürgermeisters und der oder des Vorsitzenden des Betriebsausschusses oder eines anderen dem Betriebsausschuss angehörenden Ratsmitglieds; der Betriebsausschuss ist unverzüglich zu unterrichten.

(3) Sind bei der Ausführung des Erfolgsplans erfolgsgefährdende Mindererträge zu erwarten, so hat die Betriebsleitung die Bürgermeisterin oder den Bürgermeister unverzüglich zu unterrichten. Erfolg gefährdende Mehraufwendungen bedürfen der Zustimmung des Betriebsausschusses, es sei denn, dass sie unabweisbar sind. Sind sie unabweisbar, so sind die Bürgermeisterin oder der Bürgermeister und der Betriebsausschuss unverzüglich zu unterrichten. Bei Eilbedürftigkeit tritt an die Stelle der Zustimmung des Betriebsausschusses die der Bürgermeisterin oder des Bürgermeisters und der oder des Vorsitzenden des Betriebsausschusses oder eines anderen dem Betriebsausschuss angehörenden Ratsmitglieds; der Betriebsausschuss ist unverzüglich zu unterrichten.

§ 13

Zwischenbericht

Die Betriebsleitung hat die Bürgermeisterin oder den Bürgermeister und den Betriebsausschuss vierteljährlich einen Monat nach Quartalsschluss über die Entwicklung der Erträge und Aufwendungen sowie über die Ausführung des Vermögensplanes schriftlich zu unterrichten.

§ 14

Jahresabschluss

Der Jahresabschluss ist bis zum Ablauf von drei Monaten nach Ende des Wirtschaftsjahres von der Betriebsleitung aufzustellen und über die Bürgermeisterin oder den Bürgermeister dem Betriebsausschuss vorzulegen. Die Kämmerin oder der Kämmerer ist rechtzeitig zu beteiligen. Nach Aufstellung hat eine Prüfung unter Beachtung der §§ 103, 114 Abs. 1 GO i. V. m. § 21 EigVO zu erfolgen.

Anmerkung derVerfasser:

Durch das 3. NKFWG vom 5. März 2024 (GV.NRW S. 136) ist § 25 EigVO, der die Aufstellung eines Lageberichts entsprechend den Vorschriften des § 289 des Handelsgesetzbuches vorschrieb, gestrichen worden und damit die Verpflichtung zur Aufstellung eines Lageberichts weggefallen. Sofern ein Lagebericht weiterhin gewünscht ist, kann dies in der Satzung (freiwillig) geregelt werden. Da die EU-Nachhaltigkeitsberichterstattung Teil der nicht finanziellen Erklärungen des Lageberichts sein wird, ist diese ausdrücklich auszunehmen, um den sehr umfangreichen Pflichten der EU-Nachhaltigkeitsberichterstattung nach der CSRD nicht nachkommen zu müssen.

Es könnte folgende Formulierung gewählt werden: „Mit dem Jahresabschluss ist ein Lagebericht entsprechend den Vorschriften des § 289 des Handelsgesetzbuches aufzustellen; nicht anzuwenden sind die Regelungen zur Nachhaltigkeitsberichterstattung nach der Corporate Sustainability Reporting Directive (CSRD)." Alternativ könnten die einzelnen Vorgaben zum Lagebericht abschließend in der Eigenbetriebsatzung geregelt werden oder es könnte die Aufstellung eines Lageberichts entsprechend § 49 KomHVO NRW angeordnet werden.

Bei Eigenbetrieben mit mehr als einem Betriebszweig ist eine Gewinn- und Verlustrechnung für jeden Betriebszweig aufzustellen (vgl. § 23 Abs. 2 EigVO).

§ 15

Personalvertretung

Der Eigenbetrieb bleibt personalvertretungsrechtlich Teil der Dienststelle Stadt-/Gemeindeverwaltung ...., so dass der Personalrat der Stadt-/Gemeindeverwaltung .... auch die Personalvertretung für den Eigenbetrieb übernimmt. Es gilt das Landespersonalvertretungsgesetz (LPVG).

Anmerkungen der Verfasser:

Siehe auch § 1 Abs. 2 LPVG.

§ 16

Frauenförderung

Die landesgesetzlichen und kommunalen Vorgaben zur Frauenförderung gelten auch für den Eigenbetrieb. Dies gilt ebenso für die Zuständigkeit der Gleichstellungsbeauftragten.

§ 17

Inkrafttreten

Diese Betriebssatzung tritt mit Wirkung zum .... in Kraft. Gleichzeitig tritt die Betriebssatzungen des Eigenbetriebs .... vom ..... außer Kraft.

Beispiel einer Dienstanweisung

Dienstanweisung für die Werkleitungen der Eigenbetriebe
Die Eigenbetriebe sind rechtlich unselbständiges Sondervermögen der Gemeinde ohne eigene Rechtspersönlichkeit. Sie bleiben Teil der Gemeindeverwaltung.
Gemäß der Eigenbetriebsverordnung sowie den vom Rat der Stadt beschlossenen Betriebssatzungen obliegen der Werkleitung Eigenbetriebe die selbstständige Leitung der Eigenbetriebe insbesondere alle Aufgaben der laufenden Betriebsführung, soweit nicht durch die Gemeindeordnung oder die Betriebssatzung etwas anderes bestimmt ist. Insoweit obliegt den Werkleitungen als unmittelbar Handlungsverantwortlichen die strafrechtliche Verantwortung für die Eigenbetriebe im Rahmen der durch die Betriebssatzung übertragenen Aufgaben und der gesetzlichen Bestimmungen.
Die Verantwortung auch für die Eigenbetriebe gemäß § 62 GO NRW liegt allerdings weiterhin bei mir als Chef der Verwaltung. Daher obliegt mir nach wie vor die Verpflichtung, das Prinzip der Gesetzmäßigkeit der Verwaltung sicherzustellen. Deshalb und zur Sicherung der Einheitlichkeit der Verwaltung habe ich nach wie vor Aufsichts- und Weisungskompetenzen, die ich auch auf andere übertragen kann.
Zur Sicherstellung der mir obliegenden Aufsichtspflicht erlasse ich daher die nachfolgende Dienstanweisung zur Unterrichtung über wesentliche Geschäftsvorfälle:

Berichtspflicht bei straf- und ordnungsrechtlichen Geschäftsvorfällen

Die Werkleitungen der Eigenbetriebe werden angewiesen, über wichtige straf- und ordnungsrechtliche Geschäftsvorfälle sofort den Rechtsdezernenten oder bei dessen Abwesenheit seinen Vertreter im Amt zu unterrichten.

Berichtspflichtige Geschäftsvorfälle sind insbesondere solche, die im weitesten Sinne strafrechtlich relevant werden können, also

- Feststellung von Tatbeständen, die möglicherweise eine Ordnungswidrigkeit oder eine Straftat darstellen können
- Ermittlungsmaßnahmen der Polizei oder der Staatsanwaltschaft
- sowie im Umweltbereich tatsächlich ergangene oder drohende Ordnungsverfügungen gegen den Eigenbetrieb
- erfolgte oder drohende Überschreitungen von zulässigen Grenzwerten
- oder erfolgte oder drohende Verstöße gegen behördliche Erlaubnisse
- und im Bereich der Alten- und Pflegeheime Maßnahmen der Heimaufsicht oder der Gesundheitsaufsicht.

Ich übertrage dem Rechtsdezernenten für derartige Fälle auch mein Recht, den Werkleitungen Weisungen zu erteilen.

Allgemeine Berichtspflicht

Die in der Eigenbetriebsverordnung sowie in den Betriebssatzungen festgelegten sonstigen Berichtspflichten mir gegenüber werden von dieser Dienstanweisung nicht berührt und bleiben bestehen.

Berichtspflicht gegenüber dem Kämmerer

Die Berichtspflichten gegenüber dem Kämmerer über den Entwurf des Wirtschaftsplans, des Finanzplans und des Jahresabschlusses, die Vierteljahresübersichten, die Ergebnisse der Betriebsstatistik und die Selbstkostenrechnungen bleiben ebenfalls unberührt.

Zusammenarbeit mit den Fachdezernenten

Angelegenheiten, die gesamtstädtische Belange betreffen und insbesondere die Zuständigkeiten der Fachdezernenten (Sozialdezernent für Altenheime, Umweltdezernent für Abfall, Baudezernent für Kanal) berühren können, sollen mit diesen frühzeitig abgestimmt werden. Diese erhalten auch die Einladungen zu den Sitzungen der Werksausschüsse.

Vorlagen an die Werksausschüsse, die der Beschlußfassung durch den Rat der Stadt unterliegen, sind vor Versendung der Unterlagen an die Mitglieder des Werkausschusses in den Verwaltungsvorstand einzubringen. An der Beratung der Vorlagen im Verwaltungsvorstand nimmt die Werkleitung teil.

Verordnung über das Wahlverfahren zur Benennung der Beschäftigten des Eigenbetriebs für die Wahl in den Betriebsausschuss (Wahlordnung für Eigenbetriebe – Eig-WO)

vom 24. Oktober 2001 (GV. NRW. S. 771), geändert durch Art. 17 des Gesetzes vom 16. November 2004 (GV. NRW. S. 644), geändert durch Art. 95 des 5. Befristungsgesetzes vom 5. April 2005 (GV. NRW. S. 360), geändert durch die Verordnung zur Änderung von Rechtsverordnungen auf dem Gebiet des Gemeindewirtschaftsrechts vom 5. August 2009 (GV. NRW. S. 438), zuletzt geändert durch Art. 3 der Verordnung vom 13.8.2012 (GV. NRW. S. 296)

Aufgrund des § 130 Abs. 2 Nr. 10 der Gemeindeordnung für das Land Nordrhein-Westfalen in der Fassung der Bekanntmachung vom 14. Juli 1994 (GV. NRW. S. 666), zuletzt geändert durch Gesetz vom 28. März 2000 (GV. NRW. S. 245), wird im Einvernehmen mit dem Finanzministerium und mit Zustimmung des Ausschusses für Kommunalpolitik des Landtags verordnet:

§ 1
Wahlvorbereitung

(1) Die Bürgermeisterin bzw. der Bürgermeister teilt dem Personalrat oder, falls ein solcher nicht besteht, den Beschäftigten des Eigenbetriebs spätestens zwölf Wochen vor dem Tag der Kommunalwahl (maßgeblicher Zeitpunkt) mit, dass die Versammlung der Beschäftigten des Eigenbetriebs dem Rat der Gemeinde für die nach § 114 Abs. 3 Satz 4 der Gemeindeordnung zu wählenden Beschäftigten Vorschläge zu machen hat. Muss der Betriebsausschuss im Laufe der Wahlzeit des Rates neu gebildet werden, gilt ein vom Rat zu bestimmender Tag als maßgeblicher Zeitpunkt. Falls für mehrere Eigenbetriebe ein gemeinsamer Betriebsausschuss zu bilden ist, ergeht die Mitteilung im Sinne von Satz 1 an den Personalrat oder, falls ein solcher nicht besteht, an die Beschäftigten der Eigenbetriebe mit dem Hinweis, dass die Versammlung der Beschäftigten der Eigenbetriebe die Vorschläge zu machen hat. Die Wahl der vorzuschlagenden Beschäftigten ist so durchzuführen, dass die Vorschläge der Versammlung mindestens drei Wochen vor dem maßgeblichen Zeitpunkt feststehen.

(2) Versammlung der Beschäftigten im Sinne dieser Verordnung ist die Gesamtheit aller wahlberechtigten Beschäftigten des Eigenbetriebs oder, falls für mehrere Eigenbetriebe ein gemeinsamer Betriebsausschuss zu bilden ist, die Gesamtheit aller wahlberechtigten Beschäftigten der Eigenbetriebe.

(3) Personalrat im Sinne dieser Verordnung ist der für den Eigenbetrieb zuständige Personalrat oder, falls für mehrere Eigenbetriebe ein gemeinsamer Betriebsausschuss zu bilden ist, der für den Eigenbetrieb mit der größten Beschäftigtenzahl zuständige Personalrat. Entsprechendes gilt, wenn Teile eines Eigenbetriebs zu selbstständigen Dienststellen im Sinne des § 1 Abs. 3 LPVG erklärt worden sind.

(4) Die Frist nach Absatz 1 Satz 1 kann im Einvernehmen mit dem Personalrat abgekürzt werden, soweit die Frist nach § 5 Abs. 1 Satz 1 eingehalten wird.

§ 2
Wahlvorstand

(1) Der Personalrat bestellt spätestens zehn Wochen vor dem maßgeblichen Zeitpunkt drei Wahlberechtigte als Wahlvorstand und eine oder einen von ihnen als Vorsitzende bzw. Vorsitzenden.

(2) Ist kein Personalrat vorhanden oder kommt der Personalrat seiner Verpflichtung zur Bestellung des Wahlvorstandes nicht fristgerecht nah, so bestellt die Bürgermeisterin bzw. der Bürgermeister den Wahlvorstand.

(3) § 1 Abs. 4 gilt entsprechend.

(4) Für die Vorbereitung und Durchführung der Wahl gelten die Vorschriften der §§ 1– 3 der Wahlordnung zum Landespersonalvertretungsgesetz (WO-LPVG).

§ 3
Wahlrecht

(1) Wahlberechtigt sind alle Beschäftigten, die am Wahltage

1. das 16. Lebensjahr vollendet haben,
2. in das Wählerverzeichnis eingetragen sind.

(2) Wahlberechtigt sind nicht

a) Beschäftigte, die voraussichtlich nur für einen Zeitraum von höchstens sechs Monaten beschäftigt werden,
b) Mitglieder der Betriebsleitung und deren Stellvertretung,
c) Beschäftigte, die infolge Richterspruchs das Recht, in öffentlichen Angelegenheiten zu wählen oder zu stimmen, nicht besitzen,
d) Beschäftigte, die am Wahltag seit mehr als achtzehn Monaten unter Wegfall der Bezüge beurlaubt sind,
e) Beschäftigte, die bei Altersteilzeit im Blockmodell in die Freistellungsphase eintreten.

§ 4
Wählbarkeit

(1) Wählbar sind alle Wahlberechtigten, die

1. am Wahltag seit sechs Monaten bei dem Eigenbetrieb, oder falls für mehrere Eigenbetrieb ein gemeinsamer Betriebsausschuss zu bilden ist, bei einem der Eigenbetriebe beschäftigt sind,
2. am Wahltag Deutsche im Sinne von Artikel 116 Abs. 1 des Grundgesetzes sind oder die Staatsangehörigkeit eines Mitgliedstaates der Europäischen Gemeinschaft besitzen und das 18. Lebensjahr vollendet haben.

(2) Wählbar ist nicht,

- wer wöchentlich regelmäßig weniger als zwei Fünftel der regelmäßigen Arbeitszeit beschäftigt ist,
- wer am Wahltag seit mehr als sechs Monaten unter Wegfall der Bezüge beurlaubt ist,
- wer nach der Wahl Aufgaben einer Gleichstellungsbeauftragten bei dem Eigenbetrieb oder, falls für mehrere Eigenbetriebe ein gemeinsamer Betriebsausschuss zu bilden ist, bei einem der Eigenbetriebe wahrnimmt.

(3) Besteht der Eigenbetrieb oder einer der Eigenbetriebe, für die ein gemeinsamer Betriebsausschuss zu bilden ist, weniger als ein Jahr, so bedarf es für die Wählbarkeit nicht der Voraussetzung des Absatzes 1 Nr. 1.

§ 5
Wahlausschreiben

(1) Der Wahlausschuss erlässt spätestens acht Wochen vor dem maßgeblichen Zeitpunkt ein Wahlausschreiben. Es ist von sämtlichen Mitgliedern des Wahlvorstandes zu unterschreiben.

(2) Das Wahlausschreiben muss enthalten

1. den Ort und den Tag seines Erlasses;
2. die Bestimmung des Ortes, an dem das Wählerverzeichnis, die Wahlordnung zum Landespersonalvertretungsgesetz und diese Verordnung ausliegen;
3. den Hinweis, dass nur Beschäftigte wählen und gewählt werden können, die in das Wählerverzeichnis eingetragen sind;
4. den Hinweis, dass Einsprüche gegen das Wählerverzeichnis nur vor Ablauf von einer Woche seit dem Erlass des Wahlausschreibens schriftlich beim Wahlvorstand eingelegt werden können; der letzte Tag der Einspruchsfrist ist anzugeben;
5. die Zahl der Beschäftigten, die von der Versammlung der Beschäftigten für den Betriebsausschuss vorgeschlagen werden müssen (§ 114 Abs. 3 der Gemeindeordnung); hierbei ist von der auf den Tag des Erlasses des Wahlausschreibens festgestellten Zahl der in der Regel Beschäftigten auszugehen;

6. die Aufforderung, Wahlvorschläge innerhalb von drei Wochen seit dem Erlass des Wahlausschreibens bei dem Wahlvorstand einzureichen; der letzte Tag der Frist ist anzugeben;
7. den Hinweis auf die Mindestzahl von Beschäftigten, von denen ein gültiger Wahlvorschlag unterzeichnet sein muss;
8. den Hinweis, dass jeder Wahlvorschlag mindestens so viele Namen enthalten soll, wie Beschäftigte nach Nummer 5 für den Betriebsausschuss vorgeschlagen werden müssen;
9. den Hinweis, dass die Stimmabgabe an die Wahlvorschläge gebunden ist und dass nur solche Wahlvorschläge berücksichtigt werden, die fristgerecht (Nr. 6) eingereicht worden sind;
10. einen Hinweis auf die Möglichkeit der schriftlichen Stimmabgabe oder die Anordnung der schriftlichen Stimmabgabe;
11. den Ort und die Zeit der Stimmabgabe;
12. den Ort, an dem Einsprüche, Wahlvorschläge und sonstige Erklärungen gegenüber dem Wahlvorstand abzugeben sind (Betriebsadresse des Wahlvorstandes);
13. den Ort, an dem die Wahlvorschläge bekannt gegeben werden;
14. den Ort und den Termin der Sitzung, in der das Wahlergebnis festgestellt wird.

(3) Der Wahlvorstand hat eine Abschrift oder einen Abdruck dieser Verordnung, der Wahlordnung zum Landespersonalvertretungsgesetz und des Wahlausschreibens vom Tage seines Erlasses bis zum Abschluss der Stimmabgabe an einer oder an mehreren geeigneten, den Wahlberechtigten gut zugänglichen Stellen auszuhängen und in gut lesbarem Zustand zu erhalten.

(4) Offenbare Unrichtigkeiten des Wahlausschreibens können vom Wahlvorstand jederzeit berichtigt werden.

(5) Mit Erlass des Wahlausschreibens ist die Wahl eingeleitet.

§ 6
Wahlvorschläge

(1) Die Wahlberechtigten sowie die im Betrieb vertretenen Gewerkschaften und Berufsverbände (§ 16 Abs. 4 LPVG) können Wahlvorschläge machen.

(2) Die Wahlvorschlage sind innerhalb von drei Wochen nach dem Erlass des Wahlausschreibens einzureichen. Den Wahlvorschlägen sind die schriftlichen Zustimmungen der Bewerberinnen und Bewerber zur Aufnahme in den Wahlvorschlag beizufügen.

(3) Die Vorschriften der §§ 10 –13 WO-LPVG gelten sinngemäß.

§ 7
Inhalt der Wahlvorschläge

(1) Der Wahlvorschlag soll mindestens doppelt so viele Bewerberinnen oder Bewerber enthalten wie nach § 114 Abs. 3 der Gemeindeordnung als ordentliche und stellvertretende Mitglieder des Betriebsausschusses vom Rat zu wählen sind. Die Namen der einzelnen Bewerberinnen und Bewerber sind auf dem Wahlvorschlag untereinander aufzuführen und mit fortlaufenden Nummern zu versehen. Außer dem Familienname sind der Vornahme, das Lebensalter und die Dienststellung anzugeben.

(2) Jeder Wahlvorschlag muss mindestens von einem Zehntel jedoch wenigstens von drei Wahlberechtigten unterzeichnet sein; in jedem Fall genügen die Unterschriften von fünfzig Wahlberechtigten. Jeder Wahlvorschlag der in § 6 Abs. 1 bezeichneten Organisationen muss von einer beauftragten Person der Organisation unterzeichnet sein.

(3) Aus dem Wahlvorschlag soll zu ersehen sein, welche der Personen, die den Wahlvorschlag unterzeichnet haben, zur Vertretung des Wahlvorschlags gegenüber dem Wahlvorstand und zur Entgegennahme von Erklärungen und Entscheidungen des Wahlvorstandes berechtigt ist. Fehlt bei Wahlvorschlagen der Beschäftigten eine Angabe hierüber, gelten die Unterzeichnerin oder der Unterzeichner als berechtigt, die an erster Stelle stehen.

(4) Der Wahlvorschlag kann mit einem Kennwort versehen werden.

(5) Ein Wahlvorschlag kann nur geändert werden, wenn die in § 6 Abs. 2 bestimmte Frist noch nicht abgelaufen ist und alle Unterzeichnerinnen und Unterzeichner der Änderung zustimmen.

§ 8

Stimmabgabe

(1) Die Stimmabgabe erfolgt in geheimer Wahl der wahlberechtigten Beschäftigten aufgrund von Wahlvorschlägen durch Abgabe eines Stimmzettels in einem Wahlumschlag. Die §§ 14 –18 WO-LPVG gelten sinngemäß.

(2) Auf dem Stimmzettel sind die Bewerberinnen und Bewerber in alphabetischer Reihenfolge unter Angabe von Familienname, Vorname und Dienststellung aufzuführen. Werden eine Bewerberin oder ein Bewerber aufgrund eines mit einem Kennwort versehenen Wahlvorschlags aufgeführt, ist den Angaben nach Satz 1 das Kennwort des Wahlvorschlags hinzuzufügen. Die Wählerinnen und Wähler kennzeichnen die von ihnen gewählten Bewerberinnen und Bewerber durch Ankreuzen der hierfür im Stimmzettel vorgesehenen Stelle. Es dürfen so viele Bewerberinnen und Bewerber gewählt werden, wie nach dem Wahlausschreiben von der Versammlung der Beschäftigten für den Betriebsausschuss vorgeschlagen werden müssen; werden mehr Bewerberinnen und Bewerber angekreuzt, ist der Stimmzettel ungültig.

§ 9

Wahlergebnis

Gewählt sind in der Reihenfolge der höchsten Stimmzahlen alle Bewerberinnen und Bewerber, deren Berücksichtigung erforderlich ist, um die für den Vorschlag nach § 113 Abs. 3 Satz 4 der Gemeindeordnung gebotene Anzahl der Beschäftigten zu erreichen. Bei Stimmengleichheit entscheidet das Los. § 19 WO-LPVG gilt sinngemäß.

§ 10

Wahlniederschrift

(1) Nach Ermittlung der vorgeschlagenen Bewerberinnen und Bewerber fertigt der Wahlvorstand eine Niederschrift, die von sämtlichen Mitgliedern des Wahlvorstandes zu unterzeichnen ist. Die Niederschrift muss enthalten:

1. die Gesamtzahl der abgegeben Stimmen;
2. die Zahl der gültigen Stimmen;
3. die jeder Bewerberin und jedem Bewerber zugefallene Stimmenzahl;
4. die Zahl der ungültigen Stimmen;
5. die Namen der für den Vorschlag nach § 114 Abs. 3 Satz 4 der Gemeindeordnung gewählten Bewerberinnen und Bewerber.

(2) Besondere Vorkommnisse bei der Wahlhandlung oder der Feststellung des Wahlergebnisses sind in der Niederschrift zu vermerken.

(3) Die Wahlakten sind mindestens für die Dauer der Wahlzeit der Gewählten durch den Personalrat aufzubewahren. § 20 WO-LPVG gilt sinngemäß.

§ 11

Mitteilung des Ergebnisses

Der Wahlvorstand teilt dem Rat und der Bürgermeisterin bzw. dem Bürgermeister unverzüglich, spätestens aber drei Tage nach der Wahl den Vorschlag nach § 114 Abs. 3 Satz 4 der Gemeindeordnung schriftlich mit. In dem Vorschlag sind die vorgeschlagenen Personen nach Stimmenzahlen zu ordnen. Die Stimmenzahlen sind hinter den Namen anzugeben.

§ 12

Anfechtung der Wahl

Für die Anfechtung der Wahl gilt § 22 LPVG mit Ausnahme des Absatzes 2 Satz 4 entsprechend.

§ 12a

Berechnung von Fristen

Für die Berechnung der in dieser Verordnung festgelegten Fristen finden die §§ 186 bis 193 des Bürgerlichen Gesetzbuches entsprechende Anwendung.

§ 13

Diese Verordnung tritt am Tage nach ihrer Verkündung in Kraft.

Anmerkung des Verfassers: Die Änderungsverordnung vom 13.8.2012 ist am 30.8.2012 in Kraft getreten.

RdErl. des Innenministers NRW

vom 30.8.1984, Az: III B 4–5/7016–7337-84

Zur Wahl der Beschäftigtenvertreter durch den Rat und zur Durchführung des Wahlverfahrens zur Benennung der Beschäftigten gebe ich hiermit die folgenden Hinweise:

(1) Die dem Werksausschuß künftig angehörenden Beschäftigten werden durch den Rat nach § 35 Abs. 3 (= § 50 Abs. 3) GO zusammen mit den übrigen Ausschußmitgliedern in einem Wahlgang gewählt, und zwar aus einem Vorschlag der Versammlung der Beschäftigten des Eigenbetriebes, der mindestens die doppelte Anzahl der zu wählenden Mitglieder und Stellvertreter enthält.

(2) § 5 Abs. 2 Satz 3 EigVO in der Fassung der VO zur Änderung der Eigenbetriebsverordnung bestimmt, dass für die dem Werksausschuß angehörenden Beschäftigten eine gleich große Anzahl von Stellvertretern zu wählen ist und legt damit eine zusätzliche Größe für die Ermittlung der Zahl der dem Rat insgesamt vorzuschlagenden Beschäftigten fest (vgl. Nr. 6).

Die neuen Sätze 4 bis 6 der Vorschrift regeln das Verfahren zur Bestimmung der Nachfolger im Falle des vorzeitigen Ausscheidens von Mitgliedern oder stellvertretenden Mitgliedern des Werksausschusses vor Ablauf der Wahlzeit des Rates. Damit wird sichergestellt, dass der Werksausschuß stets gemäß § 93 Abs. 3 (= § 114 Abs. 3) GO in der nach dem Entwurf des Mitbestimmungs-Artikelgesetzes vorgesehenen Fassung besetzt ist.

(3) Die Neufassung des § 5 Abs. 2 EigVO paßt ferner das Verfahren zur Bestimmung des Vorsitzenden des Werksausschusses dem allgemein für die Besetzung der Ausschußvorsitze geltenden Verfahren (§ 42 Abs. 5 (= § 58 Abs. 5) GO – sog. Zugreifverfahren –) an.

(4) Der in Absatz 6 neu eingefügte Satz 4 (vorübergehende Wahrnehmung der Aufgaben des Werksausschusses durch den Hauptausschuß) trifft Vorsorge für den Fall, daß der Werksausschuß – etwa wegen des noch ausstehenden Vorschlags für die nach § 93 Abs. 3 (= § 114 Abs. 3) GO zu wählenden Mitglieder – noch nicht gebildet werden konnte.

(5) Hinsichtlich des Begriffs der für die Betriebsgröße repräsentierenden Beschäftigten i. S. von § 93 Abs. 3 (= § 114 Abs. 3) GO stellt die Wohlordnung auf die „in der Regel" Beschäftigten ab (§ 5 Abs. 2 Nr. 5). Darunter ist nach der Rechtsprechung zu § 13 LPVG ein Durchschnittswert zu verstehen, der sich aus den während mehrerer Jahre zur Erledigung des normalen Arbeitsanfalls tatsächlich vorhandenen Beschäftigten ergibt. Der Gesetzentwurf der Landesregierung zur Novellierung des Landespersonalvertretungsgesetzes (LT-Drs. 9/3091 S. 6 und 33) sieht zur Klarstellung vor, daß bei der Ermittlung der Zahl der in der Regel Beschäftigten maßgebend ist, wieviele Beschäftigte zur Erfüllung von Daueraufgaben während der beiden Kalenderjahre vor dem Wahljahr tatsächlich beschäftigt gewesen sind. Im Falle der Verabschiedung des Entwurfs in der vorgeschlagenen Fassung würde die Klarstellung auch für diese Verordnung gelten. Im übrigen wird die Beschäftigteneigenschaft durch § 5 LPVG definiert (§ 2 Abs. 4 i. V. m. der Wahlordnung zum Landespersonalvertretungsgesetz).

Werkleiter und Stellvertreter sind zu den Beschäftigten i. S. von § 93 Abs. 3 114 Abs. 3) GO zu zählen, weil ihnen die Beschäftigteneigenschaft i. S. von § 5 LPVG zukommt. Sie sind jedoch weder wahlberechtigt noch wählbar (§§ 3 und 4 der Wahlordnung).

Die Mitbestimmungsregelung des § 93 Abs. 3 (= § 114 Abs. 3) GO i. d. F. der Bekanntmachung vom 13.8.1984 – GV. NRW. S. 475 – findet keine Anwendung, wenn im Falle der Betriebsführung, z. B. durch ein Regionalunternehmen (Betriebsführungsgesellschaft), das im Betrieb tätige Personal von der Betriebsführungsgesellschaft gestellt wird. In diesem Fall handelt es sich bei dem im Betrieb tätigen Personal nicht um Beschäftigte i. S. des § 93 Abs. 3 (= § 114 Abs. 3) GO, weil es an dem erforderlichen Dienst- oder Arbeitsverhältnis zum Träger des Eigenbetriebs fehlt.

(6) Zu den Besonderheiten der Mitbestimmungsregelung für Eigenbetriebe gehört, dass für die Zahl der Beschäftigten im Werksausschuß und damit für die Zahl der dem Rat insgesamt vorzuschlagenden Beschäftigten ggf. zwei Größen bestimmend sind, nämlich zunächst die Zahl der in der Regel im Betrieb Beschäftigten, die darüber entscheidet, ob und mit welchem Quorum die Beschäftigten im Werksausschuß vertreten sein müssen, sodann im Falle der Drittelbeteiligung, die in der Betriebssatzung festgelegte Größe des Werksausschusses, nach der sich die absolute Zahl der Beschäftigtenvertreter im Werksausschuß zu richten hat.

Innenministerium des Landes Nordrhein-Westfalen

Runderlaß 111 B 4 – 75.10.01 – 5121/99 vom 23. Dezember 1999

Betr.: Eintragungspflicht für kommunale Unternehmen und Einrichtungen in das Handelsregister infolge Aufhebung des § 36 HGB durch das Handelsrechtsreformgesetz – HRefG – vom 22. Juni 1998

Bezug:

1. Berichte der Bezirksregierungen Detmold vom 5.2.1999 und 29.9.1999 – Az. 2.30.02 – und Münster vom 26.11.1999 – Az. 31.7.2.0 –
2. Mein Erlass vom 10.3.1999 – Az. III B 4 – 75.10.01 – 5121/99

Die Bezirksregierungen Detmold und Münster haben in ihren Berichten verschiedene Fragen in Zusammenhang mit der Aufhebung des § 36 HGB aufgeworfen, zu denen ich folgendermaßen Stellung nehme:

1. Gesetzliche Neuregelungen

Durch Art. 3 Nr. 18 des Gesetzes zur Neuregelung des Kaufmanns- und Firmenrechts und zur Änderung anderer handels- und gesellschaftsrechtlicher Vorschriften – Handelsrechtsreformgesetz – HrefG – (BGBl. I 1998 S. 1474) ist § 36 HGB aufgehoben worden. Folge ist nach Art. 4 Nr. 3 des Gesetzes, dass ein kommunales Unternehmen bei Vorliegen der handelsrechtlichen Voraussetzungen, das aufgrund des § 36 HGB in der vor dem 1. Juli 1998 geltenden Fassung nicht in das Handelsregister eingetragen zu werden brauchte, bis zum 31. März 2000 zur Eintragung in das Handelsregister anzumelden ist. Alle nach dem 1. Juli 1998 neu entstandenen bzw. entstehenden gewerblichen Unternehmen öffentlich-rechtlicher Körperschaften sind ebenfalls bei den Handelsregistern zur Eintragung anzumelden.

2. Auswirkungen und Bewertung

Die Neuregelung kann insbesondere kommunale Eigenbetriebe, eigenbetriebsähnliche Einrichtungen, aber unter Umständen auch Regie- oder Hilfsbetriebe betreffen. Aktiengesellschaften sowie Gesellschaften mit beschränkter Haftung, seien es Eigengesellschaften oder solche, an denen die öffentlich-rechtlichen Körperschaften lediglich beteiligt sind, waren – unabhängig von ihrem Unternehmensgegenstand – nach den einschlägigen gesellschaftsrechtlichen Bestimmungen (§§ 36 Abs. 1 AktG, 7 Abs. 1 GmbHG) auch bisher schon und sind auch weiterhin zur Eintragung in das Handelsregister anzumelden.

Die Innenministerien der Länder und die kommunalen Spitzenverbände hatten sich im Gesetzgebungsverfahren gegen die Streichung des § 36 HGB insbesondere mit dem Argument ausgesprochen, dies sei auf Dauer mit nicht unerheblichen Kosten für die öffentliche Hand, großem Verwaltungsaufwand und Rechtsunsicherheit für alle Beteiligten verbunden. Eine Eintragung in das Handelsregister aus Publizitätsgründen wurde ebenfalls als entbehrlich angesehen, da für die Öffentlichkeit derartiger Unternehmen in anderer geeigneter Weise gesorgt ist.

Nach meiner Kenntnis zeichnet sich bereits jetzt die befürchtete Rechtsunsicherheit ab, insbesondere welche kommunalen Unternehmen der Eintragungspflicht in das Handelsregister unterliegen und welche nicht. Die weitere Folge könnte eine unterschiedliche Eintragungspraxis der Registergerichte sein. Den kommunalen Körperschaften bzw. deren gewerbliche Unternehmen wird daher dringend empfohlen, sich zur Klärung von Fragen zur Eintragungspflicht in das Handelsregister frühzeitig mit den zuständigen Registergerichten in Verbindung zu setzen, um nach Möglichkeit im Konsens jeweils zu einer den rechtlichen Anforderungen genügenden Lösung zu kommen.

3. Voraussetzungen für die Eintragung ins Handelsregister

a) Voraussetzung für die Anmeldepflicht zur Eintragung in das Handelsregister sowohl juristisch selbstständiger als auch unselbstständiger Unternehmen der kommunalen Gebietskörperschaften ist, dass sie gemäß § 1 HGB als Kaufmann anzusehen sind.

Nach § 1 HGB ist Kaufmann, wer ein Handelsgewerbe betreibt. Handelsgewerbe ist dabei jeder Gewerbebetrieb, es sei denn, dass das Unternehmen nach Art und Umfang einen in kaufmännischer Weise eingerichteten Geschäftsbetrieb nicht erfordert (vgl. WIBERA – StuW 11/1998, S. 32). Von einer näheren Definition des Begriffs „Gewerbe" wurde im Handelsrechtsreformgesetz abgesehen. Nach der Begründung des Regierungsentwurfs sollte es bei der bisherigen Definition durch die Rechtsprechung verbleiben, wie sie schon zum Gewerbebegriff des früheren § 2 HGB entwickelt worden ist (Bundestags-Drucksache 13/8444, S. 24).

b) Zu beachten ist, dass das geltende Recht keinen einheitlichen Gewerbebegriff kennt. Die Gewerbebegriffe des Gewerberechts, des Steuerrechts und des Handelsrechts sind – bedingt durch unterschiedliche Normzwecke – nicht deckungsgleich (vgl. Karsten Schmidt in Münchener Kommentar zum HGB, § 1 Rdn. 14 ff. m. w. N.; BGHZ, 74, 273, 277). Selbst innerhalb des Steuerrechts bestehen Unterschiedlichkeiten. So setzt der Gewerbebetrieb i. S. d. § 15 Abs. 2 EStG Gewinnerzielungsabsicht voraus. Dagegen fordert der Betrieb gewerblicher Art von juristischen Personen des öffentlichen Rechts i. S. d. Körperschaftsteuergesetzes keine Gewinnerzielungsabsicht und auch keine Beteiligung am allgemeinen wirtschaftlichen Verkehr (§ 4 Abs. 1 Satz 2 KStG).

Vom Bundesgesetzgeber ist erwogen worden, einen für die gesamte Rechtsordnung geltenden übergreifenden Gewerbebegriff für das öffentliche Recht (Gewerberecht), Steuerrecht und Handelsrecht zu definieren. Ei ne solche Harmonisierung erschien aus Sicht des Gesetzgebers zwar wünschenswert, wurde aber wegen der „schwierigen Erreichbarkeit" wieder verworfen. Stattdessen überließ der Gesetzgeber es den Handelsregistergerichten, für jedes kommunale Unternehmen im Einzelfall anhand der bestehenden komplexen und diffizilen Rechtsprechung zu prüfen, ob ein Handelsgewerbe i. S. d. § 1 Abs. 2 HGB vorliegt. Dies hat nach meiner und – soweit ich sehe – der Einschätzung sämtlicher Bundesländer neben dem enormen Arbeits- und Zeitaufwand auch zur Folge, dass bundesweit höchst unterschiedliche Ergebnisse dabei herauskommen werden.

Die Auslegung des Begriffs „Gewerbebetrieb" für das Handelsrecht und die sich daraus ergebende Registerpflichtigkeit der einzelnen kommunalen Unternehmen kann daher verbindlich letztlich nur von der Rechtsprechung festgelegt werden.

c) Die Gerichte entscheiden über die Auslegung des Begriffs „Gewerbebetrieb" im gerichtlichen Eintragungs- und ggf. Zwangsgeldverfahren (§§ 14 HGB, 132 ff. FGG). Die Gesetzesmaterialien dürften dafür sprechen, dass die Gerichte weiterhin von ihrer bisherigen Rechtsprechung zum Gewerbebegriff im Zivil- und Handelsrecht ausgehen werden. Nach dieser Rechtsprechung erfordert der Betrieb eines Gewerbes jedenfalls eine selbstständige, auf Dauer angelegte und planmäßig betriebene Tätigkeit am Markt mit Gewinnerzielungsabsicht (vgl. dazu Bundestags-Drucks. 13/8444, S. 24; Karsten Schmidt im Münchener Kommentar, a. a. O., Rdn. 18 m. w. N.). Die Rechtsprechung (BGHZ 95, 155, 156, 157) hat darunter jede auf wirtschaftlichem Gebiet im weitesten Sinne ausgeübte geschäftliche Tätigkeit, die auf die Erzielung dauernder Einnahmen gerichtet ist, verstanden und für eine solche „Erwerbsabsicht" genügen lassen, „dass ein wirtschaftlicher Erfolg angestrebt wird, der den Aufwand – wenn auch nur in bescheidenem Maße – übersteigt". Im Rahmen des Gewerbebegriffs des § 196 BGB hat der BGH angenommen, dass eine öffentlich-rechtliche Körperschaft ein Gewerbe auch dann betreiben kann, wenn sie zugleich in Erfüllung ihrer öffentlich-rechtlichen gemeinnützigen Aufgabe tätig wird; doch müsse es sich dann um ein wirtschaftliches Unternehmen handeln; es müsse eine Tätigkeit ausgeübt werden, die nicht nur allein und herkömmlich mit der Zielrichtung einer öffentlichen Aufgabe betrieben werde; wirtschaftliche Unternehmen einer Gemeinde – wie auch andere Körperschaften des öffentlichen Rechts – seien jedoch nur solche Einrichtungen und Anlagen, die auch von einem Privatunternehmer mit der Absicht der Gewinnerzielung betrieben werden können und gelegentlich auch betrieben werden (BGHZ 83, 382, 386, 387, st. Rspr.).

d) Zwar wird in der Literatur zunehmend auf das Kriterium der Entgeltlichkeit statt der Gewinnerzielungsabsicht abgestellt (vgl. Karsten Schmidt in Münchener Kommentar, a. a. O., Rdn. 23 m. w. N.); die Rechtsprechung (BGHZ 66, 48, 49; 83, 82, 3 86) hält jedoch (bisher) daran fest. Nach der Gesetzesbegründung zur Streichung des § 36 HGB (Bundesrats-Drucksache 340/97, S. 24) ist ein dringender praktischer Grund dafür, dass der Gesetzgeber das Kriterium der Gewinnerzielungsabsicht ausdrücklich als Voraussetzung eines Gewerbes ausschließen soll, bislang nicht geltend gemacht worden. Daraus kann geschlossen werden, dass das Kriterium der Gewinnerzielungsabsicht wie bisher notwendiges, wenn auch umstrittenes Merkmal für die Annahme eines Gewerbebetriebes bleibt (vgl. Versorgungswirtschaft 12/1998, S. 276).

Ob diese von der Rechtsprechung entwickelten Kriterien bei der Vielzahl kommunaler Unternehmen, insbesondere bei Eigenbetrieben, vorliegen, kann nicht generell beurteilt werden, da dies von den Gegebenheiten des Einzelfalles abhängt. Deshalb weise ich auf meine o. a. Empfehlung hin, dass sich die Gemeinde oder der Kreis mit dem jeweils zuständigen Registergericht in Verbindung setzen sollte.

e) Selbstständige juristische Personen des öffentlichen Rechts (Anstalten, Körperschaften, Stiftungen) waren auch nach der bisherigen Rechtslage von § 36 HGB nicht erfasst (streitig). Eine Befreiung von der grundsätzlichen Registerpflichtigkeit kam auch bislang nur aufgrund besonderer gesetzlicher Bestimmungen in Betracht.

Zu beachten ist, dass zu dem Kriterium „Gewinnerzielung" auch noch das Kriterium wirtschaftliche Betätigung als Voraussetzung für ein handelsrechtliches Gewerbe hinzutritt. Das hat zur Folge, dass bei den kommunalen Unternehmen im Rahmen einer Einzelfallentscheidung zu prüfen ist, ob es sich um

- eine hoheitliche Tätigkeit,
- eine Tätigkeit, die auch von privaten gewerblichen Unternehmen ausgeübt werden kann,
- eine nicht nur alleine und herkömmlich mit der Zielsetzung einer öffentlichen Aufgabe betriebene Tätigkeit
- oder eine anbietende Tätigkeit am Markt handelt.

Handelt es sich um einen reinen Hoheitsbetrieb, so scheidet bereits eine gewerbliche Tätigkeit aus. Problematisch ist die Frage der Eintragungspflicht, wenn ein öffentliches Unternehmen sowohl hoheitlich als auch gewerbsmäßig i. S. d. Handelsgesetzbuches tätig ist. In diesen Fällen stellt sich die Frage, ob **eine** gewerbliche Aufgabe bereits ausreicht, um die Eintragungspflicht zu begründen oder ob beispielsweise erst die Mehrheit von gewerblichen Tätigkeiten eines Unternehmens für die Eintragung maßgeblich ist. Ich bin der Auffassung, dass in solchen Einzelfällen grundsätzlich die Aufforderung der Registergerichte, die Eintragung in das Handelsregister zu beantragen, abgewartet werden sollte.

f) Zu beachten ist dabei, dass die kommunalrechtliche Unterscheidung zwischen wirtschaftlichen und nichtwirtschaftlichen Unternehmen nach § 107 Abs. 1 und 2 GO nicht primär zur Qualifizierung einer „wirtschaftlichen Tätigkeit" i. S. d. Handelsrechts herangezogen werden kann, obwohl der BGH zur Notwendigkeit der wirtschaftlichen Betätigung in einem Urteil vom 5.2.1970 (BGHZ 53, 222, 224) ausdrücklich auf die Bestimmungen der geltenden Gemeindeordnung zurückgegriffen hatte. Da sowohl wirtschaftliche als auch nichtwirtschaftliche Unternehmen bzw. Einrichtungen i. S. d. Kommunalrechts handelsrechtliche Gewerbebetriebe sein können, entfalten die kommunalrechtlichen Kriterien, insbesondere die Legaldefinition des § 107 Abs. 1 Satz 3 GO, allenfalls eine Indizwirkung für eine wirtschaftliche/nichtwirtschaftliche Tätigkeit; eine Einzelfallprüfung anhand der o. a. handelsrechtlichen Kriterien muss gleichwohl erfolgen.

Im Ergebnis kann regelmäßig davon ausgegangen werden, dass kommunale Energie- (Strom-, Gas-, Wärme-)Versorgungsunternehmen, die in der Rechtsform des Eigenbetriebs nach § 114 GO oder eines Unternehmens nach § 108 GO geführt werden, in das Handelsregister einzutragen sind. GmbHs oder AGs sind auch weiterhin in das Handelsregister einzutragen. Das Gebot des § 109 Abs. 1 Satz 2 GO, wonach Unternehmen einen Ertrag für den Haushalt der Gemeinde abwerfen sollen, soweit dadurch die Erfüllung des öffentlichen Zwecks nicht beeinträchtigt wird, stellt m. E. ein Gewinnerzielungsgebot dar, dass – bei Vorliegen der weiteren Voraussetzungen – die Eintragungspflicht in das Handelsregister beinhaltet. Die Gewinnverwendung, nämlich zugunsten des kommunalen Haushalts, ist m. E. handelsrechtlich nicht von Bedeutung.

4. Eigenkapitalverzinsung und Kostendeckungsgebot

a) Aus dem Gebot der Eigenkapitalverzinsung nach §§ 109 Abs. 2 GO, 10 Abs. 5 EigBetrVO allein kann nach meiner Auffassung nicht auf eine handelsrechtliche gewerbliche Tätigkeit mit Gewinnerzielungsabsicht geschlossen werden, weil es sich hier nicht um einen Gewinnbestandteil, sondern um Aufwand für die Erstellung der Leistung handelt. Vom Standpunkt eines „Gebührenhaushalts" betrachtet ist sie der Preis, den dieser dem Kämmereihaushalt für die Zurverfügungstellung des Kapitals der Gemeinde schuldet, ebenso wie für das im Betrieb arbeitende Fremdkapital Zinsen geschuldet werden (Scheel/Steup/Lienen/Schneider, Gemeindehaushaltsrecht NRW, Rdn. 13 zu § 12 GemHVO). Einrichtungen nach § 107 Abs. 2 GO, die schon begrifflich keine wirtschaftlichen Unternehmen sind, aber entsprechend den Vorschriften über die Eigenbetriebe geführt werden und mithin auch eine Eigenkapitalverzinsung erwirtschaften sollen, sind daher allein wegen dieses Gebots nicht in das Handelsregister eintragungspflichtig.

b) Unternehmen bzw. Einrichtungen, die dem Kostendeckungsgebot nach § 6 Abs. 1 Satz 3 KAG unterliegen, weil Anschluss- und Benutzungszwang besteht oder die dies in ihrer Satzung festgelegt haben, beabsichtigen keine Gewinnerzielung, unterhalten damit keinen Gewerbebetrieb und sind daher nach meiner Auffassung ebenfalls nicht eintragungspflichtig. § 6 Abs. 1 Satz 4 KAG, wonach § 109 GO, also das Gebot der Gewinnerzielung für wirtschaftliche Unternehmen, unberührt bleibt, unterstreicht dies, da Kostendeckung unabhängig von Gewinnerzielung ist.

Von daher fallen m. E. eigenbetriebsähnliche Einrichtungen zur Abwasserbeseitigung auch künftig nicht unter den handelsrechtlichen Kaufmannsbegriff, wenn ihre wirtschaftliche Betätigung nicht auf

Gewinnerzielung, sondern nur auf Kostendeckung zielt. Für einzeln geführte Verkehrsbetriebe, Bäder usw. gilt dasselbe, da sie praktisch keine Gewinne erzielen können und eine etwaige gegenteilige Absicht sich nicht realisieren ließe. Wohl betreiben diese Unternehmen, wenn sie im Querverbund mit Versorgungsbetrieben geführt werden, ein Gewerbe und sind zur Eintragung anzumelden. Kommunale Regie- und Hilfsbetriebe i. S. d. § 107 Abs. 2 GO dürften ebenso in der Regel wegen der fehlenden Gewinnerzielungsabsicht nicht in das Handelsregister einzutragen sein, es sei denn, sie werden im Einzelfall (auch) gewerblich tätig und es erfolgt eine Aufforderung zur Anmeldung.

c) Handelt es sich um gemeinnützige oder mildtätige Einrichtungen, die wegen des Gebots der Selbstlosigkeit nach § 55 Abgabenordnung keine Gewinne anstreben, können diese handelsrechtlich jedoch Gewinnbetriebe sein, insbesondere wenn Rücklagen zur Sicherstellung der steuerbegünstigten satzungsmäßigen Zweckerfüllung gebildet werden.

5. Verfahrensfragen im Zusammenhang mit der Eintragung in das Handelsregister

a) Nach dem Sitz und dem Gegenstand des Unternehmens sind auch die Mitglieder des Vorstandes zur Eintragung anzugeben (§ 33 Abs. 2 Satz 2 HGB). Die Vorstandsmitglieder haben ihre Unterschrift zur Aufbewahrung beim Registergericht zu zeichnen (§ 35 HGB). Etwaige besondere Bestimmungen der Satzung über die Befugnis des Vorstandes zur Vertretung des Unternehmens sind gleichfalls einzutragen (§ 33 Abs. 2 Satz 3 HGB). Es ist folglich anzumelden, wer das kommunale Unternehmen organschaftlich vertritt (Vorstand), ob und welche Prokuren (rechtsgeschäftliche Vertretung) bestehen. Konstitutive Eintragungen sind von der juristischen Person, vertreten durch deren Organe, selbst anzumelden (BGHZ 105, 328). Bei sonstigen Eintragungen hingegen sollen die jeweiligen gesetzlichen Vertreter persönlich anmeldepflichtig sein (vgl. Nachrichtendienst VKU 602/99, S. 3).

Da es sich bei dem kommunalen Eigenbetrieb/Regiebetrieb nicht um eine juristische Person handelt, wären die gesetzlichen Vertreter des Eigenbetriebes als eintragungspflichtig anzusehen (vgl. Nachrichtendienst VKU 602/99, S. 3). Klärungsbedürftig ist die Frage, wer bei einem Eigenbetrieb der gesetzliche Vertreter ist, wenn die Trägerkommune eine Werkleitung installiert hat. M. E. hängt die Frage der gesetzlichen Vertretung davon ab, ob es sich bei der Anmeldung zum Handelsregister um ein Geschäft der laufenden Verwaltung handelt oder nicht:

§ 114 Abs. 2 GO bestimmt, dass in Angelegenheiten des Eigenbetriebs der Werkleitung ausreichende Selbstständigkeit der Entscheidung einzuräumen ist. Die Zuständigkeiten des Rates sollen soweit wie möglich dem Werksausschuss übertragen werden. Nach § 2 EigBetrVO wird der Eigenbetrieb von der Werkleitung grundsätzlich – selbstständig geleitet. § 3 Abs. 1 Satz 1 EigBetrVO bestimmt, dass in Angelegenheiten des Eigenbetriebs, die der Entscheidung der Werkleitung unterliegen, diese die Gemeinde vertritt. Die Geschäfte der laufenden Betriebsführung gelten dabei als einfache Geschäfte der laufenden Verwaltung i. S. d. § 56 Abs. 2 GO (§ 3 Abs. 3 Satz 3 EigBetrVO). Der Rat der Gemeinde entscheidet lediglich nachrangig bei nicht übertragbaren Angelegenheiten (§ 4 EigBetrVO). In diesen Bestimmungen kommt der Wille des Gesetzgebers zum Ausdruck, der Werkleitung des Eigenbetriebes bei der Führung des Unternehmens weitgehende Selbstständigkeit einzuräumen und die Kommunalorgane lediglich nachrangig als gesetzliche Vertreter des Eigenbetriebes anzusehen. Aufgrund dieser Überlegung bin ich der Auffassung, dass die Anmeldung zum Handelsregister als „Geschäft der laufenden Verwaltung" anzusehen ist und halte es daher für zutreffend und ausreichend, wenn die Anmeldung durch die Werkleitung veranlasst wird.

Allerdings weise ich darauf hin, dass diese Auffassung nicht unumstritten ist. Eine allgemeingültige Regelung ist hier nicht möglich, weil der Begriff des „Geschäftes der laufenden Verwaltung" im Verhältnis der Trägerkommune zum Eigenbetrieb oder eigenbetriebsähnlichen Einrichtung in der Praxis unterschiedlich angewandt werden kann.

Für Regie- und Hilfsbetriebe der Kommunen, die im Einzelfall oder für einen Teil ihrer Tätigkeiten einen handelsrechtlichen Gewerbebetrieb darstellen und als Kaufmann in das Handelsregister einzutragen sind, liegt die gesetzliche Vertretung beim Bürgermeister bzw. Landrat in seiner Eigenschaft als gesetzlicher Vertreter der Gemeinde in Rechts- und Verwaltungsgeschäften (§§ 63 Abs. 1 GO, 42 Buchstabe e KrO).

b) Hier ist ein Fall bekannt geworden, in dem das zuständige Registergericht bei der vorzunehmenden Eintragung eines Eigenbetriebes an der Betriebssatzung bemängelte, dass ihr nicht zu entnehmen sei, ob die Werkleitung zur (uneingeschränkten) Außenvertretung des Eigenbetriebes auch in den Fällen berechtigt sei, in denen Entscheidungen dem Werksausschuss vorbehalten seien oder zumindest dessen Zustimmung erforderten. Von der Beantwortung dieser Frage sei nach Auffassung des Registergerichts auch die Wirksamkeit des Rechtsgeschäfts im Außenverhältnis berührt.

Sollten von einzelnen Registergerichten diese Einwände gemacht werden, wird empfohlen, als organschaftliche Vertreter gem. § 33 HGB grundsätzlich die Werkleitung im Umfang der Befugnisse zur Führung der laufenden Geschäfte und für die übrigen Angelegenheiten des Eigenbetriebs den hauptamtlichen Bürgermeister/Landrat als gesetzlichen Vertreter der Gemeinde eintragen zu lassen.

c) Gemäß § 29 HGB ist das Gericht der „Handelsniederlassung" des Kaufmanns für die Eintragung zuständig. Dies wird in der Regel das für den Sitz des Unternehmens zuständige Amtsgericht sein.

d) Fraglich ist auch, in welcher Abteilung des Handelsregisters kommunale Unternehmen einzutragen sind. Das Handelsregister ist nach § 3 der Allgemeinen Verfügung über die Einrichtung und Führung des Handelsregisters – Handelsregisterverfügung – in die Abteilungen „A" und „B" gegliedert. Danach sind in Abteilung A die Einzelkaufleute, die in § 33 HGB bezeichneten juristischen Personen sowie die offenen Handelsgesellschaften und Kommanditgesellschaften sowie die europäischen wirtschaftlichen Interessenvereinigungen einzutragen (§ 3 Abs. 1). In Abteilung B werden Aktiengesellschaften, Kommanditgesellschaften auf Aktien, Gesellschaften mit beschränkter Haftung sowie Versicherungsvereine auf Gegenseitigkeit eingetragen (§ 3 Abs. 2). Schwierigkeiten ergeben sich nunmehr daraus, dass kommunale Unternehmen weder in § 3 Abs. 1 noch Abs. 2 der Handelsregisterverfügung genannt sind. Einerseits wird die Auffassung vertreten, dass kommunale Eigenbetriebe nicht unter die enumerative Aufzählung des § 3 Abs. 2 der Handelsregisterverfügung fielen und die Kommune als Trägerin des Eigenbetriebes als juristische Person i. S. d. § 33 HGB anzusehen sei, so dass Eigenbetriebe in die Abteilung A des Handelsregisters einzutragen seien. Andererseits wird vertreten, dass Eigenbetriebe auch in der enumerativen Aufzählung des § 3 Abs. 1 der Handelsregisterverfügung nicht ausdrücklich genannt seien und dass § 33 HGB gerade nicht auf Gebietskörperschaften oder Unternehmen von Gebietskörperschaften abstelle (Baumbach/Hopt, Kommentar zum HGB, 29. Auflage, S. 122).

Ich neige zu der ersten Auffassung, obwohl hier zwar die kommunalen Eigenbetriebe nicht explizit genannt sind, jedoch zumindest die Kommunen in ihrer Eigenschaft als juristische Personen angesprochen sind (so auch VKUNachrichten 2/1999, S. 4).

e) Einzutragen ist die Firma, d. h. gem. § 17 HGB der Name, unter dem der Kaufmann seine Geschäfte betreibt und die Unterschrift abgibt. Sitz ist der „satzungsmäßige Sitz" der juristischen Person, sofern dieser vom tatsächlichen Verwaltungssitz abweicht, letzterer. Der Unternehmensgegenstand ist so bestimmt anzugeben, dass der Tätigkeitsbereich des Unternehmens in groben Zügen zu erkennen ist und das Unternehmen einem Geschäftszweig des Wirtschaftslebens zugeordnet werden kann. Weiterhin sind besondere Vertretungsregelungen anzumelden. Nach h. M. wird das Registergericht im Rahmen seiner Prüfungsbefugnis als berechtigt und auch verpflichtet angesehen, die Satzung auf solche Bestimmungen durchzusehen und etwaige Eintragungen vorzunehmen (Röhricht, in: Graf von Westphalen, Kommentar zum HGB, § 33 Rdn. 10).

f) Gemäß § 33 Abs. 2 HGB sind der Anmeldung die Satzung und die Urkunden über die Bestellung des „Vorstandes" in öffentlich beglaubigter Form beizufügen. Der eigentlichen Anmeldung wäre daher ein Exemplar der Betriebssatzung sowie der Beschlüsse, mit denen die gesetzlichen Vertreter bestellt wurden, beizufügen. Nach § 12 HGB sind sowohl die Anmeldung als auch die beizufügenden Urkunden in öffentlich beglaubigter Form einzureichen. Öffentlich beglaubigte Form i. S. d. § 12 HGB meint die Beglaubigung durch einen Notar (§ 129 Abs. 1 BGB). Die öffentlich beglaubigte Form ist nach h. M. jedoch dann entbehrlich, wenn die Anmeldung in einer öffentlichen Urkunde eingereicht wird, die von einer Juristischen Person als Behörde ausgestellt worden ist (BGHZ 45, 362, 365; DNotZ 1976, 120).

Ich bitte Sie, die Kommunen in Ihrem Bezirk über diesen Erlass zu unterrichten und mir bis zum 30.8.2000 über die Eintragungspraxis der Registergerichte in Ihrem Bezirk zu berichten.

Dem Justizministerium habe ich von diesem Erlass Kenntnis gegeben.

Zu den Auswirkungen des Gesetzes zur Kontrolle und Transparenz im Unternehmensbereich – KonTraG – vom 27.4.1998 wird in Kürze ein gesonderter Erlass ergehen.

Ende Januar 2000 findet zu dem Thema eine Anhörung des Instituts der Wirtschaftsprüfer in Deutschland e. V. statt, die noch abgewartet werden soll.

Anhang 6

Verordnung über den Betrieb gemeindlicher Krankenhäuser für das Land Nordrhein-Westfalen (Gemeindekrankenhausbetriebsverordnung Nordrhein-Westfalen GemKHBVO NRW)

vom 5. August 2009 (GV. NRW. S. 434), zuletzt geändert durch die Zweite Verordnung zur Änderung der Gemeindekrankenhausbetriebsverordnung Nordrhein-Westfalen vom 22. März 2021 (GV. NRW. S. 347)

TEIL 1
VERFASSUNG UND VERWALTUNG

§ 1
Rechtsgrundlagen

Gemeindliche Krankenhäuser ohne Rechtspersönlichkeit sind nach Maßgabe dieser Verordnung wie Eigenbetriebe als organisatorisch und wirtschaftlich eigenständige Einrichtungen nach wirtschaftlichen Gesichtspunkten zu betreiben. Auf sie sind die Bestimmungen des Krankenhausgestaltungsgesetzes des Landes Nordrhein-Westfalen anzuwenden, soweit die Kommunalverfassungsgesetze nichts anderes bestimmen.

§ 2
Krankenhausbetriebssatzung

(1) Für das Krankenhaus (§ 1 KHGG NRW) ist eine Betriebssatzung zu erlassen. Für mehrere Krankenhäuser einer Gemeinde kann eine gemeinsame Betriebssatzung erlassen werden. Zusammenschlüsse von Krankenhäusern sind zur Steigerung der Wirtschaftlichkeit und Leistungsfähigkeit zulässig (§ 8 Absatz 2 Satz 1 und § 29 Absatz 2 KHGG NRW). Die Betriebssatzung kann Regelungen über die Organisation der Zusammenarbeit bei der Führung mehrerer Krankenhäuser – unbeschadet ihrer organisatorischen und wirtschaftlichen Eigenständigkeit – treffen.

(2) Die Betriebssatzung bestimmt insbesondere den Namen und die Aufgaben des Krankenhauses sowie die Zuständigkeit der Betriebsleitung (§ 31 Absatz 1 KHGG NRW). Sie bestimmt auch, dass das Krankenhaus als gemeinnütziger Betrieb im Sinne der Steuergesetze geführt wird.

§ 3
Krankenhausbetriebsleitung

(1) Die Betriebsleitung (§ 31 Absatz 1 KHGG NRW) hat die Stellung der Betriebsleitung nach § 2 Absatz 1 der Eigenbetriebsverordnung, soweit die Betriebssatzung für einzelne Angelegenheiten der Betriebsführung, deren zentrale Wahrnehmung zweckmäßig und wirtschaftlich ist, unter Beachtung der §§ 29 und 31 KHGG NRW keine abweichende Regelung trifft. Für Schäden haftet die Betriebsleitung entsprechend den Vorschriften des § 48 des Beamtenstatusgesetzes und § 81 des Landesbeamtengesetzes.

(2) Eine leitende Dienstkraft der Gemeinde kann zum weiteren Mitglied der Betriebsleitung bestellt werden (§ 31 Absatz 1 KHGG NRW).

(3) Die Geschäftsverteilung innerhalb der Betriebsleitung wird durch Dienstanweisung geregelt, die die Bürgermeisterin oder der Bürgermeister mit Zustimmung des Krankenhausausschusses erlässt.

(4) Die Geschäftsordnung der Betriebsleitung bedarf der Genehmigung der Bürgermeisterin oder des Bürgermeisters.

(5) Die Betriebssatzung regelt, wie bei Meinungsverschiedenheiten innerhalb der Betriebsleitung zu verfahren ist.

§ 4
Vertretung

(1) In den Angelegenheiten des Krankenhauses, die der Entscheidung der Betriebsleitung unterliegen, wird die Gemeinde durch den Leiter oder die Leiterin des Wirtschafts- und Verwaltungsdienstes und durch ein weiteres Mitglied der Betriebsleitung gemeinschaftlich vertreten. Ist ein Mitglied nach § 3 Absatz 2 bestellt, so vertritt dieses die Gemeinde gemeinsam mit dem Leiter oder der Leiterin des Wirtschafts- und Verwaltungsdienstes.

(2) Der Kreis der Vertretungsberechtigten und der Beauftragten sowie der Umfang ihrer Vertretungsbefugnis werden öffentlich bekannt gemacht. Die Vertretungsberechtigten unterzeichnen unter dem Namen des Krankenhauses.

(3) Bei verpflichtenden Erklärungen für das Krankenhaus ist nach den Vorschriften der §§ 64 und 74 der Gemeindeordnung für das Land Nordrhein-Westfalen (GO NRW) zu verfahren. Die Erklärungen nach § 64 Absatz 1 GO NRW sind von der Bürgermeisterin bzw. dem Bürgermeister oder ihrer allgemeinen Vertretung und einem Mitglied der Betriebsleitung zu unterzeichnen. Arbeitsverträge und sonstige schriftliche Erklärungen zur Regelung der Rechtsverhältnisse von Arbeitnehmerinnen und Arbeitnehmern sind von der Bürgermeisterin bzw. dem Bürgermeister oder ihrer allgemeinen Vertretung zu unterzeichnen (§ 74 Absatz 3 GO NRW); Bürgermeisterin oder Bürgermeister sollen möglichst diese Unterschriftsbefugnis durch Dienstanweisung auf die Betriebsleitung übertragen. Die Geschäfte der laufenden Betriebsführung gelten als Geschäfte der laufenden Verwaltung (§ 64 Absatz 2 GO NRW).

§ 5
Zuständigkeiten des Rates der Gemeinde

Der Rat der Gemeinde entscheidet über die Angelegenheiten, die er nach der Gemeindeordnung nicht übertragen kann, und über

1. die Bestellung und die Abberufung der Mitglieder der Betriebsleitung sowie die Vertretung der leitenden Ärztin oder des leitenden Arztes,
2. die Feststellung und Änderung des Wirtschaftsplans,
3. die Feststellung des Jahresabschlusses, die Verwendung des Jahresgewinns oder die Deckung eines Verlustes und die Entlastung des Krankenhausausschusses (§ 96 GO NRW) und
4. die Rückzahlung von Eigenkapital an die Gemeinde.

§ 6
Krankenhausausschuss

(1) Der Rat bildet für das Krankenhaus einen Krankenhausausschuss. Für mehrere Krankenhäuser einer Gemeinde soll ein gemeinsamer Krankenhausausschuss gebildet werden.

(2) Zu Mitgliedern des Krankenhausausschusses können neben Ratsmitgliedern auch andere sachkundige Bürger, die dem Rat angehören können, bestellt werden; ihre Zahl darf die der Ratsmitglieder nicht erreichen. Im Übrigen wird die Zusammensetzung des Krankenhausausschusses durch die Betriebssatzung geregelt.

(3) An den Beratungen des Krankenhausausschusses nimmt die Betriebsleitung teil; sie ist berechtigt und auf Verlangen verpflichtet, ihre Ansicht zu einem Punkt der Tagesordnung darzulegen. Im Falle des gemeinsamen Krankenhausausschusses nach Absatz 1 Satz 2 nimmt jede Betriebsleitung teil, soweit Angelegenheiten ihres Krankenhauses beraten werden.

(4) Der Krankenhausausschuss berät die Beschlüsse des Rates vor. Über alle wichtigen Angelegenheiten die gemeindliche Entwicklung betreffend ist er von der Bürgermeisterin oder dem Bürgermeister zu unterrichten. Daneben obliegt der Betriebsleitung eine umfassende Unterrichtungspflicht gegenüber dem Krankenhausausschuss bezogen auf alle betrieblichen Angelegenheiten.

(5) Der Krankenhausausschuss setzt unbeschadet der Vorschrift des § 5 die allgemeinen Aufnahme- und Aufenthaltsbedingungen fest und schlägt der Gemeindeprüfungsanstalt die Wirtschaftsprüferin oder den Wirtschaftsprüfer oder eine Wirtschaftsprüfungsgesellschaft für den Jahresabschluss vor. Er entscheidet über die Entlastung der Krankenhausbetriebsleitung. Die Betriebssatzung kann dem Kran-

kenhausausschuss die Entscheidung in weiteren Angelegenheiten übertragen, soweit sie nicht zu den Geschäften der laufenden Betriebsführung gehören.

(6) Der Krankenhausausschuss entscheidet in den Angelegenheiten, die der Beschlussfassung des Rates unterliegen, falls die Angelegenheit keinen Aufschub duldet. In Fällen äußerster Dringlichkeit kann die Bürgermeisterin oder der Bürgermeister mit der oder dem Vorsitzenden des Krankenhausausschusses entscheiden. § 60 Absatz 1 Satz 3 und 4 GO NRW gilt entsprechend.

(7) Für die Haftung der Mitglieder des Krankenhausausschusses gilt § 3 Absatz 1 Satz 2 sinngemäß.

§ 7
Rechtliche Stellung der Bürgermeisterin oder des Bürgermeisters

(1) Bürgermeisterin oder Bürgermeister sind Dienstvorgesetzte der Bediensteten des Krankenhauses. Die Befugnis zur Einstellung, Ein- oder Höhergruppierung und Beendigung von Arbeitsverhältnissen von beim Krankenhaus beschäftigten Arbeitnehmerinnen und Arbeitnehmern kann, mit Ausnahme der Betriebsleiterinnen und -leiter, durch die Hauptsatzung (§ 7 Absatz 3 GO NRW) auf die Betriebsleitung übertragen werden. Soweit dies nicht geschieht, regelt die Betriebssatzung die Mitwirkung der Betriebsleitung bei den in Satz 2 genannten Personalentscheidungen. Der Betriebsleitung ist zumindest ein Vorschlagsrecht für die in Satz 2 genannten Personalentscheidungen einzuräumen. Die Zuständigkeit des Rates nach § 5 Nummer 1 bleibt unberührt.

(2) Die Betriebsleitung hat die Bürgermeisterin oder den Bürgermeister über alle wichtigen Angelegenheiten rechtzeitig zu unterrichten. Die Bürgermeisterin oder der Bürgermeister können von der Betriebsleitung Auskunft verlangen und ihr im Interesse der Einheitlichkeit der Verwaltungsführung Weisungen erteilen. Glaubt die Betriebsleitung nach pflichtmäßigem Ermessen die Verantwortung für die Durchführung einer Weisung der Bürgermeisterin oder des Bürgermeisters nicht übernehmen zu können, so hat sie sich an den Krankenhausausschuss zu wenden. Wird keine Übereinstimmung zwischen dem Krankenhausausschuss und der Bürgermeisterin oder dem Bürgermeister erzielt, so ist die Entscheidung des Hauptausschusses herbeizuführen.

(3) Die Regelungen des Absatzes 2, insbesondere über Weisungsmöglichkeiten, gelten nicht für die Angelegenheiten der laufenden Betriebsführung, die ausschließlich der Betriebsleitung unterliegen.

§ 8
Rechtliche Stellung der Kämmerin oder des Kämmerers

(1) Die Betriebsleitung hat der Kämmerin oder dem Kämmerer den Entwurf des Wirtschaftsplans, der Ergebnis- und Finanzplanung und des Jahresabschlusses zuzuleiten. Sie hat ihr oder ihm ferner die Zwischenberichte sowie die Ergebnisse der geführten Statistiken und der Kosten- und Leistungsrechnungen zur Verfügung zu stellen; auf Verlangen hat sie darüber hinaus alle sonstigen finanzwirtschaftlichen Auskünfte sowie Zwischenberichte auch in kürzeren Zeitabständen zu erteilen.

(2) Treten Kämmerin oder Kämmerer einem nach Absatz 1 Satz 1 vorgelegten Entwurf nicht bei, so ist der Entwurf den Einwendungen entsprechend zu ändern, soweit die Bürgermeisterin oder der Bürgermeister dies verlangen.

TEIL 2
WIRTSCHAFTSFÜHRUNG UND RECHNUNGSWESEN, PRÜFUNG

§ 9
Sondervermögen

(1) Das Krankenhaus ist als Sondervermögen der Gemeinde zu verwalten und nachzuweisen. Auf die Erhaltung des Sondervermögens ist Bedacht zu nehmen.

(2) Zum Sondervermögen gehören nicht Einrichtungen, die nicht unmittelbar dem Krankenhausbetrieb dienen und die getrennt vom Krankenhaus bewirtschaftet werden können.

(3) Auf die Wirtschaftsführung und das Rechnungswesen der Krankenhäuser finden die für die Wirtschaftsführung und das Rechnungswesen der Eigenbetriebe geltenden Vorschriften in ihrer jeweiligen Fassung sinngemäß Anwendung, soweit sich aus den Bestimmungen dieser Verordnung nichts anderes ergibt. Im Übrigen ist bei der Anwendung der Vorschriften der Eigenbetriebsverordnung für das

Land Nordrhein-Westfalen (EigVO NRW) und dieser Verordnung den Erfordernissen, die sich aus dem Krankenhausfinanzierungsgesetz ergeben, sowie den Vorschriften, die aufgrund dieses Gesetzes erlassen sind, Rechnung zu tragen.

(4) In der Betriebssatzung ist das vom Krankenhausträger auf Dauer zur Verfügung gestellte Kapital (§ 5 Absatz 6 der Krankenhaus-Buchführungsverordnung – KHBV –) festzusetzen.

§ 10

Erhaltung des Vermögens und der Leistungsfähigkeit

(1) Ein etwaiger Gewinn darf nur entnommen werden, wenn er in einem Bereich erzielt wurde, der nicht nach dem Gesetz zur wirtschaftlichen Sicherung der Krankenhäuser und zur Regelung der Krankenhauspflegesätze gefördert wird, und wenn Kapitalausstattung und Finanzlage des Krankenhauses die Entnahme gestatten.

(2) Die Vorschriften des § 10 EigVO NRW über die anzustrebende Gewinnhöhe und über die Bildung von Erweiterungs- und sonstigen Rücklagen finden keine Anwendung.

§ 11

Leitung des Rechnungswesens

Die Leitung aller Zweige des Rechnungswesens obliegt der Leitung des Wirtschafts- und Verwaltungsdienstes.

§ 12

Wirtschaftsplan

Vor Beginn jedes Wirtschaftsjahres ist für das Krankenhaus ein Wirtschaftsplan aufzustellen. Dieser besteht aus dem Erfolgsplan, dem Vermögensplan und der Stellenübersicht. Ist der Wirtschaftsplan zu Beginn des Wirtschaftsjahres noch nicht festgestellt, gilt § 82 GO NRW entsprechend.

§ 13

Erfolgsplan

(1) Der Erfolgsplan muss alle voraussehbaren Erträge und Aufwendungen des Wirtschaftsjahres enthalten. Er soll mindestens wie die Gewinn- und Verlustrechnung gegliedert werden. Abweichungen in der Gliederung sind zulässig, wenn damit seine Aussagefähigkeit mindestens gleichwertig ist und die Vergleichbarkeit seiner Ansätze mit den entsprechenden Ergebnissen der Gewinn- und Verlustrechnung aus Vorjahren erhalten bleibt.

(2) Die veranschlagten Erträge, Aufwendungen und Zuweisungen an Rücklagen sind ausreichend zu begründen, insbesondere soweit sie von den Vorjahreszahlen erheblich abweichen. Zum Vergleich sind die Zahlen des Erfolgsplans des laufenden Jahres und die abgerundeten Zahlen der Gewinn- und Verlustrechnung des Vorjahres daneben zu stellen. Die vorhandenen oder zu beschaffenden Deckungsmittel sind nachzuweisen. Deckungsmittel, die – etwa als Verlustausgleichszahlungen oder Betriebskostenzuschüsse – aus dem Haushalt der Gemeinde stammen, müssen mit der Veranschlagung in der Haushaltsplanung der Gemeinde übereinstimmen.

(3) Sind bei der Ausführung des Erfolgsplans Erfolg gefährdende Mindererträge zu erwarten, so hat die Betriebsleitung die Bürgermeisterin oder den Bürgermeister unverzüglich zu unterrichten. Erfolg gefährdende Mehraufwendungen bedürfen der Zustimmung des Krankenhausausschusses, es sei denn, dass sie unabweisbar sind. Sind sie unabweisbar, so sind die Bürgermeisterin oder der Bürgermeister und der Krankenhausausschuss unverzüglich zu unterrichten. Bei Eilbedürftigkeit tritt an die Stelle der Zustimmung des Krankenhausausschusses die der Bürgermeisterin oder des Bürgermeisters; der Krankenhausausschuss ist unverzüglich zu unterrichten.

§ 14

Vermögensplan

(1) Der Vermögensplan muss mindestens enthalten

1. alle voraussehbaren Einzahlungen und Auszahlungen des Wirtschaftsjahres, die sich aus Investitionen (Erneuerung, Erweiterung, Neubau, Veräußerung) und aus der Kreditwirtschaft des Krankenhauses ergeben,
2. die notwendigen Verpflichtungsermächtigungen.

(2) Die vorhandenen oder zu beschaffenden Deckungsmittel des Vermögensplans sind nachzuweisen. Deckungsmittel, die aus dem Haushalt der Gemeinde stammen, müssen mit der Veranschlagung in der Haushaltsplanung der Gemeinde übereinstimmen.

(3) Die Auszahlungen und die Verpflichtungsermächtigungen für Investitionen sind nach Vorhaben getrennt zu veranschlagen und zu erläutern. Die §§ 12 und 13 der Kommunalhaushaltsverordnung Nordrhein-Westfalen vom 12. Dezember 2018 (GV. NRW. S. 708), die durch die Verordnung vom 30. Oktober 2020 (GV. NRW. S. 1049) geändert worden ist, sind sinngemäß anzuwenden.

(4) Für die Inanspruchnahme der Ermächtigungen des Vermögensplans gilt § 24 Absatz 1 bis 3 der Kommunalhaushaltsverordnung Nordrhein-Westfalen sinngemäß. Die Ermächtigungen des Vermögensplans sind übertragbar.

(5) Mehrauszahlungen für das Einzelvorhaben, die einen in der Betriebssatzung festzusetzenden Betrag überschreiten, bedürfen der Zustimmung des Krankenhausausschusses. Bei Eilbedürftigkeit tritt an die Stelle der Zustimmung des Krankenhausausschusses die der Bürgermeisterin oder des Bürgermeisters. Der Krankenhausausschuss ist unverzüglich zu unterrichten.

§ 15
Stellenübersicht

(1) Die Stellenübersicht hat die im Wirtschaftsjahr erforderlichen Stellen für Arbeitnehmerinnen und Arbeitnehmer einschließlich der Angaben zu Stellenbewertung und Eingruppierung der Stelleninhaber zu enthalten. Beamte, die bei dem Krankenhaus beschäftigt werden, sind im Stellenplan der Gemeinde zu führen und in der Stellenübersicht des Krankenhauses nachrichtlich anzugeben.

(2) In der Stellenübersicht sind die Zahlen der im laufenden Wirtschaftsjahr vorgesehenen und der am 30. Juni des Vorjahres tatsächlich besetzten Stellen anzugeben.

§ 16
Mittelfristige Ergebnis- und Finanzplanung

Die mittelfristige Ergebnis- und Finanzplanung (§ 84 GO NRW) besteht aus einer Übersicht über die Entwicklung der Erträge und Aufwendungen des Erfolgsplans sowie der Auszahlungen und Deckungsmittel des Vermögensplans nach Jahren gegliedert. Sie ist in den Wirtschaftsplan einzubeziehen. Ihr ist ein Investitionsprogramm zugrunde zu legen.

§ 17
Zwischenberichte

Die Betriebsleitung hat die Bürgermeisterin oder den Bürgermeister und den Krankenhausausschuss vierteljährlich einen Monat nach Quartalsende über die Entwicklung der Erträge und Aufwendungen sowie über die Ausführung des Vermögensplans schriftlich zu unterrichten.

§ 18
Rechnungs- und Buchführungspflichten

Die Rechnungs- und Buchführungspflichten ergeben sich aus der Krankenhaus-Buchführungsverordnung, soweit nachfolgend nichts anderes geregelt ist.

§ 18a
Anhang

§ 285 Nummer 9 Buchstabe a des Handelsgesetzbuches ist mit der Maßgabe anzuwenden, dass die vom Krankenhaus für die Tätigkeit im Geschäftsjahr gewährten Gesamtbezüge und Leistungen für die Mitglieder der Betriebsleitung und des Krankenhausausschusses im Anhang zum Jahresabschluss jeweils für jede Personengruppe sowie zusätzlich unter Namensnennung die Bezüge und Leistungen für jedes einzelne Mitglied dieser Personengruppen unter Aufgliederung nach erfolgsunabhängigen und erfolgsbezogenen sowie Komponenten mit langfristiger Anreizwirkung anzugeben sind. § 108 Absatz 1 Nummer 9 Satz 2 Gemeindeordnung für das Land Nordrhein-Westfalen gilt entsprechend. Ferner sind die in § 285 Nummer 9 Buchstaben b und c des Handelsgesetzbuches genannten Angaben über die vom Krankenhaus gewährten Leistungen für die Mitglieder der Betriebsleitung und des Krankenhausausschusses und die in § 285 Nummer 10 des Handelsgesetzbuches genannten Angaben für die Mitglieder der Betriebsleitung und des Krankenhausausschusses zu machen.

§ 18b

Rückstellungen für Pensionsverpflichtungen

Pensionsverpflichtungen nach den beamtenrechtlichen Vorschriften sind für die Dauer der Beschäftigung von Beamtinnen und Beamten im Krankenhaus als Rückstellung zu bilanzieren, soweit die Gemeinde das Krankenhaus nicht gegen entsprechende Zahlungen von künftigen Versorgungsleistungen freistellt. § 37 Absatz 1 der Kommunalhaushaltsverordnung Nordrhein-Westfalen gilt entsprechend. Die Sätze 1 und 2 finden ab dem Wirtschaftsjahr 2012 Anwendung.

§ 19

Lagebericht

(1) Gleichzeitig mit dem Jahresabschluss ist ein Lagebericht entsprechend den Vorschriften des § 289 des Handelsgesetzbuches aufzustellen.

(2) Im Lagebericht ist gesondert auf die Wirtschaftlichkeit und Leistungsfähigkeit des Krankenhauses und auf die Erlöse aus allgemeinen Krankenhausleistungen nach dem Krankenhausentgeltgesetz und der Bundespflegesatzverordnung einzugehen. Dabei sind auch die Aufgabenstellung nach dem Krankenhausplan, die Gliederung des Krankenhauses, die Bettenkapazität sowie der Personalaufwand getrennt nach Personalgruppen einzubeziehen.

(5) Im Lagebericht ist auch auf Sachverhalte einzugehen, die Gegenstand der Berichterstattung gemäß § 103 Absatz 3 Satz 2 GO NRW im Rahmen der Prüfung nach § 53 des Haushaltsgrundsätzegesetzes sein können.

§ 20

Rechenschaft

(1) Die Betriebsleitung hat bis zum Ablauf von drei Monaten nach Schluss des Wirtschaftsjahres den Jahresabschluss und den Lagebericht aufzustellen, unter Angabe des Datums zu unterschreiben und über die Bürgermeisterin oder den Bürgermeister dem Krankenhausausschuss vorzulegen. Der Krankenhausausschuss soll die Ergebnisse der Prüfung des Jahresabschlusses (§ 21) und des Lageberichts sowie ggf. die Ergebnisse der Prüfung der örtlichen Rechnungsprüfung nach § 104 Absatz 1 Nummer 2 GO NRW in seine Beratung einbeziehen.

(2) Der Rat der Gemeinde stellt den Jahresabschluss und den Lagebericht in der Regel innerhalb eines Jahres nach Ende des Wirtschaftsjahres fest. Zugleich beschließt er über die Verwendung des Jahresüberschusses oder die Behandlung des Jahresfehlbetrages.

(3) Der Jahresabschluss, die Verwendung des Jahresgewinns oder die Behandlung des Jahresverlustes sowie das Ergebnis der Prüfung des Jahresabschlusses und des Lageberichts sind öffentlich bekannt zu machen. Der Jahresabschluss und der Lagebericht sind danach bis zur Feststellung des folgenden Jahresabschlusses zur Einsichtnahme verfügbar zu halten.

§ 21

Prüfung des Jahresabschlusses

Der Jahresabschluss und der Lagebericht des Krankenhauses sind unter Einbeziehung der Buchführung und unter Beachtung des § 30 des Krankenhausgestaltungsgesetzes des Landes Nordrhein-Westfalen in entsprechender Anwendung der für die Prüfung des Jahresabschlusses und des Lageberichtes der Eigenbetriebe geltenden Vorschriften (§ 103 der Gemeindeordnung für das Land Nordrhein-Westfalen) durch eine Wirtschaftsprüferin, einen Wirtschaftsprüfer oder eine Wirtschaftsprüfungsgesellschaft zu prüfen. Für die Erteilung des Bestätigungsvermerks gilt § 322 des Handelsgesetzbuches sinngemäß.

TEIL 3

SCHLUSSVORSCHRIFTEN

§ 22

Krankenhäuser der Landschaftsverbände

(1) Der Landschaftsverband kann abweichend von § 3 Absatz 1 einzelne Angelegenheiten der Betriebsführung, deren zentrale Wahrnehmung zweckmäßig und wirtschaftlich ist, durch Betriebssatzung einer leitenden Dienstkraft des Landschaftsverbandes übertragen.

(2) In den Vorschriften des § 8 Absatz 1, des § 17 Satz 1 sowie des § 20 Absatz 1 tritt in Angelegenheiten, die einer leitenden Dienstkraft übertragen sind, diese an die Stelle der Betriebsleitung.

(3) Die Betriebssatzung regelt, ob in den in § 4 Absatz 3 Satz 2 genannten Angelegenheiten, die einer leitenden Dienstkraft übertragen sind, diese an die Stelle des Mitglieds der Betriebsleitung tritt oder die Vorschrift des § 4 Absatz 3 Satz 2 keine Anwendung findet.

(4) Die Betriebssatzung kann bestimmen, dass und inwieweit

1. die für die Betriebsleitung geltenden Vorschriften des § 6 Absatz 3 und 4 auf die leitende Dienstkraft entsprechende Anwendung finden,
2. in § 7 Absatz 2 in Angelegenheiten, die einer leitenden Dienstkraft übertragen sind, diese an die Stelle der Betriebsleitung tritt.

§ 23

Inkrafttreten, Außerkrafttreten

Anmerkung des Verfassers: Diese Verordnung tritt am 1. Oktober 2009 in Kraft.

Die Neufassung der Gemeindekrankenhausbetriebsverordnung bringt keine wesentlichen Veränderungen.

1. Die Verordnung stellt jetzt auf das nordrhein-westfälische Krankenhausgestaltungsgesetz vom 11.12.2007 – KHGG – (GV. NRW. S. 702, 2008 S. 157) ab, das das frühere Krankenhausgesetz abgelöst hat.
2. Die meisten Vorschriften sind unverändert geblieben (§§ 2, 4, 5, 6, 8, 9, 10, 11, 13, 14, 16, 22).
3. Die Änderungen stellen zumeist Anpassungen an Änderungen in der EigVO dar. (§ 7 Abs. 1, 15 Abs. 2, 17, 18 Abs. 2, 19 Abs. 5, 20 Abs. 3).
4. Die krankenhausspezifischen Besonderheiten sind geblieben:
   - Das gemeindliche Krankenhaus wird „wie" ein Eigenbetrieb betrieben (§ 1EigVO).
   - Es ist ein gemeinnütziger Betrieb (§ 2 Abs. 2 Satz 2 EigVO).
   - Für die Betriebsleitung wird auf die §§ 29, 31 KHGG abgestellt (§ 3 Abs. 1 EigVO).
   - Die Vertretung des Krankenhauses in Angelegenheiten, die der Entscheidung der Betriebsleitung obliegen, kommt dem Leiter des Wirtschafts- und Verwaltungsdienstes gemeinsam mit einem weiteren Mitglied der Betriebsleitung zu; wenn eine leitende Dienstkraft der Gemeinde der Betriebsleitung angehört, muss diese an der Vertretung nach außen mitwirken (§ 4 Abs. 1 EigVO).
   - Der Kämmerer hat gegenüber der Krankenhausbetriebsleitung mehr Rechte als gegenüber einem – normalen – Eigenbetrieb: hat er Einwendungen gegen die Entwürfe von Wirtschaftsplan, Ergebnis- und Finanzplanung oder Jahresabschluss, so muss die Betriebsleitung, wenn der Bürgermeister es verlangt, diesen Entwurf entsprechend den Einwendungen ändern (§ 8 Abs. 2 EigVO).
   - Auf die Wirtschaftsführung und das Rechnungswesen der Krankenhäuser finden zwar die für die Wirtschaftsführung und das Rechnungswesen der Eigenbetriebe geltenden Vorschriften sinngemäß Anwendung, soweit sich aus der GemKHBVO nichts anderes ergibt, aber bei der Anwendung dieser Vorschriften ist dem Gesetz zur wirtschaftlichen Sicherung der Krankenhäuser und zur Regelung der Krankenhauspflegesätze – Krankenhausfinanzierungsgesetz – (in der

Fassung der Bekanntmachung vom 10.4.1991 (BGBl. I S. 886), zuletzt geändert durch Gesetz vom 17.3.2009 (BGBl. I S. 534) Rechnung zu tragen (§ 9 Abs. 3 EigVO).

- Gewinne dürfen aus dem Krankenhausbetrieb nicht entnommen werden, es sei denn, sie stammen aus einem Bereich, der nicht nach Krankenhausfinanzierungsgesetz gefördert wird (§ 10 EigVO).
- § 10 EigVO – anzustrebender Gewinn, Bildung von Rücklagen – findet keine Anwendung (§ 10 Abs. 2 EigVO).
- Für die Buchführung gelten nicht die Regeln der doppelten kaufmännischen Buchführung, wie es § 19 Abs. 1 EigVO anordnet, sondern die Verordnung über die Rechnungs- und Buchführungspflichten von Krankenhäusern – Krankenhaus-Buchführungsverordnung – in der Fassung der Bekanntmachung vom 24.3.1987 (BGBl. I S. 1045), zuletzt geändert durch Gesetz vom 25.5.2009 (BGBl. I S. 1102), deren Anlagen u. a. auch die Gliederung von Bilanz, Gewinn- und Verlustrechnung und Anlagennachweis regeln (§ 18 Abs. 1 EigVO). Hier sind 2012 detailliertere Vorschriften aufgenommen worden, die die gemeinderechtlichen Änderungen u. a. aus dem Transparenzgesetz aufnehmen.
- Die Vorschriften über den Lagebericht sind detaillierter (§ 19 EigVO).
- Für die Prüfung des Jahresabschlusses wird auf § 106 GO NW verwiesen, dabei ist allerdings § 30 KHGG zu beachten, für den Bestätigungsvermerk wird auf § 322 HGB verwiesen (§ 21).
- 2012 ist auch die Befristung fallengelassen worden.

Stichwortverzeichnis

Die **fettgedruckten Zahlen** beziehen sich auf die Paragrafen der EigVO, die mager gedruckten Zahlen beziehen sich auf die jeweilige Erläuterungsziffer.

A

Abberufung der Betriebsleitung **4** 2.1
Abfallsatzung **1** 1.8, **4** 1.5, **5** 7.1
Abfallwirtschaft **4** 1.5, **10** 1, 2
Abfallwirtschaftsbehörde **1** 5.2
Abschreibungen **9** 1, **10** 10.1, **16** 2, **21** 2, **23** 2
Abschreibungen im Gebührenrecht **10** 2, **16** 2
Abwasser **4** 4, **8** 5, **10** 1, 2
Aktivseite **19** 4, **22** 2.1
Allgemeine Lieferbedingungen **5** 8.2
Angehörige **13** 2.1
Angestellte **5** 4.3.2, **6** 4, 6, **17**
Anhang zum Jahresabschluss **21**, **24**
Anlagenbuchhaltung **19** 6, **24** 4
Anlagenspiegel **21** 1, **24** 4
Anschluss- und Benutzungszwang **1** 6, **2** 3, **4** 1.2
Anstalt öffentlichen Rechts **1** 2.2, 6, **4** 1.2
Anstellung **1** 7.6, **2** 2
Arbeiter **5** 4.3.2, **6** 4, 6, **17**
Arbeitsvertrag **3** 7
Aufbewahrungsregeln **19** 7
Auskunftsrecht **6** 8, **7** 3
Ausländer **5** 4.1, 4.3
Ausschlussgründe **5** 4.2
Ausschreibung, Beteiligung an **1** 2.3.5

B

Basel II **10** 7.4, **16** 2
Baukostenzuschüsse **22** 3
Beamte **2** 2, **6** 4, **17**
Beförderung **1** 1.6, **2** 2
Beigeordneter **2** 3, 4, **4** 1.5, **5** 6, **6** 7
Behörde **1**. 4, 2.3
Bekanntmachung **3** 3, **6** 6, **26** 9
Belegschaftsvertreter **5** 4.3, 5.5
Beratendes Mitglied **5** 3, 4.1
Bestellung der Betriebsleitung **4** 2.1
Betrieb gewerblicher Art **8** 5
Betriebsausschuss **1** 1.5, 1.6, 1.8, 1.9, **2** 1, 2, 5, **4** 1.1, 1.8, **5**, **6** 2, 6, 9, **15** 2, 4, 5, **16** 6, **20**, **21** 1, **24** 2, **25** 1, **26** 1.3, 1.6
Betriebsausschussvorsitzender **1** 1.8, **5** 8.6.2
Betriebsleiter/Betriebsleitung **1** 1.5, 17.6, 1.7, **2**, **3** 1, 4, **4** 1.7, 2.1, **5** 6, 7, 8.5, **6** 3, 5, 6, 7, 9, **7** 3, **10** 1, 2, **13**, **14** 2, **15** 4, 5, **16** 6, **21** 1, **24** 2, **25** 1, **26** 1.1
Betriebssatzung **1** 1.6, 1.7, 1.8, **2** 2, 3, 4, **3** 1, 2, **4** 1.2, **5** 4, 8.5, **6** 4, **9** 2, **16** 6, **26** 1.1
Bewirtschaftungsregeln **7** 4, **9** 1
Bezüge Betriebsausschuss **24** 3
Bezüge Betriebsleitung **24** 3
Bilanz **4** 2.3, **19** 4, **21**, **22**, **23** 2
BilMoG **21** 2
Buchführung **19**
Budgetierung **16** 3
Bürgermeister **1** 1.5, 1.6, 1.8, 8, **2** 1, 2, 3, 4, 5, 7, **3** 4, 6.1, 6.3, **4** 1.5, **5** 6, 7, 8.3, 8.6.2, **6**, **7** 2, **14** 2, **15** 4, 5, **16** 6, **20**, **21** 1, **26** 1.2, 1.7

C

Corporate Governance **1** 4

D

Darlehen der Gemeinde **9** 3, **16** 2
Datennutzungsgesetz **1** 9
Datenschutzgesetz **1** 9
Defizitärer Betrieb **8** 5
Dienstanweisung **2** 5, **3** 3
Dienstleistungskonzession **10** 4.5, 4.6.3
Dienstvorgesetzter **6** 2, 4
Disziplinarvorgesetzter **6** 4
Doppik **19** 1
Dringender öffentlicher Zweck **1** 2.3.1.2.4
Dringlichkeitsentscheidung **1** 1.8, **5** 7.3, **5** 8.6, **15** 6, **16** 6

E

Eigenbetriebsähnliche Einrichtung **1** 1.2, 1.3, 4, 5, 6, **5** 4.5.3

Eigenkapital **4** 2.4, **5** 8.6.1, **9** 3, **10** 8, 10
Einlagekonto, steuerliches **1** 3
Einrichtungen **1** 1.2, 1.3, 3, 4, 5, 6, **5** 4.5.3
Energieversorgung **1** 2.3, 2.3.3
Entgelte **4** 1.3
Entlassung **1** 7.6, **2** 2
Entlastung **4** 2.4, **5** 7.4, **26** 4.6
Entsorgungsbetrieb **1** 1.8
Erfolgsplan **14** 1, **15, 17**
Ergebnisplanung **18** 1
Erlassbereinigung Einf.
Eröffnungsbilanz **1** 8, **9** 4
Erster Betriebsleiter **2** 4, **3** 3

F

Fernwärme **1** 6, **4** 1.2, **8** 2, **10** 6
Finanzausschuss **5** 8.1
Finanzbuchhaltung **1** 8
Finanzplanung **14** 1, **16** 4, **18**
Fremdfinanzierung **10** 9.4
Friedhofswesen **1** 2.3.4.1

G

Gas **1** 6, **10** 1, 2, 5
Gebietsübergreifende Tätigkeit **1** 2.3.5, **4** 1.5
Gebührenbedarfsberechnung **10** 10, **16** 2
Gegenseitige Deckungsfähigkeit **5** 8.3, **16** 3, 6
Gemeindeprüfungsanstalt **5** 7.4, **26** 1.4, 1.5, 1.8
Gemeinsamer Betriebsausschuss **5** 2
Gerichtsgebührenbefreiung **1** 3.1
Gesamtvertretung **3** 5
Geschäfte der laufenden Verwaltung **2** 3, **3** 6.3
Geschäftsverteilung **2** 5
Gewerbe **1** 1.3
Gewerbebetrieb **1** 1.3
Gewinn **4** 2.3, **10** 9, **16** 2
Gewinnerzielung **1** 1.3, 2.3.1, 3.3
Gewinn- und Verlustrechnung **4** 2.3, **15** 1, **19** 2, 4, **21** 1, **23**
Gewinnvortrag **9** 3
GO-Reformgesetz **Einführung** 2, **1** 2.4, 3.2
GO-Revitalisierungsgesetz **1** 2.5
Grundsätze ordnungsgemäßer Buchführung **19** 4

H

Haftung Betriebsausschuss **5** 9
Haftung Betriebsleitung **2** 10
Handelsregister **3** 4
Hauptausschuss **1** 1.8, **2** 3, **4** 1.7, **5** 8.1, 8.6.1, 9, **6** 2, 9
Hauptsatzung **1** 1.6, 1.7, **2** 2, **6** 5, 6
Haushaltsgrundsätze **9** 1, **16** 1
Haushaltsjahr **14** 1
Haushaltsplan **14** 2, **15** 4, **18** 3, **26** 1.1
Haushaltssicherungskonzept **14** 1, 4.2, 4.3

I

Informationsfreiheitsgesetz **1** 9
Investitionen **16** 4
Investitionsprogramm **18** 2

J

Jahresabschluss **1** 7.6, 8, **2** 2, **4** 2.3, **5** 8.6.1, **7** 3, **21** 5, **25** 1,
Jahresabschlussprüfung **26** 1.4, 2
Jahresabschlussprüfung – nichtöffentliche Beratung **26** 2.6

K

Kameralistik **19** 1
Kämmerer **1** 1.5, **2** 2, 7, **14** 2, **15** 2, 4, 5, **20**, **26** 4.2
Kartellrecht **1** 5.1
Kasse **10** 4, **11**, **26** 1.6
Kassenkredit **9** 1
Kaufmännischer Werkleiter **2** 2, 5, **13**
Kleinstkapitalgesellschaften **23** 1
Kommunalaufsicht **1** 2.3.1, 8, **14** 1, 4, **26** 1.1
Konzessionsabgabe **8** 5, **10** 7
Konzessionsvertrag **10** 7
Körperschaftsteuer **8** 5, **10** 6
Kostenrechnung **19**
Krankenhaus **5** 4.3
Kredite **9** 1, **10** 9.4, **14** 3.2, **16** 1, 2
Kündigung **3** 4

L

Lagebericht **1** 1.6, **4** 2.3, **21** 1, **25**, **26** 1.1, 2
Laufende Betriebsführung **1** 1.7, **2** 1, 2, 3, **3** 1, 5.2, **5** 8.5, **6** 8, 9
Leistungsfähigkeit des Eigenbetriebs **10**
Leistungskraft der Gemeinde **1** 2.3, 2.3.2
Liquidität **1** 8, **11**, **13** 3

M

Markenschutz **8** 3
Mehraufwendungen **2** 2, **5** 7, 8.3, **14** 3, **15** 6
Mehrauszahlungen **1** 1.6, **2** 2, **5** 7, 8.3, **14** 3, **16** 6
Mindererträge **2** 2, **15** 4
Mindestgewinn **8** 5
Mitbestimmung **1** 1.1, 1.2, 1.9, 8, **2** 1.5, **4** 1.5, **5** 3.3

N

Nachhaltigkeitsberichterstattung **25** 5.7
Nachwahl **5** 4.5
Namensschutz **8** 3
Nichtwirtschaftliche Betätigung **1** 3
NKF **Einführung** **9** 1, **19** 1, **27**
NKF-Weiterentwicklungsgesetz, Drittes **Einführung** 9, **21** 1, **26** 3
Novellierung Einf.

O

Öffentliche Bekanntmachung **3** 4, **26** 1.8
Öffentlicher Auftraggeber **1** 2.3.5
Öffentlicher Zweck **1** 2.3, 2.4, 5
Organ **1** 1.5, **6** 2, **7** 1

P

Passivseite **22** 2.2
Pensionsrückstellungen **22** 4
Personalrat **2** 7, **4** 1.5
Preiskontrolle **1** 5.1

Q

Querverbund **8** 5, **10** 6

R

Rat **1** 1.5, 1.8, **2** 1, 4, **4**, **5** 7, 8, 8.5, 8.6, **8** 1, **15** 2, **21** 1, **25** 1, **26** 1.7
Rechnungsprüfungsamt **26** 1.6
Rechnungsprüfungsausschuss **5** 8.1
Rechnungswesen **2** 2, 5, **13**
Risikobewertung **10** 5.2
Risikofrüherkennungssystem **10** 5, **25** 5.2, **26** 2
Risikoidentifikation **10** 5.1
Risikoreaktion **10** 5.3
Risikoüberwachung **10** 5.4, 5.5
Rücklagen **9** 3, **10** 3, 9.2, **16** 2

S

Sachkundiger Bürger **5** 4, 5.1
Sachkundiger Einwohner **5** 4, 5.2
Sale-and-lease-back **24** 4.1
Satzung, Erlass von **4** 1.2
Schwellenwerte **10** 4.2
Sitzungsöffentlichkeit **5** 10
Spartenrechnung **23** 3
Spiegelbildrechtsprechung **5** 4
Stadtwerke **8**
Stammkapital **1** 1.6, **9** 2, 3, **16** 2
Stellenübersicht **14** 1, 3, **17**
Stellvertretende Belegschaftsvertreter **5** 4.4
Stellvertretender Betriebsleiter **2** 6, **4** 1.7
Strom **1** 6, **8** 2, **10** 1, 2, 5
Subsidiaritätsklausel **1** 3.3

T

Tariftreue- und Vergabegesetz NRW **10** 4.3
Tilgung **10** 7.4, **16** 2
Transparenzgesetz NW **Einführung**, 4, **24** 3

U

Umwandlung **4** 1.6, **9** 4
Unlauterer Wettbewerb **1** 2.3.4
Unternehmen **1** 1, 1.2, 2, 2.1, 2.2, 2.3.1, 5, 6, **4** 1.3
Unternehmensteuerreform **8** 5

V

Verdeckte Gewinnausschüttung **9** 3, **10** 3
Verfahren im Betriebsausschuss **5** 10
Vergabegrundsätze **Einführung** 10, **10** 4.1
Vergaberecht **1** 2.3.4.2, **1** 2.3.5, **1** 3.2, **10** 4
Vergaberechtsschutz **10** 4.5
Vergaberichtlinien EU **10** 4.4
Vergabe Schadensersatz **10** 4.6.6
Verjährung **1** 1.3
Verkehrsbetrieb **1** 2.3, 2.6, 3.3.3, **8**, **10** 1, 2
Verlust **4** 2.3, **10** 10
Verlustvortrag **9** 3
Vermögensplan **14** 1, **16**
Verpflichtungsermächtigungen **14** 3.3, **16** 1, 5
Versorgungsbetrieb **1** 1.6, 2.3.3, **8**
Vertretungsbefugnis **1** 1.6, **3** 3
Vertretungsmangel **3** 7
Verzinsung des Eigenkapitals **10** 9.3
Vier-Augen-Prinzip **13** 2
Vierteljahresberichte siehe Zwischenbericht
Vorläufige Haushaltsführung **14** 5.1

W

Wahl Betriebsausschuss **4** 1, **5** 4
Wahlalter **5** 4.1
Wählbarkeit **5** 4.1
Wasserhausanschluss **10** 3
Wasserversorgung **1** 1.3, 2.3, 2.3.3, 6, **4** 1.2, **8** 2, **10** 1, 2, 5
Wasserversorgung und Wettbewerb **1** 2.3.4.1
Wegenutzungsvertrag **10** 7
Weisungen **2** 2, 3, **6** 3, 9
Wettbewerb **1** 2.3.4, 3.3.5
Wettbewerbsrecht **1** 2.3.4.1
Wirtschaftliche Betätigung **Einführung** 2, **1** 2.4
Wirtschaftsjahr **1** 1.6, **12**, **21**, **26** 1.1
Wirtschaftsplan **4** 2.2, **5** 8.6.1, **7** 3, **14**
Wirtschaftsprüfer **5** 8.4, **26** 1.4

Z

Zwischenbericht **1** 1.6, **2** 2, **5** 7, **7** 3, **15** 3, **20**